Mes mille et une vies

Mes mille et une vies

TOM LAPOINTE

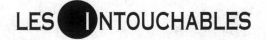

Les Éditions des Intouchables bénéficient du soutien financier de la SODEC, du Programme de crédits d'impôt du gouvernement du Québec et sont inscrites au Programme de subvention globale du Conseil des Arts du Canada.

Nous reconnaissons l'aide financière du gouvernement du Canada par l'entremise du Programme d'aide au développement de l'industrie de l'édition (PADIÉ) pour nos activités d'édition.

LES ÉDITIONS DES INTOUCHABLES
816, rue Rachel Est
Montréal, Québec
H2J 2H6
Téléphone : 514 526-0770
Télécopieur : 514 529-7780
www.lesintouchables.com

DISTRIBUTION : PROLOGUE
1650, boulevard Lionel-Bertrand
Boisbriand, Québec
J7H 1N7
Téléphone : (450) 434-0306
Télécopieur : (450) 434-2627

Impression : Marquis imprimeur
Photographie de la couverture : Karine Patry
Conception de la couverture et infographie : Geneviève Nadeau

Merci à ceux et celles qui nous ont autorisés à reproduire les photographies qui illustrent ce livre.

Dépôt légal : 2007
Bibliothèque et Archives nationales du Québec
Bibliothèque nationale du Canada

ISBN-10 : 2-89549-263-8
ISBN-13 : 978-2-89549-263-4

Avant-propos

Je suis né le 15 mai 1952, vers vingt heures trente, dans un hôpital de l'est de Montréal. C'est la vérité parce que j'ai un baptistaire qui l'atteste. Et aussi parce que ma mère me l'a juré. Une maman qui jure ne ment jamais. Peut-être d'autres mamans... mais pas la mienne en tout cas !

Je suis né le 15 mai 1952 et je vais mourir en 2035, à quatre-vingt-trois ans révolus. Je suis le premier illuminé qui annonce le jour et l'année de sa mort, trente ans à l'avance. Et je ne le fais même pas pour des raisons de publicité, comme l'a fait par exemple Paco Rabanne.

Vous tenez aussi à ce que je vous indique la date précise de mon décès ? Pas de problème, le client est toujours roi. Ce sera le 11 du onzième mois. Pourquoi ? Parce que le 11 est le chiffre de la malchance en numérologie. Souvenez-vous du 11 septembre 2001, à New York, avec les attentats terroristes contre les tours jumelles du World Trade Center, ou de ceux du 11 mars 2003, à Madrid... Avouez que cette coïncidence vous fait déjà passer un petit frisson dans le dos...

Je vais crever le 11 novembre 2035, jour du Souvenir, parce que deux clairvoyants me l'ont prédit. Ne balancez pas tout de suite mon livre à bout de bras. Donnez-moi au moins la chance de m'expliquer. Soyez un peu curieux. Je suis né en Amérique et la liberté d'expression y occupe encore un peu de place, du moins je l'espère.

Je vais mourir le 11 novembre 2035 parce que mes deux clairvoyants n'ont loupé aucune de leurs prédictions sur mon cas entre le premier jour de notre rencontre im-promptue, en juillet 1987, et celui de la fin de l'écriture de mon autobiographie, en septembre 2006. Ils sont venus vers moi une première fois alors que ma vie de journaliste sportif à Montréal se déroulait parfaitement. Enfin, c'est ce que je croyais. Ces deux hurluberlus m'ont prévenu d'être à l'écoute de « mes anges ».

– Ils t'aiment bien, mais ils n'acceptent pas ton attitude et ton mode de vie, m'ont-ils dit dans leur langage codé.

J'ai évidemment envoyé balader mes deux clairvoyants sur les nuages, avec leurs anges et tout leur baratin. Mais je n'aurais pas dû. Toutes leurs prophéties se sont depuis réalisées. Alors, pourquoi se tromperaient-ils sur la prédiction de la date de mon décès ?

Si vous voulez savoir comment faire pour vous épargner le châtiment que j'ai connu, lisez mon histoire. Mon témoignage ne vous empêchera certainement pas de commettre des erreurs dans la vie, mais il pourra peut-être vous inciter à en commettre de moins grosses… ou tout bonnement vous aider à vous relever si, comme moi, vous êtes un être humain et, par conséquent, un être faillible.

Loin de moi l'idée de rigoler ou d'ironiser… Ma vie s'est vraiment passée telle que je vous la raconte dans ces pages.

Tom Lapointe

Chapitre 1
Plus jamais petit

Vous souvenez-vous de votre enfance? De tous ces jours passés sur les bancs de la petite école? De ces professeurs qui vous enseignaient les lois de la géométrie? qui vous faisaient réciter votre alphabet? Vous rappelez-vous des berceuses que vos parents vous murmuraient à l'oreille pour vous endormir, le soir? de vos premiers *Notre Père* et *Je vous salue, Marie*? Avez-vous des *flash-back* de vos premiers Noël, de la table garnie de victuailles, de la distribution des cadeaux sous le sapin illuminé? Avez-vous réussi à sauvegarder, dans quelque recoin de votre cerveau, des images de vos grands-parents qui vous emmenaient au cirque ou au lac pendant les vacances d'été?

Vous en avez de la chance si vous vous rappelez tout ça parce que moi, je ne me souviens de rien – ou alors de si peu. De toutes ces années de couches à épingles et de culottes courtes, je me souviens de si peu de choses que dix doigts me suffisent pour les compter, et bien moins d'un chapitre pour vous les raconter.

Mon premier souvenir d'enfance est celui d'un voyage à La Tuque. Je viens d'avoir cinq ans. Je suis assis sur les genoux de mon grand-père Alphonse, sur la banquette arrière de la voiture, avec papa et maman. Venu de Springfield, Massachusetts, mon oncle Raoul est aux commandes de sa Plymouth, en compagnie de sa femme Bertha et de sa sœur Diane, à l'avant. Les ceintures de sécurité ne sont pas obligatoires dans les automobiles, à cette époque – celle où il fait bon se réchauffer en se collant l'un contre l'autre, à six, sept et parfois même huit dans les spacieuses américaines.

« Duplessis ! Duplessis ! » hurle mon grand-père chaque fois qu'il aperçoit, le long de la route, une photo de Maurice Duplessis sur un poteau de la ligne électrique. Nous sommes à l'été 1957, en pleine campagne électorale. Duplessis, féroce et populaire orateur, chef et fondateur du parti de l'Union nationale, est premier ministre du Québec depuis treize ans, et voudrait bien l'être encore pour un autre mandat. Je me fous bien de savoir si mon grand-père a voté ou non pour lui aux élections précédentes – en fait, je ne sais même pas ce qu'est une élection ou un vote. Ce qui frappe mon imagination de petit garçon, c'est plutôt le cri jubilatoire de ce bon vivant. Malgré cette ridicule manie de compter les poteaux de téléphone, mon grand-père a toujours eu le cœur aussi rouge et aussi beau qu'un camion de pompier. C'est mon père qui me l'a dit, et mon père ne m'a jamais menti.

Mon second souvenir est beaucoup plus douloureux. Nous habitons un appartement au deuxième étage du 78, boulevard l'Ange-Gardien, dans la municipalité de L'Assomption. Ce matin-là, le thermomètre a dégringolé sous la barre des moins vingt de nos bons vieux degrés Fahrenheit. J'ai six ans. La rampe en fer forgé de l'escalier est recouverte d'une jolie couche de glace bien invitante. La confondant avec une friandise, genre suçon à la vanille, j'entreprends de la lécher. Ma langue y reste aussitôt collée comme une méduse sur la cuisse d'un baigneur. Chaque gamin fait ses propres expériences, un jour ou l'autre, durant son enfance. Certains laissent un peu de peau sur un rond de poêle ou sur un trottoir ; moi, j'ai laissé sur cette rampe quelques papilles gustatives en poussant mes premiers gémissements de mort vivant.

Le troisième et dernier souvenir d'avant mes douze ans, c'est la toute première humiliation de ma vie. Comme je suis le petit cul de la classe, je sers de cobaye lors d'un cours de catéchisme. La prof m'a couché sur deux grandes règles à mesurer : l'une à la verticale, l'autre à l'horizontale. Je suis censé personnifier le Christ sur la croix. On m'a planté des craies blanches au creux des mains et coiffé d'une stupide couronne de fausses épines sur la tête. Toute la classe se fout de ma gueule ce jour-là, peu avant Pâques. Aucun enfant ne peut oublier les moqueries de ses camarades d'école. C'est un truc qui vous marque la mémoire au fer rouge… même celle de l'amnésique profond que je suis.

Aussi bizarre que cela puisse paraître, je n'ai réellement pris conscience de mon existence sur cette bonne vieille terre qu'en 1964, à l'âge de douze ans. C'est à mon frère Pierre que je dois le démarrage de ma turbine à souvenirs.

Ce jour-là, il fit jouer si fort une chanson des Beatles, *She loves you,* sur le tourne-disque du salon que je finis par sortir de mon espèce d'état comateux. Je quittai la jupe de maman sans lui demander la permission de sortir. J'enfilai une veste, attachai mes bottes, enfonçai une tuque sur ma tête et courus me réfugier dehors, derrière un banc de neige, sous le perron. La vue était pas mal du tout. Il y avait, de l'autre côté de la rue, un parc tout blanc recouvert d'une grande croûte de givre. On aurait dit un immense pouding gelé à la vanille. De ma tanière, je voyais des jeunes de mon âge jouer au hockey. Surmontant ma timidité, je m'approchai de la patinoire et demandai aux joueurs si je pouvais me joindre à eux.

— Tu n'as même pas de patins! se moqua un grand morveux.

— Je vais retourner à la maison et demander à mes parents de m'en acheter une paire.

— Non, ça va aller pour aujourd'hui, répondit un plus petit au visage constellé de boutons plus rouges que son chandail du Canadien. Tu as de bonnes bottes. Prends ce bâton de gardien de but et va devant le filet. T'as pas peur des rondelles, j'espère?

— J'ai peur de rien! Compris?

— Il a peur de rien, qu'il dit, reprit le grand morveux. Il fait même pas cinq pieds et il commence déjà à vouloir nous en faire accroire. Va entre les poteaux, essaie d'arrêter nos boulets et on en reparlera.

Je n'avais pas aimé le ton frondeur du grand morveux, mais je fus tout de suite séduit par ce sport et par ce rôle de gardien de but. Je ne tardai pas à comprendre que c'était celui où il fallait assumer le plus de responsabilités dans un club de hockey. Et, entre deux parties sur les patinoires du parc Laurier, je me mis à écouter à la radio – et à la télé le samedi soir – les matchs de hockey du Canadien. L'oreille collée au transistor, je buvais tous les mots savoureux et imagés de René

Lecavalier, ce grand seigneur des ondes de Radio-Canada affecté à la description des parties de ma glorieuse équipe. Je dévorais aussi tous les reportages qui touchaient de près ou de loin à ma nouvelle passion, à la fois dans les quotidiens et les hebdomadaires de l'époque.

Un an plus tard, j'annonçais en grande pompe à toute la famille, lors d'un souper du dimanche, au lendemain d'une autre conquête de la Coupe Stanley par le Tricolore :

— Je vais devenir journaliste sportif et je serai très connu d'ici quelques années.

— Mon cher petit frère, tu as de l'ambition et c'est très bien, ironisa l'aîné de la famille, Yvon, en me tapant sur l'épaule. Mais pour l'instant, mange ton pâté chinois avant qu'il refroidisse… René !

Grandir, et grandir au plus vite, c'était tout ce que je voulais. Grandir pour dépasser les autres, grandir pour ne plus jamais me faire embêter par les pans de murs qui me bousculaient dans l'autobus scolaire, grandir pour ne plus me faire piquer les filles par ceux qui étaient plus musclés, plus élancés. Et pour les battre au fil d'arrivée, j'y parviendrais en devenant une star, rien de moins.

Ma stratégie fut toute simple. J'allai voir le gérant de l'aréna de L'Assomption, Lloyd Buchanan, un colosse de six pieds au cœur tendre, et je lui offris mes services.

— Bonjour, je m'appelle Denis Lapointe, mais mes copains, enfin mon seul copain, Michel Beaudry, m'a baptisé Tom. Apparemment, je ressemble au Tom Pouce des bandes dessinées. Je suis ambitieux, plein de vie et je veux travailler pour vous à l'aréna.

Monsieur Buchanan, qui parlait le français comme un Américain de l'État de New York, fut séduit par la manière franche et directe avec laquelle je me présentai à lui.

— *What ?* Tu vas pas à l'école ? s'exclama-t-il en mâchant son cigare aussi mal que la langue de Molière.

— Si, si, monsieur, le rassurai-je. Je vais à l'école Marsan, de l'autre côté de la rivière L'Assomption. J'aime les cours de français, d'anglais, de géographie et d'histoire, mais je déteste les maths, la chimie et la physique.

— Mais si tu vas à l'école, *what the hell* veux-tu faire à l'aréna ?

— Je veux être l'annonceur attitré de votre aréna, lui affirmai-je. Vous voulez que je vous fasse une démonstration ?

— *Why not…*

— Le but du Canadien a été marqué par Jean Béliveau, entonnai-je à tue-tête, en lui fracassant les oreilles. Sur les aides de Gilles Tremblay et de Jacques Laperrière, à 3 minutes et 21 secondes.

Bien que mon boniment manquât d'originalité, mon imitation de Claude Mouton, l'illustre annonceur du Canadien de Montréal, au Forum, parut plaire au mastodonte.

— Je te promets rien, Denis… pardon, Tom ! me répondit-il avec beaucoup de franchise. Mais laisse-moi ton numéro de téléphone. Je pense avoir une petite idée sur une personne qui pourrait être intéressée par tes services.

Une dizaine de jours plus tard, monsieur Buchanan, qui avait tenu parole, me donnait un coup de fil à la maison.

— Tom, si tes parents sont d'accord, tu pourras être l'annonceur maison de la ligue de ballon-balai, les samedis soir, à l'aréna. Les parties ont lieu de neuf heures à minuit. La ligue te paiera dix dollars pour tes services. Ne me déçois pas, petit sacripant.

Mes parents acceptèrent, et d'autant plus volontiers que mon père, cordonnier de métier, m'avait demandé l'été précédent de me trouver des petits boulots.

« Tu sais, les temps sont durs, m'avait-il dit en toute sincérité. Nous attendons un sixième enfant, la famille va encore s'élargir. Alors fais de ton mieux si tu veux avoir un peu d'argent de poche pour tes petites sorties. »

À quatorze ans et demi, j'étais déjà annonceur maison à l'aréna de la place. J'avais de quoi être fier. Désormais, à la patinoire, je n'étais plus un adolescent comme les autres. J'étais devenu le Claude Mouton de l'aréna de L'Assomption, édifice aussi vaste que glacial, dont la patinoire était la plus populaire de la région, avec celles de Crabtree et de Joliette.

Avec mes dix dollars en poche, je pouvais désormais me payer des parties « à trente sous » au flipper de Titoto, magasin réputé pour ses confiseries et ses glaces à deux boules. Je pouvais aussi me payer le cinéma, à la vieillotte salle du boulevard l'Ange-Gardien. Ce nouveau statut social me fit pousser des ailes. Il me donna le courage nécessaire pour faire la cour à une petite blonde coiffée comme ma chanteuse préférée, Sylvie Vartan. L'élue de mon cœur s'appelait Luce, la fille du fromager du village. Mais comme je n'avais pas encore quinze ans, elle préférait évidemment les garçons un peu plus âgés, avec du poil au menton et la voiture de papa en option.

J'oubliai Luce et je me liai d'amitié avec d'autres filles. Il y eut Marielle, une brune un peu délurée qui avait déjà vu le loup, puis Ninon, une châtaine aussi naïve que sensuelle. L'objet de mes fantasmes était tout particulièrement Ninon, dont les gros seins ronds et fermes faisaient presque exploser les boutons de son chemisier, sans compter son petit cul en demi-lune que j'aimais voir rebondir sur le siège de sa bicyclette. Elle me rappelait Céline Lomez, une chanteuse pulpeuse avec qui je passai mille et une nuits virtuelles dans un grand lit humide.

J'étais sans doute le puceau le plus imaginatif qui soit dans mes fantaisies érotiques, mais je n'avais pas l'audace de passer aux actes. C'était pourtant la période dorée de l'amour libre, menée par des icônes culturelles telles que John Lennon et sa femme Yoko Ono, dont le monde entier suivrait bientôt le fameux *bed-in* montréalais, en 1969. Mais comme j'avais des parents catholiques et pratiquants, pour qui l'abstinence avant le mariage était la seule voie à suivre, mon subconscient freina mes ardeurs et mit ma sexualité en veilleuse.

Je fus donc précoce ailleurs… dans le travail. Dans ce domaine, très vite, très tôt, je brûlai toutes les étapes!

Au début de l'automne 1968, je reçus un nouvel appel de monsieur Buchanan.

– Tom, cours à l'aréna, j'ai une personne à te présenter!

Je me ruai sur mon vélo et me mis à mouliner comme Fausto Coppi. «Qui peut bien vouloir me rencontrer?» ne cessais-je de me questionner chemin faisant. L'esprit en feu, j'effeuillais les scénarios les plus insensés. Un joueur du Canadien? Impossible, le Bleu-Blanc-Rouge jouait dans quelques heures contre Bobby Orr et les Bruins de Boston, au Forum. Un manufacturier de jambières de gardien de but? Pourquoi pas, après tout, j'étais devenu le gardien attitré de l'équipe élite de la ville!

«Non, ça y est, me dis-je au bout d'un moment, monsieur Buchanan veut me présenter au président de la ligue semi-professionnelle de hockey de la région, Claude Robert. Il veut m'embaucher comme annonceur maison!

À bout de souffle, la tête remplie d'illusions, j'arrivai à l'aréna cinq minutes plus tard, accueilli par mon mentor. Dès mon arrivée dans son bureau, il me demanda, le plus sérieusement du monde:

– Entre, Tom, et ferme la porte. Tu veux un coca ou un jus?

– Un coca, ce sera parfait, lui répondis-je avec la politesse que mes parents m'avaient enseignée.

– Tom, voici monsieur Gérard Gauthier. Tu connais le journal *L'Artisan* de la région?

En pivotant, je découvris le visiteur de Buchanan, à qui je m'empressai de serrer la main.

– Bien sûr, nous le recevons chaque semaine à la maison.

– Monsieur Gauthier est le patron du journal et il se cherche un jeune journaliste pour écrire des articles sur toutes les activités de l'aréna. Je lui ai donc parlé de toi. Je lui ai dit que tu écrivais des articles à la maison pour te faire la main. Je lui ai également confié que tu rêvais de devenir journaliste. Alors, petit… pardon, mon grand, la chance frappe à ta porte aujourd'hui. Il te suffit seulement de l'attraper au vol.

Il aurait fallu être sourd, aveugle et stupide pour ne pas saisir la perche que me tendait le destin.

Sur le chemin du retour à la maison, je passai tout mon temps à me pincer. Obtenir une telle chance sans même avoir eu besoin de postuler pour l'emploi, c'était une faveur de la providence.

Du jour au lendemain, je me retroussai les manches. En fait, je ne savais déjà plus où donner de la tête. Il y avait mes études – j'étais le cancre de la Polyvalente Jean-Baptiste-Meilleur de Repentigny, car je m'y ennuyais à mourir –; mon entraînement de hockey l'hiver; mon poste d'entraîneur d'une équipe de baseball l'été et d'une autre de hockey l'hiver; mes fonctions d'annonceur maison à l'aréna; mon autre travail à temps partiel à la piscine du parc Laurier. Avec mes nouvelles responsabilités de chroniqueur sportif au *Journal L'Artisan*, je n'avais plus une seconde à moi.

Pendant que tous les jeunes de mon âge allaient danser et flirter le samedi soir, moi, j'écrivais une dizaine de textes à la main, sur le bout de la table de la cuisine. Il était hors de question que je prenne le moindre retard. L'heure de tombée pour la livraison des articles était le lundi matin. Murielle Gauthier, la fille du patron, était à cheval sur les principes.

– On livre les textes à temps, sinon on va travailler ailleurs, répétait-elle avec la froideur d'un caporal d'infanterie. Au fait, Tom, il faudra que tu apprennes à écrire tes textes à la dactylo. Tu ne travailles pas pour une vulgaire feuille de chou.

De quinze à dix-neuf ans, je n'ai pas vu passer mon adolescence et je suis devenu grand avant le temps. À dix-neuf ans, j'avais déjà eu trois voitures, dont une Ford Mustang bleu ciel – un vieux bazou qui me coûtait plus cher en huile à moteur qu'en essence. À dix-neuf ans, je gagnais déjà trois fois plus d'argent que n'importe quel jeune homme de mon âge dans le village. Je portais des vêtements dernier cri. J'avais des dizaines d'invitations pour des fêtes sportives dans la région de Lanaudière.

J'avais gagné mon premier pari. J'avais réussi à sortir de l'ombre pour me démarquer et je n'étais plus le « p'tit cul de service ».

Je pouvais enclencher la vitesse supérieure.

Chapitre 2
Premières cicatrices

L'Assomption est une ville paisible située entre Repentigny et Joliette, à près de soixante kilomètres au nord-est de Montréal. Dans les années 1960, trois usines y employaient la majorité de ses habitants. L'usine Up Canada manufacturait des réfrigérateurs et des congélateurs, celle de David Lord faisait des conserves de petits pois, et A.T. Canadian Shoes, comme son nom l'indique, était spécialisée dans la confection de chaussures. Papa Guillaume travaillait pour la troisième.

Il prenait le bus tôt le matin pour se rendre au boulot et il rentrait le soir sur le coup de six heures, plus régulier qu'un métronome. Après avoir déposé les poubelles vides sous le balcon arrière de la maison, il ouvrait doucement la porte. Son visage s'illuminait de bonheur dès qu'il nous voyait, tous réunis autour de la table familiale. Il retirait ses couvre-chaussures, déposait son chapeau rond à la Chaplin, rangeait soigneusement son paletot et sa petite laine dans la penderie. Puis, il s'informait du quotidien de chacun tandis que maman Jacqueline s'affairait à remplir nos assiettes.

Mes parents ont toujours été des êtres exemplaires. Je n'ai jamais vu mon père rentrer éméché d'une virée dans un bar de la place, pas plus que je n'ai entendu ma mère colporter les ragots du voisinage. Ils s'étaient rencontrés un beau jour de l'été 1939. Ils n'en demandaient pas plus à la vie. Le soir, ils s'asseyaient souvent l'un près de l'autre pour regarder la télé avec toute la famille. Ils riaient de bon cœur des simagrées de leur comédien préféré du temps, Olivier Guimond, la vedette de *Cré Basile*. Souvent, mon père s'amusait à nous raconter la dernière histoire drôle entendue à l'usine. Il ratait presque toujours la chute de l'histoire, mais seulement d'entendre maman se moquer de son esprit cabotin, cela faisait oublier les petits tracas du quotidien du temps à sa ribambelle : mes deux frères, Pierre et Yvon, puis mes sœurs, Lise, Céline et Isabelle, sans oublier votre humble serviteur.

Mes années à L'Assomption furent heureuses et sans histoire. Comme mon travail de journaliste à temps partiel remplissait presque tout mon agenda, mes vrais amis se faisaient rares dans la ville. Je ne vivais que pour mes deux passions : le sport et le journalisme. Si je faisais la fête, c'était davantage lors de soirées hors de la municipalité. Mon endroit préféré était l'hôtel le Chapon fin, à Saint-Sulpice, situé dans ce village longeant le fleuve Saint-Laurent, à une douzaine de kilomètres de L'Assomption.

C'était l'époque des orchestres où les crooners interprétaient les tubes de Frank Sinatra et de Claude François, où les filles se déhanchaient en minijupe et en grandes bottes de cuir, où les garçons draguaient avec leur chemise à fleurs, leur pantalon à pattes d'éléphant et leurs cheveux longs comme ceux des Beatles. Rien ne me faisait plus plaisir que d'aller écouter ces spectacles *live* dans les bars enfumés. Les soirées se terminaient par deux ou trois slows cochons, suivis parfois de quelques touche-pipi sur la banquette arrière de la bagnole.

Tout ça était trop beau pour durer. À l'aube de mes vingt ans, la vie m'infligea ses premières blessures. Le premier coup de massue fut l'annonce du suicide de mon ami et confident, Lloyd Buchanan, le gérant de l'aréna. Je m'en voulus longtemps de ne pas avoir vu venir le drame. Monsieur Buchanan vivait seul dans un appartement, près des raffineries aux odeurs d'œufs pourris de Montréal-Est. Il avait toujours cherché l'amour sans l'avoir jamais trouvé. Il avait eu le coup de foudre pour une jeune femme de L'Assomption, quelques semaines avant de se donner la mort. Elle avait accepté d'aller souper en tête-à-tête avec lui à quelques occasions, mais elle ne désirait pas s'attacher. Une nuit de lune noire, désespéré, désabusé, il avait bu tout ce qui lui était tombé sous la main – dont une bouteille d'eau de Javel. On l'avait retrouvé sans vie, l'estomac perforé, le lendemain après-midi.

Le départ de mon ami me marqua profondément. Comment pouvais-je retourner à l'aréna de L'Assomption sans avoir un sentiment d'incompréhension en passant devant son bureau, où nous avions ri tant de soirs et tant de nuits en échangeant nos meilleurs coups fumants? Comment oublier cet homme qui m'avait servi ma première chance sur un plateau d'argent? Pourquoi les êtres chers partent-ils sans même vous lancer un signal de détresse? Le fantôme de l'ami Lloyd me poursuivit longtemps. Souvent, le soir, avant de m'endormir, je revoyais le visage de cet homme attachant qui me laissait les clés de l'aréna pour que je puisse aiguiser mes réflexes de gardien de but en me prenant pour Rogatien Vachon devant les tirs de Pierre Ledoux et de Guy Galliay.

Je ressassais tous ces moments passés autour d'une table de son restaurant préféré, dans un petit hôtel de passage, à Saint-Thomas-de-Joliette. Lloyd aimait les vins de France, les cigares de Cuba et les chansons endiablées du King Presley et de son dauphin, Jerry Lee Lewis. Il appréciait aussi son travail et son aréna, mais il n'avait pas aimé sa vie, une fois franchi le cap des quarante ans. Tout comme celles et ceux qui l'avaient aimé durant ces trop brèves années, je dus accepter son coup de blues fatal. Sans le juger.

Je vins bien près de croiser à mon tour la Grande Faucheuse et de rejoindre mon ami quelques semaines plus tard. À peine embauché à temps plein au journal *L'Artisan*, je m'étais payé ma première voiture de l'année: une puissante Dodge Duster avec huit cylindres sous le capot. Inconscient et insouciant comme le sont tous les jeunes de vingt ans, je roulais souvent à tombeau ouvert. La vitesse me grisait.

Un matin, une autre Dodge Duster me doubla à la sortie de L'Assomption. Nous décidâmes de faire la course sur la route nationale, direction Saint-Paul-l'Ermite (aujourd'hui Le Gardeur, fusionnée à Repentigny). Quatre-vingts, quatre-vingt-dix, cent milles à l'heure, je poussais presque dans le pare-chocs de la voiture que je pourchassais. Soudainement surpris au tournant d'un virage, nous arrivâmes sur un tronçon de route en construction. Je revois encore, comme si c'était hier, l'employé de la voirie. Le pauvre agitait frénétiquement son drapeau rouge pour nous inciter à ralentir. J'empoignai immédiatement le bras de vitesse pour faire rétrograder mon bolide. Sous la force du freinage, je me retrouvai sur la voie de gauche, face à face avec un camion rempli de sable. Je donnai un furieux coup de volant sur la droite et me dis : « Tom, c'est ta dernière heure... »

Le camion heurta de plein fouet ma voiture, juste derrière mon siège. Sectionnée sous la force de l'impact, elle se mit à tourner comme une toupie sur la route. J'évitai de justesse le signaleur dans le nuage de poussière. S'il n'avait pas eu le réflexe de plonger *in extremis* dans le fossé, je l'aurais tué. Ma course folle se termina entre deux poteaux de téléphone, cent mètres plus loin. Étrangement, je n'éprouvai rien sur le coup. J'avais une éraflure au front et un filet de sang me coulait entre les yeux. Rien d'autre. Quelle chance avais-je eue !

Je sortis des restes de ma Duster sous le regard des badauds et des employés de la voirie qui m'injuriaient, ô combien avec raison ! Le conducteur de l'autre Dodge était passé comme une balle de fusil sur la route sans rien heurter, et surtout sans s'arrêter. Quand je fus rentré à la maison, mes nerfs me lâchèrent et je braillai un bon coup dans ma chambre, au deuxième étage. Tout aurait pu s'arrêter pour moi ce jour-là, à vingt ans. Comme ça arrive à des dizaines de jeunes de cet âge, tous les jours, après une grosse virée au bar du coin ou une fumette de trop dans les toilettes.

Ma troisième tuile en moins d'un an et demi fut ma première et ma seule véritable peine d'amour : Maryse M. Comme j'ai pu aimer cette jeune femme ! Je la rencontrai un jour de 1972. Elle travaillait pour le mari de ma cousine, Émile Amireault, à son cabinet d'assurances, au sous-sol de la Caisse populaire de L'Assomption. Dès que je l'aperçus au bout du couloir, avec ses longs cheveux châtains ondulés, je fus foudroyé. Ce matin-là, elle portait une robe fleurie qui flottait sur ses hanches et sa peau basanée.

– Bonjour, je viens rencontrer monsieur Amireault, lui dis-je en me foutant bien tout à coup de ma nouvelle police d'assurance.

– Vous êtes monsieur…? demanda-t-elle avec un sourire angélique.

– Tom Lapointe. Mais Tom, ça ira, mademoiselle… Mademoiselle?

– Mademoiselle M., Maryse M.

– Enchanté.

Émile sortit de son bureau avec un sourire narquois; j'aurais voulu qu'il y reste enfermé pour des années – autant de temps que j'aurais pu passer avec elle!

Je déployai immédiatement tout mon talent de journaliste pour en apprendre, auprès du mari de ma cousine, le maximum sur cette jeune femme. D'où venait-elle? Avait-elle des frères et des sœurs? Ses parents vivaient-ils toujours ensemble? Avait-elle un homme dans sa vie? Préférait-elle les fleurs, les parfums, la lingerie ou les bijoux? Toutes ces choses à la fois? Mangeait-elle du poisson? Des pâtes? De la viande? Avait-elle un chat, un chien, un perroquet, une tortue ou un poisson rouge à son appartement? Préférait-elle Elvis et les Baronets aux Beatles et aux Rolling Stones? Est-ce qu'elle lisait *L'Artisan*? Avait-elle lu mes chroniques? vu ma photo dans le journal? Aimait-elle le Canadien et Rogatien Vachon autant que moi? Si jamais on se mariait, voudrait-elle une grande fête ou une réception intime? Était-elle toujours pucelle? Si nous passions toute une vie ensemble, serais-je encore fou d'elle à quatre-vingt-dix ans, comme l'est encore papa de maman? Ce qu'on peut devenir gaga lorsqu'on se fait foudroyer de la sorte!

Grâce à mes informateurs, je pus bientôt connaître les réponses à presque toutes mes questions. Elle était originaire de Saint-Côme, un village beaucoup plus au nord de L'Assomption; elle avait un frère et deux sœurs; ses parents vivaient toujours ensemble; elle logeait dans une pension à L'Assomption depuis quelques semaines à peine; son cœur était écorché vif à cause d'une rupture avec son premier amoureux, le fils du magasinier général de Saint-Côme; elle aimait les restos, les beaux vêtements, mais elle n'était pas dépensière; elle détestait le hockey et les grandes villes. De plus, elle ne connaissait nullement le prétentieux chroniqueur sportif de *L'Artisan*, Tom Lapointe.

Il me fallut quelques semaines de cour effrénée pour qu'elle accepte finalement une première sortie au restaurant. Puis, elle voulut bien rencontrer mes parents et ma famille à la maison. Maman l'aima tout de suite. Maryse m'accompagna donc en voyage avec ma famille à Holyoke, dans le Massachusetts. Je me dis : « Je l'ai trouvée, c'est la femme de ma vie. »

Mais je déchantai bien vite quand j'allai passer quelques week-ends dans sa famille, à Saint-Côme. Son frère était un bon copain de son ex-petit ami. Tous deux passaient des soirées entières à s'enfiler des bières derrière la cravate, au bar du village. Chaque fois que le regard de Maryse croisait celui de son ex-petit ami, il y avait encore de l'électricité, constatai-je à mon grand désarroi. Cet homme avait été le premier dans sa vie. Moi, j'étais le deuxième. Elle avait beau avoir des sentiments pour moi, c'était lui qu'elle aimait encore. Pour elle, j'étais le gentil, le poli et l'attentionné. Celui qui lui offrait des fleurs et qui lui ouvrait la portière de la voiture. Lui, c'était l'amoureux fougueux. Celui qui lui avait tout appris du désir et de la magie des sens. D'ailleurs, ce fut au lit que je la perdis.

Comme j'étais puceau, ma première nuit d'amour fut un terrible échec. J'avais beau la caresser, la couvrir d'affection et de tendresse, je ne savais rien du sexe. Pis encore, comme je n'étais pas circoncis, j'eus mal. Très mal même, à m'écorcher le sexe au sang. Elle eut beau me dire que ce n'était pas important, que c'était tout de même bien, que ça irait mieux la prochaine fois, je ne la crus pas. Un homme, qu'il soit puceau ou pas, n'a pas le droit de louper sa première nuit d'amour.

Peu de temps après, je me fis circoncire. Puis, après moins d'un an de fréquentations, nous nous quittâmes. Elle me dit qu'elle ne voulait pas me suivre dans ma nouvelle vie de journaliste à Montréal. Qu'elle préférait la campagne et une belle vie avec des enfants, un potager et de la musique country au bar de Saint-Côme. J'encaissai mal le choc, mais j'acceptai son choix. Je savais que je n'étais pas l'homme de sa vie. À preuve, quelques semaines plus tard, elle retourna dans les bras de son monsieur Muscles, à l'épicerie du village. Ils se marièrent et ils eurent deux enfants.

Je la revis une seule fois. C'était un jour d'été en 1981. J'étais allé jouer à la balle molle avec l'équipe de CKVL. Elle était assise sur l'herbe avec ses deux enfants. Je lui souris et pris de ses nouvelles. Elle se montra discrète et pudique, comme toujours. Mais, pour la première et la seule fois, je décelai de la tristesse dans son regard. Et je repartis de Saint-Côme aussi confus et perturbé que le jour de notre rupture. Même si ce n'était pas nécessairement vrai, je me dis, en regagnant Montréal, que si j'avais insisté un peu plus en 1972, elle aurait peut-être fait un bout de chemin avec moi.

Les illusions nourrissent toujours les perdants dans les histoires de cœur et de cul. À mon grand dam, je faisais désormais partie de cette catégorie !

Chapitre 3
Yes, sir !

Je tentai d'oublier Maryse en roulant ma bosse le jour et en m'amusant la nuit. J'eus de la chance très jeune dans le monde du travail. Tout en continuant à travailler comme journaliste à temps plein à *L'Artisan*, je pus obtenir à vingt et un ans une entrevue avec Jacques Barrette, au quotidien *Montréal-Matin*. Robert Duguay, un Assomptionniste affecté à la couverture du football pour ce journal, m'avait préparé le terrain. L'entrevue se déroula dans la salle de rédaction du quotidien. À l'époque, les locaux du journal étaient situés boulevard Saint-Joseph, près du fameux «tunnel de la mort», baptisé ainsi en raison des fréquents accidents meurtriers qui survenaient à l'intersection du boulevard Saint-Joseph et de la rue Iberville.

Monsieur Barrette lut mon CV, survola quelques-uns de mes articles parus dans les pages sportives de *L'Artisan*, puis me demanda de traduire un texte de l'agence Associated Press. Je lui rendis mon feuillet de traduction, un exercice pas très réussi, je vous l'avoue, et il ne tarda pas à me lancer la phrase assassine que je ne voulais surtout pas entendre :

– Nous n'avons pas de place pour l'instant, mais si jamais un poste devenait vacant, je vous appellerai, mon cher Tom. Bon courage et bon vent…

Ce genre de phrase est généralement saupoudré d'arsenic. Je l'avais toutefois aussi mal traduite que le texte de l'agence de presse. Dans mon esprit, le père Barrette venait carrément de me dire : «C'est ça, retourne chez toi, petite merde. Ton français est aussi mauvais que du vin de messe…»

Heureusement, je m'étais mépris sur le compte de monsieur Barrette, un homme plus avenant et poli qu'un ambassadeur. Il avait été parfaitement sincère avec moi puisque, deux semaines plus tard, je recevais à la maison un appel de Jean Chartier, de l'hebdomadaire *Le Petit Journal*:

– Monsieur Lapointe, Jacques Barrette m'a parlé de vous cette semaine. Passez me voir au *Petit Journal* vendredi midi. Je cherche un jeune pour écrire des reportages sur les stars sportives. Et c'est assez urgent.

Le Petit Journal était situé, en ces années-là, dans un centre commercial de l'est de Montréal, à quelques feux de circulation de la rue Frontenac. L'autre défunt hebdomadaire *La Patrie* avait aussi élu domicile dans le même édifice, juste au-dessus d'une salle de quilles et de billard. Cette première rencontre avec mon nouveau patron fut aussi brève qu'euphorisante.

– Le salaire est de quatre cents dollars par semaine et, si tu veux, tu commences immédiatement, m'annonça-t-il d'emblée. Tu auras une période d'essai de trois mois et, entre-temps, tu pourras garder ton autre travail à *L'Artisan*. Je vais t'organiser pour demain matin une entrevue avec Pit Martin, des Black Hawks de Chicago, au Forum. Tu trouveras ton accréditation à l'entrée des journalistes. S'il y a un souci, tu demandes à parler au relationniste de l'équipe, Camil DesRoches. Je te verrai à la passerelle des journalistes lors du match entre Chicago et le Canadien. Bienvenue au *Petit Journal*.

C'est trop bizarre, la vie, vous ne trouvez pas? C'est surtout trop souvent injuste. Certains étudient comme des fous pour devenir avocat, informaticien, architecte, politicologue, et j'en passe. Ils quittent les bancs de l'université mentalement épuisés. Ils ont entre vingt-cinq et trente ans. Ils ont tout sacrifié pour obtenir leur maîtrise et pour accrocher fièrement leur diplôme sur un mur de leur bureau. Ils n'ont eu ni petites copines, ni vacances à la mer, ni sorties en ski. Et certains font tout ce chemin de croix pour se retrouver parfois dans une impasse, forcés de survivre en acceptant un poste de caissier dans un supermarché. Pourquoi la vie est-elle aussi injuste? Pourquoi certains naissent-ils avec une cuillère en or dans la bouche et d'autres avec un seul bol de riz à bouffer par semaine?

Ces questions m'ont soudainement trotté dans la tête à la suite de mon embauche expéditive au *Petit Journal*. J'étais né « consciemment » depuis 1964. D'une certaine manière, j'avais donc seulement vécu dix ans et déjà une partie de mes rêves s'était réalisée. Dans les grandes lignes de l'emploi, je frappais une moyenne de mille au bâton. Mickey Mantle et Willie Mays pouvaient aller se rasseoir sur le banc avec leur bâton sur l'épaule. Ils étaient de tout petits joueurs à côté de Tom le battant.

J'avais le cul béni, je le confesse, puisque seulement cinq rencontres – Lloyd Buchanan, Gérard Gauthier, Robert Duguay, Jacques Barrette et Jean Chartier – m'avaient suffi pour entrer au Forum par la grande porte. Et dans les années 1970, époque où le Canadien gagnait la Coupe Stanley aussi souvent que Pierre Nadeau le titre du plus bel homme du Canada, côtoyer le Bleu-Blanc-Rouge et ses stars permettait automatiquement d'avoir les clés de la grande ville : Montréal, LA métropole.

Accéder trop vite à ses rêves n'était pas nécessairement la meilleure chose pour un ti-cul qui arrivait de L'Assomption. Bien au contraire. Je n'ai jamais relu mes articles parus au *Petit Journal* et à *La Patrie*, sauf que j'ai une bonne idée de leur contenu : de la merde. Pourquoi ? Parce que j'étais encore un fan des joueurs. Parce que je les encensais comme une bigote chante les louanges de Dieu. Mes papiers du temps étaient indigestes parce que trop complaisants et truffés de superlatifs, tous écrits avec l'émerveillement d'un gamin assis pour la première fois sur les genoux du père Noël chez Eaton. Ils te remontaient à la gorge comme l'odeur d'une pute qui se parfume entre deux clients plutôt que de se doucher. C'était, autant le dire en toutes lettres, nul à chier.

Dans mes premiers textes, Bobby Hull était toujours la comète blonde et Guy Lafleur, le démon de la même teinte de pétasse. Serge Savard fumait toujours de gros cigares à dix piastres. Rogatien Vachon était aussi agile de la mitaine que Lucky Luke avec son pistolet. Bobby Orr était aussi parfait que mère Teresa, l'abbé Pierre et le cardinal Léger réunis. Pour cette excellente raison, tous les joueurs et leurs dirigeants m'aimaient bien. J'étais le naïf de service. « Serveur, un cognac à mon chum Tom accoudé au bout du bar!» C'est le gros Mouton qui offrait.

Je ne fus pas longtemps au *Petit Journal*, pas plus qu'à son petit frère, *La Patrie*, propriété de mon volage patron François Dowd. Moins d'un an plus tard, *Montréal-Matin* me soumettait une offre à son tour. Normal, me direz-vous, puisque j'étais le nouveau boy-scout de service. Que ce fût à Noël ou à Pâques, que sévît la canicule ou la tempête du siècle, peu importait l'heure du jour ou de la nuit, on me sonnait et je répondais toujours «Présent!». Lapointe au poteau d'exécution? *Yes sir!* Vous voulez aussi que je baisse mon froc après minuit, patron? Pas de problème!

Il me fallut plusieurs années pour sortir de ma coquille, prendre du recul et voir ces nouveaux riches du sport sous leur vrai jour. Mais en 1974, c'était trop tôt... Beaucoup trop tôt.

Chapitre 4
L'initiation

Je me rendis vite compte que je ne savais pas grand-chose des plaisirs et des vices de la vie le jour où Marc Verreault, célèbre producteur de l'époque, me demanda de participer à une tournée de hockey avec des vedettes de la chanson et du sport. La tournée portait le nom du commanditaire, Export A, la cigarette à la mode du temps chez les fumeurs branchés. Verreault savait que je travaillais au *Petit Journal* et à *La Patrie* et que j'étais le type de journaliste qui pouvait voir et entendre certaines choses sans pour autant toutes les rapporter. Et comme je me débrouillais assez bien comme gardien de but, il faisait d'une pierre deux coups. S'il me rémunérait avant tout pour stopper des rondelles, mon salaire se payait tout seul vu que je publiais des articles mielleux sur tous ses joueurs – une publicité pour le commanditaire, pour la vente de billets et pour le marketing de tous les produits dérivés.

Verreault dirigeait habilement cette tournée avec deux complices de qualité: Guy Cloutier, le manager de la famille Simard, et René Angélil, qui n'a plus besoin de présentation après le succès planétaire qu'il a brillamment orchestré pour Céline. Le trio embauchait des stars dont les tubes culminaient au palmarès des années 1970: par exemple, Johnny Farago avec *J'ai ta photo dans ma chambre*, Martin Stevens avec *Love is in the air*, et Patrick Zabé avec *Agadou*. Ces vedettes des *juke-box* et de la tournée Musicorama de CJMS 1280 faisaient accourir les petites et grandes minettes dans toutes les localités où passait notre caravane.

Le concept était génial. Comme les chanteurs étaient de médiocres hockeyeurs – au contraire de Guy Cloutier, très habile sur patins –, Verreault avait réussi à convaincre d'ex-joueurs du Canadien et de la Ligue nationale de hockey, comme Robert Rousseau, Dollard Saint-Laurent, Phil Goyette, Claude Provost et John Ferguson, de participer à la tournée. Goyette, Rousseau et Provost s'amusaient à marquer des buts quand l'équipe tirait de l'arrière au pointage ; Saint-Laurent limitait les dégâts à la ligne bleue ; Ferguson faisait rigoler ses adversaires en simulant des bagarres contre le dur à cuire de l'équipe adverse. Des joueurs d'un certain niveau, dont je faisais partie, complétaient cette bande de joyeux lurons.

Le meilleur coup de filet de Verreault fut cependant l'embauche de Maurice Richard à titre d'arbitre. Le Rocket, toujours dans une forme splendide au début de la cinquantaine, remplissait à lui seul les arénas où nous jouions. Jacques Salvail, un populaire animateur de Télé-Métropole, agissait comme maître de cérémonie et animait le spectacle musical d'après-match sur la patinoire. Dès qu'il prononçait le nom du Rocket au micro, tout le public se levait d'un trait et ovationnait l'icône, monsieur Hockey lui-même.

Charismatique, le Rocket n'avait rien perdu de son sens du spectacle. De temps à autre, il décernait un « deux minutes » à Guy Cloutier pour ne pas avoir passé la rondelle à Farago ou à Angélil. Il accordait aussi, ici et là, un lancer de punition à Martin Stevens ou au boxeur étoile Jean-Claude Leclair. Ce dernier patinait sur la bottine et trébuchait une bonne dizaine de fois entre le centre de la patinoire et son arrivée devant le gardien de but. C'était à pisser dans ses culottes…

La partie et le spectacle terminés, toute l'équipe était invitée à la discothèque branchée de la ville. Et ça se terminait aux petites heures du matin avec quelques parties de jambes en l'air, à seule fin de faire plaisir aux dames de l'endroit en manque d'affection… évidemment ! Ces nuits me permirent de réaliser que j'étais un vrai néophyte au lit. Plus jeune, après des soirées au Chapon fin de Saint-Sulpice ou à l'Hôtel Miami de L'Assomption, j'étais tout excité à la seule idée de mettre la main dans le soutien-gorge d'une vierge consentante. Je pensais être un tombeur en puissance dans mon patelin. «Et pourtant, et pourtant...», comme le chante Aznavour!

Un soir, dans le vestiaire, un des joueurs me proposa un petit jeu devant tous mes coéquipiers: une espèce de comédie sexuelle.

– Messieurs, Tom est le plus jeune de l'équipe et il aura droit à son initiation ce soir, claironna-t-il à tout le club. Tom devra ramener une fille de la discothèque à sa chambre et je l'accompagnerai avec une femme dont je devrai, moi aussi, tendrement m'occuper. Pour passer le test, Tom devra faire avec sa petite chérie tout ce que je ferai avec la mienne. Je vous dirai demain dans le bus s'il a réussi son initiation... ou pas.

Mon «professeur de sexe» m'avait donné rendez-vous au bar, où je le rejoignis et nous commandai un coup à boire.

– Regarde là-bas, au bout du comptoir... me souffla-t-il à l'oreille. Il y a deux filles qui ont l'air aussi coquines que copines. Allons leur faire la conversation. Aussi bien tenter d'en ramener deux qui se connaissent, ce sera moins difficile pour les convaincre de venir à l'hôtel à trois heures du mat...

Les deux femmes avaient respectivement vingt-quatre et vingt et un ans. Mon prof entama la conversation avec l'aînée, je fis de même avec la cadette. Nous dansâmes, bûmes quelques verres et, à trois heures du matin, après s'être fait raisonnablement prier, elles acceptèrent finalement de nous suivre pour un dernier verre à la chambre d'hôtel.

Une fois dans la chambre, mon prof commanda une bouteille de champagne et tamisa la lumière. Il alluma la radio et, au premier slow, il demanda à sa nouvelle copine d'une nuit de danser avec lui. Je dus en faire autant avec ma compagne, ce qui n'était jusque-là pas trop difficile. Il aventura une main sous le chandail de la jeune femme, je fis de même. Il commença à l'embrasser langoureusement, je l'imitai sans me faire prier. Jusque-là, c'était comme après mes soirées au Chapon fin et tout allait bien.

La danse terminée, il allongea la fille sur son lit et, là, je me dis dans ma petite tête: «Tom, ça se complique, cette fille a seulement vingt et un ans, ça risque d'être un peu plus chaud.» Mais non, elle se coucha, elle aussi, sans en faire toute une histoire. J'étais fier de moi. Entre deux longs *french kiss*, je levai la tête pour voir où en était rendu mon prof. Surprise!

Il avait déjà quitté son jeans et s'affairait à dégrafer celui de sa partenaire. Je retirai donc mon pantalon et, tout doucement, j'abaissai la fermeture éclair du jeans de ma compagne. Je me disais intérieurement : « Pourvu qu'elle se laisse faire… Si elle se lève et qu'elle claque la porte, je serai la risée de toute l'équipe dans le bus, demain matin… et pour le reste de la tournée. »

Elle fit semblant de rechigner mais, à force de lui murmurer à l'oreille de me faire confiance, elle consentit. Dix minutes plus tard, elle était sous les draps, ne portant plus que sa petite culotte. Ce que j'étais excité ! Après Maryse, j'avais fait l'amour une ou deux fois avec une copine de Repentigny, mais nous étions alors seuls dans la chambre… Pas deux couples !

Quand nous fûmes enfin nus tous les deux, mon prof et sa compagne avaient encore une longueur d'avance sur nous. Il était maintenant debout dans le lit, poussant quelques gémissements de satisfaction du genre : « C'est bon, continue, c'est ça, un peu plus vite… » pendant que sa partenaire, à genoux, lui taillait une pipe. Le petit jeu devenait dangereux. Je ne savais plus si je pouvais aller aussi loin. Mais, à ma grande surprise, ma partenaire disparut sous les draps pour m'infliger la même médecine douce. Je retirai le drap pour que mon prof ne manque rien de la scène.

Cette fois, j'étais certain d'avoir gagné mon pari. Mais non ! À ma grande surprise, mon prof jouit dans la bouche de la jeune femme et, sitôt retiré, lança un grand cri en grimpant dans les rideaux de la chambre. Tout l'hôtel dut l'entendre gémir. Son jeu de scène me fit pouffer de rire – mais d'un rire jaune, puisque je devais en faire autant. Je me concentrai donc de nouveau sur les efforts de ma partenaire et, quelques minutes plus tard, je jouissais et grimpais à mon tour dans les rideaux.

Ce fut à cet instant précis que mon prof s'extirpa du lit pour aller pousser la porte de la chambre… derrière laquelle cinq de mes coéquipiers du club se mirent à applaudir. Les deux filles éclatèrent de rire et je me rendis enfin compte de toute la mise en scène. Mon gigolo de service avait tout planifié avec les deux filles – deux jeunes prostituées de Mont-Laurier. Tout au long de la nuit, innocent comme l'agneau naissant, je n'avais rien vu venir du canular de mon coéquipier. Si Marcel Béliveau avait démarré sa célèbre émission *Surprise sur prise* quelques années plus tôt et qu'il était passé dans le secteur cette nuit-là, je lui aurais offert tout un morceau d'anthologie.

J'avais été à la hauteur des attentes de mes coéquipiers, mais à quel prix, direz-vous !

Cette initiation éveilla mon désir et mes fantasmes. Désormais, je savais qu'il fallait oser pour réussir avec les filles. Pas autant, tout de même, que certaines de ces stars que j'ai connues au fil du temps et dont les exploits auraient fait la matière d'un livre extraordinaire.

Mais avant de revenir sur ma carrière de journaliste et sur mes débuts au *Montréal-Matin*, laissez-moi vous en raconter une toute dernière, survenue durant cette historique tournée. Les épisodes juteux de Réjean Tremblay, dans les vestiaires de la télésérie *Lance et Compte*, ou encore ceux du film *Slap Shot* sur les jeux intimes des hockeyeurs, sont du petit-lait en comparaison de celle-ci.

Une autre nuit, après un match disputé dans une ville de la Nouvelle-Écosse, les joueurs les plus chauds s'ennuyaient. Personne n'avait réussi à trouver l'âme sœur d'un soir. Personne… sauf un. Dans un tel cas de figure, il fallait respecter une règle d'or pour les autres joueurs intéressés de l'équipe : à défaut de toucher, ils avaient au moins le droit d'aller regarder le chanceux en pleine action dans sa chambre. Ils se retrouvèrent donc à sept autour du lit. Non, je ne faisais pas encore partie de ce groupe sélect. Mais comme la jeune femme était nymphomane, elle consentit à donner du plaisir à chacun d'eux. En route vers la Beauce, trois jours plus tard, un des sept partouzards sortit de la toilette du bus en jurant comme un camionneur.

— Tab… de ca… j'ai une chaude-pisse, il faut vite que je vois un médecin. Je suis sûr que je l'ai attrapée de la cochonne de l'autre soir, en Nouvelle-Écosse.

L'inquiétude a vite gagné nos sept tireurs d'élite. L'équipe jouait en soirée à Sainte-Marie-de-Beauce et, comble de malheur, certaines épouses de joueurs allaient assister à la partie, tout impatientes de revoir leur mari pour passer deux nuits d'amour dans un hôtel de la ville de Québec, avant de reprendre la route, direction la Côte-Nord. Il fallait donc réfléchir, et vite. Le scénario arrêté fut le suivant…

Ce soir-là, toute l'équipe se présenta sur la patinoire avec une serviette blanche autour du cou. Tous les joueurs, moi y compris, devions simuler une vilaine grippe. Je ne ris jamais autant que ce soir-là, sous mon masque de gardien de but. Entre deux exercices d'assouplissement, les joueurs graillonnaient. Certains poussèrent la fumisterie encore plus loin en se faisant frictionner le cou par le médecin de l'équipe, sur le banc des joueurs.

– Mesdames et messieurs, annonça l'honorable Salvail en réprimant son fou rire, même si toute l'équipe est contaminée par un foudroyant virus, nous avons tenu malgré tout à disputer cette partie. D'ailleurs, nous tenons à remercier le médecin de la place pour ses bons soins. J'espère que ce virus ne nous ralentira pas trop contre votre équipe locale, ce soir. Alors, de grâce, laissez-nous une petite chance !

Je ne me souviens pas du score final de la partie. Mais je me souviendrai toute ma vie de cette soirée de grand vaudeville !

Chapitre 5
Contre le Kid !

À mon arrivée au *Montréal-Matin*, la chance collait toujours sous mes bottes de cow-boy. J'appris la cuisine de la profession en traduisant des textes, en écrivant des bas de vignettes, en proposant des titres d'articles, en produisant des reportages sur le tournoi pee-wee du parc La Fontaine ou, encore mieux, en couvrant la prestigieuse traversée du lac Saint-Jean, une beuverie régionale autour d'un majestueux plan d'eau.

Je fus verni puisque, moins d'un an après mon arrivée au journal, à l'été 1975, Raymond Tardif délaissa la couverture de la Ligue junior majeur du Québec pour accepter le poste d'adjoint au directeur des sports, qui était à l'époque Pierre Gobeil. Qui hérita de ce poste tant convoité par certains collègues pourtant en place depuis déjà quelques années ? Bibi Lapointe !

Sans prétention, j'étais le candidat idéal pour ce type d'affectation, et ce, pour de multiples raisons. *Primo*, je ne comptais pas les heures de travail. *Secundo*, je pense que j'avais un bon sens de l'information – je reniflais la primeur comme un chien de chasse traque le gibier. *Tertio*, j'étais célibataire. J'eus un plaisir fou, quatre années durant, à sillonner les routes du Québec et du Canada avec ma machine à écrire, mon carnet d'adresses et ma valise.

Étant donné que Gobeil et Tardif m'avaient presque donné carte blanche, je remplissais seul mon agenda. Le jour, je me rendais au journal pour donner mes coups de téléphone de routine, glanant des informations auprès de tous les dirigeants d'équipe, sans exception. Et le soir – cinq fois par semaine en moyenne –, je couvrais la partie d'une des dix équipes du circuit Paul Dumont. J'allais généralement au Centre sportif Laval le lundi; à Trois-Rivières, à Shawinigan ou à Hull le mardi; à Cornwall le jeudi; à Sorel, à Sherbrooke ou au Forum pour le Canadien junior de Montréal le vendredi. Deux à trois fois par saison, je prenais la route de Québec et de Chicoutimi pour voir respectivement les Remparts et les Saguenéens en action.

Je passais mes semaines au volant de ma bagnole. J'adorais le bitume, les routes sinueuses, les paysages et les arrêts dans les cafés, sur les aires de repos des autoroutes. J'enviais parfois l'apparente liberté des conducteurs de camions et de trains, qui exerçaient à mon avis le plus beau métier du monde.

Mon ardeur au travail était exemplaire, et elle s'expliquait facilement par le coriace adversaire du compétiteur d'en face: Marc Lachapelle, du *Journal de Montréal*. Le Kid, comme on l'a surnommé, avait tout appris de son maître à penser: le légendaire Jacques Beauchamp. Redoutable travailleur, insatiable chasseur d'infos, Lachapelle n'acceptait jamais la défaite. Si un de ses informateurs daignait m'adresser la parole, il le rayait de ses contacts et de sa chronique durant quelques semaines ou il le matraquait carrément dans une de ses colonnes. Pour l'user à la longue dans le ring, il fallait bien plus que de la discipline, car je le soupçonne même d'avoir inventé la rigueur au travail. Pour l'ébranler, il fallait user de charme et de tact, des techniques qu'il ne maîtrisait pas – tous ses détracteurs vous le confirmeront.

Avant et après les parties, Lachapelle allait engloutir un club sandwich chez son seul copain du temps, André Bonenfant, patron du resto Saint-Michel Barbecue, dans l'est de la ville. Pendant ce temps, je passais des heures à discuter avec les copines des stars des équipes, avec les femmes des dirigeants ou encore, tout simplement, avec certaines familles, parents de près ou de loin avec les joueurs. Mes meilleures alliées étaient la femme de Rodrigue Lemoyne et la fiancée de Lucien DeBlois, à Sorel; la secrétaire de Johnny Rougeau, à Laval; la maman de Robert Picard, à Montréal; les épouses de Ghyslain Delage et d'Yvan Gingras, à Sherbrooke et à Chicoutimi; le frère de Maurice Barrette, à Cornwall. Sans compter les groupies des joueurs qui s'agglutinaient dans les bars et les discothèques de chacune des villes de la ligue.

Lachapelle avait aussi une autre grosse faiblesse dans le ring : la perception qu'entretenait la confrérie à son sujet. Les journalistes des villes, en province, le traitaient de gros prétentieux. La plupart le détestaient tellement qu'ils se faisaient un plaisir presque jouissif de me refiler une bonne information sur le compte de leur équipe, histoire de l'entendre grogner comme un ours mal léché devant sa machine à écrire, sur la passerelle de presse. Comme j'avais acquis de l'aisance avec les femmes, dans les discothèques – la tournée Export A m'avait bien servi –, je présentais à mes excellents confrères des copines lors de leurs visites à Montréal et je leur payais à boire.

Cette féroce compétition avec le Kid Lachapelle contribua à faire de moi, je pense, un meilleur journaliste et m'aida à progresser dans le métier. Si j'avais eu un petit joueur en face de moi, je me serais davantage amusé et j'aurais trimé moins dur. Dommage, cependant, pour le Kid qui aura passé toute sa carrière à couvrir le hockey junior. Interroger, à soixante ans révolus, des hockeyeurs au nombril encore mouillé, ça doit rendre son homme aigri et frustré. La routine use même les plus coriaces. Moi, elle m'aurait tué. Et c'est pour cela que je l'ai fuie toute ma vie.

Chapitre 6
Après Elvis

Même si le *Journal de Montréal* vendait plus d'exemplaires que le *Montréal-Matin* au milieu des années 1970, l'équipe de la section sportive du *MM* était pour le moins charismatique et bien soudée : Jean-Paul Sarault couvrait le baseball des Expos ; Robert Duguay et Jean-Paul Chartrand père, le football canadien et américain ; Gilles Bourcier, la course automobile et la boxe ; Gus Lacombe, les sports hippiques ; Marc DeFoy, le baseball junior ; Jerry Trudel (jamais journaliste ne tapa à un doigt aussi vite sur une machine à écrire !) ; André Trudelle, Rocky Brisebois et Yves Létourneau écrivaient les éditos ; Richard Camirand s'occupait des dossiers associatifs ; Albert Ladouceur assistait à toutes les conférences de presse des autres disciplines ; André Turbide, Fernand Liboiron, Pierre Nadon, Pierre Lachance et Pierre Raymond agissaient en tant que chefs de pupitre ; enfin, le dernier mais non le moindre, Yvon Pedneault était affecté à la couverture du Canadien. Avec tous ces vétérans chevronnés, il était difficile d'imaginer un meilleur entourage pour apprendre correctement sa profession.

Pour ma part, je surfais toujours sur ma vague, puisque le tandem Gobeil-Tardif m'attribuait de plus en plus de responsabilités. De temps à autre, je secondais Pedneault à la couverture du Canadien. Ensemble, nous formions un duo de choc, je crois pouvoir le dire.

Je me rappelle mon premier voyage à l'étranger avec les Glorieux. C'était un dimanche, à Buffalo, pour un match contre les Sabres – bien nantis à l'époque avec la *French connection,* ce fabuleux trio composé de Gilbert Perreault, de Richard Martin et de René Robert.

Je ne me souviens pas nécessairement du match mais indéniablement de mon baptême de l'air dans un bimoteur à hélices, plus bruyant au démarrage que mon ancienne et fumante Ford Mustang. C'était par une nuit de tempête, au cœur de décembre. L'avion avait décollé de Dorval vers minuit trente, soit une heure et demie après la traditionnelle partie du samedi soir au Forum. J'étais assis aux côtés d'Yvan Cournoyer. Il buvait calmement sa Molson bien frappée sans mot dire. Celui qu'on surnommait « Le Chinois » n'avait pas inventé les guillemets. Si je ne lui avais pas fait un brin de causette, je pense qu'il n'aurait pas dit un traître mot de tout le voyage.

– Ça brasse pas mal, hein, Yvan ? osai-je dire au bout d'un long moment en espérant trouver un soupçon de réconfort.

– Normal, ça brasse toujours dans ce genre d'avion, se borna-t-il à répondre.

– Toujours aussi fort que ça ?

– Peut-être un peu plus ce soir… Mais t'en fais pas, ce sont des avions qui peuvent atterrir n'importe où. Ils sont construits pour affronter les pires situations.

– D'accord, sauf que le pilote a demandé qu'on ne détache pas notre ceinture de tout le voyage.

– C'est comme ça, les soirs de tempête de neige, Tom.

Une heure et demie plus tard, après s'être fait « secouer le canayen » durant chaque seconde du trajet, l'agente de bord annonça finalement que l'avion se poserait sous peu à l'aéroport de Buffalo. Le bimoteur amorça sa descente. Je scrutai en vain le paysage par mon hublot : visibilité nulle. On entendait toutefois très distinctement le sifflement soutenu des rafales de vent. À la dernière seconde, on aperçut le tapis blanc et glacé de la piste. L'avion se posa, puis se mit à glisser au freinage. Je devins blanc comme un drap. Cournoyer ne broncha pas. Stoïque, il se contenta de grogner :

– Tab… ça serait l'temps qu'on s'arrête.

Et le bimoteur stoppa sa course après avoir dérapé sur une trentaine de mètres… et Casper Lapointe, le petit fantôme, reprit lentement des couleurs.

Ce ne fut pas le seul vol qui me procura des sensations fortes durant mon séjour au *Montréal-Matin*. Un jour, un avion commercial d'Air Canada avait dû revenir se poser d'urgence dans la Ville-Reine. L'appareil transportait toutes les stars de hockey junior québécoises de Montréal à Toronto, puis de Toronto à Calgary, pour le tournoi annuel des trois ligues – Ontario, Québec et Ouest canadien. L'équipage avait décelé à temps un problème majeur à l'un des moteurs du DC8. Encore là, je n'avais pas trop aimé cette sensation. On a beau dire qu'il faut être fataliste chaque fois qu'on monte dans ces gros oiseaux volants et que, si l'avion doit s'écraser, on crèvera sans pouvoir rien faire pour changer sa destinée, ça doit tout de même être flippant comme mort… Particulièrement durant les dernières minutes, durant les toutes dernières secondes.

Le pressentiment que je mourrais jeune m'a souvent habité. J'avais vu la mort de près le jour où ma Duster s'était éparpillée entre L'Assomption et Saint-Paul-l'Ermite. Je présume que c'était un premier message que m'adressait la vie. J'avais entendu Guy Lafleur raconter, au lendemain de l'assassinat de John Lennon, que s'imposait souvent à lui ce pressentiment d'une mort précoce.

– La vie m'a trop gâté, disait-il. J'ai une carrière merveilleuse dans le hockey, je gagne beaucoup d'argent, j'ai une femme et deux enfants en santé… C'est beaucoup pour un seul homme. Peut-être que je paierai pour toute cette chance en mourant soudainement dans un accident (il en eut un très sérieux, l'année suivante, sur le boulevard Décarie), d'un cancer ou de je ne sais quoi.

Moi aussi, je me tenais pour beaucoup trop chanceux, trop jeune! Il allait sûrement m'arriver quelque chose. Et ce quelque chose fut la fermeture de *Montréal-Matin* après une des nombreuses grèves de ses employés. *MM* mourut de sa belle mort à la fin décembre 1978.

Quand j'appris la terrible nouvelle, j'étais à Kingston, en Ontario, où je couvrais le tournoi annuel des stars du junior. Il devait être cinq heures de l'après-midi lorsque j'appelai le journal pour parler à mon patron. La réceptionniste était en sanglots à l'autre bout du fil. C'était seulement la deuxième fois que je l'entendais pleurer comme une Madeleine. La première fois, c'était le 16 août 1977. J'étais alors à Terre-Neuve pour la couverture des Jeux du Canada.

– Pourquoi pleurez-vous, madame? lui avais-je demandé, interloqué.

– Elvis est mort! C'était mon idole, avait-elle glapi entre deux sanglots.

– Mais de quoi est-il mort au juste?

– Ils parlent d'une crise cardiaque, à la suite d'une *overdose* de médicaments, paraît-il. Mais comment se fait-il que tu ne sois pas encore au courant? Toutes les radios et les télés du monde ne parlent que de ça.

– Mais je suis à Terre-Neuve, chère madame!

Seize mois plus tard, il était bien improbable qu'elle pleurât encore le décès d'une autre de ses idoles. Quand on a pleuré le King, on a versé toutes les larmes de son corps. Demandez à Guy Émond!

– Tom, tu peux rentrer à Montréal, m'annonça-t-elle tristement. Power Corporation vient d'annoncer que *Montréal-Matin* ferme définitivement ses portes. Nous n'avons plus d'emploi.

Je pliai tout de suite bagage. Michel Bergeron, entraîneur adjoint de l'équipe d'élite québécoise, me proposa de rester avec tout le groupe en m'assurant que la ligue se chargerait de tous les frais. Je déclinai sa courtoise invitation. Je pris plutôt le volant de ma voiture – je vous ai dit que j'adorais conduire – et je rentrai à Montréal comme une balle de fusil, ne m'accordant que de brèves haltes aux aires de repos de la Transcanadienne pour pisser ou pour caler un café, histoire de ne pas me noyer ou m'assoupir au volant. Ce trajet, de Kingston à Montréal, s'effectua en six heures. Elles passèrent ce jour-là en un rien de temps. Je ne conduisais pas, je me laissais guider par la voiture.

Mon esprit était envahi par un flux de souvenirs et par tous ces matchs de hockey junior disputés aux quatre coins du Québec et de l'Ontario. Je me rappelais les buts spectaculaires de Mike Bossy au Centre sportif de Laval; le tournoi de la Coupe Canada entre Russes, Tchèques et Canadiens en 1976, au Forum; ces soirées d'après-match du Canadien, au resto de Claude Saint-Jean, à Longueuil; toutes ces parties de balle molle avec le père Trudelle et notre équipe du *MM* sur les sites de terrains de camping; les Jeux olympiques de 1976 où j'avais versé quelques larmes à la soirée de clôture au Stade; la démonstration de ferveur des partisans aux débuts des Expos dans ce même Stade, devant le maire Jean Drapeau et près de 70 000 spectateurs; et les volutes de quelques histoires de cœur, entremêlées à ce torrent de grandes et petites dates historiques.

Qu'allais-je devenir? Qu'allions-nous tous devenir? Le *Petit Journal* et *La Patrie* avaient fermé leurs portes. Restaient le *Journal de Montréal* et *La Presse*. Le personnel du premier était complet; celui du second allait récupérer les vieux pros du *Montréal-Matin*. Moi, j'étais trop jeune pour espérer faire partie des élus rescapés.

J'arrivai à vingt-trois heures trente rue Saint-Jacques, plus précisément à la brasserie située à proximité de *La Presse* – *Montréal-Matin* avait pignon sur rue à l'adresse voisine de *La Presse* en 1976.

Il y avait encore des collègues sur place. Ils sympathisaient en siphonnant des pichets de bière ou des carafons de vin. Je ne me souviens pas bien si je me soûlai la gueule au Rémy Martin, ce soir-là.

Peut-être que si, finalement, vu que je ne m'en rappelle plus…

Chapitre 7
CKVL, la belle

Quand on a seulement vingt-six printemps, sans femme ni enfant à charge, on se remet mieux de l'électrochoc créé par la fermeture d'une entreprise. À la suite de la cessation des activités du *Montréal-Matin*, Power Corporation rémunéra convenablement tous ses employés mais, pour un certain nombre, la mort du quotidien marqua la fin de leur carrière, et ils n'eurent d'autre choix que de se recycler dans une autre profession.

Comment fait-on pour vivre d'un autre métier, surtout quand on a la fibre des communications? qu'on ne sait et qu'on ne veut rien faire d'autre? Un athlète se conditionne à une fin de carrière. Il est conscient que, vers le cap des trente-cinq ans, son corps ne pourra plus subir les coups et les assauts répétés de l'adversaire. Il met de l'argent de côté et il survit grâce à ses souvenirs. Cependant, le commun des mortels, qu'il soit col blanc ou col bleu, voit rarement venir la fin brutale d'une carrière. Et les séquelles sont terribles. Particulièrement lorsqu'on y laisse toute une vie, comme pour tous ceux et celles qui avaient connu la grande époque du quotidien du boulevard Saint-Joseph.

Trois mois me suffirent pour revenir sur le marché de la presse sportive. Ce fut le bon vieux Jean-Paul Chartrand père qui vint me proposer du boulot, en mars 1979.

– Un nouveau quotidien va être lancé, le *Métro-Matin*, m'apprit-il. Et j'ai besoin de toi pour couvrir le Canadien et le hockey junior. Le salaire ne sera pas celui du *Montréal-Matin* mais, au moins, tu existeras sur le marché.

Le journal avait aménagé sa salle de rédaction à Anjou dans une grande surface adjacente à l'imprimerie, qui appartenait au propriétaire du nouveau quotidien. Nous étions à peine six journalistes pour rivaliser contre les puissantes équipes du *Journal de Montréal* et de *La Presse*, cette dernière plus redoutable que jamais avec l'acquisition des rescapés du *Montréal-Matin*. Pour ma part, je m'en foutais royalement. Les défis ont toujours fait grimper mon taux d'adrénaline au zénith et, peu importe que je m'y casse les dents ou pas, j'étais prêt pour le combat. De toute manière, avais-je bien le choix?

Au *Métro-Matin*, je chiai de la copie comme un malade. Chanceux dans ma déveine, je réussis, avant que le journal ne rende rapidement l'âme faute de capitaux, quelques coups fumants, dont la primeur du départ de Jacques Lemaire pour aller diriger une équipe de hockey en Suisse. J'écrivis la nouvelle le soir même de la victoire finale du Canadien contre les Rangers de New York, qui décrochait ainsi une quatrième Coupe Stanley consécutive, le 21 mai 1979. Gilles Lupien m'avait refilé l'information.

Je soufflai la précieuse info à Réjean Tremblay, de *La Presse*, qui préféra l'écrire dans un entrefilet, au conditionnel. Je n'étais pas encore assez crédible pour qu'il ose se mouiller complètement. Vous auriez dû voir la tête de Tremblay – et surtout celle de Bertrand Raymond – le lendemain matin, dans le vestiaire en liesse du Canadien, peu avant la fameuse parade de la Coupe Stanley, rue Sainte-Catherine.

Lemaire et Raymond avaient toujours été comme cul et chemise. Pourquoi ne lui avait-il pas réservé cette exclusivité? Évidemment, Lemaire démentit le tout dans la chronique de Raymond, dès le lendemain. Moins d'une semaine plus tard, toutefois, il assenait un autre petit coup de poignard à son copain en convoquant une conférence de presse à sa brasserie de Saint-Jovite, dans les Laurentides. Pour annoncer quoi? Eh oui! qu'il prenait sa retraite en tant que joueur du Canadien pour accepter un poste d'entraîneur en Suisse...

Vous avez besoin de ce genre de primeur pour grandir dans la jungle des médias et pour faire réagir la concurrence. Vous avez surtout besoin, comme dans la vie en général, de vous trouver à la bonne place, au bon moment.

À l'automne de la même année, Claude Larochelle, le directeur des sports du quotidien *Le Soleil*, me donna un coup de fil.

– Tom, pourrais-tu venir me voir à Québec ? Nous voudrions t'offrir quelque chose.

La proposition de Larochelle dépassa toutes mes espérances. À l'heure où les Nordiques de Québec adhéraient à la Ligue nationale avec les villes d'Edmonton, de Calgary et de Winnipeg, Larochelle et son patron, Claude Masson, m'offraient un contrat de pigiste. Je devenais le chroniqueur de hockey du Canadien pour leur journal, et mes textes allaient paraître également dans de grands journaux de province appartenant au même groupe, soit *Le Quotidien* de Chicoutimi, *La Tribune* de Sherbrooke, *Le Droit* d'Ottawa et *Le Nouvelliste* de Trois-Rivières. Je recevrais une somme mensuelle pour la rédaction des articles et pour mes frais de déplacement. Pas de patron, pas de syndicat, pas de convention collective, pas de code de déontologie. Je n'avais qu'à rendre mes textes dans les temps voulus tout en restant alerte face à la compétition. Et je restais libre comme l'air.

Mon nouveau statut d'agent libre n'avait pas échappé à l'attention de Richard Morency, la voix sportive des stations radiophoniques CKVL et CKOI, et l'annonceur maison des Expos au Stade olympique.

– Les patrons de CKVL ont eu l'idée d'un face-à-face sportif à leur antenne, me fit savoir celui qui allait devenir mon parrain dans le monde de la radio. Leur émission d'actualité politique a un bon auditoire le midi, avec Mathias Rioux et Jean Cournoyer. Et ils veulent faire de même dans le sport avec toi et moi… si tu es intéressé.

Moi, à la radio ? Morency et CKVL prenaient beaucoup de risques. Plusieurs doutaient de mes possibilités derrière un micro, dont son grand copain Rodger Brulotte, la voix des Expos de Montréal avec le méthodique Jacques Doucet.

J'avais donné quelques entrevues matinales à l'émission de Jacques Proulx, à CKAC, au lendemain de matchs du Canadien, mais ces interventions ne duraient jamais plus de deux ou trois petites minutes. En fait, le micro m'attirait autant qu'il m'effrayait. Réussir dans le journalisme écrit, c'était une chose ; exceller en même temps à l'écrit et à l'oral représentait un énorme défi pour moi – comme pour tout journaliste.

– Tu n'auras qu'à me laisser faire, me rassura Morency. L'important, c'est que tu sois à l'affût des nouvelles chez le Canadien. De mon côté, je m'occupe des Nordiques et des Expos. Tu verras, ça va marcher...

La radio est un média exceptionnel. J'allais le découvrir en dépit de toutes mes faiblesses : hésitations, cafouillages, tournures de phrases laborieuses, fautes de français. J'ai toujours considéré ce média comme un puissant appareil téléphonique ; le rôle de l'animateur consiste à tenir en ondes une conversation le plus naturellement possible. Tu peux te présenter au micro à poil, en caleçon, les cheveux gras, avec une épouvantable haleine du matin. Dans la mesure où tu as l'instinct de la nouvelle et que tu racontes les bonnes histoires, l'affaire est dans le sac.

Je vécus les plus belles années de ma carrière à CKVL, « mes amours », d'autant plus que je connus la station de Verdun à la fin de ses grandes années. Celles où Paul Tietolman venait encore se mêler du contenu et du rythme des émissions, derrière la grande fenêtre du studio maître, qui ressemblait à un immense aquarium, au deuxième étage de l'édifice. Celles où Claude Poirier, Frenchie Jarraud et André Breton, dont les émissions précédaient et suivaient la nôtre, baptisée *Le Monde des champions*, rivalisaient d'humour pour nous faire rapidement sentir de la famille.

À l'époque, les animateurs se réunissaient avec leurs invités, avant ou après l'émission, au resto du premier étage, longtemps occupé, ensuite, par les bureaux gris et froids de la station CKOI-FM. L'ambiance était conviviale et décontractée. À notre arrivée à la mythique et défunte station, les réceptionnistes Diane Mainville et la mère Dumouchel nous transmettaient gentiment nos messages personnels.

Avec mon ami Morency, nous eûmes de mémorables prises de bec. Lui adorait les Nordiques des frères Stastny, de Michel Goulet et de Normand Rochefort, dirigés par son explosif frère de sang, Michel Bergeron ; moi, je défendais à la vie à la mort le Canadien de Claude Ruel, dont le filet était alors défendu par Richard Sévigny. Des fous rires inoubliables ponctuèrent certains de nos passages en ondes. Je vous en raconterai deux parmi des milliers...

Le premier concerne les relations amicales que j'entretenais avec Sévigny, qui fut même mon voisin, avec sa douce femme Johanne, rue Nancy, à Brossard, au début des années 1980. Un beau soir, un téméraire auditeur fit un appel à notre émission et émit la réflexion suivante à mon partenaire :

— Monsieur Morency, vous ne trouvez pas bizarre que Tom Lapointe protège autant son ami Richard Sévigny ?

— Absolument, c'est un peu bizarre, lui répondit Morency pour le faire mordre à l'hameçon.

— Vous ne trouvez pas aussi bizarre que les deux partent prochainement en vacances au Grand Prix de Monaco pour aller voir Gilles Villeneuve ?

— Si, monsieur, très bizarre, surenchérit Morency.

— Alors, monsieur Tom Lapointe, répondez-moi franchement, est-ce que vous ne seriez pas la tapette de Sévigny ?

· Dans le studio, Morency s'étouffa avec son gros cigare. Nous fûmes littéralement pliés en deux par un long fou rire, que mon collègue réussit à réprimer afin de pouvoir répondre à l'insolent auditeur :

— Écoutez, monsieur, je ne peux pas confirmer ni infirmer votre rumeur, lui dit-il en maîtrisant son hilarité. Tout ce que je peux vous répondre, c'est que Tom et moi avons toujours animé cette émission main dans la main. D'ailleurs, nous vous embrassons tendrement, monsieur. Bonsoir et faites de beaux rêves.

Cette réplique de Morency restera toujours ma préférée parmi les trésors d'ironie qu'il a pu servir à certains de nos auditeurs parfois passablement tordus.

Le second fou rire eut lieu la journée des funérailles du coureur automobile Gilles Villeneuve, mort trois jours plus tôt sur la piste de Zolder, en Belgique, le samedi 8 mai 1982. Nous animions tous deux une émission spéciale pendant que Christian Tortora et Claude Poirier commentaient, devant l'église de Berthier, la tragique disparition. Le duo de choc avait réussi le tour de force d'obtenir une entrevue avec Jacques Villeneuve, le frère de Gilles, sur les marches de l'église, avant la cérémonie funèbre. Ce qui attira immanquablement tout le reste de la meute de journalistes, qui y allèrent à tour de rôle de leurs questions:

– Crois-tu poursuivre l'œuvre de ton frère?

– Quand lui as-tu parlé pour la dernière fois avant son accident mortel?

– Auras-tu peur lorsque tu reprendras le volant d'une voiture de course?

L'entrevue allait bon train. Au moment où Jacques fit signe aux journalistes qu'il devait entrer dans l'église pour la cérémonie funèbre, un journaliste d'une station de radio de Québec décida de jouer les chefs d'État.

– Mon cher Jacques, au nom de tous les Canadiens et fans de Gilles dans le monde, nous t'offrons nos plus sincères condoléances et nous te souhaitons une aussi belle et longue carrière que celle de ton frère.

Et de l'église de Berthier, Claude Poirier conclut de sa célèbre voix monocorde:

– Richard et Tom, nous vous cédons l'antenne…

Je le jure sur la tête de ma sainte mère, nous avons roulé tous les deux sous la table du studio, incapables d'articuler le moindre mot, à un doigt de mouiller notre pantalon. Vous voyez comment le direct, à la radio, peut vous faire passer pour le roi des crétins en un instant. Qu'était-il passé par la tête de ce reporter pour souhaiter à Jacques Villeneuve une aussi longue carrière que celle de son frère, alors que le Petit Prince de la F1 venait de se tuer à seulement trente-deux ans et qu'il était, à l'emploi de Ferrari, le pilote le plus doué des dernières années?

C'est cette instantanéité qui fait à la fois toute la cruauté et toute la beauté de la radio. Si vous n'êtes pas vif d'esprit, surtout lors d'émissions de lignes ouvertes comme celles que nous animions, vous courez vite à votre perte…

Ces quatre années à CKVL m'auront fait vivre des moments inoubliables. Ma mémoire parfois défaillante ne parviendra jamais à rayer cette tranche de vie, pas plus d'ailleurs que l'indicatif musical de la station, qu'il m'arrive encore de fredonner par certaines nuits de cafard :

J'écoute CKVL vingt-quatre heures par jour
J'écoute CKVL la nuit et le jour...

Chapitre 8
Des échos, très chère!

Richard Morency est atteint du même syndrome que moi: la bougeotte. Nous partageons également une autre chose: la mégalomanie. Il a toujours éprouvé le besoin de nouveaux défis, la nécessité de gravir de nouveaux échelons pour exister. Il était écrit dans le ciel qu'il ne pourrait rester à CKVL très long-temps. Notre association à l'émission *Le Monde des champions* prit donc fin au mois de décembre 1983, après trois ans de pur bonheur et de véritable complicité.

J'eus du mal à accepter sa décision. Pourquoi partait-il au moment où le concept avait convaincu les plus incrédules des sceptiques? Pourquoi quittait-il au meilleur de la rivalité Nordiques-Canadien, alors que notre comédie des ondes séduisait et divisait plus que jamais les partisans des deux clans? Pourquoi ne pouvions-nous poursuivre dans cette veine pendant encore des années? Qu'est-ce qui nous empêchait de devenir les Laurel et Hardy de la radio sportive, indissociables et indécrottables jusqu'à la mort de l'un de nous deux?

À l'époque, la concurrence était de taille: à CKAC, l'émission *Les amateurs de sports*, lancée avec succès par Claude Mailhot en 1973, se voulait la référence en matière d'émission sportive de lignes ouvertes. En un peu moins de trois ans, nous n'avions certes pas réussi à dérégler la grosse machine de Télémédia, mais nous avions gagné notre place sur l'échiquier de l'information sportive. Entre dix-sept et dix-neuf heures, nous possédions désormais nos inconditionnels, ceux qui syntonisaient notre émission dès le démarrage de leur voiture, au retour à la maison.

Morency ne pouvait refuser l'offre que lui avait faite le grand patron du département des sports de CKAC et de tout le réseau Télémédia. Les Américains ont un slogan sur mesure pour commenter le départ d'un guerrier au profit du meilleur clan : *If you can beat them, join them…* Morency partait pour diriger le camp des vainqueurs. Je restai à CKVL à peine six mois de plus. Le temps qu'un nouveau tapis rouge me fût déroulé…

À l'été 1984, j'avais trente-deux ans. Ma carrière montait en flèche. Je connaissais toutes les stars du hockey et du jet-set montréalais. Morency avait la ferme intention de m'arracher à CKVL, même si je venais d'y signer un nouveau contrat de cinq ans. Il parvint à convaincre le grand manitou de *La Presse* et digne père de Youpi, Roger D. Landry, et son directeur des sports, Pierre Gobeil, de me proposer une chronique régulière au prestigieux quotidien de la rue Saint-Jacques.

Morency organisa un dîner avec Landry et Gobeil autour d'une bonne table d'un restaurant italien, boulevard René-Lévesque, où ils sortirent le grand jeu.

— Tu seras affecté pendant un an à la couverture du Canadien avant d'avoir ta propre chronique en page 6 du tabloïd, juste derrière celle de Réjean Tremblay, me fit saliver Gobeil. Il nous faut un spécialiste de tous les potins en ville pour rivaliser avec la page de Jacques Beauchamp, au *Journal*, et tu es notre homme.

— Non, Pierre, s'objecta son excellence Landry, dit le roi du *bon-perler* et du verbe gratiné. Tom n'écrira pas de vulgaires potins. À *La Presse*, on écrit des échos… et c'est ce que Tom écrira dans sa page : des échos.

Des échos, très chère, ça fait chic et de bon goût. *La Presse* avait toujours eu un véritable standing social et il n'était pas question de faire les choses à moitié. Les journalistes du « plus grand quotidien français d'Amérique » n'écrivaient jamais de vulgaires ragots. Ils disaient toute la vérité, juste la vérité et rien que la vérité. Jurez-le main sur la Bible, monsieur Lapointe !

Mon arrivée à *La Presse* ne se fit pas aisément. Mon statut de copain de grandes stars de l'époque était bien connu, mais n'était guère fait pour impressionner mes détracteurs. Le nez dans leur tisane, les «tomophobes» cassaient allègrement du sucre sur mon dos à la cafétéria du journal.

– Il mange trop dans la soupe du Canadien, chuchotait un premier.

– Il devrait écrire au *Journal de Montréal*, prétendait un second. Il faut avoir un français impeccable pour travailler à *La Presse*.

– Lapointe n'a pas plus de vocabulaire que le gros Beauchamp ou Ti-Guy Émond, observait dédaigneusement un troisième larron.

Le snobisme intellectuel de certains collègues m'a toujours fait vomir. Les «précieux» de cette profession n'écrivent pas pour informer les lecteurs. Ils se masturbent devant leur prose pour faire bon genre pendant les entractes, au théâtre, à l'opéra ou au fumoir du cercle des journalistes. Ils calculent leur salaire au nombre de mots qu'ils couchent au compte-gouttes sur l'écran de leur ordinateur. Ils se fichent de savoir que le PDG de l'entreprise essuie des pertes parce que leurs articles sont lus exclusivement par leur petit monde de paumés. Ils n'en ont rien à cirer parce qu'ils se cachent et se protègent derrière leurs amis syndicalistes qui jouent des bras pour eux durant les grèves, sur les lignes de piquetage.

C'est pour cette engeance de journalistes narcissiques que Robert Charlebois a écrit un jour, dans *Ordinaire*, ces vers d'une telle justesse :

> *Je me fous pas mal des critiques,*
> *Ce sont des ratés sympathiques.*

Mais la plus judicieuse des chansons, celle qui va comme un gant à ces journalistes de mes deux, c'est encore celle de Jacques Brel :

> *Les bourgeois, c'est comme les cochons,*
> *Plus ça devient vieux et plus ça devient bête.*
> *Les bourgeois, c'est comme les cochons,*
> *Plus ça devient vieux, plus ça devient c...*

Chapitre 9
Lafleur à la poubelle

Quatre mois ne furent pas de trop pour me faire accepter à *La Presse*. Chacune de mes informations était vérifiée scrupuleusement. J'avais beau disposer de quelques alliés de taille – Gobeil, Tremblay, Pierre Terroux, Gilles Bourcier, Pierre Nadon, Normand Farly, Michel Magny et Gaëtan Lauzon –, certains de mes collègues estimaient que je prenais déjà trop de place sous le soleil et que je leur faisais ombrage.

Que je sois invité tous les dimanches après-midi à l'émission *Sport Mag* avec Jacques Moreau et Jean-Paul Chartrand fils à TVA, ça en dérangeait quelques-uns. Que je remplace Gilles Tremblay à l'analyse des parties du Canadien, à la radio de Radio-Canada, ça en défrisait quelques autres. Que j'anime de populaires parties de balle molle au petit écran de Vidéotron, ça en faisait jaser à la buvette publique. Pas de ça à la grande *Presse*, ma chère!

Mon omniprésence agaçait – ma paranoïa aussi. C'était mon métier d'être plus alerte, pendant la chasse aux infos, que l'était mon compétiteur direct au *Journal de Montréal*, le dynamique et hypernerveux Ghyslain Luneau – mort trop jeune dans un tragique accident automobile, dans le parc des Laurentides, en 1985 –, et je m'attendais à plus de diligence et de compréhension de la part de certains de mes collègues. Il fallut un minidrame pour qu'on daigne enfin me laisser travailler en paix sans que j'aie constamment à regarder dans mon rétroviseur, histoire de prévenir les coups de couteau dans le dos des jaloux ou des mal-baisés.

Un dimanche soir de décembre 1984, Daniel Lemay, pourtant un Assomptionniste comme moi, refusa de publier mon article sur la première retraite de Guy Lafleur, l'une des nouvelles les plus percutantes de la décennie sur la planète du hockey.

— Tes sources ne sont pas assez sûres, prétexta-t-il au bout du fil. Je ne peux pas publier ton texte sur un simple qu'en-dira-t-on.

Dans ma chambre d'hôtel du Sheraton de Boston, je devins alors fou de rage. Mon émoi était d'autant plus vif que j'appelais au pupitre des sports de *La Presse* pour jauger l'impact de ma primeur. Non seulement celle-ci n'était pas retenue, mais voilà que Lemay en rajoutait en me servant une leçon de journalisme.

— J'ai cru bon de ne pas la publier parce que c'est de la rumeur sans fondement, me sermonna-t-il. Comment nos lecteurs pourraient-ils croire cette supposée discussion colérique entre Serge Savard et Guy Lafleur qu'une secrétaire de l'équipe t'a rapportée? Du côté de la compétition, pas un traître mot là-dessus. Alors, fais-moi plaisir, contente-toi de faire ton texte sur le match du Canadien à Boston, ce soir, ponds-moi quelques feuillets de potins et ça ira.

Clic.

Lemay m'avait raccroché le téléphone au nez.

Je tentai de joindre mon patron Pierre Gobeil, mais il n'était ni à *La Presse* ni chez lui. «Et puis qu'ils aillent tous au diable!» me dis-je, absolument désemparé.

Je rentrai de Boston avec le Canadien sur le vol nolisé de nuit, et je vis à l'arrière de l'avion que Red Fisher, le vétéran chroniqueur de *The Gazette*, fraternisait avec un de ses préférés du temps, le dur à cuire Chris Nilan. Les deux acolytes se réjouissaient manifestement d'un heureux événement... J'eus immédiatement un drôle de pressentiment sur la raison de leur euphorie, mais il était déjà trop tard. L'édition du lundi était imprimée et les crieurs de nuit écoulaient les premièrs exemplaires de *La Presse* à quelques carrefours stratégiques de la métropole.

— *La Presse*, achetez *La Presse* du lundi!

Le lendemain matin, j'étais à mon appartement de Repentigny avec ma nouvelle copine, Josée Chevalier, lorsque le téléphone me tira du lit. C'était mon boss Gobeil, dans tous ses états.

— Tom, j'ai *The Gazette* devant moi et je ne suis pas du tout content, gueulait-il. Red Fisher annonce la retraite de Lafleur dans sa chronique et toi tu n'en touches pas un mot. Tu dormais sur la passerelle du Garden de Boston, hier soir ? Mais comment as-tu pu rater un tel *scoop*, tab ?... On te paie pourquoi, au juste ?

— Bien... Appelle Daniel Lemay. Il t'expliquera, lui ! répondis-je aussi sèchement.

— Que veux-tu dire ?

— Que j'avais la nouvelle avant tout le monde, après le match de samedi contre Detroit, mais que ce cher monsieur Lemay a refusé de publier l'information.

J'avais écrit en toutes lettres que Lafleur était « en calvaire » contre son nouvel entraîneur adjoint et ancien coéquipier Jacques Lemaire parce que ce dernier l'avait cloué au banc durant toute la troisième période du match contre les Red Wings.

— J'ai tout écrit, précisai-je à Gobeil, mais mon texte est dans une poubelle, quelque part au journal. Heureusement, j'ai gardé une copie de l'article sur mon ordinateur.

— Je n'y crois pas, finit par articuler le boss. Viens vite me rejoindre avec Réjean au Forum pour la conférence de presse de Lafleur, à onze heures. Après, je vais régler les comptes avec qui de droit au bureau.

C'est ainsi que, à compter de ce jour béni, plus jamais personne ne contesta ni ne refusa un de mes textes à *La Presse*. J'aurais annoncé que Jean-Paul II délaissait quelques jours la soutane pour participer au marathon de Montréal, tous m'auraient cru. Une notoriété soudaine peut crétiniser net tout votre entourage...

Pourquoi les journalistes sportifs ont-ils toujours été perçus comme les idiots du village dans la salle de rédaction d'un journal ? Est-ce honteux de s'intéresser davantage à la carrière et à la vie de Mario Lemieux ou de Zinédine Zidane qu'à celles de René Lévesque ou de Céline Dion ? Personne ne m'a jamais poussé à devenir journaliste sportif. Je voulais écrire dans ce domaine et je l'ai fait avec plaisir et passion.

Quand les gens lisaient ma chronique, ils attendaient de moi que je les informe sur le quotidien des sportifs. Ils voulaient apprendre que mon ami le regretté Mario Cusson allait se battre contre Davey Hilton au Forum; que Pat Burns venait de recevoir une lettre de menaces de mort d'un taré anonyme; que Marcel Aubut cherchait à vendre ses Nordiques à une ville des États-Unis; que Luc Robitaille fréquentait la starlette Nancy McKeon; que Mario Lemieux souffrait d'un cancer; que Gilles Lupien allait lancer une tournée de hockey avec Guy Lafleur et les Anciens grâce à Petro-Canada; que Danielle Rainville allait se joindre à Pierre Bouchard au micro de CKAC; que l'ex-arbitre Ron Fournier en ferait autant sur les ondes de CJMS avec Michel Beaudry, Mario Tremblay et Pierre Trudel. Ou encore que Michel Bergeron était échangé aux Rangers de New York pour un choix de première ronde.

Pour le reste, mes lecteurs s'en fichaient éperdument. S'ils voulaient lire un texte bien torché, ils n'avaient qu'à se rabattre sur la chronique de Pierre Foglia, ou sur celles de Louise Cousineau, de Réjean Tremblay, de Claude Masson ou de l'un ou l'autre de nos éditorialistes à la plume incisive.

N'oubliez pas, sa sainteté Roger D. Landry l'avait proclamé à mon embauche:

– Tom n'écrira pas des potins, que nenni. Ce seront des échos!

Chapitre 10
Mystérieux Gilles

Ma carrière poursuivit son ascension avec la parution, telle que promise, de ma chronique en page 6 du tabloïd de *La Presse*. Gobeil avait eu du nez, comme toujours. J'étais bien meilleur fouineur que chroniqueur de hockey. Une augmentation de salaire vint saluer mes efforts et j'en profitai pour m'acheter un nouvel appartement à Ahuntsic, en 1986. Puis, une autre BMW. Puis, une autre garde-robe. Mes revenus combinés de *La Presse* et de mes apparitions radio et télé me le permettaient. Je touchais alors un salaire global annuel qui frisait les 100 000 dollars.

Je quittai Josée, une autre femme qui aurait pu devenir la mère de mes enfants, et je continuai de m'amuser: cognac et plateaux de *shooters* à L'Action, à L'Horizon, à L'Intrigue et Chez Parée. Je changeais de femme toutes les semaines. Je me couchais à cinq heures, je me levais vers onze heures, j'allais à *La Presse* vers seize heures et ma chronique était rédigée vers dix-neuf ou vingt heures. Puis, j'allais au Forum ou ailleurs, selon l'actualité sportive, avant de retourner en boîte jusqu'au chant du coq. Je brûlais la chandelle par les deux bouts. Quand on est célibataire, qu'on a seulement 35 ans et qu'on roule en voiture de l'année avec les poches pleines de fric, personne ne peut vous dicter de ligne de conduite.

Or, un matin de juillet 1987, la sonnerie du téléphone me réveilla à mon appartement d'Ahuntsic. Pamela, une jolie rousse de 25 ans que je fréquentais depuis un mois, dormait paisiblement à mes côtés. Je fis de la lumière et répondis d'une voix enrouée :

– Allô, j'écoute…

Au bout du fil résonnait faiblement la voix d'une femme. Des bruits de clapotis, du genre de ceux que font des enfants dans l'eau, me firent croire qu'elle m'appelait du bord d'une piscine.

– C'est bien toi, Tom ? me demanda la voix.

– Oui, oui, c'est bien moi. Mais qui m'appelle à cette heure ?

– C'est Louise. Il est tout de même onze heures du matin !

Je me levai du lit d'un trait en prenant soin de ne pas réveiller Pamela et je chuchotai à l'intention de mon interlocutrice :

– Ne bouge pas, je change de téléphone. Je vais aller te parler au salon.

Si la jeune femme parut étonnée par cette entrée en matière, elle n'en laissa rien paraître. Je mis le téléphone en attente, j'enfilai un caleçon et je sortis de la chambre à pas de loup pour saisir le combiné du salon. Prenant soin de parler à voix basse pour que Pamela n'entendît rien de ma conversation, je me mis à roucouler comme un merle chanteur, sans laisser à Louise le temps d'en placer une :

– Tu m'appelles déjà, je n'y crois pas !

La veille, à la discothèque, je l'avais suppliée une bonne dizaine de fois de noter mon numéro de téléphone sur sa pochette d'allumettes. De guerre lasse, elle avait consenti en m'affirmant que, de toute façon, elle ne m'appellerait jamais.

– Je suis aux anges. Qu'est-ce que tu fais ce soir ? Je t'invite à manger où tu veux. À New York, à L.A., à Paris, tu choisis.

À l'autre bout du fil, Louise, jusque-là bouche bée, laissa échapper un rire nerveux.

– Tom, je suis désolée de te décevoir, mais je ne suis pas la Louise que tu crois, m'avoua-t-elle en jetant une douche froide sur mes bouillants projets. Même si pour Paris, je te dirais bien oui… Mais je doute que tu veuilles inviter ta cousine.

Désenchanté, j'adoptai un ton irrité. Je me sentais con comme un balai.

– Mais qui parle ?

– C'est Louise, ta cousine Louise de l'Épiphanie. La femme d'Émile.

– Oups…

– Tu m'as l'air bien perdu ce matin, cousin !

– Louise, excuse-moi, je ne suis pas encore réveillé. Je t'ai confondu avec une autre Louise. Tu vas bien ?

– Oui, très bien, merci. Je t'appelle pour t'inviter à notre vernissage annuel de l'été à la maison. Et je sais que tu n'as rien à ton agenda ce soir, puisque tu m'as invitée à dîner à Paris ou à New York. Enfin, que tu as invité *l'autre* Louise…

Le vernissage annuel de la cousine Louise, soyons franc, et je le lui dis, ça me faisait royalement chier. Je ne savais pas faire la différence entre un Picasso et une toile de son Émile.

– Tom, tu as toujours refusé notre invitation ces dernières années. Ce n'est pas très cool. Et puis, ta mère et ton père m'ont confirmé leur présence. Je sais que tu ne les as pas vus depuis plus d'un mois, avec ton agenda de premier ministre. Allez, fais une bonne action, n'oublie pas que tu es la star de la famille.

– La star, mon cul ! Je le connais bien, ton Émile. Il va vouloir me convaincre de vendre ses peintures à mes relations fortunées du monde du hockey et ça ne me dit rien de les solliciter de nouveau. Je leur demande déjà plein de services pendant mes tournées de hockey et de balle molle, je me vois mal les harceler pour les chefs-d'œuvre d'Émile.

– Tom, ne sois pas aussi méchant avec mon mari. Il a des ambitions, lui aussi. Si tu n'achètes rien, je m'en fous. Allez, fais moi plaisir. Surtout que j'ai une belle surprise pour toi. Une personne avec un don hors du commun que j'aimerais te présenter. Ce ne sera pas ta Louise de la boîte de nuit. C'est une personne, disons, d'un tout autre genre.

– Comment se prénomme cette mystérieuse personne ? Elle est bien roulée, j'espère ?

– Il s'appelle Gilles.

– Quoi… Gilles ? Mais quel Gilles ?

– Sois au vernissage ce soir. Tu verras bien. Il est très doué.

– Bon, j'irai pour une petite heure, mais pas une minute de plus. Tu m'as bien compris ?

– C'est au boutte, mon cousin adoré. Je t'attends ce soir, sans faute.

Intrigué, je replaçai le combiné sur le récepteur. Déjà levée, Pamela, les cheveux en bataille, se mit à me titiller en frottant son sublime corps contre le mien.

– Chéri, me dit la coquine, je savais que tu aimais les femmes avec de gros seins comme les miens. Mais je ne savais pas que tu étais à voile et à vapeur. Il est beau et costaud, ton Gilles ?

– La journée où j'aimerai les hommes, il y aura des palmiers rue Sainte-Catherine, dis-je à Pamela en boutade.

Dans mon for intérieur, toutefois, j'étais taraudé par l'insistance de ma cousine à me faire rencontrer cette « personne d'un tout autre genre », et la même question me revenait en boucle : « Sacrament, mais qui peut bien être ce mystérieux Gilles ? »

Chapitre 11

Scepticisme

Une promesse est une promesse. Je me présentai donc à la résidence des Amireault à l'Épiphanie, sur le coup des dix-neuf heures, le soir même. De part et d'autre de la rue où habitaient Louise et Émile, il y avait des autos garées, certaines même dans l'herbe haute du champ, au bout de ce cul-de-sac.

Je n'avais pas l'intention de marcher. En vraie « star de la famille », je décidai de stationner ma BMW noire de l'année en double file, devant la maison. Avant de descendre du véhicule, je me servis un petit soliloque devant le rétroviseur en me passant un coup de brosse dans les cheveux.

— De toute manière, tu ne resteras pas longtemps ici, mon Tom. Pamela a le numéro de téléphone de ta cousine. Elle t'appellera tel que convenu à dix-neuf heures quarante-cinq. Elle dira qu'elle a un gros souci et que tu dois aller la chercher immédiatement au bar où elle travaille, à Montréal. Ainsi, tu pourras prendre la poudre d'escampette de cette soirée pathétique. Tu es un petit malin, mon Tom… Un sacré petit malin !

Émile vint à ma rencontre. Avec sa chemise à fleurs trop petite pour sa corpulence de joueur de pétanque à la retraite, je rigolais déjà sous ma moustache en le toisant.

— Beau bonhomme, mon Émile, le baratinai-je. Garde cette chemise pour le prochain Woodstock. Tu vas en faire planer plus d'une…

— Ta visite va faire plaisir à bien du monde, me pommada-t-il. À tes parents, qui sont déjà arrivés, puis au maire du village, qui est mon invité d'honneur. On se fera photographier ensemble tous les trois. J'ai aussi invité le journaliste et le photographe du journal local, tu te souviens, *L'Artisan*, où tu as fait tes débuts. Ils ont accepté de venir uniquement parce que tu passais faire un tour.

– Le curé sera de la partie pour nous bénir, mon Émile?

– Très amusant, Tom, très amusant.

Une fois dans la cour de la résidence, je saluai au vol quelques invités d'Émile et m'empressai d'aller embrasser maman Jacqueline et papa Guillaume.

– Si tu peux, mon Tom, tu viendras dîner à la maison demain. J'ai su par Céline (ma sœur) que tu avais une nouvelle conquête. Tu pourrais nous la présenter en même temps.

Ma mère savait trop bien que, depuis ma rupture avec Josée, je n'avais présenté aucune autre de mes amoureuses à la famille.

– Maman, Pamela, je ne la connais que depuis un petit mois. Attendons encore un peu. Je viendrai dîner, mais seul. Comme j'ai congé à *La Presse*, j'aurai tout mon temps pour voir la famille.

– Alors, je vais te faire cuire ton plat préféré, un beau gros rosbif avec des patates pilées.

Je n'eus pas le temps de prendre des nouvelles de papa que ma cousine Louise m'agrippait par un bras tout en me présentant un verre de cognac, ma boisson préférée.

– Tom, merci de ta visite…

Son ton sincère ne mentait pas : ma visite lui faisait vraiment plaisir.

– Y a pas de quoi, Louise.

– Tu as un creux?

– Non, non, je vais souper avec ma blonde à Montréal.

– Encore une jeune poulette?

– Tu travailles pour *Allô Police* ou pour *Échos Vedettes*?

Ma cousine ne perdit pas de temps. Elle me pointa du doigt, à une dizaine de mètres de nous, un homme au début de la quarantaine, vêtu d'une chemise rose et d'un jean bleu moulant.

– C'est lui, Gilles.

– Ah! oui, le fameux Gilles! Je l'avais déjà oublié.

– Tu sais ce qu'il fait dans la vie?

— Aucune idée. À première vue, comme ça, avec sa chemise déboutonnée et son foulard qui flotte au vent, je dirais que c'est une tapette qui travaille dans un club sado-maso, dans le Village. Et qu'il est payé selon le nombre de coups de fouet qu'il administre à ses clients…

— Pas si fort, Tom.

— Quoi?

— Il est vraiment tapette. C'est un grand fifi qui fait de l'astrologie. On appelle ça un clairvoyant.

J'avalai ma gorgée de cognac de travers avant d'apostropher ma cousine:

— Louise! De un, tu me connais, je suis un peu beaucoup macho sur les bords. Les gays et moi, nous ne mangeons pas dans le même plat. De deux, les clairvoyants et moi, on ne fait pas bon ménage. Je ne crois qu'en ma petite personne et, je t'assure, c'est assez difficile à gérer. Je n'ai jamais consulté un de ces oiseaux rares et ce n'est pas aujourd'hui que je vais commencer.

— Mais Tom, il est trop fort comme clairvoyant, renchérit-elle. Il m'avait prédit que j'ouvrirais un salon de coiffure et c'est arrivé.

— Il t'a aussi prédit que je viendrais à ce vernissage, je suppose.

D'un geste ample, Louise fit signe à Gilles de venir nous rejoindre avant que je ne cherche à m'esquiver côté jardin.

— Cinq petites minutes, Tom. Ce n'est pas la fin du monde.

— Je n'en crois pas mes yeux, pestai-je. Je me tape une randonnée de 130 kilomètres aller-retour pour rencontrer un voyant extralucide. Et tapette par-dessus le marché. J'ai mon ciboire de voyage!

Gilles s'approcha de nous d'un pas conquérant. On aurait dit Napoléon, plus grand d'une trentaine de centimètres. Louise se chargea des présentations.

— Gilles, mon cousin, Tom Lapointe. Tom, mon nouvel ami, Gilles Dionne.

Le poignet cassé, la voix efféminée, Gilles était au septième ciel.

— Monsieur Lapointe, je suis enchanté de faire votre connaissance.

— Oui, bonsoir, Louise m'a beaucoup parlé de vous.

– En bien, je l'espère.

– Ah! pour ça, oui! Elle m'a dit que vous pouviez lui prédire de quelle couleur sera la teinture de sa première cliente, au salon, mardi matin.

Gilles ne sut trop comment réagir à l'humour noir de mon esprit tordu.

– Louise vous a dit que je suis clairvoyant.

– Pas besoin. Je l'ai deviné tout de suite en vous voyant. J'ai dit à Louise: «Tiens, regarde le grand, là-bas. S'il avait une grande barbe grise, ce serait Nostradamus.»

Cette fois, j'étais allé un peu trop loin. Mon interlocuteur était vexé.

– Soyez plus respectueux, monsieur Lapointe, sinon votre égocentrisme vous perdra, me balança-t-il sèchement, la bouche en cul-de-poule.

Comme un arbitre entre deux joueurs qui commencent à se chamailler, Louise intervint rapidement pour tempérer notre dialogue.

– Voyons, Gilles, Tom blaguait.

– Je ne pense pas, il a prétendu…

– Bon, je vais au bar, je viens de voir une jolie fille, dis-je pour mettre un terme à la mascarade.

Mais Louise ne me laissa pas me défiler et me retint doucement par le bras.

– Tom, prête-toi au jeu.

– Mais à quel jeu?

– Gilles est étonnant. Il va te surprendre par son don.

– Oui, il va me prédire que je vais voyager, que je ne me marierai pas et que je vais gagner beaucoup d'argent comme journaliste sportif.

Ma remarque fit passer le visage du clairvoyant du rose nananne au rouge écarlate. S'il avait eu un gant à portée de la main, il m'aurait volontiers giflé pour me provoquer en duel, comme au Moyen Âge. L'homme était définitivement offusqué.

– Louise, laisse faire. Il se la joue trop, ton cousin. Je le trouvais plus cool à la télé.

– Tom, allez, sois gentil…

– Mais qu'est-ce que je dois faire?

– Donnez-moi votre main gauche…

– Je ne donne jamais ma main gauche. Elle me sert à faire beaucoup trop de choses, badinai-je.

– Vous êtes gaucher, je l'aurais parié.

– Ne vous faites pas d'illusions, monsieur Dionne, je suis du bon bord, moi.

– Ne vous faites pas d'illusions, monsieur Lapointe, je les préfère plus grands et plus musclés que vous, moi.

Louise nous sépara de nouveau.

– C'est assez, vous deux. Vous êtes de vrais enfants.

– D'accord, je vous prête ma main gauche pour deux minutes. Mais pas plus.

Avec dédain, j'avançai ma main gauche, paume ouverte, pour la soumettre à son expertise.

– Bien! fit-il.

– Bien, quoi?

– Vous n'avez pas fini de nous surprendre, monsieur Lapointe.

– Bravo, quelle prédiction! Redonnez-moi vite ma main que je vous applaudisse.

– Tiens, comme vous ne croyez en personne d'autre que vous-même, je vais vous prédire quelque chose qui va se passer d'ici une semaine au plus tard.

– Que je vais aller m'éclater à la disco L'Action, par exemple?

– Non… Mieux que ça. Je vais vous dire de vous méfier d'un homme de grande taille qui parle dans votre dos.

– Ah! pitié, quel drame! Arrêtez ou je vais m'évanouir…

– Riez toujours, mais vous repenserez à moi d'ici une semaine quand ma prédiction se confirmera. Je vous le répète, un homme de très grande taille, qui doit bien faire six pieds six pouces, vous fera sortir de vos gonds à cause de ses bavardages.

– Bon… C'est tout pour ce soir?

– Nous nous reverrons, monsieur Lapointe.

– C'est aussi une prédiction, monsieur Dionne?

Louise, mal à l'aise, nous sépara cette fois pour de bon. Tandis que Gilles réintégrait le bar de la piscine, moi, j'allai m'asseoir à la table de mes parents, fulminant contre mon clairvoyant.

– Ça s'peut pas! Perdre un samedi soir pour rencontrer un sorcier tapette…

Heureusement, le téléphone sonna dix minutes plus tard : Pamela venait à ma rescousse comme prévu, me permettant de quitter en douce la chambre des sorciers…

Chapitre 12
Monsieur Je-sais-tout!

Au milieu des années 1980, le centre sportif Paul-Sauvé était l'un de mes endroits préférés. Je m'y rendais deux à trois fois par semaine pour disputer quelques parties de squash ou tout simplement pour évacuer mon stress, sur la table de massage ou au sauna. Ce centre privé se trouvait au deuxième étage de l'édifice. Il était fréquenté par quelques hommes d'affaires de l'est de Montréal et par des personnalités sportives tels Paul Larivée, Jacques Beauchamp et Dollard Saint-Laurent. Je profitais aussi du calme des lieux pour m'isoler parfois dans un local adjacent à celui du sauna. Je passais alors quelques coups de fil et je rédigeais ma chronique quotidienne pour *La Presse*.

Ce jour-là, Paul Hamel, préposé à l'entretien des lieux, vint me rejoindre dans ce petit bureau. Pendant que je pianotais sur un ordinateur, il tournait en rond comme un chat qui court après sa queue. Visiblement, Paul, un stoïque de nature, n'était pas dans son état normal.

— Tom, il faut que je te parle, chuchota-t-il. Tu peux arrêter de taper pour une minute?

— Pas de problème...

— D'abord, jure-moi que je peux compter sur ta discrétion. Je tiens beaucoup à mon travail avec l'équipe des Anciens.

— Promis, tu peux compter sur moi.

— C'est à propos du grand Lupien.

— Ah! mon chum Lupy! Quelle autre bêtise a-t-il encore faite?

– Ben… Il parle dans ton dos.

– Quoi?

– Il dit que tu demandes trop d'argent à Petro-Canada, le commanditaire de notre tournée des Anciens. En plus, il raconte que l'équipe n'avait pas besoin de payer le salaire d'une secrétaire. Tu sais, la jolie fille que tu leur as imposée…

– Tu parles d'un beau chien sale, ce Lupien! m'emportai-je. Quand je l'ai rencontré, il y a un an, il voulait organiser une tournée de hockey aux quatre coins du Canada avec seulement cinq mille piastres et quelques caisses de bière de ses copains de chez Molson. J'ai dit à Lupien et à ses partenaires qu'ils avaient un projet en or, assez pour qu'un commanditaire y investisse au moins trois cent mille dollars. Je m'en suis occupé et ils ont signé une entente de cinq ans avec Petro-Canada pour plus d'un demi-million de dollars.

– Mais Lupien ne conteste pas ça. Il dit seulement que tu prends trop de place dans l'organisation.

– C'est plaisant de faire du bien aux gens. Pour te remercier, ils te plantent un couteau dans le dos. Sais-tu où je pourrais le trouver ce soir? J'aimerais régler ça avec lui au plus vite.

– Le soir, d'habitude, il est à sa beignerie, dans l'est.

– Je vais aller lui parler. Il va voir comment je m'appelle.

– N'oublie pas, Tom… Ça ne vient pas de moi.

– Tu peux dormir en paix. Je ne m'appelle pas Judas Lupien…

J'allai au Stade olympique assister au match des Expos contre les Mets de New York de Gary Carter. Impatient, irritable, je décidai de partir vers la cinquième manche pour aller tirer l'affaire au clair avec Lupien.

Il était vingt-deux heures et je buvais café sur café au comptoir de son commerce lorsque la Volkswagen familiale de Lupien fit son apparition. «Le Grand», comme je l'appelais dans le temps, s'étonna de me voir dans son Dunkin Donuts à une heure aussi tardive.

– Salut, mon Tom.

– Salut, Lupy.

– Tu vas te rendre malade à boire du café à une heure pareille. Tu ne voudrais pas un peu de cognac? J'en ai toujours une bouteille dans mon bureau pour les bons clients.

— Sans façon, merci.

— Mais qu'est-ce qui se passe ? T'as une drôle de face.

— C'est ta faute.

— Quoi ?

J'élevai le ton.

— Arrête ton cinéma, tab…! Je sais tout. On m'a raconté que tu trouves que je prends trop de place avec les Anciens.

— Je ne comprends pas…

— Fais pas ton hypocrite, Lupy, crache le morceau. Mes informateurs sont toujours crédibles.

Lupien demanda un café à la serveuse et enjamba le tabouret voisin avant de passer aux aveux.

— D'accord, d'accord, je n'aime pas tes petits airs de monsieur Je-sais-tout et de monsieur Je-dirige-tout. Mais j'avais réellement l'intention de t'en parler.

— Paroles, paroles… Tu me fais chier à la longue.

— Tom, je ne veux pas de froid avec toi. Si j'ai parlé dans ton dos, je m'en excuse. Tu as toujours été correct avec moi et ce serait dommage que ce malentendu vienne gâcher notre amitié.

— Mais pourquoi déblatères-tu contre moi ?

— Certains Anciens m'ont cassé les oreilles avec l'argent que tu as touché et j'ai parlé trop vite. Tu acceptes mes excuses ?

— Bien sûr… Mais plus jamais de coups bas, c'est compris ?

— Juré, Tom.

— De toute manière, je ne pourrai pas continuer ma collaboration avec les Anciens.

Je racontai alors à Lupien que mon patron à *La Presse,* Pierre Gobeil, ayant appris ma rétribution par Petro-Canada, m'avait collé une suspension de trois jours pour manquement au code de déontologie de la profession.

— Ce n'est pas vrai !

— Eh oui ! ça m'apprendra à vouloir mettre mon nez dans les affaires qui ne me regardent pas. Je gagne très bien ma vie avec mon travail de journaliste à *La Presse* et le reste. Je n'ai pas le droit d'avoir le beurre et l'argent du beurre.

— Tom, tu es le meilleur.

— Merci… mais c'est de la *bullshit*. Il y a Yvon Pedneault, Réjean Tremblay et Bertrand Raymond. Ce sont eux les plus forts. Mais admettons que je gagne un peu de terrain sur eux…

Je restai près de deux heures à discuter de choses et d'autres avec Lupien. Il y avait désormais du cognac dans le café et, comme j'aimais bien me coucher assez tard, je partis aux environs de minuit. Une fois dans ma BMW, avant de prendre la route, j'écoutai les messages sur mon gros téléphone portable noir logé entre les deux sièges avant de ma voiture.

« Vous avez trois nouveaux messages. »

« Tom, c'est Pamela, je suis déjà à l'appartement. À plus tard, mon chéri. » Bip.

« Tom, c'est ton vieux chum Johnny Lusignan de Terrebonne, il est onze heures et la température de l'eau de la piscine est parfaite. Tu passes pour un bain de minuit avec Pamela quand tu veux. Et dis-lui qu'elle n'a pas besoin de maillot de bain (rires). » Bip.

« Tom, c'est ta cousine Louise. L'article de ta visite au vernissage est paru dans *L'Artisan*. Je t'en envoie une copie dès demain à *La Presse*. Merci encore pour samedi dernier. Tu as été super, même si Gilles Dionne t'a trouvé un peu frais-chié. Enfin, gros becs et à bientôt, j'espère. » Bip.

Mon cerveau fatigué prit quelques secondes à m'imposer l'évidence: Gilles Dionne avait vu juste. De prime abord parfaitement fantaisiste, sa prédiction s'était réalisée avec une exactitude inouïe. Lupy était bel et bien ce grand homme de six pieds six pouces qui m'avait fait sortir de mes gonds en parlant dans mon dos.

J'étais sur le cul...

Chapitre 13
Aura mauve

Comme j'étais curieux de nature, la réalisation de la prédiction de Gilles Dionne me fit longuement réfléchir. D'où venait ce don? Comment un mortel pouvait-il voir des choses que les autres ne voyaient pas? Étais-je en train de tomber dans le panneau et de prêter allégeance à des voyants? Allais-je imiter ces milliers de personnes qui laissent des clairvoyants régir leur vie? Après tout, des chefs d'État (Ronald Reagan et François Mitterrand étaient du nombre) consultaient secrètement ces sorciers modernes avant de prendre d'importantes décisions...

Par orgueil mal placé, je suppose, je ne voulus pas rappeler ma cousine Louise pour lui demander immédiatement le numéro de téléphone de Gilles Dionne. Mais ce n'était pas l'envie qui manquait! «N'embarque pas dans ce petit jeu, me dis-je pour me raisonner. Il a eu un coup de chance, sans plus. Et puis, je sais très bien ce que l'avenir me réserve. Je n'ai pas besoin d'un fumiste pour diriger et gérer ma vie...»

Une semaine après le vernissage, je retournai au centre Paul-Sauvé. J'avais pris rendez-vous pour un de mes trois massages hebdomadaires. Yvon Asselin était le masseur attitré du centre privé. Infirmier de profession, père de six enfants, monsieur Asselin était un vrai pro. Avec lui, il n'y avait pas de problème d'érection ou de pensées impudiques durant le massage. Tu t'allongeais et tu te laissais remettre en condition, point à la ligne. Parfois même, sous ses mains expertes, je m'endormais comme un bébé, littéralement, et il devait me réveiller quinze minutes après la fin de la séance pour que je cède la place à un autre membre du centre.

– Je n'ai pas trop de boules de stress entre les omoplates ? lui demandai-je, bien allongé sur le ventre.

– Pas plus ni moins que d'habitude, répondit monsieur Asselin à voix basse, comme si nous étions à l'église. Mais heureusement que tu te fais masser parce que tu es un vrai nerveux, jeune homme.

– Je bois trop, je sors trop et je travaille trop. Faut bien que ce trop-plein se ramasse quelque part.

– Fais tout de même attention, tu es encore jeune, mais tu n'as déjà plus vingt ans.

– Changement de propos, Yvon, il faut que je t'en raconte une bonne. Promets-moi de ne pas te foutre de ma gueule et de ne le répéter à personne. Je passerais pour un beau tordu si mon histoire paraissait dans *Échos Vedettes*. Je vois la manchette d'ici : « Tom Lapointe croit au paranormal ! »

– Raconte, ça m'intéresse…

– Il y a une semaine, je suis allé à un vernissage chez ma cousine Louise et elle m'a cassé les oreilles pour que j'écoute les conseils d'un clairvoyant. Un sorcier tapette, en plus.

– Tom, un peu de respect, ça s'appelle un homosexuel.

– Oui, bon, excuse-moi. Cette tapette, enfin je veux dire cet homo, m'a dit que j'aurais un différend avec un homme de grande taille. Et il a visé dans le mille. Est-ce un simple coup de chance… ou pas ?

Monsieur Asselin suspendit subitement son massage.

– Qu'est-ce qu'il y a ? J'ai dit une bêtise ? J'ai un énorme bouton qui vient de me pousser dans le cou ?

– J'ai eu un drôle de *flash* quand tu m'as posé la question.

– Pardon ?

– J'ai vu comme une lueur de couleur mauve. Ton aura a survolé ton corps avant de disparaître à la vitesse de l'éclair.

– Tu blagues, j'espère.

– Non, je ne rigole pas avec ça. Une aura de couleur mauve, ça ne présage rien de trop bon.

Je descendis de la table de massage, j'ajustai la serviette autour de ma taille et je me mis à tourner en rond dans la pièce comme un chien fou au bout de sa laisse.

— Tu ne vas pas me dire que toi aussi tu donnes dans la sorcellerie?

— Mais non, pas la sorcellerie, Tom. À temps perdu, entre mes journées à l'hôpital et celles au centre de massage, j'étudie les karmas de vie en rédigeant des cartes pour ceux qui s'y intéressent.

— Ciboire, j'y crois pas! Voilà que je rencontre deux sorciers dans la même semaine.

— Tom, c'est sérieux tout ça. Tu devrais être un peu plus à l'écoute de gens comme nous.

— Toi aussi, tu vois des choses, comme ce Gilles Dionne? Tu fais des prédictions sur la vie des gens?

— Non, moi, je travaille seulement avec les cartes du ciel.

— Et c'est quoi, au juste, une carte du ciel? Tu dessines avec saint Pierre?

— Très sérieusement, ce sont les aspects de la vie d'une personne. Dès que j'ai toutes les données nécessaires en main, je peux aviser les gens que telle période de leur vie sera fructueuse et que telle autre période le sera moins. Tu comprends?

— De quelles données as-tu besoin pour pouvoir faire une carte du ciel?

— Ta date de naissance, l'heure précise à laquelle tu es sorti du ventre de ta mère et le nom de la ville et du pays de ta naissance.

— Seulement ça... et bingo, tu me prédis tout du reste de ma vie.

— Pas tout à fait, mais disons que je pourrais te donner une bonne idée de ce que tes planètes de vie te réservent.

— Je suis né à Montréal, plus précisément dans l'est de la ville, le 15 mai 1952, vers vingt heures trente. Ce printemps-là, Maurice Rocket Richard et le Canadien avaient gagné une autre Coupe Stanley, je pense bien.

— Bon, c'est reparti, tu te moques encore de moi...

— Pas du tout... et je vais te le prouver. Tiens, rédige ma carte de vie et, lorsque tu seras prêt, j'organise une soirée de sorciers, pardon, de clairvoyants. Si tu le veux bien, j'invite Gilles Dionne. Tu me lis ma carte et je demande à Gilles de l'analyser. Ainsi, j'en aurai le cœur net. Je saurai si je vais marier Pamela, gagner au loto, finir ma carrière au *New York Times* ou au *Courrier Laval*...

— Tom, j'accepterai de faire ta carte de vie seulement et seulement si tu cesses tout de suite de faire le pitre avec ma passion pour ces choses-là.

— D'accord, je ne me moquerai plus jamais de Gilles ou de toi. Au fait, es-tu tapette, toi aussi? Si tu l'es, je poursuis le massage avec un caleçon cadenassé.

Monsieur Asselin soupira profondément en secouant la tête, découragé.

— Tom, allonge-toi sur la table et ferme-la, veux-tu.

Chapitre 14
Soirée entre sorciers

Le rendez-vous eut lieu chez Yvon Asselin. Il habitait avec sa femme et ses six enfants un vaste appartement, rue De Lorimier. Ce soir-là, sa femme, infirmière, était absente. Quant à ses six enfants, ils étaient tous sortis, comme le sont généralement les ados le samedi soir. Nous étions donc seuls tous les trois.

Yvon avait pensé à tout pour créer le climat propice. Il avait allumé quelques bougies sur la grande table de cuisine, fait brûler de l'encens, fermé les rideaux de la cuisine et du salon. Lorsque je me retrouvai assis entre Gilles et Yvon, je me sentis à la fois stupide et angoissé par toute cette mascarade. Mon premier réflexe fut évidemment de tourner l'expérience en dérision afin d'évacuer le stress qui commençait à m'envahir.

– Bienvenue dans ma nouvelle secte vaudou, les amis !

Grave comme un pape, Yvon me réprimanda d'emblée.

– Tom, si tu ne veux pas être sérieux, je te le dis une dernière fois, je ne te lirai pas ce manuscrit. J'ai investi au moins vingt heures dans ce travail pour être le plus précis possible. Alors, du respect et de la concentration s'il te plaît.

– D'accord, fis-je d'un ton faussement penaud. C'est entendu, messieurs, finies les moqueries.

– Ne te contente pas seulement d'entendre, écoute et capte bien les messages, renchérit Dionne. C'est ce qui est le plus important dans cet exercice.

– Bon, allons-y ! J'espère que les étoiles sont de mon bord, Yvon !

Quelques secondes s'écoulèrent avant qu'il donne suite à ma question, ce qui me rendit encore plus mal à l'aise. Il jeta un discret coup d'œil vers Gilles et ouvrit le cahier.

— J'ai baptisé ton cahier de notes *Le manuscrit des anges*, annonça-t-il solennellement.

— Très joli, complimenta Gilles.

Mon regard anxieux leur fit comprendre, mieux que tous les beaux discours, que je mourais d'impatience de découvrir le contenu du fameux « manuscrit ».

— Je dirai tout d'abord que tu es un des cas les plus particuliers qu'il m'ait été donné d'étudier, précisa le cartomancien.

— C'est-à-dire ?

— C'est-à-dire que les gens qui viennent me consulter présentent habituellement des aspects de vie assez banals. Ils se marient, ils ont des enfants, ils sont en santé ou ils sont malades, ils changent parfois de boulot... Rien de très original : la routine des gens normaux.

— Donc, je suis anormal.

Gilles ne put s'empêcher d'esquisser un sourire en coin.

— Mais non, Tom, dit-il pour m'asticoter. Tu sais bien que c'est moi, l'anormal. Souviens-toi, chez ta cousine, tu m'as drôlement jugé quand tu as su que j'étais aux hommes.

— Messieurs, pas de ça chez moi, dit sentencieusement l'aîné du trio.

Le temps était venu pour moi de faire amende honorable et de me comporter en gentilhomme.

— Gilles, si je ne me suis pas excusé l'autre soir chez ma cousine, je le fais ce soir, me confessai-je.

— C'est déjà un bon point en ta faveur, reconnut Yvon. Mais revenons à ton manuscrit, Tom. Regarde d'abord le dessin de ta carte du ciel.

— N'est-ce pas la route que Tintin a suivie pour se rendre sur la lune ?

— Sérieux, Tom, gronda Yvon.

— Oui, oui, promis. C'était juste une petite rechute.

— Ton signe est le Taureau et ton ascendant, Scorpion. Ce sont deux signes à la fois puissants mais opposés. Ce qui me fait dire que, d'ici cinq ou six ans, ta vie pourrait changer du tout au tout. Tiens, tu vois cet aspect de la planète Jupiter avec

Pluton? Cela indique bien qu'à leur croisement, au début de la quarantaine, tu pourrais tout détruire pour recommencer une autre vie. Par conséquent, il y a de fortes chances que tu laisses tomber tout ce que tu as bâti au cours des vingt dernières années de ta vie.

– Comment? protestai-je vivement. Ce n'est pas possible. À moins que *La Presse* ferme ses portes, j'y suis pour le restant de mes jours!

– J'ai mes réserves là-dessus, rétorqua Yvon sur un ton sceptique.

– Je n'y crois pas du tout. Tu es certain que c'est bien la carte du ciel du 15 mai 1952, vers vingt heures trente, à Montréal?

– Aucun doute possible.

Gilles s'interposa avec douceur mais fermeté.

– Écoute-le attentivement. Tu poseras tes questions ensuite.

– De toute manière, il faudra que tu lises et relises avec soin toutes les notes inscrites dans ce manuscrit, insista Yvon. Toi seul pourras les décrypter et en comprendre tout le sens.

– Y a-t-il autre chose qui va m'arriver?

– Vers quarante-trois ou quarante-quatre ans, tu risques d'être malade. Puis, quand tu atteindras la cinquantaine, je ne serais pas du tout étonné que ta vie se passe ailleurs, dans un autre pays.

– Encourageant! Bientôt, je ne serai plus journaliste, je me retrouverai cloué sur un lit d'hôpital avant d'aller vivre en Afrique ou en Amazonie.

– On dirait que cette transformation s'explique par le fait que tu es incapable d'avoir un patron, intervint Gilles. Tu veux tout contrôler. Tu veux être le seul maître à bord et ça déplaît à ton entourage.

Le clairvoyant interrompit son analyse du manuscrit du cartomancien et parut soudainement absent.

– Que se passe-t-il? Tu as l'air bizarre, lui demandai-je, surpris par son brusque changement d'expression.

– Je viens d'avoir un *flash*. J'ai vu que tu as plusieurs guides protecteurs autour de toi et que si tu chutes, tu parviendras toujours à te relever. Il y aura toujours, *in extremis*, une personne pour te tendre la main et t'aider. Et ça, c'est rare. Très rare. Prends-en ma parole.

– Pour être rare, c'est rare. Je vais avoir tous les problèmes du monde, mais je suis un veinard. Il faut que je sorte de ce cauchemar au plus vite… que je sorte d'ici tout court !

– Pas de panique, Tom, dit Yvon avec douceur mais fermeté. Tu peux éviter ce chemin tortueux si tu te mets à l'écoute des gens. C'est un peu ça, le message de tes anges. Et puis, peu importe ce qui t'arrivera, tu finiras ta vie comme tu l'auras voulu. Il y a des aspects qui disent que, plus tard, je dirais après la cinquantaine, tu te feras connaître dans le monde entier par une de tes créations. Je ne serais pas autrement surpris que tu écrives ou que tu fasses du cinéma.

– Bien sûr… Après Tom Cruise, Tom Selleck et Tom and Jerry, place au grand Tom Lapointe ! Permettez-moi d'être sceptique face à vos histoires de sorciers.

Le front de Gilles se couvrit soudainement de sueur. Le clairvoyant semblait être entré en transe. Ses yeux exorbités me firent craindre le pire. Il eut un court épisode de panique, comme s'il allait être victime d'une crise d'épilepsie.

– Je viens d'avoir un autre *flash* ! haleta-t-il.

– Gilles, tu m'inquiètes, répliquai-je en me demandant s'il n'était pas temps de mettre fin à cette comédie paranormale.

– Non, c'est courant durant ce genre d'exercice, me rassura Yvon. Gilles va bien.

– Voilà, ça y est, je viens de comprendre la raison pour laquelle tu auras des choses à régler avec la vie, s'exclama Gilles.

Dans le clair-obscur de la petite cuisine, à la table, je ne pus réprimer le frisson qui me parcourut l'échine. L'ambiance et le sordide des prédictions de mes sorciers me glaçaient les veines.

– Justement, Gilles. J'aimerais bien comprendre…

– Yvon, pendant que tu parlais à Tom, je l'ai vu dans une de ses vies antérieures.

Yvon ne dit mot et, du regard, invita son comparse à poursuivre.

– Dans une vie antérieure, Tom, tu as noyé un de tes enfants, le cadet de tes enfants, je dirais. Tu étais une femme, dans cette vie antérieure, et tu as noyé volontairement ton enfant parce que tu ne voulais pas qu'il passe toute sa vie à souffrir. Mais tu n'avais pas le droit de décider de son destin, peu importait sa condition physique et morale.

Cette fois, c'en était assez. Je saisis les clés de ma voiture, j'enfilai le couloir du logement et me précipitai vers la porte en hurlant :

– Wô ! les moteurs ! Les sorciers, vous allez trop loin pour moi !

Offusqué, Yvon quitta la table à son tour et me rattrapa. Pour ma part, j'étais déchaîné et je ne voulais rien entendre.

– Le spectacle est terminé ! Rideau ! Continuez à vous raconter des histoires ; moi, je m'en vais à la discothèque me soûler la gueule. J'en ai assez entendu pour ce soir. C'est terrible de faire accroire des choses pareilles aux gens. Tiens, au fait, voilà cent dollars pour chacun de vous. Vous prendrez une bière à ma santé. Après tout, j'aurai besoin d'être fait fort pour passer au travers de toutes vos prédictions de malheur.

Sans se départir un seul instant de son calme olympien, Yvon me demanda de me ressaisir.

– Respire un bon coup et reviens à la cuisine, m'exhorta-t-il. Je t'ai dit qu'il ne fallait pas tout gober d'un coup. Qu'il te faudra lire et relire ce manuscrit pour en comprendre toutes les subtilités. Allez, sois un homme et viens te rasseoir.

– Yvon a raison, tu t'énerves pour rien, ajouta Gilles. Pour l'instant, rien n'est perdu. Au contraire. Tu vivras plein de vies dans une seule. C'est passionnant, ton histoire.

L'orgueil fit la différence. Je ne tenais pas à passer pour un trouillard. Je retrouvai mon empire sur moi-même et regagnai lentement la cuisine. Gilles demanda à Yvon de me servir à boire. En attendant la tequila de la discothèque, je me contentai d'un verre de jus d'orange, alors que la discussion reprenait.

– Je peux vous poser une question, si je ne vous dérange pas trop dans votre « exercice » ?

– Oui, répondirent-ils à l'unisson.

– Jusqu'ici, vous ne m'avez pas dit un traître mot sur ma vie amoureuse. Est-ce que je vais me marier ?

– Probablement, mais ce ne sera que beaucoup plus tard, dans la dernière phase de ta vie.

– Bon, encore une bonne nouvelle !

– Tu te marieras le jour où tu auras atteint la sagesse de l'homme, me semonça Gilles. Mais pour l'instant, tu n'es pas prêt pour ce genre d'engagement. Tu n'es encore qu'un gamin malgré tes trente-cinq ans.

– Et des enfants ? J'aurai des enfants ? Que dit *Le manuscrit des anges* là-dessus ?

– À mon avis, tu en adopteras un ou deux, prédit Yvon.

Sa réponse me prit tellement au dépourvu que je vins près de recracher mon jus d'orange.

– Pardon ?

– L'un de vous deux, ta femme ou toi, sera stérile, et vous vous résignerez à cette solution. Un aspect de ta vie le précise bien. Je te l'ai d'ailleurs souligné dans le manuscrit.

Je crus bien avoir atteint le paroxysme de l'exaspération. J'arrachai le manuscrit des mains d'Yvon et je feuilletai nerveusement la douzaine de pages avant de me mettre à lire certains passages à voix haute.

– « Tu atteindras tous les sommets désirés à la fin de ta vie. » Tiens, elle est pas mal, cette phrase. « Tu pourrais inventer quelque chose. » Pas mal aussi. « Si tu le veux, tu pourrais avoir aussi le don de bien sentir les gens par la clairvoyance. » Ça, je n'y pense même pas. Ici, c'est nettement moins bien : il se peut que je souffre de la maladie d'Alzheimer après soixante-dix ans. Après tout ce que j'aurai vécu, si vous dites vrai, ce serait en effet préférable que je ne me souvienne plus de rien, finalement.

– Tom, souris à la vie, me supplia Gilles. Déjà, tu as connu des joies que bien des gens ne connaîtront jamais. Tu as des parents en or, que tu adores et qui t'adorent, j'ai pu le constater l'autre soir, chez ta cousine. Tu as la santé, un travail que tu apprécies, tu as de l'argent plein les poches, tu voyages en permanence… Dommage que tu sois aux femmes, tu ferais un bon parti.

– Très drôle.

– Excuse-moi, ajouta-t-il en gloussant, fier de son coup.

J'en avais ma claque de leurs sorcelleries et je leur demandai si je pouvais disposer. Je n'aspirais qu'à me changer les idées et à rejoindre Pamela. Les deux hommes accédèrent à ma demande et déclarèrent la séance terminée pour ce soir-là.

– Tom, lis souvent ce manuscrit, me demanda une dernière fois Yvon. Tu comprendras mieux que nous chacun des aspects de ta vie.

– Je verrai.

– Nous t'aurons prévenu, Tom.

Je m'engageai une nouvelle fois dans le couloir avant de revenir sur mes pas, saisi d'une soudaine inspiration.

— Au fait, je peux vous poser une dernière question?

— Laquelle? répondirent-ils, une fois encore en chœur.

— À quel âge vais-je mourir?

— Si tu t'en sors avec tes maladies du milieu de la quarantaine, et j'ai confiance, tu y parviendras, je dirais que tu devrais mourir à l'âge de quatre-vingt-trois ans, avança Yvon.

— Je suis d'accord avec lui, dit Gilles.

— Donc, sur ma tombe, ce sera écrit : « Denis Tom Lapointe 1952-2035 » ?

— Tom, s'il te plaît, ne parle pas ainsi, me supplia Gilles qui avait une sainte horreur que les gens plaisantent sur ce sujet aussi tabou que délicat.

Je laissai les deux hommes autour de la table de la cuisine. C'était leur première rencontre, et ils avaient bien des choses à échanger sur leurs dons pour le moins particuliers. Je les saluai poliment, pris le manuscrit que je pliai sous mon bras, et sortis de la maison pour prendre un grand, très grand bol d'air.

Arrivé à ma voiture, je fis voler le manuscrit à bout de bras sur la banquette arrière en hurlant. Puis, j'allumai la radio et je me mis à soliloquer comme un demeuré.

— Tu es le roi des imbéciles d'écouter ces gens-là. Il ne faut plus que tu repenses à cette soirée, plus jamais. Ce sont des spécialistes dans l'art de bourrer le crâne des gens. Tu es trop solide pour croire en ce genre de fadaises.

Et, par cette fin de soirée pour le moins spéciale, je fis crisser les roues de ma BMW en direction de mon appartement d'Ahuntsic. Une fin de soirée de juillet 1987 que je n'oublierai jamais et qui se déroula, à quelques mots près, comme je viens de vous la raconter.

Bien sûr, je ne pouvais alors me douter que la suite de ma vie allait se dérouler exactement comme ils l'avaient prédit…

Chapitre 15
La primeur

Notre subconscient enregistre-t-il si bien ce genre de prédictions paranormales qu'il arrive à nous pousser droit dans un mur sans que nous puissions réagir? Étais-je inconsciemment influençable au point de provoquer ma propre descente aux enfers? Aurais-je pu être une victime de la secte du Temple solaire si j'avais rencontré un de leurs dirigeants à cette période de ma vie? Aurais-je dû consulter un psy à la suite d'une soirée aussi traumatisante?

Je me souviens avoir été troublé par cette soirée durant quelques jours. Si j'avais été mûr pour les révélations des deux clairvoyants, un signal d'alerte se serait déclenché dans mon cerveau. J'aurais porté davantage attention à mon comportement et à mes actions pendant les mois suivants. Mais non, je continuai de surfer sur ma vague. Bien que j'avoue avoir rappelé, revu et consulté souvent les deux hommes, qui devinrent de véritables amis au fil des ans, je repris mon chemin de vie sans trop me laisser affecter par les prédictions dévastatrices de ma carte du ciel.

De toute manière, mon travail à *La Presse*, à la radio et à la télé m'absorbait tellement que je ne voyais pas le temps passer. Un an s'était écoulé depuis cette soirée pour le moins particulière. Un an pendant lequel mon calepin d'informateurs et de jolies femmes s'était enrichi chaque jour. Si je voulais apprendre une indiscrétion sur quelqu'un, je parvenais toujours à l'obtenir. Si je voulais être invité à la maison de campagne de

Pat Burns, le nouvel entraîneur du Canadien, il me recevait avec plaisir. Si je voulais inviter une jeune bimbo à dîner, pas de problème, comme j'avais un peu de charme et pas mal de fric, elle acceptait – une fois sur deux!

En juillet 1988, Wayne Gretzky, le nouveau monarque du hockey des temps modernes, allait se marier à Edmonton avec Janet Jones, une starlette qui venait de décrocher de petits rôles à Hollywood. Je demandai à mon boss Gobeil si je pouvais couvrir l'événement, ce qu'il accepta volontiers.

Au fil des ans, j'avais réussi à établir une relation quasi privilégiée avec le numéro 99 des Oilers d'Edmonton. En compagnie de Larry Robinson, de Doug Wickenheiser, de Rick Green et de Richard Sévigny, j'avais joué au hockey contre La Merveille au cours d'une mégapromotion, près des monts Catskill, dans l'État de New York, en 1982. L'année suivante, je lui avais organisé une virée en limousine dans les meilleurs bars de Montréal, avec son agent Bob Perno et son garde du corps Charlie Henry. Enfin, entre 1984 et 1988, j'avais couvert plusieurs matchs des redoutables Oilers. Bref, je n'étais pas un de ses amis intimes, mais disons que j'étais une bonne connaissance.

Pendant tout le week-end de son mariage, Gretzky me traita aux petits oignons. Il me reçut avec Janet pour une entrevue quasi exclusive à son hôtel, quelques heures avant le grand jour. Et, grâce à Charlie Henry, je pus me retrouver aux premières loges, c'est-à-dire dans la troisième rangée, à l'église, pour épier les moindres faits et gestes de cette cérémonie digne d'un roi. Mes quatre jours à Edmonton me mirent sur la piste de la primeur de toute une vie journalistique : celui du cruel départ de Gretzky pour Los Angeles, avec un chèque de quinze millions de dollars en poche.

Certains bruits couraient déjà, au mariage, que sa nouvelle femme ne voulait pas vivre sept jours sur sept dans le luxueux *penthouse* de son mari, à Edmonton. Qu'elle désirait garder son appartement à Los Angeles, avec l'idée bien arrêtée de poursuivre sa carrière au cinéma. Avec pour résultat que le hockeyeur était littéralement déchiré entre son désir de combler les attentes de sa femme et son sentiment d'appartenance aux Oilers et aux fans de l'Alberta.

De retour d'Edmonton, je poursuivis discrètement mon enquête, qui ne reposait encore que sur des racontars. D'abord, je sus que les tourtereaux ne partiraient pas *immédiatement* en voyage de noces, qu'ils différeraient leur départ de quelques semaines. N'était-ce pas suprêmement bizarre pour un couple aussi jeune, beau, riche et célèbre de passer sa lune de miel… à Edmonton ? Début août, un de mes contacts à Los Angeles m'apprit que Gretzky avait été vu au bureau de Bruce McNall, le richissime propriétaire des Kings. Mais que pouvait fabriquer le 99 avec McNall ? Lui avait-il demandé d'aider sa femme à obtenir des rôles au cinéma ? Hypothèse bien improbable, puisque McNall donnait dans la numismatique, les courses de chevaux et le hockey, et ne semblait avoir aucune influence ni aucun intérêt dans le septième art. Il y avait anguille sous roche, mais j'étais convaincu d'être sur la bonne piste. Il me suffisait de chercher patiemment les pièces manquantes du puzzle et de les agencer.

Le 4 août, j'allai assister, comme c'était mon habitude l'été, à un match de hockey de la ligue de Gene Cloutier, à l'aréna Étienne-Desmarteaux. Luc Robitaille, des Kings, et son ami et agent Patrice Brisson participaient à ce match amical, histoire de garder la forme à moins d'un mois de l'ouverture des camps d'entraînement de la Ligue nationale. Je descendis au vestiaire après la partie et bus une bière avec les joueurs. Toujours comme d'habitude. Une heure plus tard, nous quittions l'aréna. Le temps était splendide. C'était une soirée d'été exceptionnelle à Montréal, et Jean Lusignan, un des entraîneurs de la ligue de Cloutier, nous invita à boire un coup à sa résidence de Terrebonne.

– J'ai des maillots de bain pour tout le monde, précisa Lusignan, exubérant. Allez, on va relaxer, les *boys*.

Brisson accepta, mais Robitaille déclina l'invitation. Il avait une course à faire chez ses parents, à Anjou.

– On se rejoint à la discothèque, vers minuit, nous dit le joueur des Kings. D'ici là, bonne baignade chez Johnny. Ne vous noyez pas. Je veux dire : dans l'alcool !

Toute la bande débarqua chez Lusignan vers vingt-deux heures trente. Deux bières et trois cognacs plus tard, je commençais à interroger Brisson. L'ancien joueur des Olympiques de Hull était devenu un personnage très branché dans l'entourage des Kings. Il apprenait son métier d'agent de joueurs dans la ville idéale pour réussir et, comme il avait un charme fou, on l'accueillait partout à bras ouverts. Ses nouvelles connaissances avaient pour noms Michael J. Fox, John Candy, Tom Cruise, Alyssa Mylano, Sylvester Stallone et j'en passe. Il était donc au parfum de toutes les rumeurs...

– Dis-moi, Patrice, j'ai su que Wayne et Janet étaient à Los Angeles, ces derniers jours. C'est bien vrai ? lui demandai-je sur un ton que je voulais le plus anodin possible.

Brisson marqua un temps d'hésitation. Mon ton se fit subitement beaucoup moins anodin.

– C'est vrai... ou faux ? insistai-je.

Le don Juan avait avalé une gorgée de bière de travers et prit encore quelques secondes avant de cracher le morceau.

– Écoute, Tom, tu as été absolument formidable avec moi depuis mon départ pour Los Angeles. Ce soir, je vais te donner la primeur de ta vie, mais à une seule condition : que mon nom ne soit pas cité dans ton article, sinon tu me mettrais dans de beaux draps dans l'entourage des Kings.

Lusignan était le seul témoin de la formidable nouvelle qui allait faire exploser une véritable bombe dans le monde du hockey.

– Une certaine personne, proche collaboratrice de McNall, m'a fait des confidences, commença-t-il. Tu veux que je te fasse un dessin ?

Dans ma tête, j'avais déjà tracé le portrait d'une secrétaire. Je secouai la tête et lui fis signe de poursuivre.

– Gretzky vient de signer avec les Kings pour quinze millions de dollars. Le propriétaire des Oilers, Peter Pocklington, a de graves problèmes financiers avec ses raffineries, et cette transaction lui permettra de se sortir d'un terrible pétrin. La nouvelle sortira vers le 10 août, il y aura deux conférences de presse, une à Edmonton, l'autre à Los Angeles. L'arrivée de Gretzky en Californie va révolutionner le marché des transactions au hockey. Si Gretzky peut jouer ailleurs qu'à Edmonton, tous les autres joueurs pourront en faire autant. Ce sera l'Eldorado pour les hockeyeurs de la prochaine génération.

L'angoisse ne tarda pas à gagner le jeune homme – peut-être la même angoisse dont avait été victime sa confidente quelques nuits plus tôt. Il se mit à faire les cent pas devant la piscine.

– Mais tu me donnes ta parole, répéta-t-il. Je ne sais pas comment tu vas t'y prendre pour rendre la nouvelle, mais jamais un mot sur ta source d'information, sinon mon informatrice va se douter que je l'ai trahie.

Pour le rassurer, je pris une entente avec Brisson. Je lui annonçai la couleur de ma stratégie. J'écrirais que ma source provenait d'Edmonton, d'un proche de l'entourage de Gretzky présent au mariage.

– Et je t'appellerai pour te lire mon article avant la publication, dis-je pour finir de le réconforter.

En vrai pro, il refusa ma légitime proposition ; il m'accordait sa confiance.

Le 5 août, dans le bureau de Gobeil, j'annonçai à mon patron la teneur de ma primeur, et l'excitation gagna aussitôt toute la salle de rédaction du département des sports.

« Gretzky chez les Kings », titra la une de *La Presse* dans son édition du 6 août 1988. Je ne pus fermer l'œil de la nuit.

Le téléphone commença à sonner très tôt le matin à l'appartement. La nouvelle avait fait le tour du Canada en un rien de temps. Mon boss m'appela pour me dire que, depuis Edmonton, l'agence Canadian Press démentait mon information. Je lui répondis l'évidence : que c'était parfaitement prévisible. Le *Journal de Montréal* écrivait à son tour, dans son édition du lendemain, que l'information n'était pas fondée. Mais, plutôt que de baisser les bras, j'en remettais une couche dans ma chronique du 7 août : « Les agences de presse démentent la nouvelle, mais pas Gretzky, à ce que je sache. Il se cache chez un ami comédien, Allan Tickle, pour ne pas avoir à la commenter. »

Quarante-huit heures passèrent et l'inquiétude me gagna. Brisson avait-il fait avorter la transaction en me confiant la primeur ? Une clause de confidentialité spécifiait-elle que rien ne devait transpirer de la rencontre entre McNall et Pocklington sous peine d'invalider l'entente ? Ces interrogations – et bien d'autres encore – me trottaient dans la tête quand Gobeil, tout feu tout flamme, m'appela chez moi pour m'annoncer la confirmation de la nouvelle.

– Il y a deux conférences de presse aujourd'hui, une à Edmonton et l'autre à Los Angeles, triomphait-il au bout du fil. Tu as gagné, Tom ! Tu peux prendre des vacances bien méritées. Tu iras à Los Angeles pour la première partie du calendrier régulier des Kings, en septembre, dans un mois et demi. D'ici là… amuse-toi !

L'automne s'annonçait formidable. Mais auparavant, j'allais suivre à la lettre la directive de mon boss et passer les six semaines suivantes à célébrer la primeur.

Chapitre 16
Remise en question

Le départ du grand Wayne Gretzky à Los Angeles vint une fois de plus lustrer ma réputation et insuffler une dose d'adrénaline supplémentaire à une vie déjà bien remplie. Je ne pensais plus aux prédictions de mes deux sorciers. Si j'avais eu pour deux sous de malice, je leur aurais conseillé de changer de carrière. Je leur aurais dit qu'ils étaient complètement à côté de la plaque avec leurs plans sur les comètes et leurs prédictions à gogo.

Dans la sphère des journalistes sportifs, je trônais tout au sommet de l'Olympe. Et comme une bonne nouvelle n'arrive jamais seule, voilà qu'une autre primeur allait me tomber du ciel moins d'une semaine plus tard : celle du retour de Guy Lafleur au hockey, cette fois dans l'uniforme des Rangers de New York.

Encore une fois, le petit monde de la nuit allait m'offrir cette information sur un plateau d'argent. J'étais donc en vacances – sur ordre de mon patron ! – à m'amuser à la disco L'Action lorsque Lafleur apparut avec son nouvel agent, Yves Tremblay. Les deux m'invitèrent à boire une coupe avec eux au petit bar du fin fond de la disco et, au fur et à mesure que la soirée avançait, l'ancienne grande star du Canadien se montrait de plus en plus loquace.

– Tom, tu as obtenu une grosse nouvelle avec le départ de Gretzky pour Los Angeles… Mais il se peut que tu entendes bientôt parler d'une autre bombe dans le monde du hockey, dit Lafleur, nébuleux.

– Quoi, tu reviens au jeu ? osai-je avancer à la blague.

– Ne pose pas de questions, je n'aurais pas de réponse. Mais reste alerte… se borna-t-il à dire.

Il était trois heures du matin, le disc-jockey avait lancé le dernier slow de la soirée et les lumières s'allumaient. Je descendis grignoter une pizza au restaurant de Christian Campeau, sous la discothèque, et un des barmans vint boire un verre à ma table, ce qui était monnaie courante avec mes copains de la disco L'Action.

– Tom, tu n'as pas trouvé que Lafleur était bizarre cette nuit ?

– Un peu… Mais toutes les grandes stars sont souvent assez spéciales.

– Ouais, sûrement… Sauf que ce soir, on aurait dit qu'il célébrait quelque chose.

Quand j'entendis le verbe « célébrer », deux antennes me poussèrent de part et d'autre du front.

– Que veux-tu dire ? lui demandai-je avec animation.

– Avant de partir, il m'a donné un gros pourboire, puis il a ajouté qu'il espérait trouver d'aussi bons serveurs à New York.

Lafleur avait lancé une phrase de trop au barman. J'appelai son agent le lendemain, mais il ne retourna pas mon appel. Je passai quelques autres coups de fil, qui m'apprirent que Lafleur s'entraînait incognito sur la patinoire du centre sportif Laval depuis déjà quelques jours.

Toutefois, comme j'étais en vacances, je me décidai à refiler l'information à mon collègue Réjean Tremblay qui était déjà sur le coup. Le Bleuet avait réussi à joindre l'agent de Lafleur, qui lui avait confirmé notre information. Le chat était sorti du sac et, le lendemain, Tremblay, en véritable collègue de travail, cosignait avec moi l'article à la une de *La Presse* : « Guy Lafleur revient au hockey avec les Rangers de New York. »

Cette autre primeur marqua un branle-bas de combat chez notre compétiteur direct, au *Journal de Montréal*. Le quotidien de la rue Frontenac, dont la devise le sacrait fièrement « numéro 1 de l'information sportive », venait de se faire passer sous le nez deux incroyables exclusivités.

En passant rue Masson chez mon ami Menick, le coiffeur des sportifs, je croisai André « Toto » Gingras en train de jouer une partie de cartes avec son copain Bob Saint-Jacques.

– Tu vas faire mourir le patron des sports au *Journal* si tu continues à nous assassiner avec tes primeurs, gueula-t-il à mon intention devant les clients du salon, aussi délicat qu'un rouleau-compresseur. Si Jacques Beauchamp n'était pas malade, ça ne se passerait pas comme ça. Avant, c'était lui qui avait toutes les primeurs.

Jacques Beauchamp était une icône au *Journal de Montréal*, et une légende dans le monde du journalisme sportif québécois. Tous les amateurs de sports de la province l'avaient lu régulièrement durant sa carrière de plus de quarante ans, et tous les journalistes du *Journal* avaient appris leur métier dans son sillon – y compris son ami et confident de toujours, Toto Gingras.

– Il n'en mène pas large, le père Beauchamp, ajouta-t-il tristement. Je ne sais pas combien de temps il va tenir le coup…

Affecté par plusieurs maladies, dont le diabète n'était pas la moindre, l'homme de confiance de Pierre Péladeau rendit finalement l'âme le 17 septembre 1988. J'assistai à ses funérailles dans une église de l'ouest de la ville. Toute l'élite sportive, artistique et politique se réunit et se recueillit alors pour saluer une dernière fois ce grand communicateur, amoureux fou des courses de chevaux et, surtout, formidable être humain. Je n'eus jamais le plaisir et le privilège de travailler pour lui. On le disait exigeant, parfois colérique, mais toujours honnête et humain avec ses journalistes, ses confrères et ses lecteurs.

Je lui avais parlé une dernière fois trois mois avant sa mort. Il était allongé sur le plancher de bois du sauna du centre sportif Paul-Sauvé et lisait ses journaux tout imbibés d'eau. Son corps était marqué par la maladie et par les nombreuses piqûres quotidiennes qu'il devait au diabète. Mais monsieur Beauchamp ne se plaignait jamais. Par cet après-midi d'été, il me dit simplement :

– Ta page de *La Presse* est excellente, mon Tom. Tu fais une cr… de belle job. Continue comme ça…

Venant de l'homme qui avait inspiré ma vocation dès l'âge de treize ans, dans ma petite ville natale de L'Assomption, ce compliment m'avait touché droit au cœur.

En novembre 1988, Bernard Brisset, le patron des sports du *Journal*, celui que mes primeurs rendaient malade, selon Toto Gingras, demanda à me rencontrer en privé… sans se priver d'annoncer haut et fort ses couleurs :

– J'ai une offre à te faire. Si tu le veux, le *Journal de Montréal* te donne une chronique dans ses pages, avec plein d'avantages à la clé.

J'appelai illico mon parrain Morency, puis mon ami Menick. Mes deux confidents et conseillers convinrent de la même évidence : le *Journal* était plus reconnu pour les sports que *La Presse*. Ils me précisèrent aussi que Toto Gingras avait chaleureusement moussé ma candidature auprès de Brisset et de Raymond Tardif.

Je ne réfléchis pas une seule seconde et je quittai *La Presse* comme un poltron en moins de quarante-huit heures. Michel Blanchard, le successeur de Gobeil au poste de directeur des sports, me traita de voyou dans une de ses chroniques et il n'avait pas tort. Partir, ça se fait… mais avec de la manière. Hélas, à cette époque, j'avais les dents trop longues et le melon trop gros pour voir plus loin que le bout de mon nez et prendre la peine de réfléchir.

Ma venue au *Journal* battit la une du quotidien. Certains anciens au pupitre me tirèrent la langue, d'autres m'accueillirent avec plaisir, dont les frères François et Robert Leblond, Bertrand Raymond, Pierre Durocher, André Rousseau, Mario Brisebois et Marc Lachapelle. Mon bureau faisait face à celui de Lachapelle, avec qui j'avais eu quelques prises de bec épiques du temps de mes années au *Montréal-Matin*.

Les quinze premiers mois se passèrent assez bien. Je n'étais pas trop souvent au *Journal*, puisque je couvrais plusieurs matchs d'autres équipes de la Ligue nationale. Mon entente avec Bertrand Raymond était claire : il s'occupait du Canadien, tandis que j'allais puiser mes informations ailleurs.

Un de mes bons moments au *Journal* eut lieu lors du match des étoiles de la Ligue nationale, à Pittsburgh, en janvier 1990. J'avais été affecté à la couverture de la partie, puis invité chez Mario Lemieux après le match. Pat Burns, l'entraîneur du

Canadien, m'avait accompagné en taxi à la fiesta qui s'était terminée aux petites heures du matin.

Au début des années 1990, le joueur issu du hockey mineur de Ville-Émard était la nouvelle vedette de la ligue. Il avait même réussi à faire de l'ombre au grand Gretzky. Lemieux me réserva une collaboration quasi exclusive jusqu'aux éliminatoires du printemps 1990. Le 66 des Pingouins me confia durant ces séries de la Coupe Stanley qu'il ne pouvait plus sentir son patron, Tony Esposito, et j'écrivis la nouvelle dans ma chronique. Il m'appela au *Journal* vingt-quatre heures plus tard pour me dire que je l'avais trahi.

Le grand Mario n'avait jamais été homme à se défiler au lendemain d'une de ses déclarations incendiaires, et je n'avais pas cru que celle-ci l'était davantage qu'une autre. Il pensait réellement ce qu'il m'avait dit sur Esposito, qui devait plus tard être congédié. Je ne comprenais pas son soudain changement d'attitude à mon égard. J'étais amèrement déçu.

J'avais vu le magique Mario à son tout premier match de la ligue, dans l'enceinte de l'intimidant Garden de Boston. Il avait marqué dès les premiers instants de la partie contre Raymond Bourque et les Bruins. Un but spectaculaire comme lui seul pouvait les signer, avec cette puissance, cette fluidité sur lames, cet instinct du marqueur, cette habileté naturelle à dominer son sport.

J'avais eu un gros coup de cœur pour Lafleur dans ses grandes années avec le Canadien. J'avais défendu Sévigny comme s'il avait été mon frère de sang, malgré ses ratés, certains soirs, devant le filet du Tricolore. J'avais apprécié la classe et le talent hors du commun de Gretzky. Mais Lemieux était à mes yeux le meilleur de tous. J'étais devenu un fan – *le* fan – du numéro 66. Au diable l'impartialité! Quand on aime, on ne compte pas les qualificatifs dans ses élans d'admiration.

Cet incident me plongea dans une profonde réflexion. Soudainement, j'en eus assez de cette course aux potins sur les caprices des stars. Mon ras-le-bol et ma remise en question coïncidèrent avec le départ de Richard Morency de CKAC. Il venait d'accepter une nouvelle promotion, cette fois chez les Expos de Montréal, auprès du président Claude Brochu. J'appelai mon parrain et lui demandai si je ferais un bon patron à CKAC.

— Laisse-moi faire ma petite enquête auprès de Jacques Lina, me dit-il, et je te reviens dès que j'en sais un peu plus…

Le carrousel était reparti de plus belle. L'incorrigible enfant que j'étais voulait encore changer de jouet. Enfoui quelque part sous une pile de paperasses, à mon appartement, mon *Manuscrit des anges* jaunissait doucement. En près de trois ans, je ne l'avais pas relu une seule fois.

J'allais bientôt signer mon arrêt de mort. Je passerais à la guillotine du destin le 14 mai 1990, la veille de mes trente-huit ans.

Chapitre 17
Coup de poignard

Mon départ du *Journal de Montréal* ressembla à s'y méprendre à celui que je vécus à *La Presse :* il se fit sur un coup de tête, sans la moindre réflexion. Il suffit d'un seul dîner avec Jacques Lina, un des décideurs de Télémédia, pour que tout bascule. Lina me proposa un contrat de cinq ans, me garantissant un salaire annuel de cent vingt-cinq mille dollars, saupoudré d'un compte de dépenses sur mesure. Je n'exigeai pas de signer l'entente avant de quitter le *Journal*. Je lui déclarai que je lui faisais confiance et, surtout, que je voulais commencer immédiatement mon nouveau travail.

Je passai en coup de vent au *Journal*, mais Bernard Brisset, mon patron, était absent pour deux jours. Je rencontrai donc d'urgence Raymond Tardif et François Leblond, leur laissant savoir que j'allais diriger le département des sports pour tout le réseau Télémédia et que ma décision était irrévocable. Ils me demandèrent d'attendre au moins que Brisset revienne pour en discuter, mais je ne voulus rien entendre. J'étais certain d'avoir gravi un autre échelon décisif dans ma carrière. Je ne savais pas encore que je venais d'être rattrapé par le principe de Peter – ce fameux principe voulant que, tôt ou tard, tout travailleur finit par atteindre son niveau d'incompétence. Or, je n'étais pas fait pour être patron – encore moins que je n'étais fait pour en avoir un.

Cette certitude, je la ressentis dès ma première journée de travail à CKAC, ce 15 mai 1990, alors que je fêtais mes trente-huit ans. Mon premier problème se posa très tôt. J'eus d'abord toutes les difficultés du monde à me lever à six heures trente du matin. Je n'étais pas homme à me réveiller au chant du coq ; je me couchais normalement au moment où il faisait ses vocalises. Le second problème était de nature vestimentaire. Dans ma nouvelle situation, l'usage prescrivait le port de la cravate, de la veste et de souliers noirs cirés, dans le respect du code de travail des cols blancs. Naturellement, j'accordais ma préférence à mes jeans et à mes bonnes vieilles bottes de cow-boy. Malgré tout, je fis des efforts pour m'adapter à mes nouvelles fonctions et j'attaquai avec fermeté la réunion de ce 15 mai, qui se tenait dans la salle de conférences du nouvel édifice de CKAC, rue Peel.

D'emblée, j'annonçai mes couleurs au conseil d'administration : il fallait engager Michel Bergeron pour créer un électrochoc dans le monde de la radio sportive. CJMS faisait un tabac avec l'équipe de Michel Tremblay, dont la grande star était Mario Tremblay, bien secondé par Pierre Trudel qui lui passait toujours le « *puck* sur la palette ». Dans mon esprit, il importait donc de déstabiliser ce duo de choc. Le Tigre Bergeron ne faisait plus bon ménage avec Marcel Aubut depuis son retour à la barre des Nordiques. Je m'étais fait confirmer, par mon parrain Morency, qu'il pourrait être intéressé par une nouvelle carrière au micro. Le métier d'entraîneur use son homme et, comme la santé de ce passionné du hockey battait de l'aile, je croyais fermement le temps venu pour lui de se recycler.

Une première rencontre avec l'agent de Bergeron, Pierre Lacroix, me laissa croire en nos chances, et je revins à CKAC, impatient d'annoncer la bonne nouvelle à Jacques Lina. Cependant, lui aussi avait une information à me communiquer : un nouveau directeur général venait d'être nommé, Richard Desmarais, l'as reporter de la station, affecté aux faits divers.

Sur le coup, je ne sus trop comment interpréter cette nomination, mais le principal intéressé m'aida aisément à me formuler une opinion lorsqu'il s'attribua le mérite de l'embauche de Bergeron. L'opération fut menée à mon insu : les rencontres avec Pierre Lacroix, le partenariat avec Michel Chamberland pour que Bergeron ait aussi un micro lors des matchs présentés sur le réseau TVA. En guise de cerise sur le gâteau, Desmarais m'ordonna de couper dans le budget des sports. Je devins fou de rage et montai au bureau de Lina, le couteau entre les dents, pour obtenir des explications.

– Quelle est cette farce, monsieur Lina? le fustigeai-je.

– Je ne comprends pas, répondit-il sans conviction.

– Vous m'avez engagé avec tous les pouvoirs décisionnels au département des sports de Télémédia et avec la promesse d'un budget à la hausse pour mon personnel. Or, depuis l'arrivée du gros Desmarais, plus rien ne tient.

– La décision vient de plus haut et je n'y peux rien. Il va falloir effectivement sabrer dans les dépenses. Les finances de CKAC ne sont plus ce qu'elles étaient…

– Et mon contrat de cinq ans, je vais le signer quand, au juste?

– Richard Desmarais s'en occupe. Il va le respecter.

Le respect ne faisait pas partie des mots d'ordre qu'entendait implanter Desmarais dans ses nouvelles fonctions. Il avait été engagé avec le mandat bien précis de faire une «job de bras» dans tout l'organigramme de la station et, pour la première fois de ma carrière, j'atterrissais au mauvais endroit, au mauvais moment. La roue de la vie venait de tourner… pour ma plus mauvaise fortune.

Je passai un été abominable à accomplir des tâches qui me déplaisaient souverainement. Je dus d'abord annoncer à Pierre Bouchard qu'il perdrait son émission en septembre – puisque Desmarais ne voulait pas se salir les mains dans ce dossier. L'homme préparait la venue du Tigre en bouffant des crevettes et en cuvant son vin blanc à une table de choix, entre deux danses des plus belles filles du Québec, Chez Parée. Pendant ce temps, je me farcissais le travail ingrat. Résultat des courses: en moins de quatre mois, à l'exception du nouveau venu Christian Gauthier, je m'étais mis à dos tout le personnel de la salle de rédaction des sports.

Septembre arriva, et le véritable coup de poignard me fut assené: l'annonce de l'embauche de Bergeron au micro de CKAC, sans que j'aie droit à la moindre participation dans le dossier. Je revois encore Desmarais et Chamberland triomphant sur l'estrade avec Bergeron, pendant que je rongeais mon frein avec quelques journalistes de la boîte, au fond de la salle de conférences d'un hôtel dont j'ai même oublié le nom.

Quand je retournai à la station de radio, je sollicitai un rendez-vous privé avec Desmarais, mais monsieur était trop occupé pour m'accorder quelques instants. J'en exigeai un deuxième, puis un troisième – sans réponse. Exaspéré, je montai au bureau de Lina pour lui balancer mes clés sur son bureau et lui remettre ma lettre de démission.

– Je ne veux pas travailler pour un homme qui va couler CKAC. Adieu et merci pour la belle mascarade.

Ma démission remise, je passai chez Menick pour lui annoncer la nouvelle. Mon vieil ami était catastrophé.

– Pourquoi as-tu quitté le *Journal*? Pourquoi, Tom?

Je rentrai chez moi au volant de ma Jaguar, roulant tout doucement pour bien savourer chaque seconde des derniers moments de ma vie merdique de petite star des communications.

Ce soir-là, je relus mon fameux *Manuscrit des anges* en redécouvrant amèrement certains passages combien lourds de sens : la nécessité pour moi d'apprendre à écouter les gens, mon désir de tout contrôler, les changements appelés à marquer le cap de mes quarante ans.

Mes anges s'étaient trompés de quelques mois seulement. Ma vie venait de basculer à trente-huit ans et cinq mois.

Chapitre 18
Pour rendre service

La preuve que j'étais sonné, pour ne pas dire assommé, par ce retournement de situation majeur, fut la négociation de mon départ de CKAC. J'aurais pu facilement les tenir responsables de ne pas m'avoir présenté mon fameux contrat de cinq ans, en plus de ne pas l'avoir respecté. J'aurais pu engager un bon avocat et faire cracher un gros chèque à la station. Si j'avais moindrement fait preuve d'esprit stratégique, je les aurais forcés à me congédier et à me verser le pactole qu'ils me devaient.

Mais comme je déteste les avocats, les procédures et les tribunaux, et comme je préfère quitter que d'être quitté, je signai mon départ de CKAC en retour de quelques miettes : un chèque de dix mille dollars et une campagne radio d'une valeur de vingt-cinq mille dollars pour mon nouveau jouet. Par « nouveau jouet », entendez ma nouvelle bêtise : un centre de détente – massage, sauna, bronzage – que j'avais acheté, boulevard Pie-IX, quelques mois plus tôt.

J'avais décidé d'investir dans ce type de commerce parce que je croyais réellement aux bienfaits des massages, et aussi parce que je voulais rendre service à un ami du temps, Christian Campeau. Ce dernier m'avait donné un solide coup de main durant les tournées estivales de balle molle des équipes de *La Presse* et du *Journal de Montréal*. Ex-hockeyeur doué avec les Patriotes de Saint-Laurent de la ligue collégiale, il aurait pu jouer dans les rangs professionnels s'il n'avait pas eu si peur de son ombre sur une patinoire. Mais Campeau avait bien d'autres talents : beau parleur, irréductible charmeur, il était capable de vendre des frigos aux Esquimaux et des chaufferettes aux Africains, en plus d'avoir la bosse des affaires.

J'allai donc visiter son centre de bronzage durant l'hiver de 1990 – à cette époque pas si lointaine où tout encore me réussissait. Les locaux étaient sombres et vétustes, presque insalubres ; sa clientèle, jeune mais superficielle. Elle se limitait à des gens de la nuit qui allaient là s'acheter du repos et des couleurs sous les lampes à rayons ultraviolets, histoire d'avoir meilleure mine à la discothèque.

Du jour au lendemain, sans procéder à la moindre étude de marché, sans même consulter un ami digne de ce nom, je décidai sur un autre coup de tête de me lancer en affaires, moi qui savais certes parler et écrire, mais qui ne savais surtout pas compter. Deux mois plus tard, j'avais emprunté à mon banquier soixante mille dollars pour rénover la place et pour engager une équipe spécialisée en médecines douces, plus précisément en massages thérapeutiques

Dans ma petite tête de linotte, je me disais que les gens feraient la queue devant mon centre et que ce commerce deviendrait un fond de retraite additionnel pour mes vieux jours. Après tout, n'étais-je pas connu comme Barrabas dans la Passion ? Dans mes rêves les plus fous, je voyais ce centre comme le premier d'une succession de salons de santé éparpillés aux quatre coins du Québec et du Canada. Autrement dit, je deviendrais d'ici quelques années le McDo du massage...

Ce fol optimisme était bien entendu généré par ma méga-lomanie galopante. Lorsque la réalité me rattrapa, la princesse eut tôt fait de se transformer en grenouille. Le centre était bien tenu, mon équipe, formidable, sauf que la conjoncture n'était pas indiquée pour se lancer dans une telle aventure, surtout pas en ce début de décennie. Étant donné que l'économie piquait du nez, les gens pensaient d'abord à manger, à se vêtir et à se loger, et ce, bien avant de songer à se payer du capital santé.

Les centres de détente étaient alors exclusivement réservés à la classe supérieure. Or, les gens plus fortunés ne fréquentent pas un centre de massage situé au deuxième étage d'un édifice de Montréal-Nord, juste au-dessus d'un restaurant où, le soir, un orchestre joue du soft rock en toile de fond sonore lors de soupers d'amoureux. Les riches fréquentent plutôt des centres spécialisés dans de grands hôtels du centre-ville, où ils trouvent calme, frime et confidentialité.

Certes, ma notoriété de journaliste me permit bien d'accueillir certaines personnalités, dont Marcel Béliveau, Luc Robitaille et Pat Burns, pour ne nommer que celles-là. J'eus également droit à quelques articles louangeurs dans les journaux et à certaines entrevues à la radio, dont une avec Gilles Proulx sur les ondes de CJMS. Mais rien de tout ça n'était suffisant pour faire accourir en masse le grand public, celui qui assurerait la survie de mon commerce. Mon départ intempestif de CKAC s'avéra donc une catastrophe pour la précaire santé financière de mon établissement, début octobre 1990.

La tête de citrouille que fit mon banquier lorsqu'il apprit que je venais de tout plaquer à CKAC moyennant une ridicule compensation de dix mille dollars !

— Tu as six employés à temps plein et tes rénovations ont coûté vingt mille dollars de plus que prévu par le prêt, me rappela-t-il en pleurant dans sa bière.

— Mais puisque je vais m'occuper du centre à temps plein, maintenant ! lui annonçai-je comme s'il s'agissait d'une garantie de réussite en béton armé.

— Tom, tu es tombé sur la tête. Nous t'avons accordé un prêt les yeux fermés parce que tu avais un formidable emploi à vie au *Journal de Montréal*. Nous n'avons exigé aucune garantie parce que tu étais plus que solvable. Aujourd'hui, comment comptes-tu redresser la barre ? Tu n'as plus de salaire, et ton centre ne sera peut-être pas rentable avant trois ans, en supposant qu'il le devienne un jour. À ce que je sache, tu n'es pas millionnaire…

— Mais je vais travailler vingt-quatre heures par jour !

— Quarante-huit heures par jour ne suffiraient pas ! affirma-t-il avec conviction.

Il n'y a pas meilleur prophète de malheur qu'un banquier, et cela n'a rien à voir avec la clairvoyance ou la conjonction des astres. Lorsqu'il vous annonce que votre Titanic personnel va sombrer, c'est qu'il connaît pertinemment les icebergs qui se dressent sur votre route. Et il se trompe aussi rarement que le célèbre monsieur Bit, qui sévit pendant quelques années à *La Presse*, et dont les pronostics sportifs se révélaient toujours (enfin, presque toujours) infaillibles.

J'aimais cependant beaucoup trop mon centre de détente pour me laisser abattre. Les rénovations apportées en avaient fait un endroit exceptionnel, confortable et chaleureux. Avec ses teintes pastel, l'aire d'accueil était aussi hospitalière que jolie. Avant de passer à l'une des six salles de massage, on vous offrait une tisane ou un jus. Une charmante hôtesse vous faisait remplir un questionnaire sur votre capital santé. « Prenez-vous des médicaments? Avez-vous subi une opération récemment? Faites-vous de l'hypertension (auquel cas le massage n'est pas recommandé)? Avez-vous des problèmes cutanés? Avez-vous reçu des massages par le passé? Si oui, à quand remonte votre dernière séance? »

Dès que votre questionnaire était rempli, l'hôtesse vous guidait vers le sauna et la douche, histoire de bien détendre tous vos muscles. Et le moment magique arrivait: le massage. Tous mes spécialistes portaient la blouse blanche à griffe azurée à l'effigie du centre. Si vous étiez pudiques, vous pouviez garder votre petite culotte. Sinon, on vous enveloppait, nu comme un ver, dans un grand drap blanc. Et là, c'était le pied. Vous n'aviez plus qu'à humer l'encens et la crème chaude aux amandes en vous laissant bercer par une musique subliminale, sous les mains agiles du masseur ou de la masseuse (à votre discrétion)... et à vous le septième ciel! Vous sortiez revigoré, régénéré, ressuscité de ces soixante minutes de pur bonheur, le teint rosé, les traits apaisés et l'aura tout irisée.

Même si chaque nouveau client devenait presque toujours un habitué, le temps jouait contre moi. Je perdais tous les jours de l'argent, et les factures ne cessaient de s'empiler sur mon bureau. J'aurais dû lancer mon affaire avec deux fois moins de masseurs, dans un local d'une surface trois fois moins grande. J'aurais surtout dû ne pas faire cohabiter sous un même toit deux clientèles aussi disparates que celles du bronzage et du massage.

Certains jours, cette cohabitation était aussi hilarante que gênante, et les scènes qu'elle provoquait, dignes d'un vaudeville que n'aurait pas reniées Gilles Latulippe. En voici un extrait, tout droit sorti des archives cérébrales de votre humble serviteur...

Une fille blonde est assise en minijupe, les jambes écartées et les seins nus. Elle patiente sur le canapé de l'accueil pour sa séance d'U.V. Elle farfouille dans son sac à main, en extirpe un miroir et se passe la langue sur les dents. Elle est seule sur son étoile. À ses côtés, un petit monsieur coincé attend son rendez-vous avec un masseur. Il lit le dernier numéro d'une revue sur les bienfaits de la nourriture bio. Il tortille du croupion comme si ses hémorroïdes dansaient la Saint-Guy. De temps à autre, il jette un coup d'œil furtif sur les cuisses de sa voisine. Elle, elle s'en fout. Elle a l'habitude de ces petits hommes coincés qui se rincent l'œil gratis. Il risque un autre regard à la dérobée. Commence à bander. Se demande maintenant, avec un certain malaise, ce qui se passera dans la cabine de massage et ce qu'en pensera son masseur…

Ce genre d'épisode était à pisser de rire – rire jaune pour moi, compte tenu de ce qui me pendait au bout du nez.

L'hiver 1991 arriva, et les affaires se mirent à dégringoler encore plus vite que le mercure du thermomètre en nos beaux hivers québécois d'antan. Mon banquier se mit à m'appeler aussi souvent que ma mère.

– Tom, tu es dans le rouge de trente mille dollars, hurla bientôt le chacal. Le paiement des intérêts n'a pas été fait depuis quatre-vingt-dix jours!

Il ne me restait plus qu'une seule solution : me dénicher un emploi quelque part, dans le merveilleux monde des communications, ma dernière bouée de sauvetage.

Chapitre 19
Maladie du jeu

Ce que les gens peuvent changer lorsque tu n'as plus d'argent pour leur payer une tournée au bar. Ou pour les inviter à un bon match entre les Kings de Gretzky et le Canadien de Patrick Roy dans une loge du Forum, par un beau samedi soir. Et ce qu'un homme – appelons-le Tom Lapointe – peut changer, lui aussi, devant cette cruelle réalité de la vie.

Je commençai à tout perdre au début de 1991. Je dus vendre ma Jaguar parce que je n'arrivais plus à payer les mensualités. Puis, je me départis de mon appartement d'Ahuntsic pour les mêmes raisons. Ensuite, je vendis purement et simplement mon âme au diable.

Même si j'étais le seul responsable de ce retour du grand balancier de la vie, j'en voulais à la terre entière. J'avais l'impression d'avoir été victime d'un énorme complot. Très vite, je n'osai plus fréquenter les endroits réservés à l'élite ; j'avais trop peur qu'on me pointe du doigt. Qu'on se foute de ma gueule. Qu'on me tourne en dérision. Je passai donc mes journées au centre, où plus aucune séance de massage ne pouvait me détendre. Mes soirées s'éternisaient au resto situé sous le centre, avec le grand moustachu de propriétaire, Serge de son prénom.

Mon confident du moment avait un petit quelque chose propre à me réconforter : il était dix fois plus dans la merde que moi. Nous buvions deux bouteilles de vin devant le meilleur steak en ville ; nous éclusions quelques cognacs pour oublier les ennuis de la veille et prévenir ceux du lendemain. Souvent, mes employés eux-mêmes descendaient pour sympathiser et nous remonter le moral. Mais je ne m'illusionnais guère sur la suite des événements : je dansais sur le bord du précipice. La chute finale allait faire mal. Mal aux os et, tout particulièrement, mal à l'orgueil.

Un après-midi du début février, Johanne, la réceptionniste et mon assistante au centre, me téléphona au resto. J'avais déjà commencé, quelques heures plus tôt, l'apéro en compagnie du grand escogriffe Serge.

— Il y a un monsieur André Bélanger qui aimerait te rencontrer, me dit-elle, excitée comme une puce.

— André Bélanger ? Connais pas !

— C'est le grand manitou du marketing et de la promotion à l'hippodrome de Montréal. Demain, mets ton plus bel habit, mon Tom, je pense qu'il a du boulot pour toi.

— Mais je ne connais rien aux courses de chevaux, moi !

— Pas grave, il veut te faire une offre, j'en suis sûre. Souviens-toi de ce que Gilles Dionne t'a prédit en te tirant aux cartes, hier : tu connaîtras une semaine de rêve.

— Pitié, Johanne, ne me parle plus de prédictions. J'ai eu plus que ma part de portées de chats noirs depuis deux ans.

Par politesse, je rappelai ce monsieur Bélanger le lendemain matin. Nous convînmes aussitôt d'un rendez-vous au resto, en bas du centre.

André Bélanger n'était pas homme à tourner autour du pot. Il semblait avoir sur mon compte une opinion bien arrêtée, laquelle s'intégrait parfaitement à ses projets. Il alla droit au but, avec une belle fougue et des arguments en béton armé.

— Tom, j'ai besoin d'un homme comme toi ! Tu as quitté CKAC depuis seulement six mois et ta cote de popularité auprès du grand public est toujours aussi forte.

Bélanger me dit qu'il organiserait, toutes affaires cessantes, une entrevue avec son président, André Marier, pour le poste de directeur des communications.

— Tu es l'homme sur qui je mise, conclut-il avant de prendre congé, me laissant aussi éberlué qu'incrédule.

Si Bélanger avait eu vingt ans et porté une jupette avec de longs bas de nylon aux genoux, je l'aurais fougueusement embrassé devant tous les clients du restaurant. Alors que la planète entière me faisait la grimace, un ange apparaissait pour me dire que j'étais encore talentueux et que je n'avais pas trop mauvaise haleine. Ce clin d'œil du destin me remit en mémoire l'une des phrases soulignées en noir dans mon *Manuscrit des anges* :

« Même dans tes périodes de pires malchances, tu seras toujours secouru par un de tes guides protecteurs. Tu es béni des dieux d'avoir autant d'anges autour de toi... »

Sauf lors d'une soirée organisée par André Trudelle de *La Presse* quelques années plus tôt, je n'avais jamais mis les pieds à l'hippodrome de Montréal. Il m'arrivait bien de taquiner le black-jack et les machines à sous durant mes vacances au soleil; j'aimais aussi, trois ou quatre fois par année, jouer au poker avec quelques copains, sans plus. Jamais je n'avais parié pendant une course de chevaux. Pis encore, je ne connaissais rien du sport et de ses règles.

J'avais besoin d'argent pour tenter de sauver le centre. Je me devais donc d'être bien préparé pour ma rencontre avec André Marier et André Bélanger, dans quarante-huit heures. Il me fallait ce travail coûte que coûte.

La réunion eut lieu à la vieillotte salle de conférences de l'hippodrome. Monsieur Marier fut le dernier arrivé. Il retira sa veste et s'assit au bout de la table afin d'avoir une vue imprenable sur son candidat. Sous ses bretelles et sa chemise blanche, ses épaules m'apparurent aussi larges et imposantes que celles de Marlon Brando dans *Le Parrain*.

– Je me fous que tu ne connaisses pas grand-chose aux courses, me dit-il d'entrée de jeu, pour me rassurer. Ce que je veux savoir, c'est si tu es capable de nous ramener les médias à l'hippodrome.

– Pas de problème, lançai-je d'un ton ferme.

– On me dit que tu connais aussi pas mal de vedettes en ville.

– C'est la vérité.

– Viendront-elles si tu les invites à l'hippodrome?

– Avec une bonne table, une ambiance de fête et quelques belles femmes, sûrement.

– Tom, tu es chez nous comme chez toi. Bienvenue à l'hippodrome !

106

J'avais tapé tout de suite dans l'œil de Marier. Il aimait la vie tout comme moi et il voulait une bête de communication à son image : un homme qui ne compterait pas les heures, qui aimerait son travail le jour et qui apprécierait les plaisirs de la nuit. Nous étions siamois à plusieurs points de vue.

Ma première journée de travail à l'hippodrome eut lieu quelque part fin février, début mars ; je ne me souviens plus de la date précise. Mais je me rappelle en revanche qu'il faisait un froid de canard. Je m'étais gelé nez, couilles et orteils durant les trois minutes que requérait la petite marche de santé entre les bureaux de l'hippodrome et les locaux réservés aux jockeys et aux propriétaires de chevaux. Là, je serrai la pince à chacun d'entre eux avant de prendre la parole.

– Si vous collaborez avec moi, je vais tout faire pour que vous redeveniez les seules et uniques vedettes de votre sport auprès des médias, leur promis-je.

Trente minutes plus tard, une célébration avait été prévue pour saluer mon arrivée à l'hippodrome. Bélanger et Marier avaient fait les choses en grand, réservant une des meilleures tables au *club-house* du troisième étage, devant le poteau d'arrivée. Tous mes nouveaux collègues – Jocelyne Courteau, Jean Desautels, René Tessier, Yvan Forest – avaient été conviés à l'événement. On annonça ensuite la nouvelle de ma nomination à l'hippodrome sur le tableau lumineux du centre de la piste. J'allai même me faire photographier avec le gagnant de la septième course, dans le cercle des vainqueurs.

La classe du clan Marier me mit tout de suite du baume au cœur. Autant Desmarais m'avait humilié à CKAC en me conférant le rôle de larbin, autant la direction de l'hippodrome avait su me témoigner sa confiance et sa considération. Que voulez-vous, j'appartiens à ce type de personnes qui doivent se sentir appréciées pour performer. Si vous tentez de me mener à coups de cravache sur les doigts, comme à l'armée, je perds tous mes moyens et je m'en vais voir ailleurs si j'y suis, là où on saura peut-être composer avec ma personnalité et me comprendre.

Comme à CKAC, je mis, sans jeu de mots, le pied à l'étrier de l'hippodrome. J'emportai dans mon attaché-case un sacré paquet d'idées et je ne tardai pas à les concrétiser. Je fondai un nouveau journal pour les turfistes, j'organisai des journées de promotion avec des artistes, j'obtins des reportages dans les grands quotidiens et les journaux *people*, et je popularisai la présentation des courses à la télé interne. Quelques semaines passées dans cet univers nouveau et stimulant me suffirent pour attraper la piqûre de ce sport. La piqûre dans tous les sens du terme !

Au début, je fis ce que tous les petits parieurs font de manière conviviale, entre camarades, à une rare visite à l'hippodrome. J'avais moi-même, à l'occasion, tâté de ces paris amicaux. Nous sortions chacun vingt dollars de nos poches, rassemblions l'argent au centre de la table, au *club-house*, et chacun sélectionnait ses numéros au hasard.

— Moi, je joue une trifecta avec le 5, le 9 et le 2. Ce sont les trois premiers chiffre de mon numéro de téléphone, annonçait l'un.

— Moi, je préfère le pari double. Tiens, ma blonde est née un 4 et moi, un 6. Donc, je jouerai la combinaison gagnante 4-6, décidait l'autre.

— Moi, j'aime le nom de la pouliche du numéro 3, Mitsou Hanover, ajoutait un petit rigolo (vraisemblablement moi). Je vais mettre un petit deux sur ses grosses cuisses. Si cette pouliche court aussi vite que Mitsou me fait saliver, elle va l'emporter par dix longueurs.

Tu paries ainsi quand tu joues deux fois par an. Quand tu es là tous les soirs, la dynamique n'est plus la même. Si tu aimes moindrement le jeu, les courses deviennent un manège qui te fait rapidement tourner la tête. Tu commences à lire ton programme de courses très tôt le matin. Tu analyses les lignes de performances. Tu surveilles la génétique de chacun des chevaux. Tu portes une attention toute spéciale aux noms du propriétaire, de l'entraîneur et du jockey, et tu te fais une première idée. Vers dix-neuf heures, tu descends au premier étage pour entendre les dernières informations des *bookies*, près de la piste, puis tu remontes en vitesse au *club-house* pour entendre celles émanant des entraîneurs et des propriétaires.

Les chevaux arrivent ensuite (et enfin !) sur la piste, sept minutes avant la course. Les parieurs se rapprochent des guichets. Les petits joueurs vont miser leurs deux ou trois dollars à cinq minutes du départ, tandis que les gros attendent toujours la toute dernière minute avant de courir vers leur guichet préféré. Ils ont besoin de vérifier certaines petites choses. Par exemple, si tel ou tel cheval est déferré ou non des antérieures et des postérieures, si on a retiré ou pas ses œillères, si la bête a les oreilles bien droites, bref, c'est un rituel maladif qui se répète à chacune des courses. Les plus maniaques vont jusqu'à surveiller les petits gestes de superstition des meilleurs jockeys.

– Tiens, regarde, il a tourné trois fois de suite devant le *club-house*, m'avait souligné l'un d'eux, influençable et paranoïaque au dernier degré. C'est signe qu'il va gagner. Je cours mettre cent dollars sur lui !

Puis, quand la barrière replie majestueusement ses bras derrière la voiture officielle du départ, le taux d'adrénaline et l'excitation vont crescendo, accentués par la voix de l'annonceur maison décrivant la progression de la course. Certains parieurs gueulent et gesticulent comme des fous à l'asile, tandis que d'autres restent stoïques, gardant tout à l'intérieur, les traits crispés d'un bout à l'autre de l'épreuve. Quand les chevaux s'engagent dans le dernier droit, le cœur des parieurs bat la chamade. Ils retiennent leur souffle et ils deviennent tendus comme des cordes de violon jusqu'à ce que les chevaux franchissent la ligne d'arrivée.

Si vous avez misé juste, vous êtes, pendant trois minutes, aussi exalté que si une lolita s'offrait à vous sous un geyser de champagne. Si votre cheval est perdant, vous traitez le jockey de voleur, de crosseur, vous lui criez des gradins que sa mère est une cr… de vache et une enfant de chienne, sans trop vous piquer de rigueur zoologique. Vous allez parfois jusqu'à perdre les pédales et vous lui souhaitez de pourrir en enfer pour avoir contribué au nettoyage à sec de vos poches et au désastre de votre soirée.

Vous rentrez à la maison en jurant sur la tête de vos enfants qu'à partir de demain, c'est promis, c'est juré, c'est craché, vous ne jouerez plus jamais. Mais vous êtes un fieffé menteur, vous êtes un faible, vous êtes un accro. Dès le lendemain soir, vous irez, s'il le faut – et il le faut –, quémander un billet d'admission et emprunter un dix ou un vingt à un habitué, dans l'espoir de récupérer une partie de l'argent perdu la veille. Ou, pis encore, vous négocierez mille, dix mille, cinquante mille dollars à un *shylock* qui gagne sa vie avec les intérêts astronomiques qu'il consent aux pauvres gogos dans votre genre peuplant les champs de courses.

Les histoires de gros parieurs qui ont laissé leur maison, leur voiture et leur femme au champ de courses se comptent par centaines. L'une d'entre elles est à la fois savoureuse et pathétique. Un soir, à la galerie de presse, on me raconta qu'un confrère était arrivé essoufflé comme une vieille mule au cinquième étage de la passerelle de presse.

— Vite, vite, change mon chèque et avance-moi un dollar ! ordonna-t-il au guichetier qui connaissait bien le personnage. Dépêche-toi, ciboire, la course commence dans deux minutes !

— Mais pourquoi veux-tu m'emprunter une piastre… puisque je vais te remettre six cent quatre-vingt-dix-neuf dollars pour ton chèque du *Journal* ? s'étonna le guichetier.

— Parce que je vais jouer sept cents dollars sur le 5, dans cette course, lui répondit-il le plus sérieusement du monde.

Sur la passerelle, tous les journalistes pouffèrent de rire. Tout le monde rigolait mais, au fond, le tragique de la situation n'échappait à personne. La maladie du jeu est aussi dangereuse pour ses adeptes que peut l'être la drogue pour ceux qui fument, reniflent ou se piquent.

Moi, j'adorai tout de suite le vertige du jeu et, même si je perdais plus souvent que je gagnais, comme tous les joueurs, je ne pouvais toutefois y laisser ma chemise : je l'avais presque déjà perdue dans la débâcle de mon centre de détente. Le salaire que me versait l'hippodrome ne faisait que repousser l'échéance de quelques semaines, de quelques jours…

Chapitre 20
L'argent sale

Ma passion pour mon nouvel emploi (et pour le jeu) à l'hippodrome me fit évidemment délaisser le centre de détente, ce qui n'arrangea guère mes finances. J'avais beau essayer, il m'était impossible de joindre les deux bouts. Et le personnel se mit à se plaindre de mes absences répétées au centre et de mon retard dans le versement des salaires.

De mars à août 1991, date finale où les huissiers vinrent tout saisir et mettre définitivement le cadenas sur la porte, je fis tout pour tenter de sauver la face – en vain. Quand un bateau coule, tu cries aux femmes et aux enfants de sauter dans les canots de sauvetage. Et quand le bateau est vide, tu désertes les lieux à ton tour. Tu ne tentes pas de colmater les voies d'eau d'un paquebot avec quelques clous, des planches et des boîtes de papiers-mouchoirs.

Une fois encore, mon insouciance et mon entêtement me poussèrent à prendre de mauvaises décisions. J'aurais dû déclarer faillite et évacuer mon lot de frustrations en multipliant les heures de travail à mon bureau de l'hippodrome. Mais les bons choix sont si faciles à faire… avec du recul et la sagesse des ans. Quand on a le nez sur un problème, sur le coup, on ne voit rien.

Pour me sortir du trou, je décidai donc de jouer ce qui m'apparaissait comme ma dernière carte : emprunter de l'argent sale. Je m'informai discrètement sur la méthode à suivre pour rencontrer l'un de ces «hommes d'affaires» qui prêtent sans vergogne. J'obtins un rendez-vous presque instantanément.

111

Ma première rencontre eut lieu un lundi soir, vers vingt-deux heures, dans le stationnement d'une beignerie – pas celle de Lupien, il avait déjà vendu la sienne à cette époque. Bizarrement, je connaissais mon *shylock*. Je le croisais de temps à autre aux matchs du Canadien et dans un restaurant italien réputé de l'est de la ville. Si on m'avait dit, dans le temps, que l'homme était un *shylock*, je ne l'aurais tout simplement pas cru. Bien entendu, lui aussi me connaissait, et il prit même la peine de me mettre en garde :

– Tom, je te connais, je t'aime beaucoup en tant que personne et journaliste, et je préférerais ne rien te prêter. La *game* que tu t'apprêtes à jouer, ce n'est pas une simple partie de hockey ou de football. C'est une grosse partie de nerfs. Si tu empruntes, tu dois payer. Et tout payer.

Comme je ne bronchais pas, il soupira et passa aux choses sérieuses. Tout au moins était-il en paix avec lui-même : il avait essayé de me prévenir.

– De quel montant as-tu besoin, Tom ?

– Vingt-cinq mille dollars.

– Pour combien de mois ?

– De six mois, au minimum, à un an, au maximum. En tout cas, je l'espère.

– Tu connais les conditions ?

– Pas du tout.

– Les intérêts sont de dix pour cent. Donc deux mille cinq cents dollars par mois pour la somme que tu demandes. Et pendant ce temps, ton capital ne baisse pas. Il reste à vingt-cinq mille dollars. Sauf si tu me rends plus que 2 500 $ à la fin de chaque mois.

– Dès le printemps, les affaires vont reprendre au centre et je pourrai disposer de dix mille dollars par mois. J'ai deux campagnes radio en ondes et ça va rapporter. Puis, il y a mon salaire à l'hippodrome, où j'ai débuté il y a un mois. Tu as lu la nouvelle dans les journaux ?

– Je me fous de la façon dont tu vas t'y prendre, Tom. Je te donne l'argent et tu remplis les conditions. Sinon, la vie deviendra infernale pour moi, et encore plus pour toi.

– D'accord.

– À demain. Je t'appellerai pour te dire où l'on se rencontrera pour la remise de l'argent.

Moins de vingt-quatre heures plus tard, je me retrouvai avec un sac de papier brun plein d'argent. Nous vérifiâmes la somme ensemble, dans sa Mercedes décapotable de l'année. Le compte était bon. Il me serra la main et me dit tout simplement qu'on se reverrait dans un mois pour le paiement des premiers intérêts. Je réintégrai ma vieille Chrysler, que je venais d'acheter pour cinq cents dollars auprès d'un vendeur de véhicules d'occasion. Puis, je verrouillai immédiatement toutes les portes et me remis à recompter les billets. Il y en avait pour cinq mille en coupures de mille dollars, pour dix mille en coupures de cent dollars et, enfin, dix mille en coupures de cinquante, vingt et dix dollars.

J'avais déjà eu beaucoup d'argent dans mon compte de banque auparavant, mais jamais autant en espèces, et surtout pas dans un minable sac de papier brun de supermarché. Soudainement, un frisson me traversa le corps, comme un choc électrique, et des questions stupides se mirent à déferler dans mon esprit. Et si quelqu'un l'avait suivi? Et si c'était un coup foireux organisé par des truands et que je venais de me faire avoir comme un parfait imbécile? Et si le *shylock* était placé sur écoute par la police?

Je me mis à me dévisser le cou et à regarder dans toutes les directions. Si un policier était passé par là au hasard d'une patrouille, il aurait trouvé mon comportement si suspect qu'il m'aurait coffré sur-le-champ. Je démarrai le moteur et je m'engageai sur la voie publique. Toutes les trois secondes, je scrutais nerveusement mon rétroviseur. Je changeai de rue une, deux, trois fois. Quand j'eus la certitude que personne ne me suivait, ma respiration redevint peu à peu normale. Pendant une bonne dizaine de minutes, j'avais trempé dans un polar virtuel qui m'avait paru plus vrai que nature.

En avril et en mai, je pus régler à mes employés les salaires en retard ainsi que les intérêts dus à mon nouveau « financier ». J'avais prévu le coup et, pour me donner un peu de crédit auprès de lui, j'avais mis de côté cinq mille dollars pour le paiement des intérêts des deux premiers mois.

Mais le cauchemar me rattrapa vite pendant l'été, avec son cortège de stress, d'angoisses et de fins de mois difficiles. Comme il faisait beau à l'extérieur, mes clients réguliers du centre préféraient passer leurs après-midi sur les terrasses des bars ou aller se baigner dans un lac plutôt que de s'enfermer dans une cabine climatisée, sur une table de massage ou sous des lampes à bronzage. Je ne pouvais les blâmer : confronté au même choix, j'aurais fait comme eux.

– Il faut que tu tiennes le coup jusqu'à l'automne, me répétait sans cesse mon assistante, Johanne. Tes clients aiment le centre et ils renouvelleront leur abonnement dès septembre, pour l'année 1992.

Ce n'était pas faux, mais je devais encore plus de cent mille dollars à la Caisse populaire de la rue Papineau, et toujours vingt-cinq mille dollars à mon *shylock*. Je réussis à faire face à la situation pour le mois de juin, mais je craquai le mois suivant. Désemparé, j'allai voir mon ami le barbier Menick et je lui racontai toute l'histoire. Ce que j'attendais de lui, c'était qu'il me donne un bon conseil… et, comme toujours, il me donna le meilleur.

– Tu abandonnes tout et tu recommences à zéro, me dit-il sans mettre de gants blancs. Si tu fais ça, je t'organiserai une soirée à l'automne, et l'argent récolté servira à rembourser ton *shylock*. Si tu ne m'écoutes pas, je ne fais rien du tout. Tu m'as compris ? C'est à prendre ou à laisser.

Je laissai mon orgueil au vestiaire et j'abandonnai le navire. Mes employés furent prévenus de la fermeture du centre. Août 1991, les huissiers vidèrent l'endroit et placardèrent sur l'entrée un écriteau avec les mots tant redoutés : « Fermé pour cause de faillite ».

Entre-temps, je poursuivis mon travail à l'hippodrome. En septembre, Menick organisa la soirée promise et s'occupa personnellement de négocier un montant avec le *shylock*.

L'automne 1991 fut terrible. Moi qui n'avais jamais eu le moindre problème d'argent avant mes trente-huit ans, voilà que quinze petits mois avaient suffi pour me mettre le cul sur la paille. Toutes les portes et les bras ouverts s'étaient refermés à jamais devant moi. Le gâchis était total – enfin, pas encore tout à fait, puisqu'il se poursuivit.

Comble de malheur, l'année 1991 se termina comme elle avait débuté. Mon centre passa au feu en décembre et certains eurent le culot de penser que j'avais arrangé le coup pour réclamer auprès de mon agent d'assurances. Je pensais avoir touché le fond. C'était avant qu'une spectaculaire descente de la Sûreté du Québec vienne anéantir tous nos efforts pour rehausser l'image de l'hippodrome de Montréal, au début décembre. Cinq jockeys furent arrêtés et accusés d'avoir trafiqué le résultat de courses. En cette fin d'année catastrophique, la nouvelle fit la une de tous les journaux, et devint l'information la plus divulguée par les radios et la télévision. Mais la primeur, cette fois, n'était pas signée Tom Lapointe...

Mon *Manuscrit des anges*, lui, était intraitable. En le feuilletant, je relus pour la millième fois cette même phrase avec une perplexité sans cesse croissante: «Ça ira mieux à cinquante ans, dans un autre pays.» «Ça ira mieux» n'était pas la meilleure formule à utiliser. Disons plutôt que ça ne pouvait pas aller plus mal...

Chapitre 21
Maudites pilules

Ma famille vint à mon secours en 1992. Comme mon salaire à l'hippodrome était, selon les dispositions de la Loi sur la faillite, saisi en partie, mon frère aîné Yvon et ma belle-sœur Jocelyne me proposèrent d'investir avec eux dans une maison de campagne située dans les Laurentides. Depuis que j'avais vendu mon condominium d'Ahuntsic, je vivais au sous-sol de leur appartement à Repentigny. À court terme, ça pouvait aller. À long terme, ça devenait gênant pour tout le monde. Yvon, un fonctionnaire, et Jocelyne, une institutrice, avaient deux grands enfants et une vie de famille.

– Tu serais bien, au grand air, dans les Laurentides, me convainquirent-ils. Tu pourrais te refaire une santé et un moral. Et puis, nous viendrions te voir certains week-ends.

Pendant qu'ils s'occupaient de décrocher la meilleure affaire dans les Laurentides, je continuai de survivre. La descente policière avait fait dramatiquement chuter les paris mutuels à l'hippodrome, et le département des communications n'échappait pas au désastre. Je soupais au *club-house* autour d'une bouteille de vin et je pariais le peu qu'il me restait dans les poches. Certains soirs, j'avais à peine cinq dollars pour mettre de l'essence dans ma Chrysler pourrie et rentrer à l'appartement de Repentigny.

Le stress se répandit bientôt dans mon système à une vitesse folle et j'appris à vivre quotidiennement avec des nœuds dans l'estomac. Le matin, je tournais en rond dans mon bureau. J'avais beau imaginer et proposer des projets, l'hippodrome d'après-descente était devenu comme CKAC sous le règne de Desmarais : « compression » se voulait le seul mot à l'ordre du jour. Compression de budget, compression des promotions, compression des dépenses personnelles, compression de la maudite compression. Et bientôt, inéluctablement, compression des emplois. Tout ça était écrit dans le ciel en beaux gros nuages bien noirs.

Quand je rentrais au sous-sol de l'appartement, je broyais du noir et, si d'aventure je parvenais à fermer l'œil, je multipliais les cauchemars bizarres. L'un d'eux me flanquait une peur bleue à chaque rediffusion – car j'en étais victime à répétition. Dans ce rêve tordu, j'avais beau enclencher la vitesse avant, ma voiture n'arrêtait pas de reculer. Je tentais de freiner, en vain. Je tamponnais d'autres véhicules stationnés le long de la route, percutant des masses de passagers, jusqu'au moment où je m'éveillais en sueur.

Un lendemain de veille trop bien arrosée, je me levai sous l'effet de la panique, stressé par le marasme de mes finances. Je posai mon pouce droit sur mon poignet gauche et tentai de prendre mon pouls. Je réessayai trois fois, incrédule devant l'évidence : entre cent cinquante et deux cents pulsations par minute. J'avais aussi la bouche sèche et les bras curieusement engourdis. Je montai au premier étage pour chercher quelque réconfort auprès de mon frère, de ma belle-sœur ou d'un de leurs enfants, mais tous étaient déjà partis vaquer à leurs occupations. Je me sentis encore un peu plus mal, au point où je pensai appeler une ambulance. Finalement, je me raisonnai et préférai me précipiter dehors pour prendre un grand bol d'air d'hiver. Mon cœur reprit alors lentement son rythme normal.

Cet avertissement m'incita à prendre rendez-vous auprès de mon médecin de famille à L'Assomption, le docteur Pilon. Il me connaissait depuis mon enfance, mais je ne le consultais jamais. À dire vrai, j'avais toujours cultivé une sainte horreur des blouses blanches des médecins. Le corps médical m'inspirait le même malaise que les clairvoyants ; diagnostics et pronostics, c'était du pareil au même pour moi : que de mauvaises nouvelles. J'avais – et c'est encore le cas aujourd'hui – toujours craint d'entendre ce genre de verdict :

– Tom, j'ai une bonne et une moins bonne nouvelle pour toi. La bonne, c'est que désormais tu n'auras plus de problèmes. Et la mauvaise, c'est que tu as un cancer aux couilles et que tu vas crever dans six mois.

Le docteur Pilon me confirma ce que je soupçonnais : j'avais gagné un petit prix à la grande loterie de l'hérédité. Comme ma mère, j'avais tendance à faire de l'hypertension, dont la cause principale était ce nouveau stress existentiel déclenché par ma faillite. Il fallait que je réduise ma consommation d'alcool, une initiative tout indiquée, puisque je devrais désormais avaler chaque jour de maudites pilules.

– Tu verras, ces Ativan te feront le plus grand bien, me promit-il. Dès que tu auras une crise d'angoisse, tu en prendras une. Tu pourras stopper le traitement dans moins d'un an.

J'obéis religieusement au docteur Pilon. Je fis le plein de ces maudites mais apaisantes pilules, sans pour autant ralentir ma consommation de vin. Une demi-bouteille de rouge au souper n'a jamais tué personne. Certains hommes de l'art prétendent que le vin est un remède souverain pour éliminer les graisses et éviter les infarctus. Qui étais-je pour contredire des professionnels de la santé parfaitement qualifiés ?

En mars 1992, mes patrons de l'hippodrome m'envoyèrent en voyage d'affaires au champ de courses de Meadowlands, dans l'État du New Jersey. Je fis le périple en compagnie d'une responsable du marketing, Céline, la femme de l'animateur radio le plus écouté de l'époque, Mario Lirette. Notre mission consistait à découvrir la recette du succès des courses attelées chez nos voisins du Sud.

Nous fûmes reçus très correctement par l'équipe du marketing de l'endroit, qui nous fit visiter toutes les installations, des estrades populaires aux loges privées, et nous offrit un excellent souper à l'une de leurs meilleures tables du carré VIP. Apéritif, vin, champagne, les verres se remplissaient – et se vidaient – au rythme du clairon des courses de chevaux.

– Excuse-moi, Céline, je vais au petit coin, dis-je poliment à ma collègue au bout d'un moment. Je reviens dans deux petites minutes.

Deux petites minutes passèrent, puis cinq minutes, puis dix… Je ne revins jamais à la table. En me dirigeant vers les toilettes, je fus pris d'un malaise et me retrouvai à l'infirmerie de l'hippodrome. Inquiète, Céline finit par retrouver ma trace, et elle me rejoignit une heure et demie plus tard. J'étais allongé sur une civière, le teint livide. L'hypertension m'avait étalé au moment où j'avais abaissé ma garde.

Lorsque je fus libéré de l'infirmerie à la fin de la soirée, Céline conduisit notre voiture louée jusqu'à l'hôtel et nous montâmes à nos chambres respectives. Je tentai de m'endormir, mais je n'y arrivai pas. Mes angoisses l'emportaient sur mon subconscient. J'étais tellement mal dans ma peau, tellement mal dans ma tête, que plus aucune pilule ne pouvait me calmer. J'appelai Céline à mon chevet et elle me tint compagnie jusqu'au matin.

Je lui demandai ensuite de me conduire à l'hôpital le plus près de l'hôtel, ce qu'elle fit. J'avais besoin de passer d'autres tests pour me rassurer. On me donna congé en me recommandant du repos, et nous prîmes l'avion le jour même. Là encore, je crus mourir durant le vol de soixante-cinq minutes entre New York et Montréal. En plus d'avoir du mal à respirer, je m'inventai une insoutenable douleur à la poitrine. Pis encore, j'avais maintenant une peur absolue du vide et de l'altitude. Je n'osais même plus jeter un coup d'œil par le hublot, moi qui prenais l'avion une trentaine de fois par saison de hockey dans les années 1980. Yvan Cournoyer lui-même, le plus stoïque des passagers de l'histoire de l'aviation, n'aurait pu me venir en aide ce jour-là, avec son flegme et ses grosses Mol.

D'autres maladies vinrent s'ajouter à mon hypertension et à mon hypocondrie. D'abord, je développai de l'agoraphobie, cette peur des foules et des grandes surfaces – par exemple, les salles de spectacles ou les centres commerciaux. Ensuite, je devins la proie de sévères crises d'hyperventilation. Mon cœur s'emballait et j'avais du mal à contrôler mon souffle et à gérer mes émotions.

Un jour de juillet 1992, je sortis du salon de barbier de Menick, rue Masson, sur une civière. On me transporta à l'hôpital Saint-Michel où je subis une batterie de tests. Là, un docteur me terrorisa en m'annonçant mon hospitalisation.

– Monsieur Lapointe, nous devons vous garder, vos rayons X montrent une importante anomalie du système de fonctionnement de vos globules blancs.

La blouse blanche m'avait lu tout ça sur le ton d'une récitation, le nez fiché dans son cartable. Je commençai à m'énerver et à me faire du sang de cochon. Je me voyais déjà mort, embaumé, enterré. J'étais déjà un fantôme flottant deçà, delà, lisant la une des journaux montréalais par un jour de grisaille : « Tom Lapointe n'est plus. »

Une heure plus tard, la même blouse blanche revenait me voir pour s'excuser, m'avouant son erreur avec exubérance :

– J'ai confondu la fiche de vos rayons X avec celle d'un autre patient !

Le tout balancé cette fois sur le ton d'une bonne grosse histoire cochonne, entre deux brassées d'une partie de poker. Ce lunatique profond aurait miraculeusement guéri un patient – pardon, un bénéficiaire – que son ton n'eût pas été plus triomphal.

Je hais les blouses blanches…

Trois ans durant, je vécus sous l'emprise de maudites pilules, ces béquilles censées vous faire du bien. J'avais une angoisse ? hop, une pilule ! J'allais voir un spectacle ou un match de hockey ? hop, une autre pilule ! Je devais prendre l'avion ou bien la voiture pour un long trajet ? allez, zou, c'était la tournée du pharmacien : double hop, deux autres pilules derrière la cravate !

Les médicaments géraient dorénavant mon quotidien. Pourtant, je n'en ingurgitais pas beaucoup. Un comprimé ou deux par jour, tout au plus. Mais il faut croire qu'ils faisaient plus de ravages sur mon métabolisme que sur d'autres. Je connais des gens qui en bouffent treize à la douzaine, comme s'il s'agissait de sucreries. Ils m'affirment se porter à merveille, qu'ils n'ont pas séquelles. Me racontent-ils des histoires ? Ont-ils les mêmes démons que j'avais à cette époque de ma vie, ceux qui vous pourchassent la nuit en ricanant à votre oreille dès que vous fermez l'œil ?

Finalement, je vidai mon tube de pilules dans la cuvette des toilettes par un beau jour de printemps de 1995, au retour d'un voyage de six semaines en Arizona, à Las Vegas et à Los Angeles. Je pris ma décision à la suite de ce périple d'enfer où je m'étais retrouvé K.-O., sur le lit d'un hôpital de Las Vegas, victime d'un autre excès d'hypertension. Dire que j'avais gagné ce soir-là huit cents dollars (américains!) au black-jack et au champ de courses. Étrange façon de célébrer...

Sur le chemin du retour, entre Los Angeles et L'Assomption, je fus confronté à tous les monstres imaginaires de mon esprit, et ce, d'une manière si intense et si terrifiante que je résolus de mettre fin une bonne fois pour toutes à ce calvaire. Il me fallut combattre durant des semaines, heure par heure, minute par minute, pour éviter la rechute. Pour y parvenir, je luttai contre mes démons en allant les défier sur leur propre terrain.

Même si j'avais la trouille au point de trembler comme une feuille morte en novembre, je recommençai à traverser les ponts et à regarder le vide sous mes pieds. Je retournai aussi régulièrement dans les supermarchés pour réapprendre à vivre au contact des foules, rasant les murs au besoin. Ma meilleure thérapie fut encore de vivre au grand air, à la maison de campagne de Sainte-Anne-des-Lacs que mon frère et ma belle-sœur avaient achetée en 1993.

Dans cette maison trop grande et trop vide où le craquement d'une branche, une rafale de vent, la simple vibration du frigo me faisaient sursauter dans mon lit, j'endurai toutes les angoisses du malade imaginaire. Je devais affronter et dompter seul toutes ces damnées créatures nées de ma dépendance pharmaceutique.

Au bout du compte, je réussis à traverser bien malgré moi une autre épreuve prédite dans mon *Manuscrit des anges*: «Tu seras malade vers l'âge de quarante-deux, quarante-trois ans...»

Cette fois-ci, la prédiction de mes clairvoyants était tombée pile, à l'année près. Mais je me serais volontiers passé de tester la justesse de leurs prophéties suivantes, ce véritable chemin de croix qui devait supposément me faire gagner mon ciel et me permettre d'atteindre une certaine plénitude.

Chapitre 22
Poisse

Je ne fus pas malade par hasard entre 1992 et 1995. Tant d'autres bouleversements survinrent dans ma vie, durant ces trois ans, que, tôt ou tard, l'usure des coups devait m'envoyer au tapis. Je ressemblais furieusement à ce boxeur malmené depuis le début du combat, à qui son entraîneur demande de s'accrocher, malgré les avertissements de l'arbitre ainsi que les blessures au corps et à l'honneur.

La première droite au menton fut mon départ de l'hippodrome à l'hiver de 1993. Une fois de plus, je n'attendis pas l'heure du congédiement. Je partis parce qu'il le fallait, voilà tout. Parce que j'avais fait le tour de ce sport de bêtes à quatre pattes, nées pour courir et pour faucher les plus mal pris de la société. S'accrocher à seule fin de toucher un salaire et vivre en parasite aux dépens d'un employeur, j'en suis incapable. J'ai des tonnes de vices et des tas de défauts, mais je n'ai jamais cultivé cette médiocrité. Et puis, Marier et Bélanger, tout comme les autres membres du personnel de l'hippodrome, avaient été trop corrects avec moi. Je voulais partir dignement.

Je quittai Blue Bonnets le jour où, avec Gaston L'Italien, un ancien cadre du clan Péladeau, je me trouvai un nouveau défi: celui de lancer un nouveau style de radio sur les ondes de CKLM, station agonisante située dans un centre commercial de Laval. Sans budget, sans aucune autre ressource que celles des ventes publicitaires sur notre tranche horaire, je formai une équipe de jeunes, prêts à tous les sacrifices pour se faire un nom dans les médias.

Le premier à avoir confiance en mon coup de folie fut Bruno Montpetit. Personne ne croyait en lui parce qu'il s'habillait comme un clochard et qu'il se rasait comme un Portugais, mais j'aimais la rigueur et l'acharnement au travail de cet homme d'une timidité maladive.

Mon deuxième coup fumant fut de convaincre Guy Émond de joindre les rangs de notre bande. Ti-Guy, comme l'ont toujours surnommé les gens de la profession, est le meilleur raconteur d'anecdotes de la planète des sports. Il a une mémoire phénoménale des noms, des dates et des faits – et aussi, et surtout, des gens qu'il aime et qui l'aiment. Quand on l'écoute, même si tous les mots se bousculent à la sortie comme une horde d'enfants qui déferlent dans une cour de récréation, on se laisse emporter par ses histoires et par sa rage de vivre et de survivre.

Venaient compléter les rangs de cette bande de joyeux lurons qui me secondaient au micro de cette jeune station : Jean-François Frachebout à la couverture du Canadien, Claude Lavoie fils aux Expos, Isabelle Durocher à la météo, Roxanne Jean aux faits divers et Denis Lecours aux sports motorisés. Nous étions en ondes chaque après-midi, de seize à dix-neuf heures. L'émission s'appelait *Lapointe en direct* et, comme pour une partie de hockey, elle se jouait en trois périodes distinctes. Durant les séries de la Coupe Stanley, nous allions même en prolongation, l'émission se poursuivant parfois tard en soirée.

La notoriété de la station et la puissance de l'antenne n'étaient pas assez fortes pour espérer intimider CKAC, CJMS ou CKVL. Mais nous réussîmes, avec les moyens du bord, à faire une véritable radio d'information et de bonne humeur. Travailler dans de telles conditions pendant quelques mois était acceptable mais, à long terme, le pari devenait tout bonnement impossible. Ce qui devait, ce qui ne pouvait qu'arriver arriva : une confrontation survint avec la direction générale. Je montai aux barricades, à l'été 1993, pour que la station nous verse une somme promise à toute l'équipe. J'engageai un dialogue aussi bref que tranchant avec le fils de Brunet, le propriétaire de la station.

– Vous nous payez ou nous partons tous, dis-je, catégorique.

– Tu peux partir, mais les autres resteront, me fut-il répondu, le menton en l'air.

– Tu veux parier, Nostradamus?

Et je claquai la porte du bureau.

Tous les autres me suivirent – tous sauf Guy Émond qui hérita d'une émission du soir. Au début, je lui en voulus de ne pas avoir été solidaire. Ensuite, je chassai cette mauvaise pensée de mon esprit. Émond s'entendait bien avec le père Brunet et il avait besoin de cet argent *cold cash* pour payer ses soirées de *fun* noir dans tous les pianos-bars de la métropole... et à l'hippodrome. À l'instar des autres, il m'avait suivi sans poser de questions et sans demander une cenne. Ç'aurait été stupide de mettre fin à une belle amitié parce qu'il avait simplement décidé de faire cavalier seul. Comment pouvais-je l'accuser d'avoir violé un principe d'équipe dans une station radiophonique où, tout compte fait, il n'y avait ni règle ni aucune ligne de conduite?

Cette expérience de radio populaire me permit de me repositionner sur l'échiquier de la radio sportive et, finalement, j'eus à peine le temps de me tourner les pouces dans ma paisible retraite de Sainte-Anne-des-Lacs. Un homme avait remarqué mon retour au micro: Jacques Boulanger, à Télémédia. Oui, cette même entreprise que j'avais quittée sur un coup de tête trois ans plus tôt, alors que j'étais le patron des sports à CKAC!

«Finalement, j'ai bien fait de ne pas les poursuivre en justice, me congratulai-je intérieurement. Si j'avais essayé de les plumer, ils n'auraient jamais songé à me réembaucher...»

Boulanger, un cadre dynamique, avait une idée bien précise en tête: lancer un hebdomadaire, *Le Sportif*, et le promouvoir par le biais d'une émission sportive en fin de soirée, sur CKAC et sur tout le réseau Télémédia. La rencontre avec monsieur Boulanger eut lieu dans un restaurant de la rue Sherbrooke, vers la fin de l'été, en compagnie d'Yvon Pedneault, rédacteur en chef de ce nouveau journal. Ce vétéran des médias sportifs milita si bien pour ma nomination que, par un concours de circonstances pour le moins ironique, je revins au micro de CKAC un mois après le départ de Richard Desmarais qui venait d'achever sa «job de bras» à la station de la rue Peel. En coulisses, on me rapporta que Desmarais avait également eu un bon mot pour ma candidature avant de partir. Avait-il éprouvé un remords de conscience en songeant à sa conduite à mon égard? Je ne le lui ai jamais demandé. À quoi sert-il de déterrer les morts et de ranimer les vieilles histoires?

Je convainquis Boulanger d'embaucher Bruno Montpetit à titre de recherchiste et de collaborateur pour l'émission baptisée *En prolongation*. Estimant que la voix de Montpetit était trop nasillarde, Boulanger commença par hésiter mais, à force de m'entendre lui vanter les mérites de mon équipier, il finit par consentir à son embauche. Ce retour sur les ondes de la plus grosse station canadienne me fit pousser des ailes, psychologiquement et physiquement. Je repris l'entraînement dans un club de gym de l'est de la métropole, où je croisai Mario Cusson une dernière fois avant qu'il ne mette brutalement fin à ses jours. Je ralentis la fréquence et la durée de mes sorties dans les bars et au champ de courses, et je me fis même une nouvelle copine, Danielle Drouin, une jeune et jolie brunette, institutrice à Le Gardeur.

La vie me souriait de nouveau. *Le Sportif* tirait assez bien son épingle du jeu dans les kiosques de ventes. Mon émission de radio atteignait trois fois plus d'auditeurs que celle de Ron Fournier, programmée elle aussi en fin de soirée, à CJMS. Et, cerise sur le gâteau, une nouvelle équipe de roller hockey naissait, les Roadrunners de Montréal, avec Richard Sirois en tant que patron et Yvan Cournoyer à titre d'entraîneur. L'équipe m'offrit de faire la description de leurs matchs à la télévision de RDS. Tous les matins, je m'éveillais, reconnaissant à Dieu de me prêter vie, en me répétant le même mot d'ordre: «Cette fois, Tom, plus de bêtises!»

Cependant, je ne vis jamais venir le coup. Sans avoir commis le moindre faux pas, sans avoir démérité de Jacques Boulanger, la foudre m'atteignit de nouveau, et de plein fouet. Contre toute attente, la station CJMS annonça qu'elle fermait ses portes et fusionnait avec CKAC. Presque au même moment, les Roadrunners, qui n'en étaient qu'à leur deuxième année d'existence, grattaient déjà les fonds de tiroir et, malgré une bonne affluence aux guichets du Forum, les huissiers menaçaient de mettre un terme à leur belle aventure.

Comme pour la plupart de mes collègues de CKAC, mon contrat prit fin brutalement. Le personnel de CJMS prit les commandes de la station aussi rapidement que des terroristes prennent celles d'un avion en plein vol. Seuls quelques rescapés de CKAC purent sauver leur peau dans la fusion.

Quant à moi, je me retrouvai encore le bec à l'eau. Pour une fois, ce n'était pas ma faute. C'était tout simplement la poisse. La maudite poisse !

Chapitre 23

Fausses notes

Pour la deuxième fois de toute ma vie, je me retrouvai sans emploi.

Pas une seconde, je ne songeai à demander de l'aide en courant ventre à terre à l'aide sociale ou dans un centre d'emploi, ces endroits qui suintent l'odeur de la honte. Ces vastes bureaux où vous devez courber l'échine en franchissant le seuil et baisser les yeux en adressant la parole à un fonctionnaire intraitable. Je n'ai rien contre ceux qui vivent à la remorque de l'État. Certains sont malades et ils ont un besoin vital de ce fonds de subsistance. D'autres ont une famille à charge et ne sont plus capables de joindre les deux bouts. C'est leur choix, pas le mien. Moi, je préfère me démerder tout seul. Vivre de mes projets, de mes audaces, de mes galères et de mes rêves.

Comme les portes des radios, des journaux et des télés m'étaient momentanément fermées, je décidai d'en ouvrir une qui donnait sur un domaine nouveau pour moi : celui de la musique. Je partis donc à la recherche d'investisseurs afin de fonder une société de production d'artistes. J'avais deux solides poulains entre les mains : Francisco Lobato et Charles Michaud. Le premier, un auteur-compositeur, possédait un timbre de voix qui s'apparentait à celui de Michael Bolton ; le second, un rocker, une voix rauque et puissante qui rappelait celle du regretté Gerry Boulet.

J'avais commencé à investir dans Lobato dès 1992 – du temps, surtout. Sa blonde Catherine, aujourd'hui son ex-femme, travaillait en qualité de régisseuse de son pour les émissions de la télé interne de l'hippodrome. Elle s'acquitta à la perfection de son rôle d'amoureuse et de relationniste en me vendant la salade pour le bénéfice de son chéri.

— Si tu veux, je peux te faire entendre sa cassette, me proposa-t-elle gentiment.

Comment refuser une telle proposition lorsqu'elle sort de la bouche d'une jeune femme de vingt ans dont les seins sont aussi ronds et fermes que les melons de Cavaillon?

Je n'espérais pas grand-chose de l'écoute de cette cassette. Rien de trop mauvais ni de trop bon. Je désirais seulement écouter – par curiosité, qualité indispensable à tout bon journaliste.

— Si tu veux, nous irons écouter la cassette au studio d'enregistrement, au sous-sol de l'hippodrome, me suggéra-t-elle.

— Et pourquoi pas, miss Catherine?

Nous descendîmes au sous-sol de l'hippodrome. Le studio était situé juste à côté de la salle des coffres et, pour accéder à ce couloir sombre et humide, il fallait d'abord obtenir l'autorisation d'un vigile.

— Je viens avec mademoiselle pour écouter une cassette, lui dis-je.

— Pas de problème, me répondit-il du tac au tac. Je vous connais.

Ça me fit plaisir que ce responsable de la sécurité me reconnaisse. Deux ans après mon départ de CKAC, j'étais encore vivant pour les amateurs de sport – en tout cas pour celui-là. Mais mon plaisir fut encore plus grand lorsque je découvris la voix de Lobato. Je n'avais pas le flair artistique de René Angélil ou de Guy Cloutier, mais je savais faire la différence entre une personne qui chante sous sa douche et une autre qui dispose d'un registre et d'un timbre exceptionnels.

— Il a quel âge, ton chéri? m'enquis-je, encore tout remué par mon écoute.

— Vingt et un ans.

— Est-il beau? Est-il charismatique?

— Beau, c'est sûr. Charismatique, tu verras.

— Alors, tu lui dis de venir à l'hippodrome demain soir. Il sera mon invité au *club-house*.

Catherine ne m'avait pas menti. Francisco avait belle allure. Né d'un père d'origine espagnole et d'une mère québécoise, il avait le teint foncé et des yeux aussi bruns que sa chevelure qui retombait avec panache sur ses épaules. À le voir aussi frêle – il était maigre comme un clou et devait bien faire cent vingt livres avec des roches dans les poches –, je me demandai d'où il pouvait tirer de pareilles notes.

– As-tu un agent? lui demandai-je.

– Absolument pas.

– Es-tu prêt à présenter tes démos?

– Ça dépend à qui tu les feras entendre.

Le caractère de Lobato me plut immédiatement. Il était tout sauf soupe au lait. Il connaissait son potentiel et il n'avait pas envie d'être représenté par n'importe quel charlatan du monde merveilleux du *show-business*.

– Écoute-moi bien, lui dis-je sans détour. Je suis un journaliste de sports. Enfin, un ex-journaliste pour le moment. Donc, je préfère avoir l'opinion d'un spécialiste avant de te promettre quoi que ce soit. Si tu veux, je vais faire ma petite enquête et, d'ici quelques jours, je serai en mesure de te dire à quelle porte nous sonnerons.

– Marché conclu, me répondit-il en montrant sa dentition parfaite, judicieux préalable pour un chanteur.

« Vers qui vais-je me tourner? Guy Cloutier? Non, il va me le bouffer comme un bon vieux pouding des p'tits Simard. René Angélil? Non plus, il est trop investi dans la carrière de Céline, il n'aurait même pas le temps de me retourner mon appel. Tiens, il y a peut-être Stéphane Lessard, celui qui a lancé la carrière de Roch Voisine avec son oncle, Paul Vincent? »

Je parvins à contacter Lessard après quelques appels. Il m'invita à venir le rencontrer, deux jours plus tard, à un studio d'enregistrement du quartier Saint-Henri.

– Tu es devenu manager d'artistes? me demanda-t-il d'un ton inquisiteur.

– Pas tout à fait, mais je pourrais le devenir, qui sait?

– Tu as trouvé la perle rare?

– Je ne sais pas, je suis justement venu pour avoir ton opinion.

– Tu sais, Tom, le monde du spectacle est une jungle, comme le hockey: rares sont ceux qui y survivent. Je reçois des dizaines de cassettes démo par semaine, mais je ne signe de contrat avec un nouvel artiste qu'aux deux ans.

— Je te demande seulement d'écouter la cassette de Lobato.

— Ici, ce n'est pas possible, les ingénieurs sont trop occupés. Laisse-moi ta cassette.

— Non, je préfère que tu prennes deux minutes et que tu viennes l'écouter dans ma voiture.

— OK! allons-y!

Quand nous arrivâmes à ma voiture, Lessard s'étonna d'y trouver une personne munie d'un baladeur.

— Ce n'est pas ton chanteur, j'espère?

— Si.

Lessard recula d'un pas, son élan freiné net.

— Ah! non, Tom, ce n'est pas une bonne idée! Si je n'aime pas sa cassette, il réagira mal.

— Pas du tout, je t'assure. Au contraire, il aime mieux entendre la vérité.

Je présentai Lobato, puis il prit place sur le siège du passager pendant que le chanteur allait se réfugier sur la banquette arrière.

— J'écoute vingt secondes et, si je n'aime pas, j'arrête tout et je retourne au studio, nous prévint-il.

— Ça me convient, lui répondis-je.

— Pareil pour moi, dit le chanteur.

Je retins mon souffle, l'œil vissé sur le rétroviseur, par lequel je pouvais voir Lobato, impassible. La cassette tourna trente, quarante, soixante secondes, avant que Lessard ne mette un terme à son écoute. Il fit pivoter son large cou d'ancien hockeyeur vers Lobato et laissa fuser un rire nerveux.

— C'est toi qui chantes comme ça? C'est impressionnant! le complimenta-t-il.

Les prospecteurs de talents qui découvrent un nouveau filon, qu'ils soient gérants d'artistes ou recruteurs, doivent avoir le même comportement que les chercheurs d'or de jadis. Leurs yeux se mettent à miroiter comme des pépites et leurs mains à trembler sous l'effet de la convoitise.

Lessard ne perdit pas une seconde. Il fit travailler Lobato en studio durant six mois et, sans m'en glisser un mot, le fit entendre à un requin des affaires, Pierre Rodrigue. Résultat des courses : je me faisais entuber en beauté. Rodrigue, un avocat aux prétentions aussi imposantes que son tour de taille, et Lessard, un habile baratineur, me donnèrent rendez-vous à l'aréna de Sainte-Thérèse, un soir de l'automne 1992, et ne me laissèrent aucun choix. Rodrigue n'y alla pas par quatre chemins et me fit son cinéma :

– Tom, tu n'y connais rien en musique et, de toute manière, dans le moment, ton nom ne vaut pas cher sur le marché depuis que tu as quitté le *Journal de Montréal*. Alors, nous allons te payer ce que tu as avancé pour Francisco et tu dégages.

Je n'avais pas le goût de me battre en terrain inconnu. Je repris mes billes et partis. J'en voulus à Lobato de ne pas m'avoir avisé de la tournure des événements, mais je compris qu'il suivait simplement les consignes de Son Éminence Rodrigue et de Son Excellence Lessard, dont la première consistait à ne plus m'adresser la parole.

Deux ans passèrent et, un jour de 1994, alors que j'étais de retour à CKAC, je reçus un appel de Francisco.

– Tom, rien ne bouge avec Rodrigue et Lessard, prétendit-il. Ils ne me paient plus ce qu'ils m'ont promis et aucun *major* ne s'est encore compromis pour mon album.

Je repris donc le dossier. J'appelai Lessard qui me raconta que l'album de Francisco s'était retrouvé sur une table d'écoute chez Sony, à New York, mais que les décideurs l'avaient refusé à la dernière minute. Lobato me donna sa version, une version sensiblement différente, selon laquelle Rodrigue avait fait son cinéma et que son appétit d'ogre lui avait coûté la signature finale entre les deux parties.

Je recommençai donc à aider mon ami Lobato. Je lui payai deux de ses loyers en retard et je le priai tout simplement de plancher sur d'autres chansons. Je ne pouvais en faire davantage dans l'immédiat, mon émission à CKAC et ma collaboration avec les Roadrunners monopolisant tout mon temps.

Quand le tapis se déroba encore sous mes pieds, à la fin 1995, à la faveur de la fusion CJMS-CKAC, Lobato redevint ma priorité. On vit alors Tom le gentil dauphin plonger tête première dans le grand bassin des requins de la musique.

Une de ses chansons m'intéressait plus que les autres : *Give*. La mélodie était merveilleuse et les paroles très touchantes.

Elles disaient en substance que, dans la vie, il faut savoir donner à ses frères et à ses sœurs, qu'il faut aider ceux qui sont dans le besoin. Inconsciemment, ce titre me touchait tout particulièrement parce que je me retrouvais une fois de plus les deux pieds dans la merde, une merde dont seul un éclair de génie pouvait me tirer. Ou plutôt *nous*, puisque j'avais maintenant Lobato sous ma coupe.

J'eus alors une illumination. Comme ce titre était un hymne à l'espoir, je me dis qu'il pourrait devenir la chanson officielle du troisième millénaire pour le Canada. Il fallait certes préparer un démo mais, comme il restait encore quatre bonnes années avant l'an 2000, il fallait d'abord et avant tout survivre ici et maintenant.

Un midi, j'allai dîner au restaurant de Christian Campeau, sous la discothèque L'Action. Il me présenta à un de ses clients réguliers, prénommé Danny, dont le cousin avait, selon la rumeur, une voix exceptionnelle. Ce cousin s'appelait Charles Michaud. Originaire du Nouveau-Brunswick, Michaud vivotait. Il habitait un logement minable dans l'est de Montréal et survivait grâce à de petits boulots au noir.

Je demandai à le rencontrer avec Danny, toujours au restaurant de Campeau. Le personnage était pour le moins atypique. Il portait les cheveux longs jusqu'au milieu du dos, était tatoué sur presque toutes les parties du corps, s'exprimait avec un bel accent acadien et faisait montre d'un humour décapant, mais… je ne savais toujours pas s'il chantait bien.

— Tu veux que je te lance une toune, mon gars? Pas de problème, annonça-t-il avec assurance.

Et il se mit à chanter *a capella* un tube de Gerry Boulet dans le restaurant. La ressemblance entre sa voix et celle du célèbre rocker était aussi évidente que spectaculaire. Danny me remit une cassette des chansons de Michaud et je décidai d'aller les faire entendre à Lobato.

— Si tu produis son album, Danny a des chances de réussir, avança Lobato. Il sait chanter… même si sa voix rappelle beaucoup celle de Boulet. Mais bon, à toi de voir…

Ma situation financière était aussi désastreuse qu'Hiroshima au lendemain de la bombe H: des ruines à perte de vue. L'argent me manquait pour vivre et pour investir dans la carrière de Lobato, et voilà qu'une troisième bouche à nourrir se présentait à la table. « Ce ne sera pas de la tarte », pensai-je à voix haute.

Ça ne m'empêcha pas de préparer un solide dossier sur les deux artistes et de partir à la pêche – de préférence miraculeuse – aux investisseurs. Un midi, je rencontrai Paul Larivée, un ancien analyste à *La soirée du hockey*. Tout comme moi, Larivée tentait de refaire surface ; dans son cas, il avait perdu son portefeuille dans le domaine des assurances. Je lui fis entendre les cassettes démo de Lobato et de Michaud ; il me dit qu'il pourrait investir une certaine somme en fonction de ses revenus mensuels.

– Par contre, je peux te présenter à d'autres investisseurs, me proposa-t-il.

La machine à rêves s'était remise en marche. Je trouvai un vieux local déglingué, rue Hôtel-de-Ville, et le transformai en une salle décente pour recevoir et même loger mes artistes. Paul Larivée m'introduisit auprès d'une femme d'affaires, Francine Lévesque, qui consentit à investir dans le projet en dépit de primes négociations coriaces. En moins d'un an, l'album *Âme de rocker* de Michaud était réalisé et, sans fausse modestie, le produit final tenait la route. Le projet put faire vivre Lobato de son art durant quelques mois, et Michaud, gonflé à bloc, prit de nouvelles résolutions. Il accepta de se faire couper les cheveux, arrêta de boire et de fumer ses joints en cachette. Enfin, il commença à fréquenter une Acadienne dont il rêvait depuis quelques années déjà.

Je fis la tournée des stations de radio avec l'album de Michaud dans mon attaché-case. Même si mes contacts étaient excellents, notamment à CKOI parce que j'y avais travaillé dans les années 1980, personne n'osait manifester trop d'enthousiasme à l'égard de ma prise.

– Gerry Boulet est mort depuis moins de six ans, me répétèrent presque mot pour mot, l'un après l'autre, trois décideurs d'autant de stations. Les gens vont acheter ses albums posthumes et ses titres inédits, bien avant de se payer un album qui tient plus de la photocopie qu'autre chose.

J'étais énervé et échaudé. Je rencontrai Bill Rotari, un des patrons de chez Sony à Montréal, pour avoir son opinion. Il partageait les mêmes appréhensions que les décideurs des radios quant à la réussite du chanteur acadien. J'en profitai pour lui parler de Lobato et du projet *Give*, envers lequel il manifesta un certain intérêt. On se donna rendez-vous pour rediscuter du dossier de Lobato au début de 1997. Il ne fallait surtout pas courir deux lièvres en même temps de crainte de les perdre tous les deux.

Les grands centres boudant Michaud, je décidai de lui organiser une tournée de promotion avec Lobato et quatre autres musiciens dans des bars du Nouveau-Brunswick et du nord du Québec. Yves Tremblay, un copain, lui aussi agent, accepta de signer pour la distribution de l'album. Michaud tourna sur les ondes des radios du Nouveau-Brunswick, et son premier titre, *Le Vieux*, devint rapidement numéro 1 au palmarès d'une radio acadienne. Il se vendit mille albums en trois mois dans sa province d'origine et dans certaines villes québécoises telles que Matane et Rimouski. Mais l'effet Michaud s'estompa vite par la suite, faute de reconnaissance de l'ingrat milieu de la musique, mais surtout faute de capitaux.

Mes deux investisseurs avaient déjà englouti plus de cinquante mille dollars dans la production de l'album, du vidéoclip, du *showcase*, de la tournée au Nouveau-Brunswick ainsi que pour les frais des artistes, mes propres frais et le loyer de la société. Michaud se découragea. Il se résigna à la triste réalité que les radios des grands marchés ne feraient jamais tourner ses chansons. De leur côté, mes associés décidèrent de débrancher la pompe à fric.

L'année 1997 pointa le bout de son nez. C'était le cas de le dire, je déchantais. J'avais perdu du temps précieux et une jolie somme d'argent empruntée à un directeur d'une Banque nationale de l'ouest de Montréal qui avait cru en mon projet. Je fermai le local de la rue Hôtel-de-Ville et Francine Lévesque m'offrit le gîte à sa maison de Repentigny.

La galère reprit de plus belle. Je recommençai à boire un peu plus et aussi à jouer, au cas où je toucherais un gros lot. Mon unique bouée de sauvetage consistait – air connu – à me retrouver du boulot à la radio, tout en espérant qu'entre-temps Bill Rotari de chez Sony voudrait aller de l'avant avec le projet de la chanson du millénaire, *Give*.

J'étais épuisé, mais il était hors de question de soulager mes angoisses en sortant du placard la béquille des maudites pilules. J'avais eu, trop souvent, beaucoup trop peur de mourir entre 1992 et 1995. S'il m'arrivait de replonger tête première dans certains problèmes tels l'alcool ou le jeu, jamais je ne retoucherais à une damnée pilule de ma vie.

Chapitre 24
Plus comme avant

Deux personnes, deux amis devrais-je dire, me remuèrent la carcasse pour que je postule un emploi dans les médias: Francine Lévesque et Charles Bertrand. Francine et Charles furent pour moi de véritables soutiens psychologiques dans les moments difficiles. Un soir, Francine m'accueillait chez elle, à Repentigny, et nous refaisions le monde entre deux verres. Le lendemain, je dormais chez Charles, à son condominium de Kirkland, et nous refaisions de nouveau le monde, toujours entre deux verres.

J'avais rencontré Charles en 1996, au Tops, une discothèque de Laval, et son côté grand enfant – dans lequel je me reconnaissais sans peine – m'avait séduit. Certes, c'était un oiseau de nuit, mais il avait une rigueur au travail qui me sidérait. Charles avait beau se coucher à trois heures du matin, il était debout, droit comme un chêne, à six heures pour se raser, se doucher, mettre son habit dernier cri et partir au boulot en sifflant au volant de sa BMW. Charles était le directeur du marketing d'une société qui vendait, importait et exportait de la porcelaine aux quatre coins du globe. Avec Charles et sa femme de l'époque, la belle Anita, le temps passé fut apaisant, réconfortant.

– Ne te fais pas oublier dans les médias, me répétaient-ils en chœur à tout bout de champ. Si tu gagnes de l'argent dans le domaine que tu connais, tu pourras en investir dans tes projets musicaux. Tu seras indépendant et tu n'auras besoin de personne pour arriver à tes fins.

Avant de retourner cogner à la porte de CKVL, je m'efforçai tout de même de réaliser un dernier projet: la promotion d'un nouveau système de radio interne pour les reportages d'événements sportifs. Pierre Boivin, avocat et homme d'affaires averti de Laval, avait acheté les droits de ces transistors qui permettaient de diffuser les reportages des parties en direct des lieux de compétition. Encore une fois, mon parrain Morency me fila un précieux coup de main en acceptant de tester le produit du groupe de Boivin durant les matchs des Expos.

Je me revois encore en train de vendre ces transistors à l'entrée du Stade olympique en compagnie de jeunes hôtesses engagées à dessein pour attirer le regard des amateurs de sports. J'étais assis derrière le comptoir, à jouer les clowns de service, comme au marché aux puces, le dimanche matin. Hélas! les «baladeurs sportifs» ne firent pas long feu! Les gens les rapportaient en se plaignant qu'ils captaient une minute sur deux du reportage. Ce fut un terrible échec. Un autre échec qui s'ajoutait à une longue et triste série noire.

Au beau milieu de l'été 1997, je laissai mon orgueil de côté pour quémander du travail – une première pour moi. J'allai cogner directement à la porte de Pierre Arcand, le patron de CKVL. Arcand me connaissait de réputation. Il avait suivi avec attention mon parcours depuis mon époque CKVL avec Richard Morency, dans les années 1980, alors qu'il régnait à la direction générale de CKAC. Ma démarche fut audacieuse et, surtout, opportune. Marc Simoneau animait l'émission sportive de fin d'après-midi, mais ses cotes d'écoute laissaient à désirer. Simoneau avait relevé le pari de réussir à la radio de Montréal, lui qui avait été la star des émissions de lignes ouvertes de Québec durant plus de dix ans. Mais Montréal n'est pas Québec. Il était trop identifié aux Nordiques qui venaient d'être vendus par Marcel Aubut à un richissime Américain du Colorado.

– Je peux relancer l'émission sportive de dix-sept heures, lui lançai-je avec confiance. Et puis les auditeurs de CKVL me connaissent depuis des années.

Arcand réagit rapidement. Je remplaçai Simoneau au micro pendant ses trois semaines de vacances, au mois d'août. Le test fut concluant. Simoneau ne revint pas en septembre et j'héritai de sa tranche horaire.

– Tu devras dorénavant te rapporter à notre directeur de la programmation, Robert Hains, me fit-il savoir. Bonne chance, Tom, et bienvenue de nouveau à CKVL.

Hains ne me ménagea pas. Ancien employé de Télé-Métropole, il m'attribua un double mandat. D'abord, je devais livrer et commenter les nouvelles du sport à l'émission du matin de Pierre Pascau. Ensuite, je devais animer et redresser la barre de l'émission sportive de fin d'après-midi. Même si je détestais me lever tôt, je n'avais pas le choix. C'était ça ou… rien. Alors, j'optai pour « ça »… avec les risques inhérents à ma condition d'oiseau de nuit.

Un matin, j'entrai en studio un peu éméché, car j'avais passé une nuit blanche avec mon ami Bertrand dans un bar de l'ouest de la ville, le French Kiss, où j'avais eu un certain succès auprès de deux ou trois aguicheuses dans la jeune vingtaine. Dans les belles années de la radio, du temps de Jean-Maurice Bailly et de Jacques Normand, si tu arrivais avec la gueule de bois en ondes, tout le monde prenait le parti d'en rire et de composer avec la situation. Ce qui procurait souvent des moments croustillants d'improvisation. Mais vu que monsieur Pascau était un maniaque de la rigueur et de la sobriété, il alla cafarder à Hains.

– Tom, c'est ton premier et ton dernier avertissement, me laissa-t-il savoir sur le ton d'un instituteur gourmandant un vilain garnement. Tu reviens au micro et tu n'as pas le droit à l'erreur.

Il n'eut pas à me le redire deux fois. Je louai un appartement à l'Île-des-Sœurs pour être à seulement dix minutes en automobile de la station, et m'assagis en limitant mes sorties nocturnes en semaine. *Yes, sir!*

Bizarrement, mes deux années au micro de CKVL furent, à mon humble avis, mes deux meilleures. Je me sentais à l'aise comme jamais je ne l'avais été. J'arrivais en studio décontracté, avec un condensé des nouvelles de la journée et, pour le reste, je laissais opérer la magie du direct avec tout ce qui me pendait au bout du nez. Je proposais un ou deux sujets de discussion aux auditeurs et je m'ajustais au gré de leurs réparties. Notez que ma tâche était facilitée par la qualité de mes collaborateurs réguliers : Yvon Pedneault, Bertrand Raymond, Toto Gingras et Pierre Lecours. Ils étaient sur le terrain et jouaient leur rôle d'informateurs, tandis que je leur posais les questions qui brûlaient les lèvres des auditeurs.

Cette liberté, cette indépendance en ondes me rendait plus intraitable, plus tranchant. À l'exception du président Ronald Corey, de son bras droit en marketing François-Xavier Seigneur et de son directeur général de l'époque Réjean Houle, je n'avais plus de véritable attache chez le Canadien du Centre Molson. D'ailleurs, je n'aimais pas le nouveau temple des Glorieux. Je le trouvais trop moderne, trop froid. Pour moi, l'âme du Canadien avait disparu en poussière et ses fantômes s'étaient envolés le jour où l'on avait démoli les entrailles du vieux Forum de la rue Atwater.

J'étais libre mais amer et désabusé. Quand je rentrais dans le vestiaire du Canadien, je ne reconnaissais presque plus les joueurs. J'avais quelques affinités avec certains d'entre eux – Mario Roberge, José Théodore, Jocelyn Thibault et Benoît Brunet –, mais c'était à peu près tout. Et puis, le Canadien sous la barre d'Alain Vigneault, à la fin des années 1990, était aussi fade qu'un épi de blé d'Inde sans beurre ni sel. Deux matchs sur trois, je partais du Centre Molson après la deuxième période tellement le spectacle était soporifique, et sans le plus petit remords de conscience, je vous prie de me croire.

Pour la toute première fois de ma carrière au micro, j'étais presque devenu un anti-Canadien en ondes. Ce sport puait désormais l'odeur des billets du Dominion. La plupart des athlètes n'avaient plus aucune considération pour leur patron, et encore moins pour le cochon de payeur qu'était, et est encore le spectateur. J'avais quarante-cinq ans, et les athlètes de vingt ans me laissaient froid comme une banquise.

Je comprenais soudainement pourquoi des journalistes comme Jacques Beauchamp, Rocky Brisebois et Jerry Trudel ne venaient presque plus au Forum à la fin de leur carrière, dans les années 1980. C'était parce qu'ils avaient grandi et vécu avec leurs idoles, joueurs et copains du temps : Maurice Richard, Dickie Moore, Jean Béliveau, Doug Harvey, Boum Boum Geoffrion et Jacques Plante, pour ne nommer que ceux-là. Moi, j'avais grandi et je m'étais régalé avec Guy Lafleur, Larry

Robinson, Richard Sévigny, Serge Savard, Wayne Gretzky, Patrick Roy, Raymond Bourque, Chris Chelios, Denis Savard, Mike Bossy, Mario Lemieux, Luc Robitaille, Guy Carbonneau et Martin Brodeur. La prochaine cuvée du troisième millénaire allait me laisser un goût aigre dans la bouche. Plus rien n'était comme avant et plus rien ne serait jamais comme avant.

Je me sentais sous-payé pour mon travail à CKVL. Je touchais deux fois moins d'argent que celui qui faisait le même boulot que moi à CKAC, et j'avais deux fois moins de munitions pour me battre contre ce coriace compétiteur. Mais je n'avais pas le droit de me plaindre parce que, de toute manière, ma marge de manœuvre était inexistante. La station agonisait et je prenais ce qu'il y avait à prendre.

Une ambiance de mouroir se répandait insidieusement dans les corridors de CKVL, à la fin de 1998, et la rumeur rapportait que le malade ne verrait pas le nouveau millénaire. Aller au charbon dans un tel climat n'avait rien de trop motivant. Mais je me rendais chaque jour à la station comme on cavale aux chiottes : quand faut y aller, faut y aller.

Je n'avais pas le choix. Je n'avais plus le choix !

Chapitre 25
Que pour le Rocket

Comme le Canadien ne me faisait plus ni chaud ni froid et que les Expos me laissaient de marbre – déjà en 1998, il était clair que l'équipe quitterait sous peu Montréal pour une grande ville américaine, sous l'égide d'un proprio beaucoup plus cinglé et plus riche que Claude Brochu –, je m'intéressai à d'autres sports. La course automobile s'imposa d'elle-même. Jacques Villeneuve venait de remporter le Championnat des pilotes de F1 et il avait relancé au Québec, comme son père Gilles l'avait fait dans les années 70, un véritable engouement pour ce sport.

À l'occasion de l'une de mes premières émissions à CKVL, à l'automne de 1997, j'avais invité Alexandre Tagliani en studio. Le pilote automobile de Lachenaie était venu commenter la récente victoire de Villeneuve en F1, et je l'avais trouvé culotté de raconter en ondes que Michael Schumacher était un pilote plus talentueux que le Québécois. Après l'émission, Tagliani était resté une bonne heure à discuter dans l'étroite salle de nouvelles de CKVL. Il m'avait parlé de son excellente saison sur le circuit de la Formule Atlantique, de ses difficultés à se trouver des commanditaires, du mal de chien que s'était donné son père à ses débuts pour lui permettre d'exister, puis de percer dans ce sport généralement réservé aux riches.

– Si tu veux, je peux tenter de te donner un coup de main, lui proposai-je tout naturellement.

– De quelle manière?

– En parlant de toi, en lançant un *fan club*, en te trouvant un ou des investisseurs.

– Pourquoi pas ? Je te laisse mon numéro de téléphone. Si tu as des idées, tu me contactes quand tu veux.

Je devais être vendeur dans une autre vie – pas dans celle où j'étais une femme qui, selon mon clairvoyant Gilles Dionne, avait noyé son dernier enfant ; je veux parler d'une autre vie antérieure. Deux mois plus tard, je rencontrai un homme d'affaires de Saint-Eustache, René Bourgeois, et je lui vendis l'idée d'investir dans Tagliani. Désireux de rencontrer le pilote au plus vite, j'organisai un rendez-vous au bar du deuxième étage de l'Hippo Club de Laval. La forte personnalité de Tagliani conquit immédiatement l'homme d'affaires.

Pendant que je m'occupais du dossier du pilote automobile avec Bourgeois, que je faisais des pieds et des mains avec Bill Rotari de chez Sony pour vendre la chanson de Francisco Lobato, voilà que j'eus, pendant l'hiver 1998, un autre coup de cœur pour nul autre que… Maurice Richard !

À ce moment-là, les nouvelles de la santé du Rocket n'étaient pas rassurantes ; le décès de sa femme Lucille n'avait rien pour arranger les choses. Je me dis que l'homme qui avait sauvé notre sport national, dans les années de crise de la Deuxième Guerre mondiale, méritait un ultime hommage. La ligue nationale se devait de commémorer son nom à l'aide d'un trophée.

Un soir, en rentrant à mon appartement de l'Île-des-Sœurs, je captai sur TSN une émission où un des commentateurs vantait les mérites de Gordie Howe, grande star des Red Wings de Detroit et ennemi juré du Rocket en cet âge d'or du hockey où la ligue ne comptait que six équipes. Ce commentateur anglophone s'évertuait à prétendre que Howe était le plus grand joueur de tous les temps, qu'il avait inspiré tous les jeunes du pays à jouer au hockey, dont Wayne Gretzky. Et que Gary Bettman, président de la LNH, se devait d'ériger en son honneur une statue de bronze non loin de celle du boxeur Joe Louis, à Detroit.

« Très bien, dis-je à l'intention de cet exalté en me crachant dans les paumes. Occupe-toi de Howe ; moi, je vais m'occuper du Rocket. »

Dès le lendemain, j'exécutai une entrée en fanfare dans le bureau de mon patron Hains.

– Je pense avoir une idée, une grande idée, claironnai-je.

– Laquelle ?

– Je vais lancer une pétition en ondes pour que le Rocket ait son propre trophée.

– Quel trophée ?

– Celui accordé chaque année au meilleur buteur de la ligue. Pendant sa carrière, Richard lui-même a terminé cinq fois meilleur buteur de la ligue, mais il n'existait aucun trophée pour souligner ses performances. Pas plus qu'aujourd'hui d'ailleurs.

– Pas bête, pas bête !

– Et ce n'est pas tout... Maurice Richard a été le premier à marquer 50 buts, et ce, dans une saison de seulement 50 matchs par-dessus le marché. Gordie Howe est venu près, une fois, d'atteindre ce plateau magique avec 49 buts en je ne sais plus quelle année. Il a fallu attendre Mike Bossy, des Islanders de New York, au début des années 1980, pour voir un autre joueur égaler le Rocket. Tu ne penses pas que Bossy aurait aimé recevoir cette année-là le trophée Maurice-Richard pour son exploit ?

– C'est sûr !

– Je fais un test ce soir auprès de mes auditeurs en lançant l'idée. On verra bien leur réaction.

– *Go*, Tom, *go* !

Aussitôt dit, aussitôt fait. Je lançai en ondes, le soir même, l'idée de la pétition. Mon angle d'attaque était simple et susceptible de frapper l'imagination des amateurs de hockey québécois : la LNH devait innover en accordant chaque année au meilleur buteur de la ligue un nouveau trophée qui porterait le nom de Maurice Richard. Le standard téléphonique de CKVL fut frappé d'une frénésie significative.

– Organise la pétition, Tom, et nous irons la signer où tu voudras ! scandèrent à l'unisson les auditeurs qui réussirent à obtenir une ligne durant l'émission.

Le lendemain, après mon travail, avec l'équipe du matin, je restai dans la salle de nouvelles pour attendre mon patron. Il arriva vers neuf heures et quart et fit venir dans son bureau un des lieutenants de Pierre Arcand, Robert Ashby. Hains salua et appuya mon initiative, mais son supérieur joua les rabat-joie.

– Tu t'embarques dans une grosse affaire, dit-il, l'air sombre. Il te faudra des alliés de taille dans les médias pour soutenir une telle opération et réussir. Je vais en parler à Toto Gingras au *Journal*.

«Comme si tu m'apprenais quelque chose, Banane», ne pus-je que gémir dans mon for intérieur en ayant la délicatesse d'y laisser le fond de ma pensée.

Je savais qu'il me fallait recruter et convaincre des partenaires costauds pour espérer ébranler les murs de la forteresse de Bettman. Outre le *Journal de Montréal*, qui sauta tout de suite dans le train grâce à Toto Gingras, j'avais une autre personne en tête pour donner encore plus de crédibilité à la mission : Julie Snyder, du réseau TVA, une femme dotée d'un remarquable sens de l'info et du marketing. Sans attendre le feu vert de mes patrons, je la contactai, et elle me donna aussitôt rendez-vous avec Hains et Gingras.

– Je vous suis dans votre opération si monsieur Richard accepte de venir à mon émission pour en parler, eut-elle comme seule exigence.

– Je m'occupe du Rocket et je te reviens avec sa réponse, lui promis-je.

Depuis cette fameuse tournée Export A, au tout début de ma carrière, tournée où le Rocket officiait en qualité d'arbitre et de parrain d'honneur, j'avais toujours gardé contact avec lui. Lorsque j'avais travaillé au *Montréal-Matin*, il m'avait fait l'honneur de me recevoir chez lui pour une entrevue. Par la suite, je ne l'avais jamais perdu de vue. Cet homme au regard de feu m'avait toujours profondément impressionné.

– J'ai entendu parler de ta pétition par mon agent, me dit monsieur Richard, malade et affaibli, quand je lui téléphonai à sa résidence. C'est très gentil ce que tu fais pour moi… mais la ligue est conservatrice, et je ne sais pas si tu réussiras à la faire bouger.

– Je vais faire du mieux que je peux si vous me donnez la permission de poursuivre l'aventure. Si vous ne voulez pas de ce trophée, j'arrête. Je ne fais cette démarche que pour vous et vos *fans*.

La phrase magique résonna à l'autre bout du fil :

– Tu as ma bénédiction.

– Une dernière chose… Julie Snyder va s'impliquer dans le projet si vous acceptez de lui accorder une entrevue en temps et lieu à son émission.

– Dis-lui que j'accepte.

– Merci, monsieur Richard.

En trois mois seulement, plus de vingt mille personnes signèrent la pétition du *Journal*, l'équivalent d'un Centre Molson – ou d'un Centre Bell, si vous préférez – plein à craquer. Cette ferveur populaire motiva le président du Canadien, Ronald Corey, son directeur des communications, Bernard Brisset, et son directeur des relations de presse, Donald Beauchamp, à monter dans la voiture de tête de notre train. Ils appuyèrent la démarche auprès de Gary Bettman et des décideurs de la ligue. Corey, Brisset et Beauchamp me permirent même de faire en sorte que les partisans du Canadien puissent signer la pétition à l'entrée du Centre Molson.

Puis, avec la complicité de Donald Rouleau de chez Amtrack, nous partîmes en délégation, par train, pour aller remettre à Gary Bettman, à son bureau de New York, la quinzaine de sacs pleins de lettres signées par les *fans* du Rocket. Mon travail était fait, tout comme celui de Toto Gingras, de Robert Hains et de Julie Snyder. Le suivi du dossier appartenait désormais au président du Canadien, qui ne faillit pas à sa mission.

Corey exerça son lobbying auprès des gouverneurs de la ligue à l'automne de 1998, puis réussit à faire entériner la motion du lancement du nouveau trophée Maurice-Richard, accordé annuellement au meilleur buteur de la ligue. Il en fit l'annonce officielle au match des étoiles de la LNH, à Tampa Bay, en février 1999. Je n'étais pas là pour le voir ou l'entendre, mais on me rapporta que monsieur Corey m'avait remercié, au centre de la patinoire, devant les milliers de spectateurs et de téléspectateurs.

Je revis le Rocket une dernière fois au cours d'une cérémonie intime, avec toute sa famille, dans une salle du Centre Molson, en mars 1999. Je me fis photographier avec le célèbre numéro 9 et le nouveau trophée qui portait son nom. La photo est soigneusement accrochée dans le salon de l'appartement de mes parents, à L'Assomption. Ce jour-là, le Rocket plaça sa grosse main sur mon épaule et me dit un merci rempli de tendresse pour avoir été à l'origine de cette épopée. Avec la primeur du départ de Gretzky à Los Angeles en août 1988, ce fut le moment le plus intense de ma carrière.

Avant mon départ du Québec, René Angélil, Julie Snyder et quelques autres têtes d'affiche du *show-business* québécois organisèrent une grande soirée pour le Rocket, au Centre Molson. Je ne fus pas invité à cette soirée. Je digérai d'abord mal ce manque de tact des organisateurs, puis je l'oubliai. Au fond, la seule chose importante, c'était que ce trophée rappelle à tous et pour toujours qu'un homme trapu, à l'encolure de taureau et aux yeux de feu, fut le premier à marquer des buts spectaculaires de tous les angles et de toutes les façons : Maurice « Rocket » Richard.

Au fait, vous souvenez-vous de la chanson écrite par Oscar Thibault en l'honneur du Rocket ? Si oui, fredonnez le refrain tous en chœur, et faites la vague en même temps en tirant votre chapeau :

C'est Maurice Richard qui score et pis qui score
C'est Maurice Richard qui score tout le temps…

Chapitre 26

Pour ne pas crever

L'annonce de la création du trophée Maurice-Richard fut ma seule bonne nouvelle de l'année 1999. Le reste consista en une véritable descente des chutes Niagara – sans tonneau.

Ma collaboration avec Alexandre Tagliani prit fin brutalement au début de cette année-là. Le fantasque jeune homme me reprochait d'avoir commandé une trop importante livraison de sa nouvelle collection de vêtements sans lui en avoir parlé. *Bullshit!* La vérité était tout autre. Comme des rumeurs circulaient déjà à l'effet qu'il obtiendrait un volant en série Cart pour la saison 2000, ses patrons ne toléraient aucune personne gênante dans son entourage, et le pilote m'envoya paître à la première occasion. Tagliani était désormais «en affaires» – et de grosses affaires –, de sorte que je ne lui étais plus d'aucune utilité dans son plan de carrière.

Mon associé René Bourgeois me pria de ne pas insister, de ne pas relancer Tagliani, que ce dernier ne voulait plus rien savoir, ni de lui ni de moi. Ce qui n'était pas vrai dans son cas, puisqu'il poursuivit secrètement sa relation d'affaires avec le pilote. Or, comme d'habitude (air connu!), je n'étais pas en position de force pour négocier. Comme j'étais criblé de dettes et que je ne voulais surtout pas mettre en péril mon emploi à CKVL avec un miniscandale dans les journaux, je signai les papiers de résiliation de contrat, envoyant au diable quinze mois d'efforts soutenus. Quinze mois durant lesquels je l'avais notamment dépanné pour le règlement d'une de ses astronomiques factures de téléphone, grâce à de l'argent emprunté au noir, où j'avais engagé le photographe Richard Gauthier pour refaire son *book* et son *look*, où j'avais organisé à son intention, avec CKVL, une journée de promotion au Tops de Laval avec journalistes, commanditaires et autres invités de marque, où, enfin, je lui avais monté le dossier de son nouveau *fan club* à Saint-Eustache.

Tagliani au panier, je me concentrai, hors de CKVL, sur le projet de l'éventuelle chanson officielle du troisième millénaire, *Give*. Le dossier avait progressé sensiblement avec la participation du Groupe Publicis. Un an plus tôt, j'avais fait entendre la chanson de Lobato à Frank Parisella, l'ancien attaché de presse de Robert Bourassa. Il l'avait écoutée dans sa jeep, un matin, après avoir terminé sa chronique politique à CKVL. Il consentit à me donner un coup de main auprès de Publicis.

Michel Lafont fut désigné pour piloter le dossier. Il abattit un excellent travail en organisant deux rencontres sur la colline parlementaire, à Ottawa, en 1998. Sa démarche fut couronnée de succès, et j'encaissai un chèque du gouvernement canadien pour actualiser la chanson. Bill Rotari, mon copain de chez Sony, me présenta à Aldo Nova, un spécialiste en arrangements musicaux dont on ne comptait plus les réalisations prestigieuses, notamment pour John Bon Jovi, Céline Dion et bien d'autres. Nova accepta de retoucher le titre de Lobato et le nouveau démo fut livré à l'automne 1998. La chanteuse Nancy Martinez assuma brillamment l'interprétation de la chanson.

Six mois passèrent et la réponse finale des décideurs canadiens affectés aux festivités du prochain millénaire se faisait toujours attendre.

— Je commence à capoter, avouai-je à Lafont. Mais qu'est-ce qu'ils attendent au juste pour nous dire oui ou non?

— C'est souvent comme ça avec les gouvernements, dit-il avec résignation. Souvent, ils ne te donnent même pas de réponse. Ils laissent carrément tomber le dossier.

Publicis et Lafont ne baissèrent cependant pas les bras, et nous prîmes la route de Miami à la mi-février pour rencontrer l'agent de Julio Iglesias. Nous voulions que son fils Enrique ou que Gloria Estefan acceptât de chanter notre hymne. Si l'un ou l'autre acceptait, nous disposerions d'un argument majeur pour persuader Sony et le gouvernement canadien d'officialiser une entente pour *Give*. Mais, hélas! rien ne transpira de cette réunion.

À six mois de l'an 2000, nous y allâmes d'une ultime tentative : vendre notre chanson aux dirigeants du baseball majeur. Comme elle racontait l'espoir et la paix entre les peuples, nous eûmes l'idée de produire un vidéoclip avec toutes les vedettes du baseball d'hier et d'aujourd'hui. Claude Brochu et Richard Morency organisèrent une réunion entre Michel Lafont et Paul Beaston le 18 août, aux bureaux de la Major Baseball League à New York. Beaston se montra intéressé, mais ne redonna plus jamais signe de vie par la suite.

Alors que j'encaissais refus sur refus pour le projet *Give* et que le stress me grugeait comme un vieil os, les dirigeants de CKVL annoncèrent l'inévitable : la station allait fermer ses portes à la fin de l'année pour ouvrir sous une nouvelle enseigne radiophonique exclusivement dédiée à l'information continue. C'était le dernier clou dans le cercueil.

– Vous allez terminer votre contrat dans les studios de CIEL FM, à Longueuil, nous fit savoir Ashby. C'est dommage, mais c'est ainsi.

Plus rien n'allait. Dès le début de 1998, j'avais recommencé à emprunter à gauche et à droite, retournant aveuglément chez les *shylocks* tant j'étais convaincu de signer un mirobolant contrat pour Tagliani et Lobato. Cinq mille dollars par-ci, dix mille par-là, quinze mille ailleurs... Je devais encore pour plus de vingt-cinq mille dollars sur le marché noir, sans compter mes dettes envers Bourgeois, Lévesque, Larivée et un quatrième homme d'affaires tout à fait en règle avec sa société, mais qui ne voulait pas que son nom fût révélé dans mes transactions.

Avant de tout quitter, je devais de l'argent à cinq hommes d'affaires différents sur le marché noir. J'avais déjà payé les intérêts de la somme globale à deux d'entre eux, mais le capital ne baissait pas. Tourmenté, épuisé, je quittai mon appartement de l'Île-des-Sœurs et je retournai vivre chez mes parents, à L'Assomption. Je demandai à mes créanciers de m'appeler uniquement sur mon cellulaire pour ne pas mêler papa et maman à mes problèmes. Mais comme j'étais souvent en retard dans mes paiements et que je mettais parfois de trois à sept jours pour les rappeler, certains commencèrent à me téléphoner à L'Assomption, histoire de faire pression sur moi. Un soir, l'un d'eux vint m'attendre dans le stationnement mal éclairé situé derrière la station CIEL FM, à Longueuil. L'homme était furieux et me servit une engueulade telle qu'elle résonne encore dans mes oreilles.

– Tu me dois encore huit mille dollars et je veux tout mon *cash* d'ici une semaine ! Tu m'as compris : une semaine, pas un jour de plus !

Je me tournai vers l'une de mes sœurs et son mari. Puisque je leur avais remboursé un premier emprunt de plus de quinze mille dollars au cours des cinq dernières années, ils acceptèrent de me prêter de nouveau une somme équivalente en contractant un emprunt auprès de leur banque. Avec ce montant, je pus me débarrasser de celui qui avait perdu patience et j'en profitai pour régler certains retards avec d'autres grognards.

Mais l'étau continua à se resserrer. Comme CKVL fermait ses portes à la fin novembre et que CJMS Country cherchait de nouvelles émissions, je provoquai une réunion avec leurs dirigeants. Nicolas Deslauriers, un jeune journaliste qui dirigeait aussi le mensuel *Sport Vision*, m'accompagna dans mon dernier délire. Deslauriers loua une salle au deuxième étage d'un édifice du nord de Montréal et il fit de son mieux pour la transformer en studio de radio. Nous voulions une radio interactive avec un public sur place. Le défi était culotté et requérait du temps... et surtout beaucoup d'argent pour le relever et le mener à bien.

J'arrivai au micro de cette radio quasi collégienne le lundi 22 novembre et je capitulai le mardi 14 décembre, soit à peine vingt-deux jours plus tard. Mes créanciers assistaient à la fin de certaines émissions pour voir si j'avais de quoi les payer. Comment garder sa concentration quand un fier-à-bras aux biceps d'haltérophile vient te rouler de gros yeux au fond de la salle ? Comment tenir le coup quand tu n'as plus un rond dans tes poches ? Comment trouver les bons mots pour leur demander un nouveau sursis ? pour leur expliquer que mes seuls revenus importants découleraient d'un pourcentage des ventes publicitaires dans quelques mois ? Dans leur esprit, je travaillais, donc je gagnais de l'argent. Alors je devais leur en rendre un peu, voire beaucoup.

Un des derniers soirs avant que je prenne la décision de tout flanquer par-dessus bord pour aller refaire ma vie dans un autre pays, un caïd vint me menacer à la station.

– Regarde-moi bien dans les yeux, hurla-t-il, l'écume au coin des lèvres. Je suis un fou, un fou qui peut faire plein de bêtises, même à un animateur radio connu de toute la province. Alors, grouille-toi, sinon, gare à ta peau. J'ai fait de la prison une fois et je suis capable d'y retourner si tu ne me paies pas. M'as-tu compris ? M'as-tu bien compris, mon ciboire de chien sale ?

Le mercredi 15 décembre, je craquai et j'annonçai mon départ du Québec à mes parents. D'abord, pour me faire oublier pendant quelques mois. Puis, pour me refaire une santé physique et morale. J'avais engraissé. Je faisais osciller la balance à près de cent soixante livres. Moralement, c'était bien pire. Je devenais paranoïaque. J'avais peur qu'un de mes créanciers fasse exploser ma jeep. La nuit, je ne dormais plus. Je sursautais au claquement d'une portière d'auto ou à la sonnerie du téléphone. Certains matins, pour ne plus entendre le maudit téléphone, je débranchais les fils de tous les appareils de la maison de mes parents.

– Ne pars pas, m'implora maman, effondrée, en larmes, pendant que papa tentait de nous consoler. Il doit y bien avoir une solution ?

– Je suis allé trop loin, je ne veux plus vous faire vivre ce calvaire, répondis-je en pleurant comme un enfant.

Durant les deux jours suivants, je fis tout le tour de la famille pour leur annoncer en personne mon départ pour la France – à l'exception de ma sœur Lise à qui je fis part de la nouvelle au téléphone. Le plus difficile fut d'annoncer à ma sœur et à mon beau-frère, à qui je venais d'emprunter quinze mille dollars trois mois plus tôt, que je ne pourrais les rembourser avant mon départ. Passer pour un moins que rien devant des créanciers à qui tu paies des intérêts dingues, ça va. Mais infliger un pareil traitement à sa famille, c'est honteux et impardonnable.

Ensuite, j'allai m'acheter un billet – aller seulement – pour Paris avec la carte de crédit que Bryan Mayer, un des jeunes

chroniqueurs de la station CJMS Country, m'avait refilée. Ce
même bon Samaritain me trouva aussi un toit à la sauvette
à Le Petit-Quevilly, un bled à cinq kilomètres de Rouen, en
Normandie. Il avait hébergé un jeune hockeyeur français lors
d'un tournoi pee-wee à Terrebonne, et la famille avait promis
de lui rendre service en retour, peu importait la manière ou le
moment. Je fus donc l'élu d'infortune.

L'avant-veille de mon départ, je dormis chez mes parents,
à L'Assomption. La veille, je préférai coucher chez mon frère
Yvon, à Repentigny. Par égard pour mes parents, je ne voulus
prolonger le supplice plus longtemps. C'était devenu trop cruel.
Pour eux, pour moi, pour tout le monde…

Chapitre 27
Vers l'inconnu

Il faisait un temps de chien en ce vendredi 20 décembre 1999, jour de mon départ pour la France. On aurait dit que mère Nature me servait un somptueux bras d'honneur parce que je laissais toute ma famille et mes proches derrière moi pour atterrir au diable vauvert, dans une famille d'immigrés de la Normandie.

Ma nièce Judith et son copain du temps, Éric Gendron, ainsi que sa meilleure amie, Mélissa Vaillancourt, une jeune femme de vingt ans, m'accompagnèrent à l'aéroport de Mirabel par cette fin d'après-midi. Le départ de mon vol était prévu à vingt et une heure quarante-cinq, mais, comme il faisait tempête et que les routes s'étaient transformées en patinoire, je me doutais bien que mon avion décollerait en retard. Je ne voulais surtout pas qu'Air Transat annonce le report du vol au lendemain ou, pis encore, son annulation.

Je me voyais mal dormir à l'hôtel pour un ou deux jours, désireux que j'étais de puiser le moins possible sur la carte de crédit que mon frère Yvon m'avait donnée, carte dotée d'un solde de deux mille cinq cents dollars. J'avais pu obtenir cette somme à la sauvette après avoir vendu à mon frère et à ma belle-sœur Jocelyne des meubles antiques et des tableaux, triste bilan d'inventaire de mes derniers avoirs.

Après avoir partagé une bière avec moi, mon trio d'accompagnateurs me souhaita bon voyage et me quitta. J'avais demandé à Mélissa de conduire et de garder la jeep chez elle pendant quelques jours. Je savais que mon collègue

Nicolas Deslauriers la lui réclamerait tôt ou tard – et plus tôt que tard –, puisque ce véhicule m'avait été prêté à titre de commandite en échange de publicité sur les ondes de CJMS Country.

Pour tuer le temps, je me payai une demi-bouteille de vin au bar du deuxième étage de l'aéroport. J'avais l'impression de ne plus rien voir ni entendre autour de moi, tellement ma tête flottait dans le brouillard. Je m'en voulais terriblement d'avoir tout bousillé. D'avoir manqué encore et toujours de temps et d'argent. Je revoyais en rafales tout le mal de chien que je m'étais donné pour relancer ma carrière et ma vie depuis les dix dernières années. Je me projetais, dans mon cinoche mental, cette infernale décennie, retrouvant au hasard de ce mauvais film des séquences que j'avais complètement oubliées.

Je me rappelais avoir demandé – encore et toujours sans résultat – à Stéphane Richer et à Jacques Demers d'investir dans mon projet musical à la fin de 1998, lors d'un voyage éclair en Floride. Tous deux étaient sinon millionnaires, du moins très à l'aise. Un investissement de cent mille dollars dans cette aventure aurait pu leur rapporter dix fois leur mise – enfin, c'était ma conviction, aussi forte que l'était ma foi dans le talent de Lobato. Je me souvins même, à l'été de 1999, d'avoir remis une cassette et une lettre manuscrite à René Angélil, lui racontant ma pénible quête pour imposer Lobato et le priant d'écouter la chanson de mon poulain. J'avais remis l'enveloppe cachetée à son ami et partenaire de golf, Marc Verreault. Je n'ai jamais su si elle était parvenue entre les mains du légendaire agent. Croire qu'une bouteille jetée à la mer va traverser l'océan pour être découverte par une personne – et pas n'importe laquelle, *la* bonne personne –, ça n'arrive que dans les contes de fées ou les aventures de Tintin.

Le bruit d'une chaise remuée derrière moi me fit brusquement sortir des limbes. Je consultai ma montre qui indiquait vingt heures trente. Il était l'heure de m'ébrouer et de marcher lentement vers la porte d'accès aux douanes. Quand je relevai la tête après avoir empoigné mes bagages, je reconnus les comédiens Éric Hoziel et Pierre Tassé. Je les saluai et leur mentis comme un arracheur de dents, évoquant un mois de vacances en Provence ; je doute qu'ils me crurent, mais ils eurent en tout cas la délicatesse de ne pas le montrer. Avec la tête dans le cul comme je l'avais ce soir-là (si vous me passez la poésie de cette image toute française), je ne devais pas être trop convaincant, et je ne fus d'ailleurs pas en nomination dans la catégorie « menteur de l'année » aux Oscars.

Une heure plus tard, j'étais enfin assis dans l'avion. Malchanceux sur toute la ligne, y compris avec la sélection de mon siège, je me suis retrouvé coincé au beau milieu d'une rangée, pris en sardine parmi d'autres sardines baignant dans l'huile d'olive du vol 920 d'Air Transat. À ma droite, il y avait un monsieur dans la soixantaine qui sentait le rance, plongé dans les bras de Morphée. À ma gauche, une jeune femme tremblait déjà de peur à la seule idée que le gros oiseau allait bientôt s'envoler dans la tempête malgré ses quatre cents voyageurs et son poids de cent tonnes.

– C'est mon baptême de l'air, m'annonça-t-elle d'une voix blanche, visiblement terrorisée.

– Ça devrait bien se passer, tentai-je de la rassurer sans trop de conviction.

Si seulement Yvan Cournoyer avait été là, avec ses monosyllabes réconfortants et sa grosse Mol…

Une des agentes de bord interrompit notre conversation pour annoncer, manque de bol, que ce vol de nuit était décalé de trente à soixante minutes. Les règles en vigueur dans le code aéronautique sont très strictes les jours de tempête. Il faut dégivrer les ailes des avions ainsi que déglacer les pistes de décollage et d'atterrissage avant d'autoriser tout départ ou toute arrivée.

– Ça ne vous fait rien si je vous parle souvent durant le voyage ? reprit ma voisine phobique.

– Pas du tout.

– C'est gentil, ainsi vous serez mon ange gardien.

Je ne pus m'empêcher de sourire lorsqu'elle prononça les mots « ange gardien ». Sans le savoir, elle me ramenait à mon *Manuscrit des anges* et à cette autre prédiction de mes sorciers qui m'avaient annoncé, quinze ans auparavant, « qu'il ne serait pas étonnant que, vers la cinquantaine, ma vie se passe ailleurs, dans un autre pays ». Encore une fois, ils avaient presque planté leur fléchette au centre de ma cible de vie. Quand je décollai vers l'inconnu, j'avais quarante-sept ans et sept mois. Ma vie d'exilé débuta à cet instant.

À l'exception du décollage, assez laborieux à cause des vents de côté qui fouettaient l'avion, le vol vers Paris se passa sans histoire. Ma jeune voisine de gauche, Barbara Mercier, tint parole et me parla durant tout le trajet. Elle ne ferma pas l'œil de tout le vol et, chaque fois que le monstre d'acier perdait un peu d'altitude à cause d'une turbulence ou d'une poche d'air, elle m'agrippait l'avant-bras. Elle allait dans la Ville lumière rejoindre son fiancé qu'elle n'avait pas vu depuis trois mois.

Quelque part, ça me rassurait, moi aussi, de l'avoir à mes côtés. Je la soutenais et, sans le savoir, elle me soutenait aussi. Pendant qu'elle me racontait quelques épisodes de ses dix-neuf ans, j'oubliai, le temps de quelques heures, dans quelle galère je m'étais embarqué les yeux fermés.

L'arrivée à l'aéroport de Roissy me ramena très vite à la réalité. Les yeux rougis et bouffis par une nuit blanche, les traits tirés par le stress qui ne me lâchait pas d'une semelle, je me présentai aux douanes avec un sourire forcé.

– Votre passeport, monsieur, me demanda poliment le fonctionnaire français.

– Voilà.

– Que venez-vous faire en France, monsieur ?

– Je viens visiter des amis à Paris et en Normandie, prétendis-je.

– Très bien, vous pouvez y aller.

Être québécois, blanc, bien vêtu et parler avec le même accent que Céline Dion me fit entrer au pays de nos ancêtres comme une lettre à la poste. Le douanier n'estampilla même pas mon passeport. Pour lui, j'arrivais comme un cousin qu'on aime bien. On ne lui fait pas la bise tout de suite, mais ça ne saurait tarder. Ces premiers pas en France me rassuraient. Je me rendais compte que les gens de ce pays ne me casseraient pas trop les bonbons si je me tenais à carreau.

Après avoir récupéré mes deux valises, je sortis inhaler une première bouffée d'air français. Il faisait un temps splendide, une belle journée d'hiver ; le thermomètre devait afficher deux ou trois degrés Celsius. Je décidai donc de marcher. Erreur, grosse erreur, puisque le terminal où stationnaient les avions canadiens était le plus éloigné de la station du RER. Quand les architectes de l'aéroport ont dessiné l'emplacement des différents terminaux, ils ont dû s'imaginer que, tout comme dans nos films, nous, les Canadiens, étions habitués aux longues marches de santé dans le bois, avec les Indiens et les caribous. Ce n'était pas une marche d'un demi-kilomètre entre deux aérogares qui allait nous tuer...

J'arrivai essoufflé mais vivant à la gare du RER. Je vérifiai dans mon agenda l'itinéraire que Bryan Mayer m'avait conseillé de suivre attentivement. J'eus un doute et je préférai demander conseil à une employée d'un guichet.

– Pour atteindre la gare Saint-Lazare, vous prenez le RER B3 et vous sortez à la station Châtelet, m'indiqua-t-elle. Ensuite, vous recherchez la ligne de métro numéro 4, direction Porte de Clignancourt, vous faites deux arrêts jusqu'à la station Réaumur-Sébastopol. Ensuite, vous prenez la ligne 3, direction Pont-de-Sèvres, et l'arrêt pour la gare Saint-Lazare est à la sixième station.

– Et combien de temps devrait me prendre tout ça?

– Une bonne heure et vingt minutes.

Le départ de mon train, de la gare Saint-Lazare jusqu'à celle de Rouen, était prévu à midi cinquante et il était seulement dix heures du matin. J'avais du temps dans mes poches. Après avoir calé un café et feuilleté *Le Parisien*, je pris le train du RER sur la ligne B3. Entre la station Charles-de-Gaulle et celle du Châtelet, j'eus un premier frisson en voyant défiler ces banlieues grises aux murs recouverts de graffitis et ces immeubles vétustes aux fenêtres poussiéreuses. Aulnay-Sous-Bois, la Plaine-Saint-Denis – où est bâti le Stade de France –, Porte de la Chapelle, toute cette route sentait la misère et la rébellion à plein nez. Ces quartiers évoquaient pour moi Montréal-Nord et Saint-Henri, mais avec dix mille fois plus de gens. Dans le métro, les femmes tenaient à deux mains leur sac à main. Les Noirs parlaient fort entre eux. Les Beurs demeuraient impassibles. Et moi, j'étais assis, pensif, au milieu de tous ces gens comprimés dans le même wagon.

Bien que le métro de la capitale soit un véritable labyrinthe pour quiconque s'y aventure pour la première fois, je retrouvai les lignes 4 et 3 assez facilement depuis Châtelet. Puis, j'atteignis la gare Saint-Lazare au terme d'une autre marche souterraine de quinze minutes durant laquelle je m'arrêtai à toutes les trente secondes, handicapé par mon excès de poids et ces valises trop lourdes qui me faisaient souffler comme un phoque asthmatique.

Il était environ onze heures trente lorsque je pus enfin m'asseoir à la terrasse d'un café de la gare Saint-Lazare. J'avais hâte d'arriver à Le Petit-Quevilly, là où m'attendrait la famille Madhihi vers quinze heures. Je rêvais d'un bain chaud et d'un cocon pour dormir. Depuis plus de vingt-quatre heures, je n'entendais plus la sonnerie de mon cellulaire et cela constituait pour moi une véritable délivrance. Je me sentais comme un malade à qui l'on vient d'accorder son congé après des années passées sur un lit d'hôpital. Même si j'allais en baver pour les semaines et mois à venir, ce soudain anonymat me procura pendant quelques minutes un vif soulagement.

Mais cette petite bouffée de bonheur n'allait pas durer longtemps, car il était dit que je ne pouvais passer une seule journée sans qu'une tuile me tombe sur la tête.

— Votre ticket, monsieur, me demanda le contrôleur de train.

— Voilà.

— Prenez place où vous voulez, monsieur, mais soyez patient. Il y a une grève des employés de la SNCF et ils bloquent la voie à certains endroits.

Le train partit de la gare Saint-Lazare avec vingt minutes de retard et il s'arrêta trois fois en chemin. À son entrée en gare de Rouen, il était dix-sept heures, soit deux heures plus tard que l'heure d'arrivée initialement prévue. J'étais furieux de cette autre malchance.

— Tu n'as pas le numéro de téléphone de monsieur Madhihi, me mis-je à bougonner en titubant sur le carrelage du plancher de la gare. Et s'il ne m'a pas attendu? Et s'il a décidé de me laisser en plan dans cette ville que je ne connais pas?

Je me posais toutes ces questions lorsque je mis le pied hors de la gare. Je déposai mes valises sur le trottoir, devant l'édifice, et je me mis à regarder dans tous les sens comme une girouette. Ça caillait. L'humidité transperçait mon long paletot d'hiver. Soudainement, un homme au début de la cinquantaine et de forte carrure, tel un ancien joueur de rugby, sortit d'une voiture familiale et me fit un grand signe de la main.

— Vous êtes monsieur Lapointe? me cria-t-il.

Je lui répondis par un grand «oui» de soulagement.

— Alors, venez vite, on nous attend.

Gérard Madhidi, un Normand d'origine algérienne, m'accueillit chaleureusement. Après avoir rangé mes valises sur la banquette arrière, près de son chien, un vieux berger allemand docile, nous empruntâmes la route de Le Petit-Quevilly, un village situé à cinq kilomètres de Rouen, sur la rive gauche de la Seine.

– J'avais hâte que votre train arrive en gare, reconnut le sympathique colosse. Il y a un vin d'honneur et des petits fours pour célébrer la période des fêtes à la mairie de la place, ce soir. J'espère que vous n'êtes pas trop fatigué.

Que pouvais-je répondre à cet homme, que je n'avais jamais rencontré de ma vie et qui m'offrait l'hospitalité sans frais pour un mois, sinon la pure vérité?

– Il n'y a pas de problème, monsieur, j'irai où vous me conduirez.

Nous passâmes rapidement déposer mes valises au cinquième étage du HLM qu'habitaient les Madhidi, à Le Petit-Quevilly. Je pris une douche éclair et je me changeai le temps de le dire. Sur le coup de dix-huit heures, je me retrouvai avec Gérard, sa femme Martine et son fils de quinze ans, Nordine, à une réception où une bonne centaine de personnes trinquaient. Je bus une première coupe de champagne, puis une deuxième, et pourquoi pas une troisième, et je me surpris à esquisser un sourire en songeant à la situation. À ma toute première soirée en France, je me retrouvais dans une foule qui me rappelait l'animation des conférences de presse de Montréal – mascarades que j'avais d'ailleurs pris l'habitude de fuir parce que, plus souvent qu'autrement, je n'y apprenais rien de nouveau à communiquer à mes lecteurs ou à mes auditeurs. La sensation de déjà-vu m'amusait.

– Cette fois, Tom, tu n'auras pas à parler de ces gens pour leur faire plaisir à ton émission de radio, marmonnai-je, un peu pompette. Allez, hop, pourquoi pas une autre petite coupe?

Je pensais que la parade était finie et que j'aurais pu rentrer à la maison pour faire connaissance avec mon petit lit douillet. Mais non, il y avait une dernière surprise pour moi à l'agenda des Madhidi.

– Comme j'ai su par Bryan (Mayer) que vous êtes journaliste sportif, je vous emmène à la patinoire de Rouen pour assister au match entre nos Dragons et l'équipe d'Anglet, m'annonça-t-il avec fierté. Un des joueurs de l'équipe, Steve Woodburn, m'a dit qu'il vous connaissait et qu'il espérait vous voir dans le vestiaire après la partie.

C'était la totale. À Montréal, je ne dissimulais à personne le profond ennui que m'inspirait désormais le Canadien, mais ici, en Normandie, il fallut que je simule la joie à la perspective d'assister à un match Anglet-Rouen. L'alcool et la fatigue avaient commencé à agir sur mon système et je ne savais trop si j'allais tenir le coup. À la patinoire de Rouen, où plus de trois mille personnes chantaient en chœur «Allez, Rouen, allez!», je suivis le match sans vraiment le suivre. Les Dragons l'emportèrent par la peau des dents, 3 à 2, et je descendis au vestiaire avec Gérard pour aller saluer Steve Woodburn, que je n'avais pas vu depuis des années.

Je me sentis un peu ridicule au milieu du vestiaire, parmi les relents d'aisselles et de pieds fumants. Je me revoyais dans le vestiaire du Forum où, après les parties, des m'as-tu-vu venaient parader devant les joueurs à moitié nus en se présentant avec grandiloquence :

– Je m'appelle Untel, je suis un ami du président, je suis moi-même président, et mon fils, un futur président, vous adore…

Qu'est-ce que les joueurs pouvaient s'en foutre, de leur petit numéro de cirque! Ils voulaient seulement prendre leur douche, se changer et «refaire le match» à un resto ou au bar avec leur famille et leurs vrais amis, et basta! Woodburn me ramena brusquement au temps présent, loin des coulisses du vieux Forum.

– Que fais-tu à Rouen, Tom? s'informa-t-il, intrigué.

J'hésitai avant de lui répondre.

– Je te le dirai dans les prochains jours si tu m'invites à boire un verre en ville, me contentai-je finalement de lui dire.

– Parfait, Tom, nous irons au bar de mon pote Tino, entre Noël et le jour de l'An. Tu me raconteras.

Il me donna son numéro de cellulaire et je quittai les lieux. Je dormais presque debout et il était temps que je rentre. Quand je gagnai mon lit, il était minuit, heure de France, c'est-à-dire dix-huit heures à Montréal, si l'on tient compte du décalage horaire. Je voulus calculer le nombre d'heures que je venais de vivre sans avoir fermé l'œil… mais ce fut en vain. Je m'endormis à la seconde exacte où ma tête toucha l'oreiller.

Je me levai à quinze heures, le mercredi 22. Les Madhidi m'avaient laissé récupérer, sans me réveiller pour le repas du midi. Quand j'émergeai de la chambre, Gérard et Martine étaient partis pour le boulot, et Nordine, à son entraînement de hockey. Mais il y avait une jeune femme dans la chambre voisine. Après avoir entendu mes pas, elle vint me rejoindre à la cuisine et m'offrit un café et une tranche de gâteau.

– Je m'appelle Alexia, je suis celle de la famille que tu n'avais pas encore rencontrée, se présenta-t-elle poliment. J'étudie à Paris et je suis rentrée seulement ce matin pour le congé des fêtes. Mes parents m'ont prévenue de ta visite à la maison. J'espère que tu ne te sens pas trop dépaysé.

Je ne savais pas trop quoi bégayer, j'étais encore trop perdu. Je venais d'atterrir dans une nouvelle famille des plus hospitalières, mais je savais pertinemment que, dès la période des fêtes terminée, il me faudrait me trouver un autre gîte et un boulot, le tout avant le 1er février. Et puis, je m'inquiétais pour papa et maman. Je me demandais si mes créanciers avaient appelé à la maison pour avoir de mes nouvelles. Je ne voulais surtout pas qu'ils embêtent mes parents. Cela dit, j'avais tout de même confiance. Ces hommes d'affaires sont peut-être véreux, mais ils ont un code d'éthique. Ils ne touchent pas à la famille, à moins qu'il s'agisse d'une transaction d'un demi-million de dollars ou d'une histoire de drogues ou d'armes. Et comme je devais moins de quinze mille dollars au *shylock* auquel j'avais le plus emprunté, la situation n'était peut-être pas si dramatique. Quand ils prêtent de l'argent à des gens, les *shylocks* sont parfaitement conscients que, statistiquement, certains leur feront faux bond pour diverses raisons. S'ils devaient tuer tous ceux qui ne rendent pas jusqu'au dernier sou de leurs dettes, les grands quotidiens devraient envisager la création d'un cahier entier consacré aux faits divers. Ils harcèlent, intimident et menacent, mais ils ne passent aux actes que dans certains cas extrêmes.

– Ça peut aller, merci, dis-je finalement à Alexia. Je vais sortir pour créer mes repères dans la ville en fin d'après-midi.

Mais d'ici là, j'aimerais bien pouvoir envoyer un courriel à mon frère Yvon, si c'est possible.

– J'ai un ordinateur dans ma chambre, tu peux l'utiliser, me proposa-t-elle.

– Je vais écrire le courriel et… euh… tu pourrais l'envoyer à ma place quand il sera prêt ? Je n'ai pas touché à un ordinateur depuis des mois…

– Avec plaisir.

Mon frère Yvon me répondit rapidement et me dit que, pour l'instant, tout se passait normalement. Comme c'était la période des fêtes, bien des gens étaient en congé – dont mes créanciers, apparemment. Sans avoir tout à fait l'esprit en paix, je pouvais passer ce Noël un peu rassuré, au sein de ma famille d'adoption temporaire.

Chapitre 28
Mort annoncée

Mon premier temps des fêtes en sol français passa comme un coup de vent – pour ne pas dire un cyclone. Je réveillonnai à l'appartement des Madhidi autour d'un copieux repas, et je fus invité à souper (ou devrais-je plutôt dire dîner) par Alexia chez sa meilleure amie, Alexandra, le jour de Noël. Alexia eut un coup de blues à la fin de la soirée et fit savoir qu'elle se sentait grippée et qu'elle voulait rentrer à Le Petit-Quevilly.

– Reste avec Alexandra et ses amis si tu veux, me suggéra-t-elle. Ils vont s'amuser toute la nuit à la discothèque. Vas-y, je sais que tu as besoin d'air et que ça te fera du bien. Je m'occuperai de prévenir mes parents.

J'étais un peu mal à l'aise. J'étais chez les Madhidi depuis seulement trois jours. Allais-je les offenser en ne rentrant pas coucher ?

« Et puis merde, tu as quarante-sept ans, quoi ! me susurra mon ange cornu au creux de l'oreille. Tu n'as pas de comptes à leur rendre, tu n'as qu'à être poli et respectueux lorsque tu es sous leur toit. »

« Essaie tout de même de bien te tenir », soupira mon autre ange, celui que je n'avais encore jamais écouté à ce jour.

Alexia partit et je sortis en taxi avec Alexandra et deux de ses copains. Ils dansèrent, tandis que moi, vautré sur un canapé de la boîte de nuit, je bus quelques whiskies-cocas jusqu'à cinq heures du matin.

— Viens dormir à la maison, me proposa-t-elle. Mes parents ne sont pas là et il y a une chambre d'ami. Tu rentreras à Le Petit-Quevilly demain.

Nous reprîmes un taxi pour retourner chez elle. Le temps était exécrable. Le vent soufflait à plus de cent kilomètres à l'heure et projetait sur la route des branches qui l'encombraient et rendaient la conduite hasardeuse. Nous rentrâmes à bon port malgré la tempête et je dormis jusqu'à deux heures de l'après-midi.

À mon réveil, il faisait noir comme chez le loup dans ma chambre et il n'y avait plus d'électricité dans la maison. Je descendis au salon où je retrouvai Alexandra, assise sur le manteau de la cheminée, vêtue d'une robe de chambre de laine, qui veillait à ce que le feu ne mourût pas en l'alimentant de bûches et de sapinage. Elle était mignonne et bien potelée, avec des seins durs et ronds comme des pommes Rougemont mais, Dieu merci se réjouit mon ange auréolé, son accoutrement de grand-mère suffisait à m'enlever toute arrière-pensée de l'esprit.

— Tu as entendu le bruit du vent ce matin ? me demanda-t-elle.

— Non, dus-je reconnaître. J'ai dormi comme un bébé.

— Moi pas. J'ai pensé toute la nuit que le vent allait arracher la toiture.

— Ah bon !

— Je ne peux même pas savoir ce qui se passe, puisque la batterie de mon téléphone s'est déchargée lors de la panne d'électricité.

Passablement indifférent aux événements, je bus un verre de lait, mangeai deux croissants et lui dis que je devais rentrer chez les Madhidi. En route vers Le Petit-Quevilly, le chauffeur de taxi écoutait la radio sur Europe 1, sous le choc.

— La France vient de vivre sa tempête du siècle, m'annonça-t-il. Des milliers d'arbres ont été arrachés par la force des vents et les dégâts sont inestimables. C'est une véritable catastrophe écologique dans tout le pays.

Là, je pris conscience de la mesure du marasme qui venait de s'abattre sur l'Hexagone. Mon voyage débutait pour le moins bizarrement. Par ma simple présence sur leur terre, allais-je apporter la poisse à tous les Français ? La tour Eiffel allait-elle s'écrouler sur le Champ-de-Mars en tuant des centaines de touristes? Un tsunami rayerait-il Cannes de la carte durant le festival? Le chauffeur de la limousine du prince Charles et de Camilla Parker perdrait-il le contrôle à la sortie du pont de l'Alma pour achever sa course sur la rose qui perpétue à jamais le souvenir de la princesse Lady Di? Le Concorde allait-il s'écraser sur un hôtel au décollage?

Dans les faits, ce dernier événement eut bel et bien lieu à l'aéroport Charles-de-Gaulle, sept mois après mon arrivée en France… mais je n'étais pas dans les parages ce jour-là, ce qui m'avait un peu rassuré, je vous l'avoue. Quoi qu'il en soit, ma paranoïa porte-malheur prit officiellement fin le 11 septembre 2001. J'ai des témoins parisiens qui peuvent le jurer, je n'étais pas à New York lorsque des kamikazes encastrèrent leurs avions dans les tours jumelles du World Trade Center. Si j'avais été à Manhattan en ce jour d'enfer sur terre, je serais immédiatement allé me constituer prisonnier au premier commissariat. Je leur aurais poliment demandé de me coffrer, vite fait, bien fait, à cause de la poisse que je répandais dans un pays dès que j'en foulais le sol. On m'aurait brûlé comme Jeanne D'Arc, à Central Park, devant ce sale con de George W. Bush, et des milliers d'Américains auraient dansé autour de mon bûcher, sous les flonflons du *Star Spangled Banner*.

– Monsieur? Monsieur! Vous pouvez descendre de votre étoile, nous sommes arrivés à Le Petit-Quevilly, me dit le chauffeur de taxi. Je peux vous demander à quoi vous pensiez?

Je jugeai plus prudent de prendre congé du chauffeur de taxi sans lui révéler les dessous de ma théorie sur la poisse. De quoi troubler cet innocent journalier et lui faire terminer sa course dans un platane…

Je ne peux dire que ce passage à l'an 2000, si attendu, si redouté, si médiatisé, se révéla un moment impérissable pour moi. Je célébrai cette fameuse nuit avec tous les joueurs des Dragons de Rouen, dans un hôtel de la ville. J'en profitai pour expliquer à Woodburn la véritable raison de ma venue en France, de ma présence en Normandie. Je lui demandai de garder secrète notre conversation et de ne surtout pas en parler à ses amis de Montréal, au hasard d'un appel téléphonique.

Il me répondit de ne pas m'en faire, qu'il observerait autour de mon histoire un mutisme de pierre tombale.

Je me mis à documenter dans mon agenda chacun des jours de ce mois de janvier 2000. Le 3 et le 4, une vilaine grippe me cloua au lit. Le 6, je téléphonai à mon vieil ami Johnny Lusignan pour savoir comment avaient réagi mes créanciers à l'annonce de mon départ pour la France. Très mal, me dit-il en substance. La plupart étaient si rouges de fureur qu'on aurait eu peine à les distinguer d'un banc de homards. Le 10, je rédigeai dans mon journal les détails de ma rencontre avec Marcel Béliveau à Paris, à l'occasion de laquelle je lui avais fait part de mes projets.

Avant de quitter Montréal, j'avais écrit un concept d'émission de fin d'année, le *Give Show*, et un projet de *quiz* basé sur des questions et pour lequel on utiliserait des cartes de jeu traditionnelles. Mon interlocuteur m'écouta avec bienveillance et tempéra gentiment mes ardeurs.

– Je ne veux pas te décourager, Tom, mais les Français ne sont pas trop vites sur leurs patins. En fait, on n'est pas toujours sûrs qu'ils savent patiner. Tu n'es pas aux États-Unis où on t'allonge une avance le jour même si un de tes projets plaît. Ici, les gens sont lents comme des tortues. Avant de te recevoir pour un rendez-vous, il faudra que tu leur adresses cinq lettres, dix courriels et que tu leur passes vingt coups de fil. Et encore là, ils vont trouver toutes les excuses du monde pour renvoyer le rendez-vous aux calendes grecques. Alors, arme-toi de patience, sois zen et fais du yoga. Je vais te donner un coup de main, mais ne t'attends pas à ce que quoi que ce soit accouche avant un bon moment. Ça te prémunira contre bien des déceptions. Après tout, nous sommes en janvier et il faut que nos cousins digèrent leur dinde et leur tête de veau.

Qu'allais-je faire le temps que Marcel passe les coups de fil aux bonnes personnes et parvienne à m'obtenir un « meeting » avec les décideurs de TF1, de France-Télévision ou de M6 en février ou en mars ? Cogner à la porte d'un restaurant pour offrir mes services de plongeur ou de garçon ? Cette solution n'était même pas possible, puisque je n'avais pas de visa de travail. Pour en obtenir un, il fallait que je me rende à l'ambassade du Canada, à Paris, plus précisément dans le 8e arrondissement, où des gens sages et pondérés me proposeraient poliment de retourner à Montréal pour l'obtenir – et accessoirement de rester au Québec où j'avais mille fois plus de chances de trouver un emploi correspondant à mes qualifications.

J'étais réellement embêté. D'ici quelques jours, j'allais devoir plier bagage de chez les Madhidi. Aussi, je devais de toute urgence me trouver un logis pour l'hiver. Tino Loser, un ami de Steve Woodburn, était prêt à m'héberger dans sa famille pendant quelques jours en février, mais il résidait à vingt-cinq milles de Rouen. Or, comme je n'avais pas d'auto, je ne pourrais me permettre de lui demander de me conduire ici et là comme s'il était mon chauffeur privé.

Quand tu te retrouves dans une situation précaire, dans une grande ville d'un pays étranger, l'endroit idéal pour tâter le pouls de sa population et déterminer un plan d'action se veut encore le bar le plus en vue du centre-ville. Au début de l'an 2000, dans la belle ville de Rouen, le pub L'Euro était cet épicentre que je recherchais. Il y avait un bar joliment décoré au premier étage, un restaurant branché au deuxième et un salon semi-privé au troisième. À partir de la mi-janvier, je décidai donc d'y aller tous les jours pour jouer mon rôle de chasseur de têtes. Je me pointais pour l'apéro vers dix-huit heures et je surveillais les allées et venues de tous les clients.

Un soir, je repérai celui qui allait peut-être me sortir du trou à court terme : Nasser Klier, un Franco-Algérien qui faisait la bise à tout le monde dès qu'il mettait le pied dans la place. Je me présentai, lui payai un coup et nous commençâmes à fraterniser. Je revins le lendemain et le surlendemain et les jours suivants, nous bûmes encore quelques bières au comptoir du premier étage et, petit à petit, il se chargea de me présenter aux habitués de la place qui pourraient peut-être me louer un studio et me proposer de petits boulots au noir. Le vendredi 21, vers vingt et une heures, deux jolies femmes entrèrent. Il reconnut l'une des deux et lui sauta au cou.

– Emmanuelle, ma chérie, comment vas-tu ? Barman, un verre pour Emmanuelle et sa copine.

Nasser ne perdit pas une seconde. Il me présenta à Emmanuelle qui nous présenta à Gaëlle, sa cousine.

– Voici Tom Lapointe, fit-il en rigolant. C'est un tabarnacle de Québécois, comme Céline Dion.

Nasser se mit tout de suite en frais de draguer Emmanuelle, une blonde dans la trentaine qui travaillait pour une société de courtage en assurances. De mon côté, je fis la conversation avec Gaëlle, une infirmière de vingt-quatre ans avec des yeux foncés et une taille ronde, bien en chair, qui donnait envie de la déguster sans modération.

— Que faites-vous à Rouen, monsieur Lapointe? me questionna-t-elle, curieuse.

— Je veux m'installer à Paris au printemps, mais comme je n'ai pas trouvé d'appartement dans la capitale, je suis venu voir à Rouen, dis-je en traficotant la vérité.

— Et vous avez trouvé?

— Pour l'instant, j'habite dans une famille à Le Petit-Quevilly. Mais il faudra que je parte le 31 janvier pour je ne sais où encore.

— Ce n'est pas évident comme situation, reconnut-elle tout bonnement.

Nous terminâmes l'apéro et montâmes au deuxième pour inviter les deux jeunes femmes à la salle à manger. Trois heures plus tard, nous étions tous un peu allumés lorsque Nasser nous proposa un changement de décor. Il nous emmena à L'Opium, une boîte de nuit qui fermait à sept heures du matin. Comme Nasser connaissait évidemment le portier, nous n'eûmes pas à faire la file pour entrer et nous retrouver dans un petit salon enfumé, calés dans deux grands divans confortables. Vers trois heures du matin, Gaëlle prit les devants pour me proposer son aide:

— Écoute, si tu n'as pas d'endroit où aller à la fin janvier, lorsque tu devras quitter ceux qui t'ont accueilli, je t'invite à mon appartement.

— Où ça?

— À deux minutes de marche de L'Euro, rue St-Gervais.

— C'est vraiment trop gentil de ta part.

— Il y a cependant un bémol, souligna-t-elle. Tu pourras y rester seulement jusqu'au 27 février, puisque j'emménage dans un nouvel appartement au début mars.

— Tu ne me connais pas vraiment et tu me proposes comme ça d'aller chez toi?

— Oui, je vois bien que tu n'as pas l'air méchant. Et si tu fais une bêtise, Nasser et Emmanuelle mettront toute la ville à tes trousses, dit-elle en me décochant un clin d'œil.

– Ton appartement a combien de pièces?
– Trois.
– Et tu as deux chambres?
– Non, une seule, mais moi, je ne serai pas là. Puisque je travaille comme infirmière à Bois-Guillaume, j'irai dormir chez Emmanuelle en février. Je passerai de temps à autre pour prendre des vêtements, mais sans plus.

Dix jours plus tard, je découvrais l'appartement de Gaëlle. Propre et bien entretenu, il me convenait parfaitement. Pour la première fois en neuf mois, j'étais capable de vaquer en toute quiétude à mes occupations. Ici, j'allais pouvoir faire des téléphones et écrire quand bon me plairait. Et, pourquoi pas, ramener une copine si jamais l'occasion se présentait. Ce qui m'était impossible quand je vivais chez mes parents à L'Assomption, soit depuis mars 1999, et encore moins chez les Madhidi, à Le Petit-Quevilly.

Bon, j'aurais un appartement pour les vingt-sept prochains jours, mais je n'avais toujours pas de travail. Marcel Béliveau vint un soir souper à L'Euro, à la fin janvier, pour me dresser un compte rendu de ses premiers pourparlers avec les décideurs des télés. Je ne vous le cacherai pas, la visite de Marcel me conféra aux yeux des habitués de la place une crédibilité bienvenue. L'animateur et le concepteur de l'émission *Surprise sur prises* était une star du petit écran partout en Europe. Quand il mit les pieds à L'Euro, toutes les têtes se dévissèrent pour s'assurer que c'était bien lui, le « type de la télé ». J'avais prévu le coup et j'avais invité Nasser, Emmanuelle et Gaëlle. Ainsi, ils verraient bien que je ne racontais pas des bobards quand je faisais référence à mes contacts.

– Nous devrions avoir un rendez-vous à TF1 et à M6 au début de mars, avança-t-il. D'ici là, continue de travailler à tes projets et, toi, tiens-moi au courant.

Marcel fut comme un grand frère à mon arrivée en France. Il me donna un téléphone cellulaire et, même s'il était lui aussi fauché, il proposa de me donner un peu d'argent et de m'offrir le gîte quelques semaines en mars, si jamais je me retrouvais encore à la rue – invitation qui ne tomba pas dans l'oreille d'un sourd, vous vous en doutez bien, et que je mis à profit dès le mois suivant.

Marcel et sa femme, Sylvie Granger, m'accueillirent à la bonne franquette dans leur maison de trois étages située à Saint-Rémy-Lès-Chevreuse, dans les Yvelines. Ma chambre à coucher se trouvait au sous-sol. Elle était presque deux fois plus grande que mon studio de l'Île-des-Sœurs.

– Nous ne pourrons plus garder cette maison bien long-temps, m'informa-t-il le plus franchement du monde. Ma faillite au Québec a tout emporté. Les huissiers viendront bientôt saisir les lieux. Et dire qu'il y a des Québécois pour croire que je mène la vie de château en Europe et que j'ai des millions dans un compte bancaire suisse. Je n'ai plus rien, Tom. Si je ne signe pas une nouvelle émission de télé au plus sacrant, je ne sais pas non plus où ma femme et moi irons vivre dans les prochains mois.

Quand j'arrivai chez les Béliveau, au début mars, je n'étais pas seul – du moins pendant les premiers temps de mon séjour. Une jeune femme de vingt et un ans, Florence L., m'accompagnait. Je l'avais rencontrée à L'Euro, le 3 février. Du haut de ses cinq pieds, elle avait franchi le seuil du bar avec deux valises pendues au bout de ses frêles petits bras. Des cheveux blonds comme la paille, un nez parfaitement dessiné, des joues un peu trop creuses à mon goût, des mains et des pieds de poupée, elle avait une frimousse qui me rappelait Christina Aguilera. Assise à la table voisine, elle comptait ses francs un à un pour se payer un café.

– Garçon, le café de la demoiselle, vous le mettrez sur ma note, annonçai-je malgré ma situation financière tout aussi précaire.

– Merci beaucoup, monsieur.

La jeune femme avait des yeux cernés qu'un maquillage trop appuyé n'arrivait pas tout à fait à gommer. Celles qui se barbouillent trop le visage, comme Florence, sont généralement des femmes qui ne s'aiment pas. Elles cachent sous leur épais fond de teint leur tristesse et leurs secrets, comme les clowns le font au cirque avec leur masque.

– Vous partez au bout du monde avec vos grosses valises ? trouvai-je le culot de lui demander. Ce sera la Papouasie, Cuba, Hawaii ?

– Ce serait trop beau.

– Mais où allez-vous, si ce n'est pas indiscret ?

– Possiblement chez une amie, si je parviens à la joindre.

– Il est déjà presque minuit, j'espère que vous réussirez.

– Il le faut absolument, sinon je devrai coucher dehors. Ma mère vient de me chasser de la maison. Elle trouve que je sors trop et que je ne bosse pas assez.

– Et qu'est-ce que votre père en pense ?

– Pas grand-chose. Il est aux abonnés absents. Je ne l'ai pas vu depuis des années.

– Désolé…

– Vous ne pouviez pas savoir, monsieur.

Il m'est toujours difficile d'imaginer que des familles se déchirent de la sorte parce que je n'ai jamais vu papa ou maman avoir la moindre dispute avec aucun de leurs enfants. Avec tous les soucis que je leur ai causés, ils auraient pu me foutre à la porte s'ils l'avaient voulu. Mais ce n'est pas dans leur mentalité. Papa et maman aiment tous leurs enfants, de même que leurs petits et arrière-petits-enfants. Lors de nos moments de galère, ils ont toujours le bon mot ou le bon réflexe pour nous consoler plutôt que de chercher à nous enfoncer. Comment une mère peut-elle péter les plombs au point de flanquer à la porte sa fille en pleine nuit d'hiver ? Je ne savais trop quoi penser. Et puis, ce n'était pas mes oignons. J'étais assez mal placé pour faire la leçon à qui que ce soit, moi qui étais aussi désemparé et démuni qu'elle.

Je continuai à discuter avec la jeune femme à Rouen. Il était une heure du matin et elle avait encore une heure devant elle ; elle espérait recevoir le coup de fil providentiel de sa copine. Elle me raconta qu'elle avait terminé troisième au conservatoire d'art dramatique de la ville, en juin dernier, et qu'elle rêvait de devenir comédienne. Elle me révéla aussi qu'elle avait une sœur cadette prénommée Sophie.

– Elle vit encore chez ta mère ?

– Bien sûr.

– Comment a-t-elle réagi à votre dispute ?

– Elle est allée se cacher dans sa chambre. Ma sœur est incapable de prendre position quand nous nous querellons. C'est la bonne petite fille de la maison. Moi, je suis la rebelle.

– Bienvenue dans le club, je suis aussi le mouton noir de la famille.

– Vous aussi avez été chassé de votre famille, au Canada ?

Je ne pus réprimer un sourire devant la candeur de sa question.

— Non, mais ce serait trop long à raconter. Il se fait déjà tard.

Il était deux heures moins quart lorsque je réglai ma note. Les garçons commençaient à mettre les chaises sur les tables et à passer le balai.

— Tu veux dormir à mon appartement ? lui proposai-je.

— Tu habites loin ?

— À deux minutes de marche. Cet appartement m'a été prêté par une infirmière de Bois-Guillaume. Je dormirai sur le divan. Tu te reposeras dans ma chambre. Demain, tu appelleras ta copine.

— J'accepte volontiers.

Elle débarqua « chez moi » dans la nuit du 3 février et y resta jusqu'au jour du déménagement, le 27, avant de me suivre chez les Béliveau. Nous étions très intimes. Elle venait se blottir à mes côtés, certaines nuits, mais nous n'eûmes jamais de relations sexuelles. Je représentais, je pense, tout simplement le père qui lui avait terriblement manqué au cours de sa jeunesse.

Une semaine après notre arrivée chez les Béliveau, elle se réconcilia finalement avec sa mère et elle rentra à Rouen le 7 mars. Même si son absence me pesa terriblement certains soirs de cafard, c'était mieux ainsi. Sylvie et Marcel avaient également des problèmes d'argent et leur maison n'était pas l'Armée du Salut.

Le lendemain du départ de Florence, je discutais avec Marcel dans son bureau lorsqu'il m'apprit une nouvelle pour le moins bouleversante.

— Un de mes contacts au Québec m'a dit ce matin que tu as fait la manchette dans la rubrique des faits divers du *Journal de Montréal*.

De stupéfaction, je faillis en avaler ma langue.

— Quoi ?

— Ne panique pas, tout est rentré dans l'ordre, puisque la journaliste est passée voir tes parents à L'Assomption et que le *Journal* a démenti l'information.

— Mais quelle information ?

·– Des mafieux t'auraient fait la peau en te balançant dans le fleuve Saint-Laurent avec des bottes de béton aux pieds.

– Il faut que j'appelle ma famille. Papa et maman ne sont plus tout jeunes et je ne veux surtout pas que ces rumeurs les rendent malades.

– Vas-y, appelle-les, mais reste bien calme.

Mes parents me confirmèrent la version de Marcel. Pour ne pas m'inquiéter, ils avaient jugé préférable de me passer sous silence cette terrifiante rumeur à mon sujet. À la journaliste du *Journal,* ils s'étaient bornés à dire que j'étais en France pour tenter d'y vendre des projets télé. Bientôt, deux de mes sœurs avisèrent les journalistes de laisser la famille en dehors de mes problèmes. Tôt ou tard, je « referais surface » pour expliquer ma fugue intentionnelle.

Cet article hanta cependant mes nuits et m'inspira un épouvantable cauchemar récurrent: j'étais kidnappé, à la sortie d'une station de radio, par deux tueurs à gages qui me martelaient de coups. Ma bouche était bâillonnée par un mouchoir, mes mains et mes jambes solidement attachées, et les deux canailles me jetaient dans le coffre d'une voiture comme un sac de patates. La voiture s'immobilisait près d'un cours d'eau et ma dernière heure survenait, toujours de la même façon, lorsque mes assassins me balançaient à la flotte. L'impact de mon corps dans l'eau était le signal de mon réveil, qui me laissait dans un état de panique sans cesse plus intense d'une fois à l'autre.

Un soir, incapable de retrouver le sommeil après mon cauchemar familier, je me surpris à établir un lien entre cette prétendue mort par noyade et l'histoire sordide de cet enfant que j'aurais étouffé sous l'eau dans une vie antérieure. Cette maudite révélation de Gilles Dionne, faite le soir de ma « soirée des sorciers », à l'été de 1987, persistait à troubler encore mon subconscient, telle une malédiction. Y avait-il vraiment une association de faits? Et pourquoi, plus jeune, avais-je souffert d'hydrophobie? Pourquoi craignais-je toujours de m'aventurer dans la mer durant mes premières vacances à Wildwood? Pourquoi mes ennemis voulaient-ils se donner la peine de me noyer plutôt que de me tirer une petite balle dans la tête? Heureusement, mon *Manuscrit des anges* soulignait noir sur blanc que personne ne parviendrait à me faire du mal dans cette vie parce j'étais trop bien protégé par mes guides spirituels et par les prières de mes parents.

Je parvins à chasser de ma mémoire cet article à sensation dès que les premières rencontres avec les télés eurent été officialisées par Marcel à la mi-mars. Nous rencontrâmes d'abord le directeur des émissions de variétés à TF1, Alexandre Dubrigny, puis Thomas Valentino à M6. Marcel m'organisa aussi une réunion avec Antoine Chouchani, un producteur de musique indépendant qui avait travaillé durant plusieurs années chez BMG Europe. Marcel et Sylvie étaient eux aussi convaincus que *Give* pouvait être un énorme tube, et Chouchani, croyaient-ils, pourrait peut-être me brancher avec un producteur qui décèlerait dans cette chanson le potentiel que je lui avais toujours prêté.

J'apercevais enfin un rayon de lumière au bout du tunnel, trois mois après mon départ de Montréal, trois mois marqués déjà par des rebondissements, des rencontres et des surprises de toutes sortes. Restait maintenant à voir l'intensité de cette lumière… S'agissait-il des feux d'une locomotive prête à me laminer ou d'un petit morceau de ciel bleu sous lequel je pourrais un tantinet respirer par le nez ?

Chapitre 29
Dame dans l'abribus

Mon premier printemps en terre française fut un bouquet de roses et d'épines.

Les roses, c'était ces après-midi passés à Saint-Rémy-Lès-Chevreuse et sur les bords de la Seine, à Rouen, où j'allais marcher, dans le plus pur incognito, une, deux ou même trois heures par jour pour me refaire une santé physique et morale, sous un soleil déjà chaud pour cette période de l'année – une douceur printanière qui nous arrive quatre à six semaines plus tard au Québec.

Les épines furent ces changements d'adresse incessants et ces rencontres infructueuses avec les décideurs des télés françaises.

Rien ne bougeait, rien ne transpirait, sauf le grincement de la boîte aux lettres à la résidence des Béliveau, où le postillon nous accablait de factures et de mauvaises nouvelles. Ce bruit quotidien sonnait comme le glas du clocher de l'église, me rappelant que les Béliveau devraient bientôt vider les lieux et que je devrais encore plier bagage pour suivre mon inaccessible étoile.

Dans les circonstances, Marcel parvenait à garder un calme exemplaire par la pratique d'exercices de spiritualité, mais Sylvie était visiblement tourmentée et épuisée. Entre la cuisine et l'entretien de cette grande maison, la préparation du déménagement prochain la faisait souffrir un peu plus chaque jour. Une femme s'attache toujours davantage qu'un homme à son habitat, à son intérieur, à ses odeurs, à ses couleurs, à ses habitudes, à ses souvenirs. L'homme est plus sauvage et primitif; la vie nomade le perturbe moins.

— Un ami comédien, Georges Beyler, nous a trouvé un refuge temporaire chez un Portugais, m'informa Marcel à la fin mars. La maison est en rénovation, mais il faudra s'en contenter.

Je sus lire entre les lignes et je me conditionnai pour repartir sur la route. Mais où aller? Comme il était hors de question de rentrer au Québec les mains vides, sans projet et sans argent, je priai mes anges de se retrousser les manches, et mes vœux furent exaucés. Contre toute attente, Florence me téléphona au début d'avril pour me sauver la mise à son tour.

— Maman aimerait bien te rendre le service que tu m'as rendu en février, me dit-elle avec plaisir. Et puis, elle aimerait bien faire la connaissance du mystérieux Tom Lapointe dont je lui parle si souvent.

L'appartement de Bernadette, la mère de Florence, était situé au cinquième étage d'un édifice donnant sur la Seine, dans cette ville aux innombrables clochers. Elle avait cinquante ans, mais semblait beaucoup plus jeune. C'était une femme résolument moderne qui aimait les hommes mûrs, les voyages, les spectacles et les belles voitures. Elle avait reçu en héritage ce somptueux appartement, voisin du Théâtre des Arts, et une maison de campagne à Lourdes.

— Avec mes deux filles, je te ferai découvrir mon havre de paix des Pyrénées durant le congé de Pâques, à la mi-avril, m'annonça Bernadette avec empressement dès que je fus confortablement installé dans ma nouvelle chambre. Nous en profiterons pour faire plus ample connaissance pendant que les filles iront s'amuser avec leurs cousines à Lourdes.

C'était trop beau pour être vrai. J'étais invité aux frais de la princesse et je vivais avec trois femmes, toutes plus coquettes les unes que les autres. Pour un homme qui aime les femmes comme je les aime, c'était le pied – je dirais même le trépied, mais ne comptez pas sur moi pour vous servir un si mauvais jeu de mots.

Quand j'avais besoin de me rendre à Paris pour boire un café avec Marcel à sa brasserie préférée – les Trois Obus, près de la porte Saint-Cloud –, ou pour d'autres rendez-vous d'affaires, elle me laissait les clés de sa Mercedes et une carte de crédit pour faire le plein d'essence. Elle m'invitait aussi à boire et à casser la croûte dans des villes pleines de charme comme Honfleur et Deauville. Elle usa également de ses contacts dans le *show-business* pour me présenter à un ancien producteur dans la capitale.

La première quarantaine de jours se déroula comme une croisière sur un fleuve aux eaux plus calmes qu'une baignoire. Nous vivions presque comme une famille. Bien sûr, je m'inquiétais toujours pour mon avenir, mais je savourais cette accalmie. Moi qui avais déjà campé dans quatre appartements en autant de mois depuis mon arrivée en France, je pensais m'être sorti un peu la tête de l'eau. Foutaise. Le soir du 10 mai, l'éclair foudroya notre petite famille reconstituée.

— Allume la lumière, me demanda Florence qui pleurait à chaudes larmes.

Il était sept heures du matin au cadran de la commode, au pied de mon lit, et je venais de m'éveiller en sursaut. Le chemisier blanc de la jeune femme était rouge de sang. Elle avait un œil amoché, le nez enflé et une touffe de cheveux en moins à sa chevelure mince comme du papier carbone.

— Maman va me tuer lorsqu'elle apprendra ce que j'ai fait, couina-t-elle, inconsolable.

— Qu'est-ce qui t'est arrivé? Qui t'as mise dans cet état?

— J'avais promis à maman de me tenir à carreau, mais j'ai déconné. Je me suis battue avec une fille qui me cherchait à la discothèque. Je crois bien que j'ai le nez cassé.

— Va dormir dans ta chambre avec ta sœur et laisse-moi parler à ta mère quand elle se lèvera.

— Non, je veux dormir avec toi. Ma sœur me ferait la morale, elle aussi.

J'attendis que la mère de Florence rentre du travail, sur le coup de midi, pour lui parler de l'incartade de sa fille. Avant que je puisse ouvrir la bouche, elle se mit à griller fusible sur fusible.

— Je sais que Florence a encore eu des ennuis! cria-t-elle, désabusée. Je l'ai entendue chialer dans ta chambre, ce matin!

— Mais Bernadette…

— Il n'y a pas de Bernadette! Je la flanque à la porte dès ce soir!

— Mais voyons… Laisse-moi lui parler, elle m'écoutera.

— Surtout, Tom, tu ne t'en mêles pas ! Ce n'est pas ta fille ! Tu n'as rien à voir dans cette histoire !

— O.K., Bernadette, je voulais seulement te donner un coup de main.

— D'ailleurs, j'en ai assez de vous tous ! Tu peux te casser, toi aussi ! Est-ce que j'ai la gueule de mère Teresa ?

Ainsi prit fin subitement mon douillet séjour chez les L. Florence fut chassée de la maison le lendemain soir, et il était exclu que je reste avec Bernadette et Sophie. Florence était une petite fée insouciante, mais elle n'était pas méchante pour cinq sous. Je voulais lui témoigner ma solidarité malgré les embêtements que leur nouvelle querelle mère-fille m'apporterait. Et puis, tôt ou tard, pour une raison ou une autre, je me serais moi aussi brouillé avec Bernadette, une femme au caractère en montagnes russes.

— Tu peux au moins me conduire avec mes bagages à Paris ? lui demandai-je deux jours plus tard. J'ai un rendez-vous avec monsieur Chouchani. Je lui demanderai de m'héberger quelques jours, le temps que je trouve une autre solution.

Bernadette était redevenue calme et regrettait, je pense, d'être passée des paroles aux actes avec Florence et moi. Elle accepta de me rendre ce dernier service et me conduisit à la porte du bureau de Chouchani, dans le 8e arrondissement. Je la remerciai pour tout et lui fis la bise. Avant de refermer la portière, je l'enjoignis d'essayer de comprendre un peu plus sa fille si elle ne voulait pas la perdre à jamais. Elle ne me répondit pas. Ses yeux un peu mouillés le firent à sa place. Elle aimait beaucoup sa Florence, sauf qu'elle l'aimait mal. Quel triste constat !

Je rencontrai ensuite Chouchani. Je racontai sans trop entrer dans les détails ma dernière mésaventure et il me proposa de laisser mes effets personnels dans un vestiaire de son bureau. Il ajouta qu'il devait rentrer d'urgence à la maison, mais qu'il m'appellerait dans la soirée. Il me déposa devant un café, près de la gare Montparnasse, dans le 14e. J'attends encore qu'il revienne me chercher !

Avec seulement trente-cinq francs dans mes poches – un peu plus de cinq dollars –, j'étais dans la merde jusqu'au cou. Je laissai des messages à Marcel, sans résultat. Vers vingt-deux heures, la pile de mon cellulaire tomba raide morte. Je m'assis sur un banc, devant la gare et je ne bronchai pas jusqu'à minuit. Il faisait encore 22 degrés Celsius lorsque les employés de la gare vinrent verrouiller les portes, une heure plus tard. Cette fois, je savais que je n'y échapperais pas: j'allais passer ma première nuit sur le trottoir, dans mon nouveau pays d'adoption. Je me mis à marcher dans l'arrondissement, d'abord une demi-heure, puis une, puis deux heures. Derrière les vitrines des bars, des gens s'amusaient et s'embrassaient. Moi, je tuais le temps.

Je revins devant la gare vers trois heures du matin. Une clocharde se reposait sur le banc d'un abribus. J'allai la rejoindre. Quand je pris place au bout du banc, en appuyant ma tête contre la vitre, elle sursauta avant de poursuivre son roupillon. Vingt minutes plus tard, je parvins à m'assoupir à mon tour auprès de la dame qui tenait à deux mains son sac de plastique contenant quelques vivres sûrement trouvés dans une poubelle.

Je me réveillai quand un chauffard fit pétarader le moteur de sa bagnole devant l'abribus. Je consultai ma montre: quatre heures trente – encore une demi-heure avant de chanter *Paris s'éveille*. La dame ne dormait plus. Elle suçait le jambon d'un sandwich sec et possiblement périmé. De sa bouche édentée, elle me sourit et me demanda si je voulais partager sa collation. Je mourais de faim, mais je déclinai son invitation.

– Je ne vous ai jamais vu dans le quartier, monsieur, me dit-elle poliment.

– Normal, je suis de Montréal.

– Vous avez donc raté le dernier train hier soir?

– Non, on m'a laissé en plan devant la gare.

– Vous allez où?

– Pour être franc, je ne sais pas. Je prendrai une décision à cinq heures, quand la gare ouvrira.

– Vous avez été chanceux. Cette nuit a été la plus chaude depuis l'arrivée du printemps.

– C'est vrai, il faisait bon. Mais chanceux, c'est un gros mot.

– Avez-vous peur de la nuit?

– Disons que je ne suis pas le plus brave.

– On s'habitue, vous verrez.

– Vous êtes à la rue depuis longtemps?

– Plus de dix ans.

– C'est arrivé comment ?

– Une série de malchances.

– C'est-à-dire ?

– D'abord, j'ai perdu mon emploi, puis il y eut la maladie, puis le découragement, puis l'alcool.

– Et aujourd'hui, vous avez cessé de vous battre ?

– Non, pas du tout. Aujourd'hui, je me suis habituée à cette vie. Voilà, c'est comme ça.

Son histoire ressemblait étrangement à la mienne. Elle me renvoyait avec crudité à la réalité de ma situation. Qu'allait-il advenir de moi si je ne parvenais pas à relancer ma vie ? Si je tombais malade du jour au lendemain ? Si je devais finir ma vie sous un pont, en viendrais-je comme elle à me résigner à mon sort ?

Encore plus que mon estomac par la faim, mon esprit était tiraillé par toutes ces questions auxquelles d'autres venaient s'ajouter de seconde en seconde. Si je ne trouvais pas de solutions à mes problèmes, est-ce que je préférerais me tuer, ainsi que l'avaient fait mes amis Lloyd Buchanan et Mario Cusson ? Le suicide, est-ce du courage ou de la lâcheté ? Une personne qui se flingue, qui se pend ou qui saute devant une rame de métro est-elle vraiment consciente de son geste de désespoir ? J'avais ouvert une boîte de Pandore dont jaillissait un geyser d'angoisses et de questions…

Il était cinq heures. Paris s'éveillait enfin, comme dans la chanson. Les passagers du matin arrivaient pour prendre leur premier métro, leur premier train. Je saluai la dame, marchai vers la gare et m'achetai un billet de métro avec les derniers francs qui me restaient en poche. Ma seule idée était de me rendre à la gare Saint-Lazare et de regagner Rouen. Au diable mes valises, je passerais les chercher plus tard, avec la maquette et mes projets de musique, au bureau de ce producteur glacé comme un iceberg.

Je pris place dans le dernier wagon de la seconde classe et j'attendis que le contrôleur passe pour inventer un motif plausible à ma randonnée sans ticket. Sans trop m'épuiser à la tâche, je parvins à un résultat honnête, voire crédible :

– Je me suis fait voler mon argent par un voyou à Paris. Heureusement, on ne m'a pas piqué mon passeport. Je rentre donc à Rouen pour retrouver des amis qui me dépanneront.

Le contrôleur ne me réprimanda pas. Il devait avoir entendu dans sa carrière tant d'histoires, racontées par tant de fauchés, de clandestins, de filous à la petite semaine... Une de plus ou de moins! La mienne avait la particularité d'être énoncée avec un accent québécois, ce qui devait changer un peu son ordinaire. Il me colla une contravention et me salua sans plus de chichi.

Pour ma part, je m'estimais chanceux de ne pas m'être fait sortir du wagon... «Prendre tout ce qui passe», voilà une expression québécoise typique dont j'allais faire mon mot d'ordre, ma devise appelée à régenter désormais mon quotidien...

Chapitre 30
LNH à Paris

On ne naît pas itinérant; on le devient. Lors de ma deuxième nuit consécutive à la belle étoile, je comptai les heures et les moutons, encore plus angoissé que la veille. Vêtu d'un petit chandail de coton, je grelottais de tous mes membres, tantôt allongé sur un banc de parc, tantôt mal assis aux urgences d'un hôpital de Bois-Guillaume, sur les hauteurs de Rouen. J'avais trois souhaits, modestes mais lourds de sens: que le soleil se lève, que les cloches de midi sonnent et que je puisse rejoindre l'entraîneur des Dragons de Rouen, Guy Fournier, pour connaître sa réponse à ma demande d'un logis pour l'été. Dès mon arrivée en Normandie, après cette nuit passée à faire le guet devant la gare Montparnasse, j'avais marché jusqu'à la patinoire de l'île Lacroix pour le rencontrer et lui faire part de ma situation précaire.

— Je pense que je pourrais te laisser les clés de la maison des joueurs, m'avait-il dit après avoir écouté le récit de ma dernière galère. Je dois obtenir la permission du propriétaire du club de hockey et celle du proprio de la maison, mais ça devrait être possible. S'il n'y a pas de pépin, tu auras dès demain un toit au-dessus de la tête, et ce jusqu'au 10 août.

Depuis qu'Antoine Chouchani m'avait posé un lapin l'avant-veille, à Paris, je ne savais plus trop que penser. Je ne voulais surtout pas m'emballer et me faire de fausses joies. Dans le cas de Fournier, je me fis du sang de cochon pour rien, puisqu'il fut au rendez-vous à midi pile, tel que promis, dans le stationnement adjacent à la patinoire de l'île Lacroix.

– Les nouvelles sont très bonnes, mon Tom, me fit-il savoir avec un large sourire. Tu ne dormiras pas dehors cet été.

Comme nous étions le 15 mai, jour de mon quarante-huitième anniversaire de naissance, je ne pouvais recevoir un plus beau cadeau. Et comme un bonheur n'arrive jamais seul, Fournier m'offrit un excellent repas dans l'un des meilleurs restaurants de la ville avant de me remettre les clés tant convoitées. Je filai ensuite à la maison pour prendre un premier bain en deux jours. J'avais des ampoules plein les pieds et l'arrière des talons en sang, rançon des trente kilomètres que j'avais tracés lors des quarante-huit dernières heures. Je montai à ma chambre, dans cette vaste maison de huit pièces, et j'entrouvris les volets de la fenêtre pour laisser filtrer les rayons du soleil. Je m'endormis en une fraction de seconde. Renouer avec un lit après deux nuits de deux heures de sommeil au grand air, ça n'avait pas de prix.

Je fus réveillé par un bruit étrange en provenance du sous-sol vers minuit trente. La maison étant bâtie sur une île, à trente mètres de la Seine, je me dis qu'un chat, une mouffette ou un rat était peut-être passé par un carreau brisé. J'appuyai sur le bouton d'une lumière du corridor, au deuxième étage, et je m'emparai d'un bâton de hockey, dans la chambre voisine. S'il s'agissait d'un chat de gouttière ou d'une quelconque autre bête, j'allais lui montrer à quoi ressemblait un bon vieux lancer frappé à la Boum Boum Geoffrion.

– Qui est là ? fit une voix grave.

– Tom Lapointe, répondis-je, le cœur battant la chamade. Guy Fournier m'a laissé les clés de la maison pour l'été.

Le visiteur laissa échapper un rire soulagé – et moi donc! C'était Charly, le proprio de la maison. Il était convaincu que je prenais possession des lieux seulement le lendemain et venait s'assurer que tout était en ordre pour m'accueillir.

– Je ne vous ai pas trop fait peur, j'espère?

– Bien, disons un peu. J'ai d'abord cru à une sale bête, mais je préfère finalement que ce soit vous, monsieur Charly.

– Alors, je vous laisse dormir.

– Bonne nuit !

À mon réveil, le lendemain, je mis une bonne demi-heure à émerger de mes draps. Mon corps voulait se lever, mais ma tête lui commandait de demeurer allongé et d'attendre son signal avant de bouger, comme un soldat au garde-à-vous devant son colonel. J'aurais dû bondir du lit gonflé à bloc, allumer la radio et danser sur le canapé du salon. Je venais de gagner trois mois de loyer dans une maison que le propriétaire aurait pu louer plus de mille euros et je retrouvais mon autonomie à la suite de cinq mois passés dans quatre appartements différents où je devais constamment marcher sur des œufs pour ne pas nuire aux habitudes de mes hôtes.

J'aurais dû exulter mais, pour tout vous dire, j'avais plutôt les jetons, comme on dit en bon français de France, parce que la lutte pour la survie reprenait de plus belle, et pas plus tard que ce matin-là. Parce que si je ne trouvais pas un emploi au plus vite, je serais obligé de voler pour me nourrir. Et ça, je savais que je ne pourrais jamais le faire. Je suis capable de convaincre des gens d'investir des sommes folles dans mes projets, d'emprunter des liasses de billets sans pouvoir les rembourser, de parier cent dollars sur un poulain fringant, mais je ne suis pas fichu de voler une pomme dans un marché public.

Ma tête termina finalement sa petite gymnastique matinale et donna le feu vert à mon corps pour passer à la douche puis à la cuisine, non sans lui rappeler qu'elle s'occuperait de l'agenda de la journée et des décisions à prendre. La toute première consista d'ailleurs à m'envoyer marcher jusqu'à la place des Carmes, en fin de matinée, un aller-retour d'une cinquantaine de minutes.

En avril, j'avais crevé un pneu de la Mercedes de Bernadette devant un kébab où j'avais fait la connaissance d'un Marocain, Mustafa, d'un Algérien, Mafoud, et de deux frères turcs, Beyler et Bayram. Ils s'étaient empressés de me donner un coup de main pour changer la roue de la berline. Mustafa et Mafoud, tous deux dans la trentaine, travaillaient à temps partiel pour le kébab des Turcs. J'étais donc certain que l'un ou l'autre des quatre hommes serait au boulot par cette splendide journée.

– Tiens ! Mon pote québécois est de retour, me lança Mafoud en me voyant passer la porte du resto. Va t'asseoir à une table au soleil, sur le trottoir. J'apporte du café dans deux minutes.

Je ne perdis pas de temps. Je racontai à Mafoud que la direction des Dragons m'avait gracieusement prêté la maison des joueurs pour tout l'été et que je devais achever l'écriture de mes projets en cours pour l'automne. Je lui dis aussi que je voulais louer un ordinateur d'occasion et, surtout, que je recherchais un emploi au noir pour acheter de quoi me mettre sous la dent au cours des prochaines semaines.

— Tu auras un ordinateur dès ce soir, me promit-il sans aucune hésitation. Ma femme vient de changer le sien et elle n'a plus besoin de l'ancien. Pour le boulot, je ne peux rien te garantir parce que le kébab appartient aux deux Turcs. On en reparlera ce soir quand je passerai avec Mustafa pour t'apporter l'ordinateur.

Chose promise, chose due. Les deux compères cognaient à la porte de la maison de l'île Lacroix vers dix-neuf heures. Mafoud tenait l'ordinateur, et Mustafa, une boîte remplie de denrées.

— Si tu manques de quoi que ce soit, tu appelles ou tu passes au kébab, me dirent-ils en chœur.

Mafoud et Mustafa restèrent à peine quinze minutes ce soir-là. Le premier m'aida à installer l'ordinateur et le second déboucha une bouteille de coca pour porter un toast à l'entraide, puis tous deux retournèrent rapidement au kébab. Dès que les belles soirées de printemps se pointaient le bout du nez, les affaires roulaient bien pour ce type de boui-boui tendance cuisine rapide. Les clients commandaient leur assiette de kébab avec un verre de vin ou une liqueur douce et ils soupaient, assis à une table, sur le trottoir, en prenant autant de temps que le réclamait la délicate tâche de refaire le monde.

— Veux-tu venir avec nous au resto ? me proposa Mustafa. On causera entre deux services.

— Merci, mais je préfère profiter de la quiétude de la maison, lui répondis-je. Après mes dernières journées d'errance, j'ai besoin de me poser un peu.

— Normal, convint le Marocain.

Dès que mes nouveaux copains eurent quitté les lieux, je m'installai sur la grande table du salon et allumai l'ordinateur. J'avais une envie folle d'écrire et d'évacuer mon stress par la même occasion, la thérapie la plus économique et la mieux adaptée à mes maux, puisqu'elle me forcerait à réfléchir sur ma situation et à faire preuve d'imagination pour l'améliorer. « Comment vais-je désormais gagner ma vie en France ? » fut la première phrase que je couchai sur la page blanche de l'écran. La réponse fut aussi simple que spontanée : « En travaillant dans le seul domaine que je connais vraiment, la communication. »

Mais qu'allais-je faire précisément ? Offrir à *La Presse* ou au *Journal de Montréal* d'œuvrer à titre de collaborateur en Europe ? Étant donné la manière dont j'avais successivement quitté ces deux quotidiens dans les années 1980, on m'aurait retourné comme une crêpe. Une fois, au milieu des années 1990, j'avais convaincu Michel Blanchard de *La Presse* d'acheter une série de mes textes rédigés à la faveur d'un voyage aux États-Unis. J'avais eu le filon d'un informateur, en Arizona, que Marcel Aubut négociait secrètement le départ de ses Nordiques vers Phoenix ou ailleurs dans le pays de l'oncle Sam, et Blanchard avait publié mon texte. La nouvelle avait fait mouche, puisque André Arthur, encore à CHRC à ce moment-là, m'avait rejoint à l'appartement de Jean Beaulne, à Beverly Hills, pour obtenir une entrevue avec mon informateur. Ce coup d'éclat aurait normalement dû me relancer à *La Presse* mais, dès le lendemain, Blanchard m'apprenait que son *big boss*, Roger D. Landry, ne voulait plus voir un autre texte signé de ma plume dans les pages de son quotidien. L'illustre père de Youpi me vouait toujours une rancune inexorable, au point que je ne fus jamais rémunéré pour ces articles.

Je me mis à rêver en couleurs devant mon ordinateur. Pourquoi ne pas monter un dossier dont l'objectif consisterait à vendre, d'ici 2010, la candidature de Paris dans la Ligue nationale de hockey ? Au cours des vingt dernières années, notre sport national s'était ouvert sur l'Europe, avec l'arrivée massive dans la LNH des Tchèques, des Slovaques, des Russes, des Suédois, des Finlandais, des Suisses et des Allemands. Cette quasi-révolution, impensable encore à l'époque de la Série du siècle, m'amenait à penser que rien n'était impossible. Mais avec qui travailler à Paris pour soutenir et rédiger un tel dossier ? Aucun nom ne me venait à l'esprit pour enclencher sérieusement le projet.

J'avais feuilleté régulièrement le journal *L'Équipe* ces dernières semaines ; je n'y lisais jamais le moindre papier sur le hockey ou sur la Ligue nationale. En cherchant bien, on trouvait les résultats des matchs de la veille dans la section des statistiques, point à la ligne. D'un bout à l'autre de l'année,

L'Équipe dope ses lecteurs des mêmes six sports : le football, le cyclisme, le rugby, l'athlétisme, le tennis et le basket-ball – une nouveauté dans le cas de ce dernier sport, conséquence du succès de Tony Parker, premier Français à devenir un joueur d'impact sous les couleurs des Spurs de San Antonio dans la NBA. Même la F1 battait rarement la une de la Mecque du journalisme sportif depuis la retraite du pilote français Alain Prost.

Non, je ne pouvais guère compter sur le hockey de la LNH pour mousser ma candidature auprès d'un média français pour un poste de journaliste, et encore moins oser demander du travail auprès d'une équipe française. En France, le hockey survit, sans plus. Seules quelques villes réussissent à se démarquer, dont Rouen, la plus crédible de toutes. Alors que faire ? À quelles portes devais-je cogner ? Il me fallait donc innover et voir plus loin que le sport. Deux noms seulement me vinrent en tête : ceux de Julie Snyder et de Gilbert Rozon.

La première venait d'annoncer en fanfare son départ pour France-Télévision, à la suite de son baiser aussi passionné qu'improvisé à l'animateur Michel Drucker sur le plateau de *Tapis rouge*. Le second, Rozon, était un choix logique, puisqu'un certain nombre de ses activités avaient la France comme point d'ancrage. Rozon s'était fait un nom à Paris en 1992, avec le lancement de l'émission *Surprise sur prises* de Marcel Béliveau, en dirigeant Charles Trenet dans le dernier droit de sa carrière et en signant quelques humoristes de renom, dont Laurent Ruquier, animateur de radio sur Europe 1 et de télévision sur France 2, polyvalent et talentueux.

Mais comment joindre l'une et l'autre ? Qui pourrait bien me servir la soupe dans le rôle de l'intermédiaire influent ? Avant même de survoler l'ABC de mon répertoire téléphonique, un seul nom s'imposa à mon esprit : Réjean Tremblay. Le prestigieux tournoi de tennis de Roland-Garros allait être disputé dans deux semaines ; à moins d'une surprise, Réjean serait une fois de plus affecté par *La Presse* à la couverture de son événement annuel préféré.

Je savais que j'aurais un prix à payer pour obtenir son aide : l'exclusivité du comment et du pourquoi de ma fugue vers la France. De ce côté, je n'étais plus inquiet. J'étais prêt à parler et à faire le point sur toutes les rumeurs farfelues qui

couraient à mon sujet au Québec. Mes cinq premiers mois en
France m'avaient donné tout le loisir nécessaire pour réfléchir
au moment le plus opportun de raconter l'histoire de mon exil
en Europe. Et le moment était arrivé!

Chapitre 31
L'interviewé

Avant d'appeler Réjean Tremblay et de lui poser mes deux questions à cent mille dollars (Viendrait-il à Roland-Garros et, si oui, accepterait-il d'intercéder en ma faveur auprès de Julie Snyder et de Gilbert Rozon?), je voulais m'assurer d'avoir un moyen de transport pour me rendre dans la capitale en début juin. Comme je n'avais plus d'argent et que le billet de train aller-retour Rouen-Paris allait me coûter deux cents francs, sans compter quelques faux frais, je retournai au kébab le surlendemain pour y dégoter un petit boulot. N'importe quoi, y compris laver la vaisselle, balayer les planchers, livrer des pizzas en mobylette ou assurer le service aux tables.

— Mon personnel est complet, me dit le Turc Bayram, dont la bonhomie, le rire et le tour de taille n'étaient pas sans me rappeler ceux d'Obélix. Mais si tu dois aller à Paris pour un voyage d'affaires important, nous allons t'aider. Mon frère Beyler s'y rend régulièrement pour des livraisons. Sinon, il y a Mustafa ou Mafoud. Cesse de te tracasser avec ça, nous te dépannerons.

Rassuré, je fis un appel à *La Presse*, mais Tremblay était absent. Je lui laissai un message en le priant de me rappeler sur le cellulaire que Marcel Béliveau m'avait donné. Moins de trois heures plus tard, alors que j'accompagnais Mustafa dans sa Clio pour la livraison de kébabs, l'appareil sonna.

— Tom? C'est bien toi, Tom? C'est Réjean Tremblay au bout du fil, dit-il.

Il n'avait pas besoin de se présenter. Comme celle d'un Marseillais ou d'un Acadien, la voix d'un Bleuet se reconnaît à vingt mille lieues sous les mers.

— C'est bien moi, répondis-je, malgré la piètre qualité de la communication.

— Comment vas-tu, Tom? Tu sais que tu nous as fait une belle peur.

— Comment ça?

— Plus personne n'avait de tes nouvelles. Beaucoup ont craint le pire pour toi.

— Je sais, Réjean, je sais.

— Où es-tu?

— Je suis à Rouen, en France, mais garde cette information pour toi. Je t'appelle pour savoir si tu viens à Paris pour Roland-Garros.

— Oui, j'y serai le 31 mai.

— Alors conserve précieusement mon numéro de cellulaire et appelle-moi dès que tu seras à Paris. J'aimerais vraiment te rencontrer.

— On fait comme ça. À la semaine prochaine.

J'étais content que Tremblay m'appelle à ce moment précis. J'avais dit à Mustafa que j'attendais le coup de téléphone de ce confrère célèbre en Amérique. Ainsi, il se rendait compte par lui-même que je ne le menais pas en bateau avec mes projets parisiens.

— Je prendrai congé le soir de ton rendez-vous avec ton ami et je te conduirai à Paris, m'annonça-t-il immédiatement. Allons, rentrons à Rouen pour trinquer à cette bonne nouvelle.

Tel qu'entendu, Tremblay me rappela et me donna rendez-vous à l'hôtel Marignan le 3 juin, sur le coup de dix-sept heures. Quand j'arrivai dans le hall, Réjean m'attendait en feuilletant quelques magazines, sa pipe au bec. Il n'avait pas changé d'un iota. Il aimait le confort, l'odeur des planchers fraîchement cirés et la frime de ces hôtels à cinq cents dollars américains la nuit – en autant, bien sûr, qu'il n'ait pas à régler la note. Ses premières paroles célébrèrent ma nouvelle taille de guêpe.

— Wow! ce que tu as maigri! s'exclama-t-il avant même de me serrer la pince.

— Tu trouves?

– Je dirais que tu as perdu une bonne vingtaine de livres depuis la dernière fois que je t'ai vu au Centre Molson, l'an dernier.

– J'ai beaucoup marché ces derniers temps. Beaucoup marché.

– Allez, je t'invite au resto sur le bras de *La Presse*. Tu me raconteras tes aventures et tu me diras en quoi je pourrais t'être utile.

Ça me faisait tout drôle de revoir le Bleuet. Sa seule présence dans le hall de cet hôtel me rappelait toutes ces années d'abondance à voyager aux frais de grands quotidiens. Je me revoyais courir entre l'hôtel, les aréanas et les bars branchés à la recherche d'une information de qualité. Ces *flash-back* me renvoyaient plus cruellement encore la précarité de ma situation actuelle. Il y a quelques années, quand je voyageais, je vivais sur une autre planète. Je posais mon cul partout où ça sentait le fric. Je ne profitais même pas de mes séjours dans toutes ces grandes villes pour en apprendre davantage sur leur histoire et leur culture. Ma mission consistait à raconter les potins, pardon, monsieur Landry, les échos des hockeyeurs, de leurs femmes et de leurs caniches – et pas toujours dans cet ordre. Quelle désolation…

Pierre Foglia avait tout compris de l'idée du grand reportage, et il le prouvait à chacune de ses visites à l'étranger. Quand il couvrait par exemple le Tour de France – un événement que j'appris à apprécier sur le tard, après mon arrivée au pays –, Foglia allait à la rencontre du peuple dans les petits villages où les cyclistes passaient. Il n'avait rien à cirer des déclarations de Lance Armstrong et de tous les héros du Tour ; les agences de presse se chargeaient très bien de rapporter leurs propos. Il louait une chambre dans un petit hôtel en Auvergne, en Gironde, en Alsace, en Bretagne ou en Haute-Savoie, et il racontait l'amour des gens pour le vélo et pour leur Tour avec son style et ses humeurs.

– Qu'est-ce que tu manges, Tom ? me demanda Tremblay en m'extirpant de mon moulin à souvenirs.

– Un bon gros steak épais comme ça, si tu le permets. Avec de la sauce au poivre, des légumes et des frites. Ça me changera des sandwichs kébabs. Délicieux mais… graisseux !

Nous soupâmes en savourant notre soirée de retrouvailles. Au dessert, Réjean sortit son calepin de notes. C'était spécial de sauter la clôture et d'être cette fois l'interviewé. Je m'étais préparé à cette entrevue comme le font les politiciens – attaché de presse en moins, je l'avoue – avant de se présenter devant la meute des journalistes. J'avais anticipé toutes les questions possibles et impossibles. À qui as-tu emprunté de l'argent? Combien leur dois-tu? As-tu eu des menaces de mort? Peux-tu me donner des noms? Comment vont tes parents et ta famille? Les avais-tu prévenus de ton départ pour la France? Comment ont-ils encaissé la nouvelle? Auras-tu peur de revenir à Montréal? Comment comptes-tu t'en sortir en France? As-tu tous tes papiers? Regrettes-tu tes départs de *La Presse*, du *Journal* et de CKAC? As-tu perdu beaucoup d'argent en jouant aux courses? Es-tu encore accro au jeu, comme le prétendent certaines personnes? Prends-tu de la coke? As-tu une nouvelle blonde en France? Est-elle encore âgée de moins de vingt-cinq ans? Penses-tu faire un mariage en blanc? Aimes-tu ton pays d'adoption? As-tu des enfants cachés partout dans le monde? Combien dois-tu payer en pensions alimentaires?

J'exagère, évidemment. Réjean ne me posa pas toutes ces questions… mais une bonne moitié d'entre elles. Puis, nous retournâmes à son hôtel où je lui remis une copie de mes premiers projets. Bien sûr, ceux-ci n'étaient encore que des esquisses, mais je désirais lui montrer que je ne baissais pas les bras et que mon cerveau bouillonnait d'idées.

– Je vais parler à Julie et à Gilbert, me promit-il. Tu auras de mes nouvelles dans les prochains jours.

Avant de se quitter sur le trottoir, devant l'hôtel où Mustafa m'attendait patiemment avec sa future femme, il me glissa un billet de deux cents francs dans la main droite en me serrant la pince.

– Fais attention à toi, Tom, me dit-il.

Deux jours plus tard, je faisais la une de la section sportive de *La Presse* du samedi, normalement réservée à des reportages sur les exploits des plus grands sportifs de la planète – ou aux mésaventures d'ex-journalistes se spécialisant dans la descente aux enfers. Le Bleuet réussit son coup. Il fit brailler tous ceux qui m'aimaient encore, dont ma mère qui mit quelques semaines à s'en remettre. Je l'appelai pour la réconforter; je ne sais trop si j'y parvins vraiment. Un de ses frères, mon oncle Jacques, un vieux de la vieille, abonné aux vacheries de la vie, l'avait préparée aux pires éventualités. Que je ne reviendrais peut-être jamais. Ou alors seulement dans dix ans. Si j'étais encore en vie. Ou si eux l'étaient encore.

Je rappelai Réjean au lendemain de l'article. Pas pour lui reprocher quoi que ce soit. Ce qui est dit est dit. Ce qui est écrit l'est aussi. Reprocher l'angle d'un article à un journaliste, c'est mettre de l'huile sur le feu pour rien. Et comme Tremblay avait de la bouteille et qu'il était de bonne foi malgré sa plume parfois emphatique, je n'avais rien à redire. Je m'étais mis dans la merde jusqu'au cou par ma faute, ma très grande faute, et j'assumais. Les *shylocks* n'étaient jamais venus cogner à ma porte pour me proposer de l'argent; c'était moi et moi seul qui avais eu recours à leurs services. Pour cette excellente raison, je ne balançai et ne balancerai jamais leurs noms dans les journaux ou dans l'oreille d'un juge. Ce n'est pas dans mes habitudes de moucharder. Pas plus que je ne ferais mal paraître les banquiers et les partenaires qui m'aidèrent pendant un temps et qui décidèrent de fermer le robinet à fric du jour au lendemain. Ça fait partie du monde merveilleux des affaires. Tu gagnes, tu te la pètes. Tu perds, tu te la fais péter. Fin de l'exposé et dépôt du bilan.

— Gilbert Rozon va t'appeler au cours de l'été, m'assura Tremblay lorsque je l'eus au bout du fil. Quant à Julie, il faut que tu rejoignes son attaché de presse, Vincent Boyer.

Je rentrai à Rouen un peu rassuré. J'étais on ne peut plus conscient que l'été 2000 serait à la fois plaisant, grâce à mon gîte providentiel de l'île Lacroix, et angoissant à cause de l'attente des appels. Et il ne manqua pas de l'être…

Chapitre 32
Comme Vendredi

Ce fut au cours de cet été-là que je commençai à apprécier davantage la France. J'étais arrivé à Rouen le 20 décembre 1999, pendant les journées les plus courtes de l'année. Il faisait noir jusqu'à neuf heures le matin et le soleil nous faussait compagnie dès seize heures. Le soir, quand j'allais marcher dans Le Petit-Quevilly, dans le froid piquant, les rues étaient désertes dès vingt heures. D'un logis à l'autre, je pouvais voir les habitants fermer leurs volets pour regarder le journal télévisé, comme s'ils devaient observer un couvre-feu.

Je ne comprenais pas les habitudes quotidiennes des Français. Quand je me levais le matin pour aller lire le journal à la brasserie du coin, certains clients éclusaient déjà leur cinquième verre de blanc ou leur sixième Ricard. Ils discutaient de la dernière bourde de Jacques Chirac, de manifestations autour de la Bastille, de la soirée insipide de la veille à la télé, avec Julie Lescaut, Fontaine et Bataille, ou de leur récente déveine à la course du Quinté, sur le champ de courses de Vincennes ou d'Auteuil. Chez nous, le matin, les gens se lèvent et ils vont directement au bureau ou à l'usine. Et si, parfois, dans certains villages reculés de la province, quelques-uns picolent à la grosse Mol au petit-déjeuner, l'absolue majorité des travailleurs attend le cinq à sept du soir pour commencer à trinquer.

Les appartements HLM, tendance Ikea, m'avaient eux aussi étonné à mon arrivée. Les Français vivaient dans des boîtes d'allumettes dont chaque centimètre cube était soigneusement utilisé. Chez les Madhidi, la chambre que le jeune Nordine m'avait si gentiment prêtée était si compacte que je n'y trouvai jamais la place nécessaire pour ranger mes vêtements. Autre surprise : la salle de bain, le bidet et les toilettes n'étaient pas rassemblés dans la même pièce. Mais l'adaptation la plus délicate de toutes consistait à marcher au grand air en slalomant afin d'éviter de mettre le pied dans les crottes de chiens. Il y en avait ici, là, partout. Je ne comprenais pas pourquoi on laissait autant de liberté aux animaux, et tout particulièrement à la maison. Chez les Madhidi, le chien et le chat étaient roi et maître. Le chien venait vous renifler les parties à l'heure des repas pour vous quémander un os de poulet, tandis que le chat marchait sur la table à sa guise pour lécher les restes dans les assiettes. C'était à vous couper l'appétit.

Mais, petit à petit, le Québécois que j'étais se « francisa » et commença à remarquer les bons côtés de la vie de ses nouveaux compatriotes. Ils savaient, entre autres talents innés, prendre leur temps. Surtout les provinciaux. Ils mangeaient toujours à des heures régulières, matin, midi et soir, et ils appréciaient à sa juste valeur le contenu de leur assiette. Les repas duraient parfois deux heures et les échanges étaient souvent aussi croustillants que la nourriture dans leur plat. Chez nous, Américains, les gens mangent à la vitesse de l'éclair, avec leur cellulaire et leur agenda grands ouverts. Ils ne savourent rien, ils avalent tout. Ils bouffent tout trop vite, y compris leur capital santé.

Durant mes randonnées estivales à Rouen, je découvris aussi tout le charme de l'architecture de ce pays. L'âme et l'histoire des maisons françaises s'expriment d'une multitude de manières : par la qualité de leurs matériaux, la couleur de leurs briques, la magie de leur arrière-cour, avec les chaises et les tables chinées à la brocante du voisinage, avec leurs arbustes, leurs fleurs et leur potager. Chez nous, les constructions sont souvent trop moches, ternes et modernes. Elles se dressent sur nos rues, toutes pareilles, comme si elles sortaient d'une chaîne de montage. Les cours sont défigurées par les piscines énormes, les cabanons des bricoleurs du dimanche et les barbecues surdimensionnés. L'Amérique vue du ciel évoque un casse-tête insoluble dont chaque pièce est une copie conforme de sa voisine, à l'image de nos maisons. Pièce brune pour la maison, verte pour la pelouse et bleue pour la piscine.

Si nous n'avions pas la palette féerique des teintes de l'été indien et le blanc cassé de nos arpents de neige, peintres et poètes de chez nous attendraient encore le passage de la muse...

Mon été 2000 en fut donc un d'échanges sur nos différences culturelles lors des soirées passées devant le kébab de mes deux copains turcs, à la place des Carmes de Rouen.

La première fois qu'un Français rencontre un Québécois, il pose toujours les mêmes questions convenues. Vivez-vous dans une cabane au Canada? Tous les Québécois ont-ils l'accent de Céline et de Garou? Mangez-vous du caribou? Trempez-vous votre pain dans le sirop d'érable? Avez-vous déjà été attaqué par des Indiens? Avez-vous déjà dormi dans un igloo? Allez-vous travailler en motoneige? Est-il difficile de devenir citoyen canadien?

Nos cousins ne connaissent généralement pas grand-chose de notre pays. La grande majorité des Français ignorent que le Canada compte dix provinces. Que le Québec, avec ses sept millions d'habitants dans un pays qui en totalise maintenant plus de trente-deux, est la seule province francophone. Que nous ressemblons beaucoup aux Gaulois du village d'Astérix, cernés par tous les «envahisseurs» anglophones de l'Amérique du Nord. Que nous préservons la langue française comme la prunelle de nos yeux en refusant d'utiliser tous les anglicismes qu'ils adoptent à outrance pour faire «in» et «top» durant leur «shopping en baskets». Qu'un certain nombre de Québécois détestent les Canadiens anglais, tout comme ceux-ci haïssent les Américains, qu'ils copient cependant dans plusieurs domaines sans véritablement s'en rendre compte.

Remarquez que le Québécois moyen n'est pas plus renseigné sur l'histoire ou sur la culture du pays de ses ancêtres. Il s'imagine encore que le Français type est ce grognard coiffé d'un béret enfoncé sur ses cheveux gras, une Gitane baveuse au coin des lèvres, une baguette de pain coincée sous le bras. Quand il joue les touristes à Paris, il se contente de visiter en coup de vent la tour Eiffel, le Louvre, l'Arc de triomphe de l'Étoile, les boutiques des Champs-Élysées ou les pittoresques rues piétonnes autour du Moulin Rouge, aux limites de Montmartre et de Pigalle. La France n'est pas que ce pèlerinage en autobus rouge à deux étages. La France est une mosaïque d'accents, d'odeurs et de saveurs se succédant de l'un à l'autre département. Paris offre la même impression de diversité, mais à plus petite échelle. Dès que vous quittez un arrondissement pour un autre, vous éprouvez souvent la sensation de changer de continent, et ce en une petite centaine de mètres.

J'étais prêt à vivre toutes ces découvertes, mais encore me fallait-il des nouvelles de Rozon ou de Snyder. Le patron de Juste pour rire fut le premier à m'appeler. Je reçus son réconfortant coup de fil au début juillet.

– Je pourrai seulement te recevoir à l'automne, lorsque je retournerai à mon bureau de Paris, me prévint-il. Juillet, c'est le Festival à Montréal, et août, c'est le seul mois de l'année où je prends des vacances. Mais sois certain que, vers la fin septembre, je t'appellerai.

La seconde, Julie Snyder, ne m'a jamais téléphoné et encore moins fixé un rendez-vous. Je discutai avec Boyer, son adjoint, qui me dit qu'elle était débordée. La pression de réussir sa rentrée sur France-Télévision à l'automne était énorme, ce que je pouvais comprendre. Évidemment, j'aurais apprécié un coup de téléphone, un simple mot d'excuses, mais je ne lui en tiens plus rancune ; quand on lance des bouteilles à la mer, il ne faut pas s'attendre à voir rappliquer une armada de navires à tout coup. Son émission sur France 2 dura le temps des vendanges, même si, personnellement, je trouvai Julie très à l'aise à l'antenne. Le contenu de son *show* était aussi novateur que culotté. On aurait dû lui donner plus de temps pour faire ses marques – sa marque. Mais on ne lui en accorda pas – tout comme elle avec moi, suis-je tenté d'écrire. Mais j'ai trop d'amitié et d'admiration pour elle pour lui tenir aujourd'hui rigueur de quoi que ce soit.

Début juillet, Tremblay me rappela. Il me demanda si je voulais accorder une entrevue à Paul Arcand au réseau TVA. J'hésitai un temps avant d'accepter.

– Paul viendra à Paris à la fin juillet, précisa-t-il. Il fera une entrevue avec Marcel Béliveau, puis une autre avec toi. Tu le connais, c'est un pro.

L'entrevue eut lieu le lundi 31 juillet, dans le 9ᵉ, près de la place Pigalle. Par principe, je demandai à l'ancien *morning man* de CKAC d'être payé pour le récit de mes confidences. Il me proposa mille deux cents francs. J'acceptai. Plus tard, je me trouvai un peu stupide de n'avoir pas exigé davantage. Béliveau m'avoua avoir réclamé – et obtenu – sept mille francs, qu'on lui avait payés en liquide, sans rechigner.

L'entrevue de trente minutes porta essentiellement sur le résumé de l'article de Tremblay – avec une question piège à la toute fin : « En veux-tu à des gens à Montréal ? » Je répondis par l'affirmative et je citai les noms de Guy Cloutier et de Julie Snyder – tant il est vrai que j'avais tout de même éprouvé une certaine rancune à son égard. Le premier parce qu'il avait entendu la chanson *Give* durant l'été de 1999 et qu'il n'avait pas daigné lever le petit doigt, obnubilé qu'il était par le talent manifeste de sa toute nouvelle prise, Natasha St-Pier. Et la seconde parce qu'elle m'avait « boudé » en France. Je trouvais qu'elle n'avait pas été réglo, surtout que je lui avais présenté le projet du trophée Maurice-Richard tout cuit dans le bec. Plus tard, je le répète, et même je le radote, je lui pardonnai. Elle était tellement angoissée par le lancement de sa nouvelle émission sur France-Télévision qu'elle ne voyait plus rien ni personne autour d'elle. J'aurais voulu qu'elle gagne son pari. Cette femme a un talent fou devant et derrière la caméra. La preuve : elle relança rapidement sa carrière dès son retour à Montréal.

La porte de Julie Snyder ne fut pas la seule à rester close. Il y en eut d'autres, dont celle de Canal Plus, une chaîne de télévision câblée. J'avais envoyé mon CV à Michel Denisot, patron des sports et président du club de football de Paris, le PSG (Paris Saint-Germain), mais il ne daigna jamais me répondre. J'aurais sûrement pu constituer un bon collaborateur pour les matchs de la Ligue nationale de hockey ou pour les parties de baseball diffusées sur leur réseau, mais il me manquait le précieux contact qui aurait pu intercéder en ma faveur.

Je passai la fin de l'été et le début de l'automne 2000 dans l'attente d'un coup de fil providentiel – un autre terrible passage à vide. Les joueurs des Dragons rentrèrent en France et je dus remettre le 11 août, tel que convenu, les clés de la maison de l'île Lacroix à Guy Fournier. J'aurais certes pu me débrouiller en allant vivre à l'appartement de Steve Woodburn pendant quelques mois mais, manque de bol, il avait décidé d'accrocher ses patins le printemps précédent après quinze saisons de loyaux services sur les patinoires françaises.

Entre ce 11 août et le 13 novembre, date où Gilbert Rozon m'engagea à titre de découvreur de talents pour Juste pour rire, je dormis encore dans deux chambres d'hôtel et trois appartements différents. Le premier de ces logis successifs fut un minuscule studio au septième étage d'un immeuble résidentiel dépourvu d'ascenseur et triste comme un cimetière, sur la rive gauche de Rouen. Mafoud se servait de ce quinze mètres carrés pour des sessions d'enregistrements avec des artistes locaux qu'il produisait, un boulot d'appoint qui lui permettait d'arrondir ses fins de mois.

Le second logis me fut prêté par un cuisinier pakistanais, Choukot, près du grand marché public de Rouen. Ce trentenaire au regard mélancolique avait connu une vie autrement plus difficile que la mienne. Il avait voyagé clandestinement sur une embarcation de fortune entre le Proche-Orient et l'Italie. Perdu dans ce pays, il avait marché durant vingt-sept jours, sans manger, avant de traverser la frontière qui sépare l'Italie de la France en passant par la montagne, les bois et les marécages. Ici, il était exploité par un patron véreux – un de ses compatriotes! – qui lui payait son appartement mais qui, une fois sur deux, ne lui versait pas son salaire. Impossible de contester : il travaillait au noir.

Quand il rentrait le soir, il m'apportait toujours le plat principal du menu de la soirée au resto. Je le savourais, vautré sur le froid et dur matelas, posé à même le plancher du salon. Lui restait dans sa chambre, le visage de marbre. Il regardait, impassible, les émissions françaises dont il ne comprenait pas un seul mot, ce qui n'était pas nécessairement une mauvaise chose étant donné ce que la télévision nous réserve à longueur d'année. À la fin septembre, un mois après mon arrivée sous son toit, il rentra un soir un peu éméché. Il venait de foutre son poing sur la gueule de son patron.

– Je pars rejoindre un copain à Paris, m'annonça-t-il dans un anglais débridé. Je ne veux plus travailler pour ce trou du cul. Au fait, crois-tu qu'un jour tu pourrais m'aider à obtenir des papiers pour le Canada? Je serais prêt à te payer beaucoup d'argent si tu me rendais ce service.

Je lui fis comprendre que la traite des Pakistanais n'était pas un boulot qui faisait partie de mon plan de carrière. Que de toute façon, je ne savais même pas si et quand je pourrais retourner dans mon propre pays. Il me donna l'accolade et me souhaita bonne chance. Le lendemain, mes copains turcs m'offraient à leur tour un toit temporaire à leur entrepôt de kébabs, à Amfreville-la-Mivoie, une bourgade située quinze kilomètres au sud de Rouen.

C'était un bled perdu au milieu de nulle part, entre deux bleds tout aussi perdus de Normandie. Je n'avais ni radio ni télévision. Heureusement, Beyler venait me chercher de temps à autre pour me changer les idées. Ensemble, nous allions faire la livraison des quartiers de veau chez ses nouveaux clients. Certains soirs, il lui arrivait de ramener à l'entrepôt une Marocaine de vingt et un ans, un peu trop ronde à mon goût. Moi, j'attendais dans sa camionnette qu'il ait fini de tirer son coup pour les rejoindre et boire un verre avec eux.

Beyler trouvait ma vie tellement merdique qu'il m'avait baptisé Vendredi, comme l'indigène de *Robinson Crusoé*. L'arrière de l'entrepôt donnait sur de petites îles et il s'imaginait, en riant de bon cœur, que j'allais parfois nager jusqu'au rivage de l'une d'entre elles pour jouer une partie de Scrabble avec un singe passionné par ce jeu. Jamais de toute ma vie un automne ne m'avait semblé aussi gris et déprimant.

Ma motivation se dégonflait tout doucement, comme le matelas soufflé sur lequel je dormais tous les soirs dans cette pièce noire, froide et lugubre, loin, tellement loin de ma famille et de mes racines.

Chapitre 33
Par compassion

Je reçus un premier appel de Gilbert Rozon le dimanche 17 septembre, à onze heures dix. Je notai l'heure précise au crayon feutre bleu dans mon agenda, payé dix francs dans un marché aux puces de Rouen.

– Si je n'ai pas d'empêchement de dernière minute, je pourrai te rencontrer le 7 octobre à mes bureaux de la rue Marbeuf, me dit-il d'abord. Je t'appellerai deux jours à l'avance pour te confirmer la date et l'heure du rendez-vous.

Rozon déplaça ensuite le rendez-vous, le renvoyant au 9 octobre en soirée. Inutile de vous dire que j'étais prêt comme un soldat convoqué pour la revue, rasé, lavé, peigné et habillé (modestement) pour ce tête-à-tête avec Rozon. Je connaissais le fondateur du Festival Juste pour rire seulement de réputation. Comme tout le monde, j'avais suivi, avant mon départ de Montréal, la tenue de son procès pour une affaire d'agression sexuelle dont je ne crois pas utile de rappeler les faits. Ce fâcheux incident plaiderait-il en ma faveur? Je me plaisais à croire que Rozon, après avoir vécu l'expérience éprouvante de ce procès et subi l'opprobre public, ferait peut-être preuve d'une certaine compassion à mon égard, étant donné mes récentes déconvenues et ma situation précaire.

Mustafa, mon copain marocain, me procura quelques sueurs froides la journée de ce rendez-vous crucial avec Rozon. Il devait passer me chercher au kébab, place des Carmes, à seize heures trente, mais il se pointa finalement avec une heure de retard.

— Tu veux me faire passer pour un moins que rien devant Rozon? l'engueulai-je, hors de moi.

— T'en fais pas, nous serons à Paris à temps, rétorqua-t-il sans me convaincre. Je vais rouler à fond la caisse.

Le trajet en automobile entre Rouen et Paris est de cent vingt kilomètres par l'autoroute A13. Il requiert une bonne heure et vingt minutes si vous roulez à une moyenne de cent trente kilomètres à l'heure. Mais comme nous allions nous rendre à la capitale à l'heure de pointe, je me savais déjà en retard pour ma rencontre... et je ne me trompais pas. La circulation était congestionnée au-dessus de la traversée de la Seine, près du pont de Saint-Cloud. Il était alors dix-huit heures quarante-cinq. J'appelai Rozon sur son cellulaire pour le prévenir de mon retard, mais ne pus réussir à lui parler. Je lui laissai un message en espérant qu'il ne me tiendrait pas rigueur de cet impair.

— C'est bien vous, les Français, grommelai-je à l'intention de mon chauffeur. Non seulement vous êtes des fainéants, avec vos dizaines de fériés par année, mais en plus vous trouvez le moyen d'être toujours en retard à vos rendez-vous.

— En France, c'est monnaie courante, des retards de quinze à trente minutes à des rendez-vous, argumenta Mustafa.

— Cause toujours, Mousse. Je suis pétri de défauts, mais je suis toujours à l'heure à mes réunions lorsque j'ai le contrôle de la situation.

— Écoute, je fais de mon mieux. Cesse de me gueuler dessus, quoi...

Pour m'épargner les affres des bouchons et me faire économiser du temps, Mustafa crut judicieux de me déposer au métro de la Porte de Saint-Cloud, sur la ligne 9. Il était déjà dix-neuf heures dix. Le trajet entre Porte Saint-Cloud et Franklin-Roosevelt, sur les Champs-Élysées, prenait vingt minutes. Dans ma rame de métro, je me faisais du sang d'encre en voyant, à chaque station, s'agglutiner de nouveaux passagers dans mon wagon. Sorti de ce sauna sur rail, je courus jusqu'au 29, rue Marbeuf, puis grimpai les trois étages de l'édifice en un temps record olympien. À la réception, une jolie brunette dans la vingtaine s'efforça de me comprendre, entre deux « ahans ».

— 'e 'iens 'en'ontrer 'onsieur 'ozon, haletai-je de ma voix la plus onctueuse.

– Vous êtes monsieur?...

– Tom Lapointe.

– C'est bien, je préviens monsieur Rozon de votre arrivée.

Cinq, dix minutes passèrent. Rozon se faisait prier. Mustafa ne m'avait pas menti. Être en retard à un rendez-vous à Paris était aussi normal – et même souhaitable – que de fermer les yeux pour dormir.

J'en profitai pour faire la causette à la réceptionniste. Elle avait un nom charmant, Laurence, et un nombre de printemps restreint, une vingtaine. Elle avait des cheveux bruns courts, des yeux bleus, des dents blanches que j'entrevoyais à la faveur de ses sourires timides.

– Prendriez-vous un café le temps que monsieur Rozon vous reçoive? me proposa-t-elle.

– Volontiers, mademoiselle.

Quand elle revint avec ma tasse de café, la belle entreprit de découvrir mes origines exotiques.

– J'ai cru entendre à votre accent que vous êtes Canadien.

– Effectivement. Je suis Canadien français. Je suis né à Montréal. Disons que je préfère dire que je suis Québécois.

– Montréal... J'ai trop hâte d'y aller, s'exclama-t-elle.

– C'est effectivement une ville superbe. Une ville qui bouge...

– J'aimerais certes y aller pour le Festival Juste pour rire en été. Mais j'aimerais aussi m'y rendre pour voir un match du Canadien de Montréal. Leur gardien de but, José Théodore, il est trop mignon. Je craque pour lui.

– Je connais très bien José.

– Pardon?

– Je connais très bien José. Jusqu'à l'an dernier, j'étais journaliste sportif. J'avais une émission de radio et je réalisais souvent des entrevues avec José. C'est un gentil jeune homme.

Son visage prit la teinte d'une tomate somptueusement mûre et ses yeux se mirent à pétiller comme des rubis. Elle parlait avec un homme qui connaissait José Théodore! Le monde pouvait s'arrêter de tourner pour un instant. Elle n'en croyait pas ses oreilles. Le temps de quelques secondes, elle se vit dans ses bras, lui caressant les cheveux. Son petit cœur se mit à battre la chamade. Plus elle me posait des questions sur le gardien du Canadien, aujourd'hui passé à l'Avalanche du Colorado, plus elle se tortillait sur son siège. Et je n'osais penser au choc qu'elle aurait subi si le beau José était apparu à l'instant même, dans le hall des bureaux de JPR, où trônaient des photos de Charles Trenet, de Franck Dubosc et d'autres artistes qui laissaient de glace la libido de la jolie réceptionniste.

La sonnerie du téléphone la fit redescendre de son septième ciel virtuel.

— Monsieur Rozon arrive dans dix petites secondes, monsieur Lapointe.

Il me sembla que c'était désormais elle qui ahanait...

— Il faudra reparler de José si on devait se revoir un jour...

— Promis, mademoiselle Laurence. Tout le plaisir sera pour moi.

Rozon vint me chercher à la réception une petite minute plus tard. Il avait l'air d'avoir bonne mine.

— Tu vas bien, Tom ? me demanda-t-il tout bonnement en me conduisant, par un couloir adjacent à l'entrée principale, jusqu'à une salle de conférences.

Rozon était vêtu d'un habit noir et d'une chemise blanche. Un foulard de soie à pois rouge lui couvrait la gorge. Toutes les deux minutes, il jetait un coup d'œil à son cellulaire. Il présentait tous les symptômes de l'hyperactif au dernier degré.

— Je dois aller voir un spectacle vers vingt et une heures, me prévint-il. Ça nous donne quelque quarante-cinq minutes pour discuter.

Notre réunion prit fin beaucoup plus tard – à vingt et une heures quarante, pour être précis. Rozon fut d'une écoute formidable malgré tous les tics nerveux qui trahissaient son impatience. On m'avait prévenu qu'il pouvait être imprévisible, péter un plomb et écourter notre conversation à tout moment ; ou j'étais tombé dans un de ses bons jours, ou bien j'avais réussi, comme je préférai le croire, à toucher une corde sensible en lui.

— Je pensais avoir été dans la merde avec mon histoire, reconnut-il. Mais, si je compare mon expérience avec le récit de tes mésaventures, ma traversée du désert a été une partie de plaisir.

Avec lui, j'avais joué tout simplement la carte du cœur. En fait, le verbe « jouer » n'est guère de mise, puisque je m'étais mis à nu devant lui. Et c'est ce qui lui plut, je pense : ce je-ne-sais-quoi d'authentique qui vibrait dans ma voix quand je lui fis le récit de ma vie.

– Tu rencontreras Véronique Moreau, la responsable du département des découvreurs de talents pour le Festival, au début du mois de novembre, me fit-il savoir. Si tu la convaincs de ton potentiel, tu auras un emploi chez nous.

Quand nous quittâmes les bureaux de JPR, tout le personnel était parti. Rozon ferma les lumières du hall où la jeune Laurence avait eu un orgasme virtuel une heure et demie plus tôt. Puis, il me raccompagna jusque sur le trottoir de la rue Marbeuf où un taxi l'attendait pour le conduire à son spectacle. Il sortit un billet vert lime de cinq cents francs de son veston avant de sauter dans le véhicule.

– Va manger un steak et prendre une bière à ma santé, me dit-il. À plus tard peut-être.

Vous comprenez aisément pourquoi je ne tenais plus en place à l'entrepôt de kébab d'Amfreville-la-Mivoie durant tout le reste du mois d'octobre. Quand le cellulaire sonnait dans mon trou à rats, je voulais entendre seulement une voix : celle de Véronique Moreau. Le grand jour arriva près d'un mois plus tard, le vendredi 3 novembre. Elle me donna rendez-vous le mardi suivant à quatorze heures. C'était le jour de l'anniversaire de ma jeune sœur Isabelle ; je me disais que ça pourrait peut-être me porter chance. Quand un homme se retrouve dans une situation telle que la mienne, il traque les présages favorables là où bon lui semble…

La rencontre eut lieu rue Marbeuf, dans une brasserie située à vingt mètres du portail de l'entrée de Juste pour rire. Véronique Moreau était une ravissante femme de près de trente ans, bien dans sa peau et bien de son temps. Autonome, sûre d'elle-même en apparence, elle me parla simplement des responsabilités de mes prochaines fonctions.

– Il y a tellement de nouveaux spectacles à voir à Paris et partout en Europe que je ne peux plus faire ce travail toute seule, reconnut-elle sans ambages. J'ai besoin d'un assistant pour m'aider à ne rien rater, surtout que j'ai maintenant un emploi de chroniqueuse tous les midis de la semaine sur Canal Plus.

Le salaire proposé était presque dérisoire: deux cent cinquante francs par spectacle auquel j'assisterais, plus un cachet mensuel de base de mille francs, le tout assorti d'un petit compte de dépenses. Converti en dollars canadiens, on parlait ·d'un salaire de mille cinq cents dollars par mois. Vivre dans la capitale avec un tel salaire équivalait à s'inscrire au départ du Tour de France sans roue de secours. Cette proposition était artistiquement attrayante tout en étant financièrement inacceptable, mais je m'en foutais.

– Tu auras droit à un essai de trois mois, me dit aussi Véronique. Si tout se passe bien, je te ferai signer une entente d'un an. Je suis prête à te donner une chance; à toi de la saisir… maintenant.

Je ne pouvais pas refuser parce que je n'avais tout simplement pas d'autre offre sur la table. Si je restais seulement un mois de plus en Normandie, je deviendrais vendeur de kébab et, qui sait, vendeur de cocaïne six mois plus tard. De la coke dans un sandwich kébab, tiens tiens, ça pourrait bien être la recette de l'avenir pour les adeptes de la cuisine rapide. Vous incorporez la coke à une sauce blanche à l'ail et vous planez dès votre première bouchée de galette. Vous atterrissez à Istanbul sans avoir eu à acheter un ticket, sur un tapis volant virtuel nolisé, au son des muezzins de la ville. Vous terminez votre barquette de frites en léchant le ketchup dans le nombril d'une danseuse du ventre embauchée pour la fête musulmane à la guinguette d'en face. Plaisir assuré ou argent remis.

– Je commence quand? demandai-je à Véro après m'être arraché à mon intime délire.

– Si tu veux, dès lundi prochain.

– Parfait pour moi.

– Sois au bureau vers les quinze heures. Nous passerons en revue le *Pariscope* pour faire le tri des spectacles à voir durant la semaine.

– Merci, Véronique, je te revois dans six jours.

Je n'étais pas dupe. J'avais obtenu cet emploi en un claquement de doigts, un peu par piston et beaucoup par compassion. Rozon voulait faire une fleur à Réjean Tremblay pour le remercier de certains services rendus, au hasard des cocktails, parmi la faune des politiciens et des requins de la finance.

Si Véronique m'avait toutefois engagé, c'était à la petite lueur de battant dans mes yeux que je le devais. Enfin, ça ne me coûtait rien de le croire… et je n'allais certainement pas dédaigner quelque chose de gratuit!

Chapitre 34
Perle rare

Trois cent vingt-neuf jours bien comptés sur le bout de mes dix doigts. Voilà le temps que je dus pâtir entre le jour de mon départ du Québec, le 20 décembre 1999, et mon premier jour de travail officiel à l'emploi du bureau parisien de Juste pour rire, le 13 novembre 2000. J'avais l'impression d'avoir traversé toute la France à pied. Peu importait si ces mois m'avaient écorché et amaigri, j'étais enfin arrivé à Paris et c'était tout ce qui comptait. Ma nouvelle vie débutait à Paris, l'autre ville du monde, avec New York, qui ne dort jamais. Une nouvelle vie prédite par mes clairvoyants, aux alentours de mes cinquante ans, sur un autre continent que l'Amérique !

Les premières semaines de mon nouveau travail furent une belle mise en bouche. Je disposais d'un bureau dans le 8e arrondissement, à cent mètres des Champs-Élysées, et je n'en croyais pas mes yeux. Je ne gagnais pas beaucoup d'argent, mais au moins je travaillais. En fait, travailler était un gros mot. Je me présentais au bureau en fin d'après-midi, vers seize heures, et je rédigeais à l'ordinateur un rapport détaillé sur le spectacle auquel j'avais assisté la veille. Le soir, j'allais voir, sur le coup de vingt heures, un autre artiste dans une autre salle d'un autre arrondissement de Paris. De temps en temps, Véronique me faisait voyager en Espagne, en Suisse, en Belgique ou en Italie pour voir des artistes qui présentaient des numéros se démarquant de l'ordinaire. À la fin du mois, je remettais le résumé de mes activités à Véronique, à Gilbert et à Gilles Petit, le directeur général et l'associé parisien de Rozon.

Mon plus gros défi, lors de mes premiers mois comme chercheur de talents, consista à comprendre le dialecte des humoristes français. Même si je vivais en France depuis maintenant plus d'un an et que je m'étais familiarisé avec des centaines d'expressions et de mots inconnus avant mon arrivée, il m'arrivait certains soirs de rater une phrase ou deux pendant le spectacle ou, pis encore, de louper carrément la chute du sketch. Bon, ce n'était pas dramatique en soi parce que Véronique et Gilbert m'avaient justement demandé de découvrir de nouveaux humoristes dont les sketchs seraient facilement intelligibles du public québécois.

Très rapidement, je me fis connaître auprès de la nouvelle cuvée des humoristes français, belges et suisses. Malgré le modeste compte de dépenses dont je disposais, je me faisais un point d'honneur d'aller saluer tous les artistes après leur spectacle et d'en inviter certains à boire un pot au bar le plus proche. Il faut avoir grandi et vécu dans ce métier pour comprendre un peu les artistes. Rien ne les agace davantage que d'apprendre qu'un recruteur a vu leur spectacle sans avoir pris la peine de passer les saluer dans leur loge, peu importe que vous les ayez trouvés géniaux ou nuls à chier.

– Maintenant que tu en as vu plusieurs, il faut que tu déniches la perle rare, me rappelait Rozon à chacune de ses visites parisiennes. Je te paie pour ça. Pas pour boire un coup avec eux après les spectacles.

Les remarques de Rozon à mon égard faisaient sourire Véronique. Elle avait entendu les mêmes discours à ses débuts à Juste pour rire. Puisqu'elle le fréquentait depuis déjà cinq ans, elle en était venue à le connaître comme si elle l'avait tricoté. Rozon n'a jamais eu besoin de faire de la scène. Ses planches, ce sont ses bureaux de Montréal et de Paris, et ses spectateurs sont ses employés, ses associés et ses amis du milieu artistique. Quand il arrive dans un lieu public, Rozon prend toute la place. Il parle fort, rit fort, tousse fort. Il éprouve l'impérieuse nécessité de montrer qu'il existe. Il lui est arrivé, pendant un spectacle où personne ne riait, de déstabiliser l'artiste sur scène en lâchant un énorme fou rire sans aucune raison valable. C'est un peu sa manière de faire savoir qu'il est présent dans la salle ce soir-là. Et qu'il quittera fort probablement son siège, toujours situé à deux pas de la sortie, avant la fin du spectacle.

– Une ligne, des rires, une autre ligne, d'autres rires, si un artiste n'y parvient pas de cette façon, c'est qu'il ne réussira pas dans ce métier, me répéta-t-il avec justesse à plusieurs reprises.

Véronique avait déniché sa perle rare dès sa deuxième année de travail à JPR: Franck Dubosc. Elle l'avait repéré en 1998, lors d'un sketch de cinq minutes dans une salle du 11e, le Réservoir. L'univers de Dubosc, un artiste maintenant connu et reconnu à travers toute la francophonie, est celui d'un gros frimeur mythomane. Les cheveux poivre et sel, l'allure d'un Richard Gere sans la carrure, il débite ses histoires en utilisant la même sauce piquante que le regretté Michel Noël dans la peau du Capitaine Bonhomme. Le style de Dubosc est devenu une mode et une référence dans la francophonie européenne, comme celui de Stéphane Rousseau au Québec. Pour reprendre une phrase, incompréhensible chez nous, dite par une jeune femme de la banlieue:

– Dubosc fait un carton. Les meufs, dont moi, le kiffons grave…

Ce qui veut dire en québécois: « Il est drôle en tab… et les femmes, moi la première, sont toutes folles de lui… »

Découvrir un humoriste aussi vendeur que Dubosc, c'était ma nouvelle mission. Si j'y parvenais, Rozon me laisserait tranquille et mon salaire augmenterait le temps de le dire.

J'eus deux coups de cœur à ma première année à Juste pour rire en 2001: Michel Vivacqua et le duo Zeu Dogs. J'avais repéré le premier au théâtre de Dix Heures, boulevard de Clichy, à Pigalle. Je me suis tordu de rire en voyant son sketch sur un jeune Beur de banlieue de quinze ans, interpellé par un flic alors qu'il est au volant de sa voiture cabossée et volée. Le sketch était très actuel en France, surtout avec la guerre que livraient les jeunes des banlieues aux gendarmes français.

Mon second coup de cœur alla aux Zeu Dogs. Ils avaient un humour noir cinglant. Je les avais découverts au Carré blanc, rue Fontaine, dans le 9e. À mes yeux, ils étaient de loin supérieurs au duo Éric et Ramsy, qui fait pourtant fureur depuis quelques années en France. En humour comme en sport, avoir du talent est une chose, réussir en est une autre.

Véronique vint voir Vivacqua au Dix Heures et elle l'apprécia beaucoup.

– Il a trente bonnes minutes de spectacle, mais il lui en faut encore quarante autres, avait-elle évalué.

J'étais d'accord avec elle. Les Zeu Dogs présentaient un spectacle plus complet, mais ils avaient un problème spécifique : l'un des deux était difficile à gérer. Avant de signer un contrat d'engagement avec un artiste, un producteur cherche à en connaître le plus possible sur son compte. Est-il marié ? A-t-il déjà un gérant ou un producteur ? des démêlés avec la justice ? des problèmes de drogue ? Que révèle son dernier bilan médical ? les antécédents médicaux de ses parents ? Pour moi, tout ça était du déjà-vu : les managers sportifs posaient les mêmes damnées questions avant de se décider à signer un cntrat avec une vedette montante au hockey, au baseball ou au football.

Ma première année à l'emploi de Juste pour pire se déroula sans trop de difficultés. Véronique savait que je m'investissais dans mes nouvelles fonctions, tandis que Rozon et Petit entendaient parler en bien de mes relations avec les jeunes humoristes.

Antony Kavanagh fut celui qui milita le plus en ma faveur auprès de mes patrons.

– Tous les humoristes apprécient Tom, dit-il à Rozon après un spectacle au Zénith de Paris, en 2001. Il a de bonnes idées. Faudrait que tu lui donnes plus de responsabilités.

J'avais un plan en tête. Pour avoir la mainmise sur la crème des nouveaux humoristes, il me paraissait judicieux que JPR achète le Carré blanc, une salle exceptionnelle, au sous-sol de la Comédie de Paris, située à cinquante mètres du Moulin Rouge et de Montmartre. Ainsi, nous pourrions surveiller de près les futures stars de l'humour en les programmant chaque semaine sur la scène de cette salle. Son locataire, Philippe Richard, était prêt à collaborer avec nous sur ce projet. Richard avait de la bouteille et du flair. Il avait notamment lancé, sur les planches du Carré blanc, la carrière de Jean Dujardin dans les années 1990. Depuis, Dujardin est devenu une grande star en France. Il se fit d'abord connaître avec sa femme, Alexandra Lamy, dans l'adaptation française de la série *Un gars, une fille* de Guy A. Lepage. Puis, il écrivit une comédie, *Brice de Nice*, qui enregistra plus de quatre millions d'entrées. D'ailleurs, Dujardin avait testé le sketch du personnage de *Brice de Nice* sur les planches du Carré blanc, sous l'œil avisé de Richard.

– Je parlerai de notre projet à Rozon et à Petit dès mon retour au bureau à l'automne, promis-je à Richard.

Début septembre 2001, je rentrai à Paris après un été fabuleux. J'avais le teint rosé et la tête ensoleillée d'idées après un mois de juillet passé au réputé Festival d'Avignon. Même si Véronique m'avait demandé de prendre congé tout le mois d'août, j'avais décidé de suivre d'autres humoristes à un nouveau festival, sur les hauteurs des vertes montagnes de Valmorel, en Savoie, puis à celui d'Eze, sur les impressionnantes corniches surplombant l'envoûtante Méditerranée. J'avais même fait la rencontre, à Valmorel, d'un jeune chanteur de treize ans qui avait un potentiel fou, Florian M., et décidé sur-le-champ que je miserais mes maigres revenus sur lui. Comme il était très jeune, à défaut d'argent, j'avais tout au moins du temps dans mes poches.

– Véronique, je suis trop content de te revoir, lui lançai-je, à la mi-septembre, en la retrouvant au bureau de Juste pour rire. Comment s'est passé le Festival de Montréal? Ma mère t'a vue à la télé durant tout le mois de juillet. Elle t'a trouvée géniale.

– Disons que ça ne s'est pas passé très bien, répondit-elle, la mine basse. Je pense que je vais remettre ma démission à la fin du mois.

Je l'enjoignis de ne surtout pas partir. Mon point de vue était peut-être aussi altruiste qu'égoïste: d'une part, Véronique me semblait parfaitement compétente dans ce métier qui lui collait à la peau et, d'autre part, je n'avais pas encore complété ma première année à Juste pour rire et son concours m'avait été jusqu'ici des plus précieux.

– Mais ça ne changera rien pour toi, Tom. Au contraire, tu auras peut-être plus de responsabilités.

– Ne prends pas de décision trop rapide. Crois-en mon expérience de vie, prendre des décisions sur un coup de tête ne règle rien.

– Ma décision est presque prise. Je veux partir. J'ai rompu avec Gilbert après le Festival. Il pense que tout s'arrangera dès son retour à Paris, à la fin du mois ; mais pour moi, tout est terminé. Je veux protéger mes droits acquis à Juste pour rire, notamment pour le contrat avec Dubosc, et je veux rentrer à Montréal. Mais tu gardes le secret pour l'instant. Je peux te faire confiance ?

– Évidemment, Véronique.

Je ne savais pas trop comment accepter cet autre coup du sort. Devais-je bondir de joie parce que j'aurais une chance de prendre un peu de galon ? Devais-je plutôt me dire que le climat du bureau en prendrait pour son rhume lorsque Rozon se rendrait compte que Véronique était partie pour de bon ? Pour quitter Juste pour rire au terme de près de sept ans de loyaux services, Véronique devait avoir ses raisons. Elle fit préparer en catimini ses papiers de départ, organisa un dîner d'adieu dans un resto du 20ᵉ et, au début d'octobre, elle réserva sa place sur un vol aller seulement pour Montréal.

– Je passerai un peu plus de temps avec ma famille, m'avait-elle dit.

Ce n'était certainement pas moi qui allais lui donner tort !

Véronique est la fille de l'humoriste Jean-Guy Moreau. Entre autres qualités, elle a hérité de son père un caractère de battante qui la conduit à ne pas se laisser marcher sur le gros orteil – ni aucun des autres orteils, d'ailleurs.

À l'annonce de la démission de sa directrice et ex-petite amie, Rozon fit comme si de rien n'était. Un ancien avocat n'a pas le droit de montrer ses émotions et ses sentiments devant son entourage, encore bien moins un prolifique producteur de spectacles tel que lui. Il ne se priva pas pour me poser des questions :

– Tu le savais pour Véro ?

– Si.

– Et tu ne m'en as pas parlé ?

– Elle m'a demandé de rester discret.

– Je vois.

– Qu'est-ce que tu vas faire ?

– Réfléchir.

– Et maintenant, qui sera mon nouveau patron ?

– J'y réfléchirai aussi.

– Je ne veux pas être opportuniste, mais j'aimerais avoir plus de responsabilités.

– Tu penses être assez solide?

– À toi de me tester.

– Je vais aussi y réfléchir.

J'eus tôt fait de me retrouver avec de nouvelles fonctions, mais pas nécessairement celles que je souhaitais. Dès octobre 2001, Gilbert me demanda d'être son secrétaire particulier. Je devais gérer son agenda lors de ses visites à Paris; il y passait un mois sur deux. Il m'appelait souvent de Montréal pour savoir si toutes ses affaires françaises étaient réglées au quart de tour – ce qui n'était pas toujours le cas. Suivre un homme doté d'un tel caractère, entier, énergique, sanguin, n'est pas toujours une sinécure. Il veut toujours tout dans la seconde. Entre ses rendez-vous programmés aux quarts d'heure, souvent décalés à la dernière minute, ses dîners privés avec ses hommes de confiance dans les restos branchés de Paris, ses voyages aux quatre coins de l'Europe et ses gueules de bois, il faut que tout soit parfait. Rozon est le parfait prototype de l'homme exigeant envers lui-même qui l'est également envers les autres.

Un soir que le temps lui manquait pour passer à son appartement entre deux rendez-vous, il me demanda d'aller lui acheter, à la course, des chemises en soie noire avec une de ses cartes de crédit. Et pas n'importe quelles chemises: il fallait qu'elles soient griffées du bon nom, sinon il ne les porterait pas.

Mes nouvelles fonctions de secrétaire s'ajoutaient à mes responsabilités de découvreur de talents, que je partageais dorénavant avec deux nouvelles collègues de travail: Sylvie Varakine et Catherine Samson; la première, une Française dans la trentaine, embauchée à temps plein; la seconde, une Québécoise dans la vingtaine, engagée à temps partiel. Je possédais un seul avantage sur mes deux collaboratrices: j'avais la priorité quant au choix des spectacles à voir. Elles se divisaient ensuite les autres événements proposés dans le *Pariscope* et les magazines spécialisés.

Entre deux spectacles, je continuai à mettre au point, conjointement avec Philippe Richard, le projet du Carré blanc.

Gilles Petit nous reçut à son bureau, au début de 2002 et, petit à petit – sans jeu de mots prémédité –, l'oiseau fit son nid. J'avais confiance que ce plan aboutirait. Ce partenariat officieux avec Richard me plaisait. Il ne mettait pas davantage de beurre sur mes épinards, même si j'avais réussi à me négocier un studio, à ses frais, derrière la Comédie de Paris. Je pris possession de l'appartement en septembre 2001 et je réussis à y habiter jusqu'en juin 2002. La rue Fontaine, située dans le 9e, à proximité de mon travail, me convenait parfaitement. Ce quartier s'éveillait et s'endormait à mes heures, c'est-à-dire à dix heures le matin et… à cinq heures le matin.

J'avais aussi convaincu Richard de rafraîchir un peu son personnel au Carré blanc, notamment son barman et son homme à tout faire, Patrick de son prénom. Il était chauve comme Kojak et il draguait tout ce qui bougeait. Derrière son bar, il servait les whiskys-cocas entre deux caresses à son petit chien blanc devenu jaune pisse. Richard suivit mon conseil et il engagea à temps partiel une grande fille de vingt-cinq ans, Céline, pour les soirées à thèmes que j'organisais avec Kemmedji, le disc-jockey du dernier spectacle de Kavanagh.

Tout comme la petite Florence de Rouen, Céline se maquillait trop. Elle aurait pu embobiner tous les mâles de la galaxie, mais elle n'avait pas trop confiance en elle malgré son corps superbe. Je devins proche de Céline, même si elle me dépassait de cinq bons pouces. Cinq nuits sur sept, elle venait partager mon lit. Hélas! elle aimait plus les femmes que les hommes. Dommage, car on était faits pour s'entendre: je n'aime, moi aussi, que les femmes.

Lorsque le printemps se pointa, en mars 2002, la situation n'avait pas évolué. La routine me parut de plus en plus exigeante, dans mon studio comme au bureau, distillant cette impression de déjà-vu vécue autrefois au Québec. J'allais voir des spectacles tous les soirs, dans des salles différentes, aux quatre coins de la France, tout comme j'avais couvert des parties de hockey junior en province, au début de ma carrière de journaliste, à *Montréal-Matin*. « Quel beau tata tu fais! » me disais-je plus souvent qu'à mon tour. Avoir accompli tout ce chemin pour revenir à la case départ – et pour un salaire de famine. Certains jours, j'avais la conviction que j'allais finir par m'éveiller de ce mauvais rêve ; je me retrouverais dans le petit lit de mon douillet condo d'Ahuntsic, à l'apogée de ma carrière, au sommet de ma profession, sans avoir jamais rencontré ces deux prophètes de malheur ni entendu parler du *Manuscrit des anges*.

Un matin de ce mois de mars, Richard s'impatienta parce que JPR ne donnait pas suite à notre projet ; il signa avec le compétiteur et ennemi juré de Rozon à Paris, Gérard Louvin. Il convainquit le groupe de Louvin, son directeur artistique Claude Fournier en tête, de faire signer quelques vedettes montantes de l'humour, dont Michel Vivacqua, Denis Maréchal et Zeu Dogs, et il les fit figurer au programme de la scène du Carré blanc – ce qui correspondait parfaitement à mon plan initial, revu et corrigé.

– Ne m'en veux pas, Tom, mais il faut que je survive, me dit-il. Rozon ne bougera pas, et moi je ne peux plus attendre.

J'appelai Rozon pour lui dire que je venais de me faire doubler par Richard et il me répondit que ce n'était pas très grave.

– Il y a d'autres salles que celle du Carré blanc, ajouta-t-il en donnant l'impression de s'en ficher. Concentre-toi plutôt à dénicher la perle rare et à mettre en place la venue des jeunes humoristes pour le Festival de Montréal en juillet.

Je suivis donc les instructions de mon patron et j'organisai des soirées à la Main d'Or (du controversé Dieudonné), au Triomphe et au Réservoir pour choisir les jeunes humoristes qui feraient partie de la sélection du Festival JPR de Montréal, à l'été 2002. Je remontai même sur les planches pour animer ces soirées devant les programmeurs de JPR.

– Tu te débrouilles bien, me dit Rozon, dont je ne savais trop comment interpréter la remarque.

Et quand vous peinez à interpréter les gestes et les paroles d'un homme doté d'un pouvoir tel que le sien, ce n'est jamais bon signe.

Un jour d'avril, Rozon péta un plomb. Il nous convoqua, Sylvie Varakine et moi, au bureau de JPR, et nous fit une remontrance en règle :

– Ma sœur vous demande depuis deux mois une cassette des meilleurs numéros de l'émission de télévision de Patrick Sébastien, à France-Télévision, et vous n'êtes pas capables de la lui envoyer par courrier. Si vous n'êtes pas capables de faire ce boulot, faites-le-moi savoir.

La sœur de Rozon était très envahissante. Peut-être avait-elle du temps à perdre au bureau de Montréal, assez pour embêter des gens jusqu'à Paris : Sylvie et moi, en l'occurrence. Ma collègue fut congédiée le temps de le dire. Je préférai devancer les coups en remettant ma lettre de démission en mai. J'adressai une longue lettre à Gilbert en vidant mon sac : je dénonçai l'attitude improductive de sa sœur, mon salaire inadéquat et le fait qu'aucun de mes projets n'ait été retenu, qu'aucune de mes suggestions n'ait été prise en considération.

Dans cette longue lettre, j'en profitai aussi pour le remercier sincèrement de tout ce qu'il avait fait pour moi. Grâce à lui ainsi qu'à Véronique, j'avais pu exister pendant près de deux ans à Paris et, surtout, j'avais pu établir quelques contacts privilégiés auprès de certains autres producteurs de télévision et de musique. Il me revit une dernière fois avant de rentrer à Montréal et me dit qu'il « verrait pour ma lettre de démission ». J'allai couvrir le Festival d'Avignon en juillet et je rentrai au bureau à la mi-août. Déjà, la rumeur entourant le nom de mon successeur courait dans les couloirs de JPR.

– Tu peux rester trois mois de plus en attendant de te trouver un autre boulot, me proposa Rozon au téléphone.

– Non, merci. Je veux seulement être payé pour mon travail de l'été, rien de plus, rien de moins, et remboursé pour les notes des spectacles vus à Avignon. Merci pour tout, Gilbert. Nous avons eu nos différends, mais sache que jamais, de toute ma vie, je n'oublierai ce que tu as fait pour moi.

Je touchai mon dû – une somme de deux mille euros – au début de septembre 2002. Je ne retournai jamais à JPR, je ne rappelai pas davantage et je ne cherchai pas à revoir Gilbert Rozon ni le personnel de JPR à compter du jour de mon départ. Dans la merde ou pas, je ne fais jamais marche arrière après une rupture. À mes yeux, c'est un piège dans lequel il est trop facile de tomber et dont je me suis toujours méfié. Recoller les morceaux d'un pot cassé ne redonne jamais au vase son lustre et sa valeur d'antan. Et puis, reculer sans être capable de freiner le mouvement me rappelle trop le cauchemar familier qui hanta des centaines de mes nuits blanches des années 1990. Souvenez-vous, je faisais marche arrière avec ma voiture, tamponnant tout sur mon passage, véhicules, passagers, piétons...

Tiens, peut-être même suis-je enfin parvenu à décrypter le message de ce mauvais rêve récurrent: ne jamais reculer et toujours aller droit devant, sans égard au fait que nous nous retrouverons tous, de toute manière, un jour ou l'autre, six pieds sous terre ou dans un four crématoire...

Chapitre 35
Mon champion

J'avais songé, dès l'été 1999, six mois avant que je ne quitte réellement le Québec, à une « retraite préventive » quelque part dans la verte campagne d'un autre pays. Je m'étais renseigné auprès de Frank, mon copain italien de Montréal, et de sa sœur Rosa, avec lesquels je partageais une fois par semaine les pâtes de leur sainte mère, s'ils avaient des relations en Corse. Je me voyais relancer ma vie par l'écriture de mes nouveaux projets, dans la quiétude d'un chalet paisible et isolé, près du maquis, à l'abri des montagnes escarpées, dans cette Corse aussi patriotique que paradisiaque.

La vie post-JPR, dans la capitale, m'aiguilla effectivement vers les hauteurs, à l'automne 2002. Ce ne furent pas les hauteurs de la Corse, mais bien celles de la Vallée verte, en Haute-Savoie, précisément à Bogève, un chouette et calme bled entre Annecy et Thonon-les-Bains, qui devinrent ma nouvelle terre d'accueil. J'atterris dans ce village de huit cents habitants, au pied de la station de ski La Bresse, afin de m'occuper de Florian M., un jeune chanteur de quatorze ans. Le hasard m'avait conduit à découvrir Florian au Festival de Valmorel, en Savoie, un an plus tôt. Il s'y était inscrit à un concours de chanteurs et d'humoristes. J'étais un des membres du jury, avec Marie-Caroline Burnat, l'excentrique directrice de la mythique salle parisienne le Point-Virgule.

– Quelle présence il a sur scène, le petit, m'avait-elle soufflé à l'oreille par cette soirée de canicule d'août 2001. Et en plus, il est vachement mignon.

Florian avait remporté haut la main le concours devant une vingtaine d'autres candidats, plus vieux que lui d'une bonne dizaine d'années. Je l'avais invité à casser la croûte à mes côtés, au souper d'après-finale, avec les organisateurs, les membres du jury et les autres participants. Avec ses cheveux gommés, dressés sur sa tête comme les piquants d'un hérisson, sa gueule de jeune starlette et ses yeux brillants comme des billes, il était le point de mire de toute l'assemblée. Son imitation de Jacques Chirac faisait s'écrouler de rire tout le monde, surtout lorsqu'il prêtait au président de la République des boutades du genre :

— Excusez-moi, monsieur Lapointe, je dois me retirer quelques minutes, quatre jeunes filles me réclament à l'extérieur. Vous savez, il ne faut jamais décevoir ses *fans*.

Florian était comme un spermatozoïde sur deux jambes, une pile électrique qui ne faiblissait jamais. Outre sa passion pour la musique, il présentait de remarquables dispositions pour les sports. Il avait l'habileté d'un casse-cou sur ses patins à roues alignées, excellait en vélo tout-terrain dans les montagnes de la Haute-Savoie et, surtout, il était un des meilleurs espoirs de sa région en ski.

— Écoute-moi bien, champion, lui dis-je pendant le souper. Si tu veux un jour faire de la musique, il faudra que tu sacrifies certaines choses, dont les sports de compétition. En serais-tu capable ?

— Y a pas de problème, monsieur, la musique me plaît plus que tout, répondit-il sans aucune hésitation.

— Et si je m'occupais de toi, tu serais sérieux ?

— Absolument.

— Tu continuerais aussi d'étudier ?

— Oui, monsieur.

— Je vais parler à tes parents.

— Faudra parler à maman et à mon beau-père. Papa vit en Suisse et je ne le vois pas très souvent. C'est maman qui décide de mes projets.

— D'accord.

Martine, la maman de Florian, était dans la salle avec son copain Romain pour la finale du concours à Valmorel. Elle avait convaincu le directeur de la station de donner un petit boulot à son fils durant l'été 2001. Mais, à sa grande surprise,

Florian avait tenu à s'inscrire à ce concours de chansons. Il lui en avait fait l'annonce à la dernière minute, avant de monter sur les planches.

– Florian adore la musique, plaida la maman, une blonde trentenaire d'un mètre cinquante, bien en chair. Avec Romain, nous avons transformé une des chambres de notre maison en ministudio de musique. Il y passe des heures et des heures. Ça l'empêche de faire des bêtises. Et puis, je trouve sincèrement qu'il a une voix spéciale. Mais c'est la maman qui parle, évidemment.

Malgré ses quatorze ans, la voix de l'ado avait déjà presque mué. Pour remporter la finale de Valmorel, il avait décidé d'interpréter un tube des années 1970, *Retiens la nuit*, de Johnny Hallyday. Il avait démontré, tout au long de son interprétation, une manière bien à lui de s'approprier le titre. Il ne l'avait pas chanté en imitant le grand Johnny; il l'avait fait à sa façon, sans complexes, en se permettant même quelques petits pas de danse improvisés durant le solo du guitariste. De la part d'un jeune artiste sorti à peine des jupons de sa mère, on peut dire qu'il allait du culot à l'insolence.

– Si vous le voulez bien, madame Martine, je suis prêt à gérer les premières activités artistiques de Florian... pendant ses heures de temps libre, il va sans dire, lui ai-je proposé. Faites-moi parvenir la cassette vidéo de ce spectacle de Valmorel et je vais la montrer à des décideurs du marché parisien.

– Si mon copain Romain est d'accord, c'est O.K. pour moi, me répondit-elle spontanément.

– C'est aussi d'accord pour moi, renchérit le beau-père en laissant échapper un petit rire nerveux.

La cassette vidéo du jeune prodige arriva par courrier recommandé à mon bureau de JPR un mois plus tard (c'était un an avant que je ne remette ma démission à Rozon). Entre-temps, j'avais pris le soin de donner un coup de fil à l'auteur-compositeur François Bernheim, responsable de plusieurs tubes de Patricia Kass et coauteur de certains autres avec Renaud. Il m'avait été présenté par Mafoud, mon copain musicien et serveur de viande de veau sur broche tournante à Rouen. Comme quoi le monde est petit et qu'il n'arrête jamais de tourner, n'est-ce pas?

— Je passerai à JPR la semaine prochaine pour visionner la cassette, me promit Bernheim. Et je te dirai franchement ce que je pense de ta découverte.

Bernheim, un homme dans la cinquantaine, avait un charme fou. À peine pénétrait-il dans le hall des bureaux de JPR que toutes les femmes commençaient à le dévêtir du regard. Grand, costaud, cheveux longs poivre et sel, jeans et chandail noir moulant son corps musclé, il faisait vite tourner les têtes.

— J'espère que mon chanteur te plaira autant que tu as la cote avec les femmes, le taquinai-je dans la salle vidéo.

À ma réflexion insipide, il opposa un sourire de porcelaine, comme pour me dire de la fermer. Le don Juan avait déjà entendu plus d'une vanne éculée sur son physique de vieux beau parfaitement conservé.

Je me rachetai en insérant au plus vite la cassette dans la gueule du magnéto. J'avais connu le rituel de ces moments cruciaux lors de rencontres antérieures au sujet de Francisco Lobato et de Charles Michaud, en présence de mon ami Bill Rotari chez Sony Canada. Si le chanteur passait avec succès le cap des quinze premières secondes d'écoute sur le moniteur télé, l'affaire pouvait être viable. Sinon, j'oubliais tout ça et je l'invitais à boire un coup en parlant de la pluie et du beau temps — mais pas de sa silhouette d'acteur et de ses succès auprès des femmes.

— Tu ne t'es pas trompé, Tom, me dit-il en me servant une tape amicale dans le dos. Il a un réel talent, ton Florian. Es-tu bien certain qu'il est aussi jeune ? Il fait au moins quinze ans sur la vidéo.

— Sûr et certain.

— Écoute, donne-moi un mois et je te reviens avec deux ou trois chansons pour lui. J'ai une idée derrière la tête.

— Laquelle ?

— Tu verras.

Je verrais. Que Florian inspire Bernheim me suffisait amplement.

— D'ici là, je vais te mettre en contact avec madame Charlot. C'est la meilleure prof de chant du Tout-Paris. Elle a beau avoir quatre-vingt-huit balais, elle sait encore enseigner aux jeunes comme personne d'autre ne sait le faire. C'est elle qui a supervisé les plus grands : Sardou, Johnny et Julien Clerc.

À l'instar de Stéphane Lessard et de Pierre Rodrigue dix ans plus tôt à Montréal, Bernheim ne fit pas traîner les choses dans la capitale. Tel que promis, il revint un mois plus tard à mon bureau avec trois titres pour Florian, dont une reprise d'une chanson de la chorale Les Puppies datant de la fin des années 1960, *Non, non, rien n'a changé*. Bernheim voulait réactualiser son tube ; le message était encore de circonstance en 2001. D'une part, j'étais ravi que le projet démarrât ainsi, sur les chapeaux de roues. D'autre part, je n'étais pas prêt... financièrement, vous l'aviez déjà compris. Mon statut à JPR m'avait permis d'obtenir une nouvelle carte de crédit, six mois plus tôt, mais ma limite était fixée à dix mille euros. Or, lancer un artiste avec aussi peu d'argent et avec mon salaire de misère à JPR comme seul revenu se révélait un geste aussi suicidaire que de proposer une partie de jambes en l'air à la petite amie du portier d'un bar de Hell's.

Mais, comme il fallait absolument sauter dans le train, je fonçai tête première dans l'aventure, comme je l'avais fait aveuglément avec Lobato, Michaud et Tagliani par le passé, sans écouter personne d'autre que ma petite voix de guerrier, comme d'habitude.

Florian vint à Paris, à mes frais, presque tous les mois entre octobre 2001 et juin 2002, tantôt pour suivre des cours de chant avec madame Charlot, à son appartement de Montmartre, tantôt pour travailler avec Bernheim sur ses nouvelles chansons, à sa garçonnière cossue du 7e. Parfois, pour le récompenser de son travail en studio et sur les bancs d'école, je l'invitais durant ses congés scolaires à assister aux spectacles de Kavanagh et des L5, les nouvelles Spice Girls de l'émission *Pop Stars*, sur M6. La carte de crédit se remplissait à vue d'œil, et mon banquier commença à m'appeler à mon bureau de JPR pour me prier d'honorer mes échéances. À la fin de juin 2002, il me coupa carrément les vivres. Je n'en fus pas autrement étonné.

– Tu me fais savoir si tu reçois une avance de Juste pour rire ou d'une maison de disques, me dit-il. D'ici là, tu ne peux plus utiliser ta carte que pour te curer les dents. J'attends de tes nouvelles, Tom...

À ce moment-là, il m'était impossible de rembourser quoi que ce soit. Et comme un malheur n'arrive jamais seul, la fin de mon aventure à JPR survint trois mois plus tard. Et ce fut donc avec les deux mille euros exigés à JPR pour mon départ que j'atterris, en septembre 2002, au pied de cette montagne perdue de La Bresse pour tirer des plans sur la comète avec Florian, sa maman Martine et son beau-père Romain.

Tout nouveau, tout beau. Mes premières semaines dans la petite commune de Haute-Savoie se passèrent sous l'enseigne de l'harmonie totale. Je profitais d'une certaine forme d'autonomie, puisque Martine avait consenti à me refiler sans frais les clés de son studio de vingt mètres carrés, au-dessus du petit bureau de poste de la place. La famille vivait dans une maison située sur un versant du col du Perret, à cent mètres au-dessus de Bogève et à dix minutes de marche de mon nouvel appartement.

Sous le climat frais et vivifiant de la Haute-Savoie, j'étais bien malgré mes soucis d'argent et ce nouveau départ, trop loin de Paris, l'une des trois plaques tournantes de tous les artistes européens avec Londres et Munich.

Tous les jours, c'était la même routine. J'allais partager les repas du midi et du soir avec ma nouvelle petite famille. Je surveillais les répétitions de Florian, qui avaient lieu après ses devoirs, en début de soirée. Je marchais dans les sentiers de la montagne environnante. Je pariais sur quelques courses au PMU de la commune, six kilomètres plus bas, à Viux-en-Sallaz. Avec la Ford de Martine, je me baladais de Cluses à Annemasse, y allant parfois d'un détour par Genève, en Suisse. J'organisais par téléphone mes prochaines réunions pour Florian, à Paris, avec Bernheim et Christophe Piot, un décideur de Warner qui avait tout de suite craqué pour mon jeune poulain. Je me mis à apprécier ce retour à une vie paisible après deux ans de va-et-vient continuels dans mes fonctions de découvreur de talents, aux quatre coins de l'Hexagone.

J'avais la conviction – que voulez-vous, j'ai toujours eu la foi en mes «poulains»! – que je signerais avant les calendes grecques, avec la Warner ou une autre maison indépendante, un contrat pour Florian. Mais, à court terme, je devais faire rentrer de l'argent pour payer mes comptes. Je décidai donc d'organiser un spectacle d'humour à la petite salle de spectacles de Bogève les 1er et 2 novembre. La salle pouvait accueillir 125 spectateurs. À dix euros le ticket, la recette pouvait se

La « petite » famille Lapointe en 1956. De gauche à droite, à l'arrière, votre humble serviteur, papa Guillaume et maman Jacqueline. À l'avant, ma sœur Lise et mes frères Yvon et Pierre.

Une petite figure espiègle, très fière de son nœud papillon. J'ai cinq ans et demi et je fais mon entrée en première année.

Le premier appartement de notre famille, au 78, rue L'Ange-Gardien, à L'Assomption, où nous avons habité jusqu'en 1957.

Le 159, rue Archambault, où j'ai habité de cinq à dix-huit ans, toujours à L'Assomption.

Le parc Laurier, situé devant le 159, rue Archambault. C'est là qu'un jour de l'hiver 1965, je m'initiai aux rudiments du hockey.

Autour de la table familiale, à l'heure du déjeuner, en 1975 : mes frères Pierre et Yvon, ma belle-sœur Jocelyne et moi.

Avec mon neveu Mathieu, en 1981, sur la glace du vieux Forum, à l'occasion du dimanche de Noël des journalistes.

Avec quelques coéquipiers de l'équipe de balle molle de CKVL, en 1981: Denis Savard, Deano Clavet et mon grand ami Menick.

En bonne compagnie, lors d'une soirée bien arrosée. De gauche à droite, à l'arrière: Roland Mailhot, moi, Menick et Christian Tortora; à l'avant: Michel Lacroix, Liza Frulla, Richard Morency, Danielle Rainville et Pierre Bouchard.

EXCLUSIF

Photo D.-M. Serge Beaudry

UNE SOIRÉE
AVEC GRETZKY
Lire page B-14

Je « sors » la Merveille, Wayne Gretzky, dans les boîtes de nuit les plus bran-
chées de Montréal.

En compagnie de Patrick Roy, je procède à la mise au jeu officielle d'un tournoi
de hockey, à Le Gardeur, en 1987.

Une publicité pour *Le Monde des Champions*, que j'animais avec mon « parrain », Richard Morency (1982).

Une autre publicité réalisée à l'époque de mon arrivée à l'hippodrome Blue Bonnets (1992).

Avec nul autre que le Rocket, monsieur Maurice Richard, autour du trophée qui porte son nom, le 6 février 1999. Au début de ma campagne pour la création de ce trophée, quelques mois plus tôt, tous me traitaient de doux rêveur, voire de mégalomane…

J'ai conservé bien peu de photos de mes sept années de tribulations en France. Voici la plus précieuse de toutes : j'y apparais en compagnie de Maël et Lyly, à Germagny, en Haute-Savoie.

Toute la famille Lapointe réunie pour une première fois en sept ans, le soir de Noël 2006, à L'Assomption. De haut en bas et de gauche à droite : Céline, Yvon, moi et Lise ; maman Jacqueline et papa Guillaume ; Isabelle et Pierre.

chiffrer à 2 500 euros si nous réussissions à faire salle comble les deux soirs. J'avais évoqué, durant l'été, cette stratégie financière et artistique avec Martine et Romain.

– Que diriez-vous de spectacles à Bogève et dans d'autres villes de Haute-Savoie pour arrondir les fins de mois ? avais-je proposé au couple. Je connais bon nombre d'humoristes d'avenir en France. Il suffirait de leur faire passer des vacances dans votre région pour qu'ils acceptent de jouer presque gratuitement dans les salles du département. Les seules dépenses seront leurs frais de voyage. Le reste des recettes sera investi dans la carrière de Florian.

– Tu peux compter sur notre appui pour la vente des billets des deux premières soirées à Bogève, avait convenu le couple, emballé par ma démarche. Nous connaissons beaucoup de gens dans les alentours. Et tu verras, Florian connaît lui-même beaucoup de personnes.

Je signai avec un duo de comiques, Les Bonimenteurs, pour ce premier programme à la salle de Bogève. Le spectacle d'improvisation de Jean-Marc, un Corse, et de Didier, un Marseillais, était déjà bien rodé. Je les avais repérés au Festival d'Avignon au mois de juillet précédent. Je leur avais présenté Florian, en visite avec moi à cette occasion, et les avais mis en relation avec un couple d'amis parisiens, Didier et Françoise, les gérants des L5 et les tourneurs de la pulpeuse chanteuse Ève Angeli. Le couple s'était même déplacé pour les voir sur une des scènes du festival off, dans le Vaucluse, vers la fin juillet, et avait été impressionné par la qualité de leur spectacle.

– Vous me faites un spectacle d'enfer à Bogève et, de mon côté, je fais tout mon possible avec Françoise et Didier pour faciliter votre arrivée à Paris dès l'automne, avais-je promis aux Bonimenteurs.

Ceux-ci me promirent en retour de donner leur maximum à l'occasion de ces prestations qui allaient marquer mes débuts en tant que promoteur de spectacles en Haute-Savoie. Muriel, leur gérante, allait m'expédier des affiches vers la mi-septembre, et le duo débarquerait à Bogève pour ses deux spectacles au début de novembre.

À moins de deux semaines de la venue des Bonimenteurs, la vente des billets allait bon train. Martine, Romain et Florian appelaient ou visitaient tous leurs parents, leurs proches et leurs amis d'Annemasse jusqu'à Évian, accomplissant ainsi un boulot colossal. Romain avait même collé une affiche du spectacle sur la fenêtre arrière de sa Citroën vert sapin. Lui qui aimait pavoiser comme un coq dans sa basse-cour flottait sur son petit nuage. Il collaborait désormais avec un promoteur montréalais – un fauché de la pire espèce, certes, mais tout de même ex-star du journalisme sportif en Amérique. Par-dessus tout, Romain tablait sur mes contacts avec certaines personnalités du *show-business* – Céline Dion, Franck Dubosc et Antony Kavanagh, entre autres – pour faire évoluer la carrière de son beau-fils. Cette brave pomme se voyait déjà introduit, grâce à mes relations privilégiées, auprès de son idole de jeunesse, Johnny Halliday, une scène que je visualisais sans aucune difficulté et dont le drolatique me faisait me pisser dessus.

– Romain, voici Johnny, Johnny, voici Romain.

– Je n'y crois pas, Johnny, c'est bien vous?

– Mes salutations, monsieur Romain. Tom m'a beaucoup parlé de vous…

– Au fait, Johnny, t'avais-je dit que Romain est un ancien chauffeur?

– Tom, mon ami, comment as-tu pu oublier de me révéler pareille info?

– Mais j'y pense, Johnny, ne recherchais-tu pas, par le plus grand des hasards, un nouveau chauffeur de limousine?

– Quel fabuleux concours de circonstances! En effet, Tom!

– Fais un essai avec Romain, tu ne le regretteras pas. Certes, il a quelques défauts. Par exemple, il lape comme une vieille mule en mangeant sa soupe, il rit très fort de ses propres vannes, il est souvent blessé au dos parce que c'est un ancien champion de vélo, mais c'est un remarquable chauffeur. Allez, Johnny, fais-moi plaisir et donne une petite chance à mon ami Romain…

– Je vais y réfléchir, mon cher Tom…

Mon cellulaire m'arracha à ce songe grotesque par un beau matin d'automne. J'étais plié en deux par mes visions, sur le canapé du studio de Martine, lorsque je répondis à l'appel. C'était justement la maman de Florian au bout du fil. Elle était en pleurs. Les dernières volutes de mon rêve s'évanouirent en un éclair; le retour à la réalité me frappa de plein fouet.

– Tom, tu peux passer me voir à la maison? Je ne vais pas bien, couina-t-elle.

– J'enfile mon jeans et j'arrive, Martine.

Elle fumait une clope, seule sur le perron en pierres blanches, quand je fis crisser les pneus de sa Ford rouge bordeaux sur les derniers mètres de gravillon devant leur maison. Elle bredouilla quelques mots de bienvenue lorsque je descendis de voiture.

– Je pense que cette fois Romain m'a quittée pour de bon, balbutia-t-elle d'une voix hachée.

– Quoi?

– Je te dis que je pense que tout est fini entre nous.

– J'avais compris, Martine, mais pourquoi ferait-il cela?

– Parce que je pense qu'il me trompe avec une fille dont il a fait la connaissance sur un site Internet de rencontres.

– Mais non, Martine, tu te fais des idées.

– Non, je suis allée voir sur son site et je t'assure qu'il parle souvent avec cette femme.

– Ne panique pas, respire profondément. Il faut d'abord que tu te maîtrises…

Autant parler à la Grande Muraille de Chine; Martine ne voulait rien entendre.

– Non, il ne m'aime plus! répéta-t-elle en se remettant à pleurer dans son kleenex. Il trouve que je bois trop. Que je me maquille trop. Que j'engraisse trop.

Tom le saint-bernard eut une inspiration:

– Tu veux que je lui passe un coup de fil?

– S'il te plaît, Tom…

Je me versai un café, accoudé au comptoir de la cuisine, et j'appelai le prince charmant en cavale, mais il n'était pas disponible pour une audience. Une heure plus tard, il revenait à la maison. Je laissai le couple seul. En fin d'après-midi, j'allai chercher Florian à son école, à Boëge, une municipalité située à huit kilomètres du col du Perret. Quand nous arrivâmes à la maison, le couple souriait. L'orage était passé. Les réconciliations s'étaient déroulées sur un terrain neutre – horizontal. Au dire de Martine, c'était un sacré bon coup, ce Romain.

Mais j'eus soudainement un mauvais présage à la suite de cet incident. Une sorte de vision prémonitoire dont je posséderais le don, toujours selon le contenu du *Manuscrit des anges*…

Chapitre 36
Le procédurier

Une dizaine de jours avant les deux premières soirées de spectacle à Bogève, je me rendis à Annemasse, toujours au volant de la petite Ford de Martine. Une centaine de billets avaient déjà été vendus, presque tous par le dynamique trio Romain, Martine et Florian. J'avais la forme et le moral pour me taper une dernière ronde de promotion dans les bars de cette ville grise mais grouillante.

Je garai la voiture dans un stationnement payant du centre-ville et pénétrai dans un premier bar, puis un second, puis un troisième. Un peu pompette, je me laissai tenter en début de soirée par le PMU le plus fréquenté de la ville. La fille du proprio allait sur ses vingt-quatre printemps et m'avait fait les yeux doux lors de récentes visites. Ça tombait bien, elle était là. Ça tombait d'autant mieux que nous étions mardi soir et qu'il y avait une nocturne au champ de Vincennes.

Je pris soin d'appeler Martine, Romain et Florian avant de poursuivre ma soirée de bon temps. Je les prévins que je ne rentrerais pas pour dîner.

– Je fais de la promo, dis-je en parlant doucement, histoire de ne pas trahir par ma voix mon petit verre de trop dans le nez. Je passerai vous voir à la maison demain midi. Bisous à tous et à mon champion Florian.

Je gagnai la première course et j'offris un verre à ma courtisane – ou à ma courtisée, allez savoir. Elle but un Perrier, la sainte fille. Je perdis les deux courses suivantes et continuai à m'enfiler des rasades de rosé derrière la cravate. À la quatrième course, Yves, un nouveau copain de jeu, fit son entrée. Lui aussi avait le béguin pour la fille du proprio. Faut dire qu'il n'y avait qu'elle à draguer dans la place. Ce maître d'hôtel de Genève s'assit à notre table et nous offrit un verre. Je pris un rosé, et elle un rafraîchissant non-merci-peut-être-plus-tard. De quoi rester mince – et sainte – encore très longtemps. Yves se leva ensuite pour aller miser cent euros sur la prochaine course. Ce noble sport de bêtes à quatre pattes le rendait complètement gaga – gaga au point d'en oublier la fille du proprio, dont je m'occupai volontiers.

Vers vingt-trois heures, après la soirée de courses, la demoiselle nous faussa compagnie.

– Vous passerez me voir au bar du Casino d'Annemasse, dit-elle pour nous échauffer les sens. Je travaille vendredi et samedi, jusqu'à cinq heures du matin.

J'eus le temps de lui souffler un bisou dans le cou avant qu'elle prît la poudre d'escampette, presque aussi vite que les soixante euros que j'avais perdus en paris.

Yves m'invita ensuite à boire un coup chez lui, où il me présenta à sa copine. Les affaires de cœur ne tournaient pas rondement entre eux. Ils faisaient même chambre à part. Sa copine alla se coucher vers minuit, ce qui nous laissa le champ libre pour prendre quelques autres verres. Je n'étais pas soûl, mais pas loin. Nous parlâmes ensemble des derniers préparatifs des deux soirées à Bogève. Yves avait accepté de gérer la buvette et le resto de la salle communale. Son professionnalisme ajoutait au décorum de mes débuts de promoteur en Haute-Savoie.

– Fais bien les choses, lui répétai-je en sifflant une dernière lampée de whisky-coca. Les journalistes du *Dauphiné libéré* et du *Messager* seront sur place pour couvrir la venue des Bonimenteurs. Je n'ai pas droit à l'erreur. Plusieurs m'attendent dans le détour. Certains se demandent ce qu'un fauché de promoteur comme moi a derrière la tête pour venir se perdre dans un coin éloigné de la Vallée verte avec un gamin de quatorze ans.

Yves sourit mais ne dit mot. Il était plus de trois heures du matin, et plus que temps pour moi de lever les voiles. Le temps merdique me fit cependant vite déchanter lorsque je courus vers la Ford. C'était une nuit noire et froide d'automne, sous une pluie battante. Les essuie-glaces peinaient à rejeter la pluie diluvienne quand je m'engageai prudemment dans la rue de l'appartement des tourtereaux échaudés. Trente, quarante, cinquante kilomètres à l'heure, je roulais comme un papi sénile sur la Nationale. La route m'appartenait; le mauvais temps avait fait sagement rentrer tous les habitués de la nuit. Seul Tom Lapointe, le vaillant Québécois errant, se croyait assez malin pour naviguer dans cette mélasse.

Tout à coup, ce fut le choc. Sans m'en rendre compte, j'avais dû dévier de deux ou trois pieds de ma trajectoire et la Ford heurta la bordure de ciment départageant les deux voies. Le pneu avant gauche prit un sale coup dans la poire et éclata net. Mon cœur voulut sortir de ma poitrine pendant quelques secondes puis je repris mes sens. Je garai la voiture devant une grande maison bordée de haies, le long de la route, à la sortie d'Annemasse. Malgré le vent et la pluie dignes d'un film d'épouvante, je sortis pour constater les dégâts : pneu bousillé et, possiblement, suspension avant légèrement abîmée.

– Tabarnac! hurlai-je à tue-tête, dans la langue de mes aïeux.

Seul sur la route, trempé comme une éponge, je m'invectivai moi-même en un violent soliloque :

– T'as l'air d'un beau tata, mon Tom! Quatre heures du matin et la batterie de ton cellulaire est morte! Tu ne peux appeler personne! Personne pour t'aider! Que vas-tu faire, crétin goitreux d'ancien journaliste sportif de mes couilles?

Ce que je fis? Rien du tout. Je dégrisai en attendant le petit matin. J'abaissai de quelques centimètres les deux fenêtres arrière de l'auto et je tuai le temps, tantôt en dormant dix minutes, tantôt en écoutant la radio. Il me fallait relativiser. J'avais assez d'argent en poche pour payer le remorqueur et l'achat d'un pneu neuf au lever du jour. Et puis, je n'aurais pas eu mieux à faire dans les prochaines heures, ce matin-là.

À six heures, la pluie avait diminué. Je sortis et je marchai jusqu'au premier restaurant qui vendait du café et des croissants. Je demandai gentiment au préposé de m'appeler un remorqueur – rien d'impossible à trouver rapidement si l'on glisse un bon pourboire sur le comptoir. Deux heures plus tard, un nouveau pneu avait été installé sur la Ford.

– Comme la voiture a subi un bon choc, il faudra repasser pour corriger l'alignement de la voiture, me souligna le garagiste. Mais si vous ne roulez pas trop vite, il n'y a pas d'urgence pour les semaines à venir. Bonne route, monsieur…

Coût total des réparations : 135 euros. Je rentrai à Bogève à huit heures trente du matin. J'allai boire un dernier café chez Fred et Dom, l'unique buraliste de la place. Trois clients au comptoir cuvaient déjà leur Ricard et leur petit blanc. Ça me fit lever le cœur. Je calai ma tasse et quittai les lieux pour rejoindre Morphée au studio. La soirée de promotion avait assez duré !

Des cris d'enfants me firent émerger de mes douillettes couvertures. Je regardai l'heure sur mon cellulaire, dont la pile s'était rechargée : deux heures de l'après-midi.

– Merde, tonna la voix de ma conscience. Je n'ai pas appelé Martine et Romain pour leur dire que je n'irais pas déjeuner. Et puis, ce n'est pas une catastrophe. Ils me verront au souper, dans quelques heures…

On aurait entendu une mouche voler ou un ange éternuer lorsque je passai à table en ce lendemain de cuite. Comme si ma nuit blanche et mes problèmes mécaniques du petit matin avaient fait les choux gras du journal télévisé…

– Tu as eu du bon temps hier ? me questionna Romain.

– Si, si. J'ai fait la tournée des grands ducs et j'ai fini la soirée chez Yves, celui qui sera le responsable de la buvette pour la venue des Bonimenteurs.

– Tu en as tiré une hier ?

– Romain, je n'ai pas ton charme ni ton physique pour en lever une aussi rapidement, tu le sais bien.

– Ouais… mais tu es un petit malin. Et les petits malins comme toi savent y faire…

Des allusions du genre, le beau-père n'arrêtait pas d'en balancer à chaque repas, ces derniers jours, depuis que Martine m'avait révélé leurs problèmes conjugaux. Ce fut encore pire, deux jours plus tard, lorsque je leur appris ma malchance au volant de la Ford, à la sortie d'Annemasse.

– Fais attention, Tom… Martine te fait confiance en te prêtant sa Ford, me rappela-t-il, l'œil anthracite. Nous misons tous sur toi, Tom, tu le sais…

Il commençait à me gonfler, le beau-père. Comme il avait gentiment accepté de m'avancer de l'argent au cours de l'été, le temps que je me refasse un peu de tout l'argent investi sur le fils de sa douce durant les huit derniers mois, l'opportuniste se servait de la situation pour jouer au plus malin avec moi.

Le vendredi précédant la soirée de spectacles, un des nouveaux auteurs de Florian, Daniel Picq, m'appela pour me demander si mon champion avait de la difficulté à apprendre et à interpréter ses nouveaux textes.

– Il peine sur l'une plus que sur les autres, dis-je à Picq en toute franchise.

Quand j'eus terminé mon appel, le beau-père se mêla encore de ce qui ne le regardait pas. Ma remarque l'avait fait tiquer, si bien qu'il éprouvait le besoin de défendre Florian.

– Ça lui en fait beaucoup, à Florian, ces jours-ci. Il y a l'école et la musique, sans compter qu'il doit apprendre ses textes de présentation pour l'animation des deux soirées à Bogève, la semaine prochaine.

– Romain, je ne te dis pas comment éduquer Florian. Mais pour la musique et les spectacles, tu ne t'en mêles pas, s'il te plaît.

– Ouais, mais n'oublie pas qu'il vit sous mon toit et que je paie tout pour le jeune depuis déjà quelques années.

– Je le sais, Romain.

– Eh bien, je ne sais pas si tu sais!… Je ne crois pas que tu t'en rendes vraiment compte…

J'écourtai la conversation et je quittai les lieux pour réintégrer mon studio, au-dessus de la Poste. Comme je ne voulais pas d'autres embrouilles avec le beau-père, j'évitai de passer manger à la maison les jours suivants, prétextant un tas de choses à régler pour la venue des Bonimenteurs.

Deux soirs avant le grand week-end de spectacles à Bogève, j'étais tranquille au studio, à l'écoute du *Journal télévisé* de Patrick Poivre d'Arvor sur TF1, lorsqu'on cogna à la porte. «Bizarre! me dis-je. Personne ne connaît mon adresse à Bogève.» Effectivement, pas un chat ne connaissait mes coordonnées. En tout cas, ce n'était certainement pas Poivre d'Arvor qui frappait à la porte: je pouvais l'éliminer de la liste des intrus possibles.

– Qui est là ? demandai-je.

– C'est Romain.

– Romain ? Une petite seconde.

J'enfilai une chemise et je lui ouvris. Il avait le teint livide.

– Que me vaut l'honneur de ta visite ? lui demandai-je poliment.

– Je veux te parler.

– Un problème ?

– Plusieurs, même.

– Pardon ?

– J'aimerais te parler… dans ma voiture. Ici, les murs ont des oreilles.

– C'est si urgent ?

– Oui, ça l'est.

Je mis une veste et je le suivis dans sa voiture où il se mit à me parler sur un ton menaçant qui trahissait une colère dont j'avais peine à comprendre les motifs.

– Je sais tout sur toi, grommela-t-il.

– Tout quoi ?

– Que tu n'as pas démissionné, que tu as été congédié de Juste pour rire.

– Mais de quoi je me mêle ?

– Laisse-moi parler. Je sais que tu aimes le jeu et que tu as perdu beaucoup d'argent aux courses de chevaux à Montréal.

– Mais en quoi tout ça te regarde ? Oui, j'aime le jeu, mais ce n'est pas tes oignons.

– Justement, si, parce que tu me dois de l'argent et que tu joues plutôt que de me rendre mon dû. Je sais aussi que tu as brisé la suspension de la voiture de Martine. J'ai regardé sous la voiture, il en coûtera un max pour la réparer.

– Écoute, prépare la facture de tout ce que je te dois et je te paierai avec la recette des deux soirées des Bonimenteurs, puis on n'en parle plus. S'il manque de l'argent, je finirai de te payer après la prochaine soirée à Viux-en-Sallaz, en janvier. Les responsables de la ville assisteront au spectacle de samedi. Ils achèteront une soirée si le spectacle des Bonimenteurs leur plaît et, crois-moi sur parole, il leur plaira.

– Je veux tout mon argent d'ici la fin de l'année, sinon je dis à Martine de mettre un terme à ton contrat avec Florian. Tu as compris, je veux tout mon argent au début 2003.

– Bravo ! belle attitude à deux jours de l'arrivée des Bonimenteurs ! L'ambiance sera extra pour les spectacles !

– Personne ne saura rien de notre conversation. Pas même Martine ou Florian. Mais je veux tout mon argent.

– Bon, c'est fini ? Je veux retourner écouter les infos, histoire de voir s'il n'y a pas un mandat d'arrêt international contre l'ennemi public numéro 1, Tom Lapointe.

– Très spirituel, Tom. Tu peux y aller.

Il tint à me serrer la main avant que je sorte de sa voiture.

– Je compte sur toi, Tom, répéta-t-il comme un perroquet.

J'avais maintenant un procédurier à mes trousses, un homme qui avait pris soin de fouiller mon passé en confiant à un de ses neveux, juriste à Bonneville, la mission de vérifier mes antécédents judiciaires à Montréal pendant mes années de misère. Peut-être avait-il secrètement souhaité que je sois recherché par la police des frontières afin de pouvoir commodément me supprimer de l'entourage de Florian ? Malheureusement pour lui, mon casier était vierge.

À quarante-huit heures du lever du rideau à Bogève, le ciel venait de me tomber de nouveau sur la tête. J'aurais droit ce week-end aux spectacles des Bonimenteurs et à la comédie d'un Columbo d'opérette. J'étais dégoûté de la vie.

Chapitre 37
Beau gâchis

Le lendemain, à mon réveil, j'avais le moral à zéro. Je me rendis à la mairie chercher la clé de la salle des spectacles de Bogève, puis je procédai en solitaire à l'installation des cent vingt-cinq chaises sur le plancher du parterre et sur celui de la mezzanine. J'avais fermé mon cellulaire pour ne pas me faire casser les oreilles par le beau-père. La discussion de la veille avec cet homme sans vergogne m'avait laissé comme un goût de vomi dans la bouche. Si j'avais mesuré six pouces de plus, j'aurais été tenté de lui rétamer la gueule, moi qui ai pourtant toujours prôné l'amour et non la guerre.

Lorsque la salle fut impeccablement aménagée, j'allai boire un coup chez le barman le plus *cool* de la place, Claude Juillard, à l'Hôtel de La Bresse. Claude avait accepté, en grand seigneur qu'il est, de nous donner un coup de main pour la venue des Bonimenteurs en offrant tous les repas aux artistes, à leur gérante et aux organisateurs de la fête du week-end.

– Pour une fois qu'on verra à Bogève autre chose qu'une partie de belote et, en tant que prix décerné au vainqueur, une dinde, je suis partant les yeux fermés, avait-il lâché avec une pointe d'ironie.

Didier et Jean-Marc, les Bonimenteurs, arrivèrent le lendemain, le 1er novembre, en début d'après-midi. Ils avaient loué une camionnette pour faire la route depuis Marseille. Comme je ne payais que leurs dépenses de transport et de séjour, j'avais accepté que les deux artistes et leur gérante, Muriel, puissent venir accompagnés, joignant ainsi l'utile à l'agréable, soit s'éclater sur scène le soir et visiter en couples, durant le jour, la fascinante Haute-Savoie.

Avant de monter, cinq cents mètres plus haut, vers le col des plaines Joux – où Bino, le propriétaire de la boutique de ski, leur avait dégoté un chalet de bois rond avec une magnifique vue sur toute la vallée –, le duo comique passa à la salle communale pour· fixer ses repères sur scène et pour installer la mécanique du spectacle. Cinq heures plus tard, la salle grouillait de spectateurs. Martine se chargeait de l'accueil, Romain, de la sécurité, Yves et Bino, de la buvette, Dominique et Florian, de l'animation. Il ne restait plus aux Bonimenteurs qu'à gagner leur pari : faire rire les Haut-Savoyards – ce qui n'est jamais un mince exploit, croyez-en ma parole.

Mais, je n'étais pas trop inquiet. Qu'il s'agisse d'une scène ou d'une patinoire, des pros sont des pros et, dès que les lumières s'allument, ils savent ce qu'ils ont à faire. Les Bonimenteurs ne prirent que dix petites minutes pour mettre les spectateurs dans leur poche. D'entrée de jeu, ils surprirent le public en faisant leur apparition par l'arrière de la salle, sur une musique italienne entraînante et dans une mise en scène bien ficelée ; la mayonnaise prit rapidement et le triomphe fut entier.

Ce premier succès des Bonimenteurs fit vite le tour de la Vallée verte. Dès le lendemain midi, au repas de groupe à l'Hôtel de La Bresse, Didier et Jean-Marc faisaient tourner les têtes. Certains venaient pour leur demander un autographe, d'autres, dont les filles du salon de coiffure d'en face, pour un clin d'œil ou une photo. Le bouche-à-oreille fit si bien son œuvre qu'il nous valut une salle comble le soir, alors que seulement cinquante billets avaient trouvé preneurs le matin même. Ironiquement, les billets ne furent pas achetés par les résidants de Bogève ; on ne dérange pas si aisément des paysans habitués à leurs coutumes, enlisés qu'ils sont dans leur routine. Il en faut un peu plus…

Le spectacle de samedi fut encore plus relevé que celui de la veille. Les Bonimenteurs étaient chauffés à bloc et ils se sentaient désormais en terrain conquis. Maîtres de l'improvisation – leur jeu aurait ravi l'œil avisé du défunt Robert Gravel, le fondateur de la LNI –, ils firent tout tourner à leur avantage. Lors de cette deuxième représentation, un spectateur, Daniel – Dada pour les intimes, à Bogève – quitta son siège en plein milieu du spectacle. Plutôt que de céder à la vexation, le duo de comiques profita des circonstances pour intégrer malgré lui Dada à leur spectacle, au grand plaisir de la foule.

Leur prestation terminée, les Bonimenteurs se douchèrent en vitesse et revinrent pour entendre Florian chanter trois de ses chansons. Mon champion avait déjà ses *fans* chez les sept à quatorze ans. Les jeunes filles, elles, le dévoraient des yeux en prédisant à ce jeune homme à la chevelure hirsute une destinée magique.

Maintenant que le pari avait été remporté haut la main à Bogève, j'osai espérer que le beau-père me foutrait la paix. Que le temps arrangerait les choses. Que ce mauvais rêve prendrait vite fin, crevé comme un abcès. Mais non. Au déjeuner de départ, à l'Hôtel de La Bresse, le dimanche midi, il avait encore une tête d'enterrement. Le moment n'était pas choisi pour discuter finances – à plus forte raison parce que, la veille, j'avais dû insister auprès de Martine pour toucher les trois cents derniers euros de dépenses que je devais remettre aux artistes.

Le beau-père fit cependant comme si de rien n'était avant de vider les lieux vers treize heures. Une demi-heure plus tard, comme s'il avait semé la poisse dans le village, les Bonimenteurs apprenaient deux mauvaises nouvelles. La première : une des roues de leur camionnette était bousillée, résultat d'une mauvaise installation. La deuxième : ma copine productrice de Paris, Françoise, annulerait dorénavant tous leurs spectacles sur la scène du Triomphe si le duo de comiques n'acceptait pas les conditions de leur contrat à la table de négociations.

– Tom, j'ai déjà englouti près de cent mille francs, se lamenta-t-elle au téléphone. Ou ils signent leur contrat, ou j'arrête tout, et ils se débrouilleront sans moi.

Secoués par une telle nouvelle, Didier et Jean-Marc demandèrent à leur gérante Muriel de régler le problème de la camionnette pendant que Dominique Piroelle, le journaliste du *Dauphiné libéré* et présentateur de mes deux soirées, les conduisait au plus vite au TGV de Lyon, destination Paris.

– J'ai aussi des problèmes avec le dossier de Florian, confiai-je aux artistes, pendant le trajet vers Lyon.

– Quoi?

– Le beau-père de Florian me fait la vie dure.

– Où est le problème?

– Il m'a prêté de l'argent et il veut que je le rembourse.

– Une grosse somme?

– Un peu plus de deux mille euros.

– Mais il ne se rend pas compte de tout le temps et de tout l'argent que tu as déjà investis dans le projet.

– Non. Pire encore, je suis certain qu'il veut le gérer lui-même, maintenant que Florian commence à attirer l'attention.

– Ah! le joli monde du spectacle!

– À qui le dis-tu…

Le lundi 4, j'avais encore deux cents euros dans mes poches. Je décidai de décompresser en allant miser sur quelques courses au PMU d'Annemasse. Yves vint m'y rejoindre. Même si les Savoyards n'avaient pas trop levé le coude lors des deux soirées de spectacle, Yves avait accompli un travail remarquable à la buvette. La prestation des Bonimenteurs l'avait convaincu du potentiel des spectacles d'humour en Haute-Savoie ainsi que de celui de Florian.

Pendant que nous nous ingénions – sans trop de succès – à trouver les bonnes combinaisons pour les courses à venir, à ma grande surprise autant qu'à mon profond désarroi, je vis passer devant la PMU la Citroën vert sapin du beau-père. «Tiens, tiens, me dis-je, Columbo vient maintenant m'espionner jusqu'à Annemasse. Tu parles d'une fripouille…» Dérangé par la malicieuse filature, je calai coup sur coup deux autres verres de rosé et me décidai à passer un coup de fil à Martine.

– Martine, je ne suis pas très content de ton Romain chéri, l'apostrophai-je.

– Que se passe-t-il?

– Il se passe qu'il m'espionne depuis quelques jours et qu'il veut que je lui rende tout son argent en moins d'un mois.

– Romain est tendu ces temps-ci.

– Martine, c'est toi la mère de Florian et c'est uniquement avec toi que je veux désormais discuter des affaires de ton fils.

– Mais Romain fait beaucoup pour Florian.

– Je suis d'accord, sauf que là il se mêle de ce qui ne le regarde pas et ça me fait ch…

— Je suis dans une position délicate, Tom. Tu le sais, n'est-ce pas ?

— Pardon ?

— Romain est mon homme et je l'aime. Si je dois trancher, ce sera en sa faveur.

— !!!

— Excuse-moi, Tom, je dois te laisser. Je le vois arriver avec sa voiture par la fenêtre de la cuisine. On s'en reparle, tu veux bien ?

Entre le cul et les affaires, le cul l'emporte souvent haut la main – pure question de nature humaine et de statistiques. Et ce qui devait arriver arriva : le cul triompha. Le soir même, Martine se confia sur l'oreiller et, le lendemain, le beau-père recommençait à me harceler, au téléphone cette fois.

— Je veux te voir devant l'appartement à vingt heures ce soir, me lança-t-il de son ton le plus intimidant.

— Pas de problème, j'y serai comme un seul homme.

Ce soir-là, quand je montai dans sa voiture, il y avait un autre passager assis sur la banquette arrière : le neveu juriste. Nous prîmes la route de Viux-en-Sallaz pour boire un café à un bar de la place. Là, les cartes furent rapidement mises sur table.

— Tu as fait une erreur en parlant à Martine, gronda-t-il.

— L'erreur est humaine, me bornai-je à lui rappeler.

— Tom, comme je ne peux pas compter sur ta discrétion, j'en appellerai donc à ton honneur. Tu vas signer en présence de mon neveu une reconnaissance de dette de trois mille six cent cinquante euros.

— Depuis quand te dois-je une telle somme ?

— Regarde, j'ai tout noté.

Je vérifiai les comptes. J'y trouvai son avance de deux mille euros, à laquelle il avait ajouté le loyer du studio des deux premiers mois, les notes d'électricité, les réparations de la voiture de Martine, le cachet d'animateur de Florian aux deux soirées, et j'en passe, et des vertes et des pas mûres.

— Tu signes là et, dès demain, tu me rends les clés du studio et de l'automobile, m'ordonna-t-il.

— Et je dors où ?

— Tu t'arranges, ce n'est plus mon problème.

– Et les recettes des deux soirées, je peux les voir ?

– Pas tout de suite.

– Tu devrais te lancer dans le monde du cirque en tant que lanceur de couteaux dans le dos. Une grande carrière t'attend.

– C'est toi qui as commencé. Tu nous as caché tes difficultés au Québec, ton interdit bancaire à ton arrivée en Haute-Savoie, sans parler de ton congédiement de Juste pour rire. J'ai fait mon enquête.

– Tu mens, Romain. Martine et toi saviez déjà tout de ma vie. Y compris toutes les raisons de mon départ de Montréal, mes problèmes d'argent et d'emploi après la fermeture d'une station de radio. Je vous ai tout raconté dès la première rencontre.

– Écoute, si tu me signes cette reconnaissance de dette et si tu l'honores d'ici la fin de l'année, je déchire tout et on recommence à zéro. Sinon, on arrête tout.

– Comment veux-tu que je trouve une telle somme ? Il y a la recette des deux soirs des Bonimenteurs, mais je ne peux faire plus… sinon te dire que je toucherai une autre somme à Viux-en-Sallaz, en février.

– Tu te démerdes, ce n'est pas mes oignons.

– Donne-moi ta crisse de feuille que je te la signe.

Je signai la reconnaissance de dette, puis ils me reconduisirent au studio de Bogève. Le lendemain matin, fidèle à sa parole, il passait récupérer les clés de l'appartement et de l'auto et en profita pour m'intimider encore un tantinet :

– Et n'oublie pas : tu n'appelles plus jamais Martine pour tes problèmes ou pour toute autre raison. Elle est de mon côté, et tu le sais…

Il cracha cette dernière phrase d'un ton si jouissif que je fus révolté par l'ampleur de cette fumisterie.

– Tu es en train de faire un beau gâchis avec Florian.

– Pas si tu trouves de l'argent… Tiens-moi au courant.

L'heure était au bilan, et je pouvais en faire le tour à la vitesse de la lumière. Dans mes poches, cent euros. Plus d'appartement. Plus de studio. Peut-être plus d'artiste. Et, pis encore, plus d'avenir – du moins en tant que gérant. Point à la ligne.

J'allai boire un coup au bar de Claude Juillard en fin d'après-midi. Je lui demandai s'il pouvait faire quelque chose à court terme pour moi, le temps que je reprenne mon souffle, que je me remette du coup de poignard. Pendant un instant, j'envisageai sérieusement d'appeler mes parents ou un de mes frères pour les prier de me payer un billet d'avion Genève-Montréal, mais je résistai à la tentation de la facilité. Si j'étais rentré à Montréal, j'aurais admis ma défaite devant le beau-père et je me serais retrouvé, en moins de quelques semaines, réduit à la même situation que lors de mon départ, celle d'un lion en cage dans l'appartement de mes parents, à L'Assomption.

– Je ne peux pas te laisser une chambre à l'hôtel parce que j'y installe le chauffage général pour l'arrivée des touristes d'hiver, me dit-il, un peu dépité. Mais je vais appeler Bino et nous allons te trouver un studio pour quelques semaines. Il n'est pas question de te laisser tomber.

Encore une fois, la chance me sourit dans ma déveine. Le beau-père n'avait pas une très bonne réputation dans la commune. On racontait qu'il ne voulait plus travailler. Qu'il s'était monté un plan de retraite avec cet accident de travail au dos. Qu'il userait de la même stratégie avec Martine, opérée aux deux pieds il y avait de cela quelques mois. Les deux vivraient bientôt et pour le reste de leur vie de leurs assurances accidents. C'était du moins ce qui se racontait dans les bars du bled.

L'hôtelier Juillard mit une petite heure, montre en main, pour régler mon problème de logement.

– Bino t'a trouvé l'appartement d'un saisonnier, au-dessus du bureau de la Poste, m'annonça-t-il, tout guilleret. Tu pourras y loger au moins deux à trois semaines. Et si tu as faim ou soif, tu passes me voir quand tu veux, je vais m'occuper de toi, le temps que tu prennes une décision finale concernant tes projets.

Je remerciai Bino et Claude, je pris mes bagages à bout de bras et j'emménageai dans mon studio temporaire. Rien ne manquait. Je m'allongeai sur le lit et je craquai comme une digue. Je versai toutes les larmes de mon corps en maudissant mon sort. À moins d'un miracle, j'allais perdre mon champion et je devrais faire une croix sur le projet artistique dans lequel je m'étais le plus investi jusque-là. Le coup était dur à encaisser. Je ne pensais pas qu'à moi et à mon avenir ; je pensais encore davantage au jeune homme. Comment vivrait-il cette déception si je ne sortais pas un autre lapin de mon chapeau ? En voudrait-il à ses parents ? Garderait-il intacte sa foi en une carrière artistique ?

Je vidai une bouteille de rouge qui me faisait de l'œil depuis une étagère du studio. Le tout agit sur moi comme un puissant somnifère. Si ce n'avait été de cette bouteille, je n'aurais pas réussi à fermer l'œil de la nuit. J'en voulais trop à la vie !

Chapitre 38
Par un poil de nez !

Je ne voulus pas rester seul trop longtemps dans cet appartement. La solitude peut vous noircir les idées en un rien de temps. Elle peut saper le moral et faire prendre les décisions les plus imprévisibles, peu importe qu'on ait comme moi une carapace forgée aux détours d'une traversée du désert.

De toute façon, je n'avais pas de temps à perdre. Il fallait que je me rende à Paris d'ici deux semaines pour servir d'arbitre dans le conflit entre les Bonimenteurs et Françoise. Selon Didier, son conjoint, moi seul pouvais convaincre les Bonimenteurs de signer un contrat avec Françoise. Il allait organiser un dîner à Paris avec eux avant la fin du mois et il comptait sur ma présence.

Je tenais moi aussi à régler ce différend entre les deux parties. Si je réussissais ce coup, Françoise et Didier, au parfum de mes soucis financiers avec le beau-père de Florian, me sortiraient du trou. Je pourrais obtenir une avance de quelques milliers d'euros et clouer le bec au procédurier de Bogève une fois pour toutes.

La réunion entre les Bonimenteurs et le clan de Françoise et Didier eut lieu au restaurant Le Galvacher, avenue des Ternes, dans le 17e, le 19 novembre. Françoise et Didier avaient fait les choses en grand, réservant toute une section du deuxième étage pour plus d'intimité. Puisque le beau-père avait gelé la recette des spectacles du début novembre en tant que gage d'une avance de paiement, je dus demander à Yves de m'avancer trois cents euros. Il fit mieux, m'accompagnant jusqu'à la capitale, assumant les frais de mon billet de train, les deux nuits à l'hôtel et les autres faux frais.

La soirée se déroula assez bien entre les deux parties. Françoise et Didier firent entendre leur point de vue ; les Bonimenteurs en firent autant. Enfin, ce fut à mon tour de faire connaître ma version des faits dans l'épineux dossier.

– Nous avons besoin de vingt-quatre heures avant de prendre notre décision finale, exigèrent les deux artistes au terme de quatre heures de négociations.

– C'est d'accord pour nous, répondit Françoise au nom du couple.

À la suite de ce dîner, j'allai boire un verre avec le duo de comiques dans un bar huppé de la place Pigalle. Mon petit doigt me disait que les Bonimenteurs refuseraient le partenariat avec Françoise et Didier – une décision qui ne me faciliterait pas la tâche et qui irait à l'encontre de mes intérêts. Françoise et Didier leur offraient une gérance rigoureuse et plusieurs ouvertures dans les télés parisiennes, dont une presque garantie avec l'un des décideurs du puissant producteur Arthur, chez Endelmol, producteur notamment de *Star Académie*.

– Nous avons trop galéré pour arriver où nous en sommes, plaidèrent les deux artistes. Nous voulons voler de nos propres ailes. C'est peut-être une décision que nous regretterons un jour. Mais nous ne sommes pas prêts à être gérés par une autre personne que Muriel. Elle s'est trop investie dans notre aventure.

Je revins donc bredouille à Bogève, avec une autre mauvaise nouvelle à la clé : je devais déjà quitter mon logement au-dessus du bureau de la Poste. Le propriétaire venait de le vendre. L'étau se refermait encore une fois sur moi. J'eus beau apprendre à la maman de Florian que François Bernheim et Christophe Piot avaient réservé un studio, au palais des congrès de Paris à la mi-décembre, avec le réputé compositeur italien Pierrot Cassanot, le beau-père me faisait toujours la grimace.

– Tu paies ou Martine rompt le contrat, se bornait-il à répéter, buté.

Yves, mon copain de jeu, me vint encore en aide. Comme son ex était partie en vacances au Québec, je pouvais occuper sans frais sa chambre à l'appartement d'Annemasse jusqu'au début du mois de décembre. Je sautai à pieds joints sur ces quelques semaines de sursis. Je me sentais comme un draveur bondissant d'un billot à l'autre pour se sauver d'un bain glacé en eaux troubles.

Yves me fit également part d'une proposition surprenante :

– Je vais essayer de débloquer une bonne somme de mon compte, quelque chose comme dix mille euros. Mais il faudra que tu me verses cinquante pour cent de tes parts dans le dossier de Florian et dans tes autres activités.

J'en glissai un mot à l'hôtelier Claude Juillard. Il trouvait que c'était cher payé.

– Ne te laisse pas entuber, me conseilla-t-il. Ni par le beau-père, ni par Yves, ni par personne. Je vais te présenter à des personnes encore plus sérieuses s'il le faut.

Claude pensait à François Turcas, son ami président du Conseil général de la région Rhône-Alpes. Turcas avait assisté au second spectacle des Bonimenteurs à Bogève. Grâce à son influence, je pourrais peut-être signer quelques contrats avec les Bonimenteurs et d'autres humoristes de la région lyonnaise.

En attendant d'être de nouveau évincé de mon logement de fortune, je ne foutais pas grand-chose. J'allais marcher dans les rues d'Annemasse, échafaudant des plans qui ne supportaient pas l'épreuve de la réalité et qui s'écroulaient comme des châteaux de cartes.

Un matin, Yves me glissa un billet de cent euros dans la main.

– Va payer ta note de cellulaire avec cet argent, me suggéra-t-il. Le téléphone est ton premier outil de travail, tu ne peux pas t'en passer. Et puis, il te restera une trentaine d'euros pour boire un coup et pour miser sur quelques courses au PMU si tu veux.

Nous étions déjà le mardi 26 novembre. Je devais trouver de l'argent pour le voyage de Florian à Paris à la mi-décembre. Et aussi pour me payer un studio près de l'hôtel de Claude Juillard. Bino avait repéré un studio de vingt mètres carrés dans des condos donnant sur le bas des pistes de la station de ski.

Mais je devais régler deux mois à l'avance, soit cinq cents euros. Si je faisais mes comptes, j'avais besoin au minimum de mille cinq cents euros pour décembre… sans oublier la reconnaissance de dette du beau-père. Je ne voyais pas comment j'allais m'en sortir. Quant à Yves, il était passé chez son banquier, mais la somme n'était toujours pas disponible.

Il était dix-sept heures lorsque j'arrivai chez France Télécom pour régler ma note de soixante-huit euros. Manque de bol, la boutique fermait à seize heures trente. Je marchai vers un premier café, au centre-ville, où je connaissais une serveuse, une brune très mignonne au début de la trentaine. Je bus deux verres, puis je la saluai. Quand je passai devant le PMU, je ne pus résister à la tentation. Il y avait encore une nocturne sur le champ de Vincennes et je rentrai en coup de vent dans l'établissement.

La voix de ma conscience – celle de l'ange, bien entendu – parlait haut et fort, courroucée par ma bêtise :

– Quel imbécile, quel malheureux crétin ! Avec ta poisse des derniers jours, tu vas perdre jusqu'aux rayures de ta chemise. Et tu devras avouer à Yves que tu n'as pas réglé ta note de téléphone en faisant porter le chapeau aux canassons…

Je perdis cinq des six premières courses. Il ne me restait plus que trente et un euros dans les poches de ma veste – hé oui ! j'avais toujours ma veste –, et c'était la septième et dernière course de la soirée. Je ne ressentais plus rien, ni victoire ni défaite, parce que j'avais bu près d'une bouteille de rosé. Je maudissais et j'envoyais au diable, dans l'ordre et dans le désordre, le beau-père de Florian, tous les chevaux et tous les jockeys de la planète, tous les directeurs de journaux et de radio en Amérique (tout particulièrement Richard Desmarais), tous les clairvoyants du monde, Maryse qui n'avait pas su m'aimer, toutes les autres qui m'avaient ou que j'avais laissé tomber. Seuls mes parents et ma famille furent épargnés de mes injures et de ma colère noire.

Je payai ma note au bar : encore quinze euros. Je n'avais plus que seize euros en poche. Je marchai jusqu'au guichet avec la grâce d'un zombie. Je jouai un trio qui me coûta neuf euros : le 6 comme cheval de base avec le 3, le 9, le 11 et le 14.

Je retournai à mon siège pour caler ma dernière lampée de rosé, toujours avec cette même grâce du zombie, et je levai machinalement la tête vers le moniteur télé.

C'était le dernier droit de la course, avec plus que deux cents mètres à courir. Je vis le 6 confortablement en tête. Il ne pouvait perdre à moins de tomber raide mort sur la piste. Ma poisse n'irait quand même pas jusque-là. Puis le 9 vint finir deuxième, sans opposition, la queue flottant au vent. Je commençai malgré moi à retenir mon souffle. J'avais absolument besoin du 11 ou du 14 pour toucher le trio.

– Câlisse! jura mon ange cornu, au grand dam de mon angélique conscience.

Je regardai vite au bas de l'écran: le 11 était déjà disqualifié. Il y avait deux chevaux qui arrivaient à vitesse de missile au fil d'arrivée: le 5, à l'extérieur, cachait un autre numéro.

– C'est trop serré pour déterminer qui l'a emporté, s'époumona l'annonceur-télé à Vincennes. Ça va se décider par un nez.

Le cheval caché à l'intérieur était mon numéro 14. Sa cote était fixée à 94 contre 1. Mon cœur se mit à battre la chamade comme si j'achevais un marathon. Si le verdict donnait le 5 troisième, je ne toucherais rien. Et j'enverrais ma bouteille vide dans le moniteur télé en faisant porter le tout sur mon ardoise. Peu m'importait de terminer ma nuit en taule: en Haute-Savoie, les flics offrent le café et les croissants gratuitement le temps d'une nuit en cellule.

Une minute passa. Puis deux. Il y avait toujours photo pour la troisième place. Ma conscience angélique, désormais aussi impliquée que la cornue, implorait son patron en ligne directe:

– Mon Dieu, donnez-lui au moins une égalité en troisième. Ça remboursera facilement tout ce qu'il a perdu ce soir. Et il pourra payer sa note de téléphone demain. Et il ne recommencera jamais plus.

L'annonceur-télé confirma le verdict final à vingt-trois heures sept: le 14 était troisième par un poil de nez, et fin seul comme un grand garçon. Je vérifiai de nouveau mon ticket pour en croire mes yeux: j'avais bel et bien un ticket de la combinaison gagnante du tiercé de la septième et dernière course à Vincennes: 6-9-14.

·Je lâchai un grand cri dans le PMU – vous savez, ce genre de cri entendu dans l'ancienne pub de Loto-Québec, où la voix stridente d'une gagnante faisait voler un lustre en éclats. Une dizaine de clients hantaient encore la salle de jeux. Je dis au barman de payer une tournée générale à tout ce joli monde, car j'étais certain de toucher un bon montant. La cote du 6 était à 23 contre 1, celle du 9, à 30 contre 1, et le 14 – je vous l'avais dit mais vous l'aviez déjà oublié –, à 94 contre 1.

– Je vous rachète votre ticket mille euros, me proposa un gros parieur avec ses dents et ses bagues en or.

– Il n'est pas à vendre, monsieur, mon ticket, lui rétorquai-je avec toute la morgue d'un nouveau riche.

Dix minutes plus tard, je flottai jusqu'aux guichets pour toucher trois mille deux cent soixante euros (environ cinq mille dollars). J'en laissai soixante en pourboire au guichetier. Si j'avais été pédé, il m'aurait roulé une pelle, comme disent les Français. Les Français laissent peu et rarement de pourboires au bistrot, au resto, au supermarché, à l'hôtel ou au bordel. Dès qu'un Américain foule leur sol, les Français s'entendent pour lui conférer au moins une qualité : celle de connaître le sens du mot « pourboire ».

Après avoir payé la tournée générale pour mon coup de chance miraculeux (souvenez-vous, c'est l'un des commandements de mon *Manuscrit des anges* : « Quand tu croiras que tout est foutu pour toi, un ange viendra te tendre la main pour te sortir de cette impasse »), je demandai à l'un des serveurs de m'appeler un taxi. Je ne voulais pas sortir dans les rues grises et humides d'Annemasse avec plus de trois mille euros en liquide dans mes poches. Mes anges me ressemblent : ce sont des pacifistes. Ils ne sauraient pas jouer du couteau ou du revolver contre un malfaiteur armé. Le taxi klaxonna devant le PMU cinq minutes plus tard. Je saluai ceux qui tétaient encore le verre de ma tournée et je sautai dans le taxi en laissant la portion cornue de ma conscience annoncer la destination au chauffeur :

– Au casino, je vous prie. Je sais, c'est à peine à plus d'un kilomètre, mais je vous laisserai un bon pourboire.

C'était de la folie. J'aurais dû écouter la voix de ma (bonne) conscience et rentrer immédiatement chez Yves. Mais il n'était pas à l'appartement. Il travaillait dans un hôtel à Genève, un nouvel emploi qu'il devait à la femme de mon ami hôtelier, Claude Juillard.

«Tu joues seulement une petite heure et tu rentres à l'appartement», me convainquit ma conscience pendant que je laissais dix euros au chauffeur de taxi pour une course qui m'en aurait coûté seulement quatre si je n'avais pas été promu au rang des gens riches et célèbres d'un soir.

C'était seulement la deuxième fois que je mettais les pieds dans un casino depuis mon arrivée en France. La première fois, ç'avait été à Forges-les-Eaux, en Normandie, avec mon copain hockeyeur Steve Woodburn. J'avais passé une belle soirée avec lui et sa charmante femme, soirée d'autant plus agréable que, n'ayant rien à jouer au casino, j'en étais ressorti ni plus ni moins pauvre. Ce soir-là, au casino d'Annemasse, je me dirigeai vers la salle privée des joueurs de roulette avec les poches pleines. Mon intérêt pour ces tables allait au-delà du jeu. J'avais débuté la rédaction des règles d'une nouvelle table de roulette avec les cartes d'un jeu traditionnel et des jokers représentant les trois millénaires, et je voulais voir si mon idée tenait la route ou non.

– Une pièce d'identité, s'il vous plaît, monsieur, exigea poliment une grande blonde dans la vingtaine avec une grande bouche pour-mieux-te-manger-mon-enfant.

– Voilà.

– Tiens, vous êtes canadien! Parlez-moi un peu que je compare votre accent avec celui de Céline…

– C'est seulement la centième fois qu'on me la fait, celle-là.

– Mais elle chante tellement bien, Céline, monsieur!

– Je peux entrer maintenant? J'ai une folle envie de cavaler au petit coin, mentis-je.

– Attendez que l'ordinateur me confirme si… C'est bon, vous pouvez cavaler en toute quiétude. Bienvenue au casino d'Annemasse, monsieur Denis Lapointe. Vous ne seriez pas par hasard parent avec Boby Lapointe, notre célèbre chanteur?

– Évidemment, mademoiselle. Je casse la croûte avec lui toutes les semaines.

– Alors, ce doit être en invoquant les esprits. Boby Lapointe est mort depuis déjà trente ans.

– Je vous faisais marcher, mademoiselle. En revanche, je connais personnellement Franck Dubosc. C'est lui qui m'apprend toutes ces vannes faciles.

– Petit farceur que vous êtes, monsieur Lapointe. Vous ne connaissez pas plus Franck Dubosc que mon père ne connaissait Bourvil...

Je soupirai profondément. À quoi bon dire la vérité si personne ne veut l'entendre!

La blonde à la grande bouche me remit mon petit passeport. Je savais que je n'étais pas fiché ni recherché par le FBI, la CIA, la GRC ou la DST. Le beau-père de Florian, mon Columbo d'opérette, me l'avait confirmé durant son interrogatoire en présence de son neveu juriste, trois semaines plus tôt.

Les portes coulissantes du casino s'ouvrirent pour me laisser entrer...

Il y avait seulement trois tables de roulette et cinq tables de black-jack.

«Tu es bien loin de Las Vegas, mon Tom», me souffla ma conscience cornue.

«Ta gueule», lui dis-je, histoire de lui montrer qui était le chef.

Il n'y avait pas non plus beaucoup de joueurs en ce mardi 26 novembre. C'était la fin du mois, ceci devant expliquer cela. Je m'achetai pour deux cents euros de jetons, la somme que je m'étais fixée. Je n'étais pas dupe de mes belles promesses; je me connaissais assez pour savoir que je retournerais en acheter ventre à terre si je perdais toutes mes mises des trente prochaines minutes.

– Faites vos jeux, mesdames et messieurs, répétait le croupier, impeccable dans son habit de pingouin. Faites vos jeux.

Je mis pour quarante euros de jetons sur le 4 rouge. Pourquoi? Parce que Florian m'avait dit que le 4 était son chiffre chanceux. Et puis, comme je suis le quatrième enfant de la famille, pourquoi pas le 4, après tout!

– Rien ne va plus, dit monsieur Pingouin. Et c'est, c'est, c'est... le numéro 4 rouge, la banque paie le 4 rouge.

Je n'en croyais pas mes yeux. Je venais de gagner à mon premier tour.

– Félicitations, monsieur, me lança monsieur Pingouin.

– Je touche combien ?

– Quarante fois votre mise.

– Pardon ?

– Oui, ça vous fait mille six cents euros. C'est parce que vous n'avez pas joué votre numéro à cheval sur un autre numéro.

– « À cheval », elle est bien drôle cette expression, dis-je autant pour moi que pour lui, en me souvenant que, exception faite du coup de pot de ce soir-là, les chevaux m'avaient coûté la peau du cul ces dix dernières années.

J'allongeai cinquante euros en guise de pourboire à monsieur Pingouin, qui relança son disque en souriant à belles dents.

– Faites vos jeux, mesdames et messieurs…

C'était mon soir de chance. Enfin, c'est ce que je crus durant encore une heure, au cours de laquelle je perdis un peu plus de mille euros, avant que mes anges s'unissent pour m'intimer l'ordre de quitter la place avant d'y laisser tout le gain obtenu au premier tour de roulette.

J'allai boire une dernière coupe de champagne à la discothèque du casino. Tous les divans de l'endroit étaient tendus de feutre rouge, comme dans les films du temps de la prohibition à Chicago. J'espérais que la fille du PMU y travaillait cette nuit-là. Ainsi, j'aurais pu la draguer en exclusivité au bar. Mais elle ne nous avait pas menti, à Yves et à moi : elle y bossait seulement les vendredis et samedis soir. C'était mieux ainsi, tout compte fait. J'étais tellement ravi de ma bonne fortune que je n'en demandais pas plus à mes anges. Je pris un dernier taxi pour retourner chez Yves. Il était deux heures trente du matin quand je rentrai, à pas de loup, sans savoir si Yves avait fini son job à Genève. La porte de sa chambre était fermée et il n'était pas question que je le réveille à une telle heure de la nuit.

Je réintégrai ma couchette en me remémorant les miracles de la soirée, encore si exalté que jamais ne m'effleura l'idée de vomir ma bouteille de rosé et mes cinq coupes de champagne…

Chapitre 39

Forever

Le lendemain de ce soir de chance au PMU et au casino d'Annemasse, je me sentais fort comme Hercule. Avec trois mille cinq cents euros en poche, je n'étais peut-être pas riche comme Crésus, mais j'avais une marge de manœuvre suffisante pour juger de la bonne – ou mauvaise – foi du beau-père. Pour en avoir le cœur net, je l'appelai sur son portable le mercredi midi, mais la messagerie s'enclencha.

– J'ai de l'argent et je veux te voir avec Martine, ce soir, à Annemasse, à dix-neuf heures, lui dis-je. Si vous êtes d'accord, vous me rejoindrez au bistrot sur la Nationale, à la sortie d'Annemasse. Vous verrez, il y a une boulangerie juste en face.

Il me rappela une demi-heure plus tard.

– Tu nous rembourses la totalité de tes dettes? voulut tout de suite savoir le chacal.

– Non. Comme j'ai encore plus de cinq semaines pour tout te rembourser, je vais commencer par vous remettre près de mille euros.

– Où as-tu touché cet argent?

– J'ai dévalisé une banque… Qu'est-ce que tu penses?

Il rit avec la même chaleur qu'autrefois, fort et bêtement, comme lorsqu'il venait parader à Paris, avec ses muscles et ses tatouages, en compagnie de Martine et de Florian pour voir Antony Kavanagh et les L5 en concert sur la scène du Zénith. Ou encore quand nous avions signé l'entente officielle entre les deux parties, au bureau de Me Guilloux, dans le 16e, un avocat que François Bernheim m'avait présenté.

– C'est bon pour dix-neuf heures, confirma-t-il finalement. Florian viendra avec nous. Il a hâte de te revoir.

– Moi aussi, je serai heureux de revoir mon champion.

J'avais retrouvé le sourire. J'avais la pêche, pour reprendre l'une des expressions préférées des Français quand tout va bien. Libre comme l'air avant le rendez-vous de dix-neuf heures avec Romain, Martine et Florian, j'en profitai pour faire quelques achats. Nouveau jeans, nouvelles chemises, nouvelle laine, nouveaux souliers, nouvelle montre, nouvelle coupe de cheveux... Je dépensai quatre cents euros le temps de le dire. C'était la première fois que je me gâtais en plus d'un an. Depuis que je gérais la jeune carrière de mon champion, presque tout mon argent lui était consacré, sans compter les réunions d'affaires aux restos et dans les différents PMU des régions de France où je m'arrêtais.

Bien dans ma peau, j'allais jouer le grand jeu avec le beau-père et sa Martine, ce duo qui avait décidé du jour au lendemain de mettre des bâtons dans ma roue de vie et de m'exclure de la carrière de Florian. Le couple et mon champion se pointèrent à l'heure au rendez-vous. Romain riait, mais jaune, d'un rire forcé. Martine avait assez bonne mine, bien que toujours aussi lourdement fardée. Florian, lui, ne se doutait pas encore de ce qui se tramait vraiment. On lui avait dit que je ne passais plus le voir parce que j'étais trop débordé. Mais il était loin d'être stupide. Il savait que je ne logeais plus au studio de sa maman et que je ne conduisais plus sa Ford. On ne pouvait pas le duper, malgré les quinze ans qu'il allait bientôt célébrer.

– Voilà huit cents euros, ai-je dit à Martine en déposant huit coupures de cent sur la petite table du bistrot. J'ai bien étudié la reconnaissance de dette. Cet argent comblera les coûts du loyer de ton studio, de l'électricité et des réparations de la voiture. Maintenant, toi et moi, on ne se doit plus rien.

– Merci, Tom.

Ma stratégie n'avait pas été élaborée au hasard; je voulais tester de nouveau la confiance de Martine. Quand elle m'avait téléphoné en pleurs, à la mi-octobre, pour me dire que son prince charmant forniquait peut-être ailleurs, elle m'avait aussi confié avoir des soucis financiers.

– Je touche très peu par mois avec les chèques d'aide des gouvernements, m'avait-elle raconté. Et malgré tout, Romain exige que je lui verse une partie du loyer. Ainsi, il sait très bien qu'après avoir payé mes cigarettes, l'essence de l'auto et donné un peu d'argent de poche à Florian pour ses petites sorties, il ne me reste plus rien pour sortir seule. C'est sa façon de me garder toujours à la maison – pour faire son lavage, son repassage, lui cuisiner des petits plats. Heureusement, il baise comme un dieu…

J'allongeai ensuite un billet de cent euros pour payer l'animation de Florian à l'occasion des deux soirées à Bogève. Puis, je testai mon Columbo d'opérette. Comme il avait gardé le reste de la recette des deux soirées des Bonimenteurs, et que je me rendais à Paris avec Florian pour l'enregistrement d'une chanson avec Pierrot Cassanot, je lui dis que j'attendrais avant de régler mes dettes. Je venais de signer une entente pour un autre spectacle des Bonimenteurs, à Viux-en-Sallaz, le 31 janvier prochain, je ferais une bonne recette et, sous peu, je lui rendrais le reste de l'argent.

– Rembourser Martine est honorable, me répondit-il. Mais je t'ai dit que je voulais tout mon argent avant la fin de cette année. Ça te donne un mois et trois jours. Ce n'est pas mes oignons, tes frais pour le voyage à Paris avec Florian. C'est le rôle d'un producteur de payer de telles factures. C'est spécifié dans le contrat signé chez Me Guilloux. Tu dois payer TOUTES les dépenses de l'artiste. Ce n'est pas le rôle de la famille.

– C'est entendu, je ferai de mon mieux.

– Je veux tout mon argent. Ensuite, on repart à zéro. Tu as ma parole devant Martine et Florian.

Devant mon champion, je ne voulus pas polémiquer. Je finis mon rosé, partageai le coût des consommations avec le procédurier et partis boire un verre avec Yves au centre-ville. Dans mon esprit, déjà, je savais que la situation était sans issue. Même si je le remboursais, je l'aurais sur le dos jusqu'à la majorité de Florian. Un cancéreux peut être en rémission, mais la possibilité d'une rechute existe toujours. Romain était devenu une plaie d'Égypte, la poisse de mes cinquante ans. Je savais que je perdrais fatalement la partie et que je devrais tôt ou tard rompre mon contrat avec le jeune chanteur.

Avant le voyage de la dernière chance avec Florian au palais des congrès de Paris, je quittai l'appartement d'Yves pour lui laisser un peu d'intimité. Je lui remboursai cent cinquante euros pour l'avance du paiement de mon compte de cellulaire et j'allai m'installer à l'appartement repéré par Bino, à deux kilomètres et demi au nord de Bogève. Je lui payai les cinq cents euros des loyers de décembre et de janvier. Propriété d'un dénommé Giraud, l'appartement n'avait pas été habité depuis quelques mois. Situé au rez-de-chaussée, il donnait sur le stationnement arrière. De cet endroit, je pouvais voir, sur le versant de la montagne, la route menant vers la station de ski serpenter entre pins et sapins.

Je défis mes valises et pendis mes vêtements dans un garde-robe. Le studio était presque vide, sans télé ni livres. Pour seul divertissement, une radio grosse comme mon poing. Manque de chance, je captais seulement France Infos. Écouter les nouvelles trois fois par jour, ça peut aller ; entendre les mêmes infos quatre fois l'heure, c'est une grosse prise de tête, surtout quand les nouvelles sont mauvaises. Mais le studio contenait le nécessaire : des toilettes avec une douche recouverte d'un rideau jaune pisse, un minifrigo, un poêle avec deux ronds pour me faire cuire omelettes, pâtes et viandes, et enfin deux lits simples que je pourrais convertir en canapés si un télé-viseur géant et quelques filles m'étaient inopinément livrés par un milliardaire saoudien.

J'étais seul au monde. Seul dans le noir. Le soir, quand je fermais la lampe de chevet, je me vautrais sur un des deux lits en m'enroulant dans trois couvertures de laine. Comme le matelas du canapé était placé sur le sol, je sentais le froid courir sur mon corps et j'avais besoin d'au moins vingt minutes pour réussir à me réchauffer devant le minuscule radiateur.

Heureusement, j'avais du pain sur la planche. Il fallait que j'organise le voyage du 15 décembre pour Florian, à Paris. Je devais aussi penser à ma stratégie de vente et de marketing pour le spectacle des Bonimenteurs qui aurait lieu dans moins de deux mois, à Viux-en-Sallaz. Cette fois-ci, le duo de comiques me demandait de payer leurs dépenses et d'y ajouter un cachet d'artistes. J'en avais, au bas mot, pour mille euros, et ce, avant même de toucher un seul euro de profit.

Florian et moi partîmes le 14, à midi, vers la capitale. Patrick, un habitué du bar chez Claude Juillard, nous conduisit à la gare d'Annemasse. Je payai mon billet aller-retour et je fis une surprise à mon champion en lui offrant un forfait à l'année. Cette carte lui permettrait de voyager à demi-tarif, n'importe où en Europe, pendant toute l'année 2003. Deux cents euros venaient déjà de partir en fumée. Nous arrivâmes calmes et reposés dans la capitale, à dix-sept heures. Dix jours plus tôt, j'avais demandé à ma copine Françoise de faire une réservation dans un bon quartier de Paris ; elle était parvenue à me dégoter une chambre dans un hôtel de la Défense à cent quarante euros. J'avais mal calculé mes affaires. J'étais parti avec seulement cinq cents euros en liquide, ayant camouflé les huit cents autres sous le canapé de mon studio. Après avoir réglé les notes des repas, celles du TGV aller-retour, le forfait annuel à demi-tarif de Florian, les autres déplacements en métro (en transportant tous les bagages pour ne pas épuiser mon jeune artiste), nous nous présentâmes au palais des congrès de Paris vers neuf heures le matin du 15. Je n'avais plus que cent dix euros en poche.

Mais je refusai de me laisser stresser par ce handicap financier. Je voulais que Florian parvînt à épater Pierrot Cassanot, lequel avait décidé de lui écrire un tube durant la journée. Florian en bava comme jamais auparavant. Je le revois encore dans ce vaste studio réservé aux plus grands. Je le sentis paniquer pour la toute première fois. Cassanot le dirigeait comme le gamin qu'il était, mais en lui demandant une rigueur et un rendement à la hauteur de la réputation que Bernheim et Piot lui avaient vendue. Jusqu'à dix-neuf heures, Florian n'arriva pas à combler les attentes de Cassanot. Ce dernier ne le montrait pas ouvertement au jeune, mais ses hésitations agaçaient le compositeur. Bernheim et Piot, également présents en studio, observaient la scène.

– Va marcher et manger un peu avec Tom, lui dit-il au début de la soirée. Nous tenterons une dernière prise à ton retour. Si ça ne marche pas ce soir, je planifierai une nouvelle date d'enregistrement en janvier.

Florian avait le teint pâle. Il ne parla guère en découpant sa pizza. Je lui rappelai que j'étais fier de lui. Qu'il était jeune et que, si ça n'allait pas aujourd'hui malgré l'argent et le temps investis, ça fonctionnerait un autre jour. Qu'il avait toute son adolescence devant lui pour s'améliorer avec madame Charlot, François Bernheim et Daniel Picq. Le jeune revint en studio, métamorphosé, et il livra la marchandise en moins d'une heure. Cassanot le félicita chaudement et il nous dit qu'il éditerait la version finale de la chanson pour le mois de janvier.

Nous quittâmes le studio vers vingt-deux heures, aussi épuisés l'un que l'autre. Je pensais à tout le mal de chien que je m'étais donné pour un artiste que je perdrais possiblement dans les semaines à venir si je ne trouvais pas une nouvelle entrée d'argent. «Mon Dieu, donnez-moi un autre miracle», priai-je silencieusement en traînant les lourdes valises dans le métro parisien. Je songeais aussi au fait que j'avais annulé la réservation de la seconde nuit à l'hôtel de La Défense et que je devais trouver au plus vite une chambre autour de la gare de Lyon avant notre retour en Haute-Savoie le lendemain.

Après avoir sonné à quatre ou cinq hôtels, tous complets, près de la gare de Lyon, nous réussîmes finalement à trouver un hôtel, et les derniers cent dix euros dans mes poches se volatilisèrent. Je dus demander à Florian de retirer quarante euros à un guichet pour que nous puissions prendre le petit déjeuner et une collation dans le TGV pendant le voyage de retour. Nous revînmes à Annemasse en fin d'après-midi. La maman de Florian nous attendait, seule. Romain avait préféré encore une fois m'éviter. Je ne lui avais pas remis la totalité de la somme due et je ne disposais plus que de deux semaines pour régler mes dettes.

– Tout s'est bien passé à Paris? demanda Martine.

– Très bien. Je n'avais pas apporté assez d'argent. J'ai dû emprunter quarante euros à Florian. Je vous les rendrai demain ou après-demain.

– Pas de problème, Tom.

Je prenais un risque en lui avouant une telle chose. Malgré son calme, je redoutais le pire. Allait-elle se servir de l'emprunt d'une somme aussi dérisoire pour me faire des misères? La réponse ne tarda pas à venir: dès le lendemain, alors que j'allai boire un pot chez Claude Juillard. Je n'avais qu'un message sur mon cellulaire: celui du beau-père. Il s'était remis en mode intimidation. Il me rappela la date d'échéance du paiement final et gueula que je reprenais mon manège en empruntant des sous à un gosse d'à peine quinze ans.

Je bus un verre chez Claude. Le beau-père se pointa une demi-heure plus tard, saluant tout le monde sauf moi. Il offrit même une tournée générale… qui excluait bien sûr le paria que j'étais devenu à ses yeux. Claude me regarda et me fit signe de laisser faire ; le beau-père cherchait manifestement à me provoquer. Après son départ, j'appelai Christophe Piot. L'homme de la Warner croyait beaucoup en Florian. Quand je lui reparlai de mes embrouilles avec le beau-père de l'artiste, il me proposa de venir rencontrer la famille avec François Bernheim, à Bogève. La date du rendez-vous fut fixée au 6 janvier. Piot insista pour que je sois présent, mais le beau-père opposa un refus formel à cette condition.

Le jour de la rencontre, j'avais dépassé la date fatidique du paiement final. Piot et Bernheim avaient réservé pour une nuit à l'hôtel de Claude. Ils parlementèrent toute la soirée avec Romain et Martine, et ce, devant Florian. Je pris le petit-déjeuner avec eux le lendemain matin, au restaurant de l'hôtel, et ils me firent le bilan de leur discussion :

– Martine veut rompre le contrat. Nous leur avons dit que tu nous avais présentés à Florian et que tu faisais un travail formidable pour lui. Mais ils n'ont rien voulu entendre. Je n'aime pas être impliqué dans un dossier qui se présente aussi mal dès le départ. Ça sent le moisi, Tom, ton association avec eux. Ils te détestent souverainement. Ils veulent seulement que tu signes les papiers de rupture de contrat. En retour, Romain déchirera la reconnaissance de dette.

Piot et Bernheim rentrèrent le lendemain à Paris. Je n'entendis plus jamais parler d'eux par la suite. Le beau-père avait bluffé, mais il avait perdu, croyant que les deux hommes se rangeraient de son côté pour gérer la carrière de Florian. Il s'était royalement trompé. Je signai les papiers de rupture de contrat moins d'un mois plus tard.

Je vis mon champion une dernière fois quelques jours plus tard. Il était convaincu que tout finirait par s'arranger. Il avait pris place sur le canapé de mon studio perdu au pied des montagnes. Il signa son autographe dans mon agenda 2002 comme s'il était déjà une star de la chanson. Puis, il prit un crayon feutre et me dédicaça naïvement une de ses photos préférées, que je gardai dans mon attaché-case, avec la mention : « À Tom, mon manager *forever*. »

Florian était encore trop jeune pour se rendre compte de la partie qui se jouait autour de lui et des convoitises liées à son talent. Son beau-père procédurier, sa mère dominée, suivant son homme comme une bête vers l'abattoir, Florian ne voyait rien de tout ça. Enfin, il était peut-être encore trop jeune pour comprendre la signification de certains mots anglais… à commencer par *forever*!

Chapitre 40
Les gentils

Comment se sent un homme de cinquante ans, ayant fui le Québec depuis maintenant trois ans, qui se retrouve à nouveau seul et fauché dans un bled perdu? Si vous avez coché la case «comme un sombre imbécile», vous avez tapé dans le mille!

Si j'avais eu ce même sang de glace qui coule dans les veines des banquiers intraitables et des avocats implacables, les choses auraient pu tourner à mon avantage. Si j'avais été comme Pierre Rodrigue, par exemple, ou comme Gilbert Rozon, j'aurais dit à Me Guilloux de poursuivre le beau-père devant les tribunaux. J'aurais répondu à ses menaces par des ultimatums encore plus persuasifs. Je lui aurais servi sa propre médecine en le harcelant quotidiennement sur son cellulaire.

– J'aurai ta peau, mon enfant de chienne! aurais-je vociféré sur sa messagerie...

Si seulement j'avais été dans le rang des méchants! Mais voilà: je fais partie du clan des gentils. Et les gentils sont trop bons, trop doux, trop cons. Ils ne cherchent pas la controverse, ils fuient l'affrontement. Ils ont une sainte horreur des bagarres et du sang. Ils créent, sans penser que des personnes à l'esprit tordu et au regard assassin les attendent avec une brique et un fanal à la première erreur de parcours.

Une fois de plus, je réalisai que j'étais un artiste et un bohème. Que je n'avais pas la bosse des affaires. Que je n'étais pas un patron mais un simple communicateur à la tête bouillonnante d'idées. Que je n'avais toujours pas compris les véritables raisons de ma descente aux enfers à Montréal. Même mes consciences, l'angélique et la cornue, préféraient ne plus s'en mêler. Et c'était bel et bien moi qui me raisonnais à voix haute, dans mon lugubre studio juché sur les hauteurs de Bogève :

« Désormais, tu n'investis plus sur aucun chanteur, danseur, mime, ballerine, nonne, pute, hockeyeur ni coureur automobile. Tu crées et tu vends tes concepts et ta matière grise. Tu penses à toi, et seulement à toi. Au diable les autres, ils ne sont là que pour sucer ton sang et te mettre à la rue. »

Par ce début de janvier 2003, je me jurai de ne plus m'entourer que de gens prêts à miser exclusivement sur ma petite personne. Mais pour réussir ce tour de force, j'avais besoin de temps, d'un toit et d'un peu d'argent pour compléter l'écriture de mes projets, des projets que je mettais perpétuellement en veilleuse pour m'occuper de la carrière des autres, dont celle du jeune Florian.

J'aurais encore un toit pendant un ou deux mois et tout mon temps à consacrer à mes projets. Quant à l'argent, il me restait quelque chose comme six cents euros enfouis sous les ressorts du lit de camp, cette planche infâme qui aurait très bien accommodé un fakir capricieux.

Pour tuer le temps et chasser mes idées noires, je m'étais fait un point d'honneur de marcher quotidiennement les cinq kilomètres du trajet aller-retour entre mon studio et la commune de Bogève. Je traçais le chemin, beau temps, mauvais temps, de la porte de mon appartement à celle de l'hôtel. Le grand air était ma seule et unique thérapie. Après deux semaines, j'aurais pu faire le trajet les yeux fermés, sans me tromper.

Les longues marches de Tom-le-trotteur, l'hurluberlu québécois, soulevaient la curiosité de quelques rares indigènes des hameaux de cette montagne et d'une flopée de chiens de garde venant renifler mon fond de culotte à la faveur d'une reconnaissance. Parmi eux, à mi-chemin sur mon parcours, il y avait un vieux bouledogue toujours endormi sur le balcon de la résidence de son maître. Il devait avoir entre douze et quinze ans et était presque aveugle. Il écarquillait seulement les yeux quand un caniche, sur le balcon voisin, se mettait à japper à mon passage. Alors le bouledogue se levait péniblement sur ses pattes usées par l'âge et il venait me retrouver avec ses yeux rougis et malades. Après avoir reconnu mon odeur et en avoir conclu que j'étais tout à fait inoffensif, il rebroussait chemin en maudissant le caniche qui venait de troubler sa sieste pour rien.

Sur la dernière ligne droite, entre une auberge à l'abandon et la petite école du village, la bise venait souvent me glacer les os par certains jours de forte humidité. Je parcourais alors le dernier kilomètre à la course pour me réchauffer. S'il faisait grand soleil, je me mettais plutôt en mode ralenti tant la vue était magnifique, de la montagne jusqu'à la cuvette que formait la ville d'Annemasse. À mi-chemin sur cette ligne droite, il y avait une petite statue de la Sainte Vierge, nichée dans une colonne de pierres. Je m'y arrêtais pour faire un signe de croix et pour réciter un *Je vous salue, Marie*. Je pensais toujours à mes parents en faisant ma prière. Ma foi me rapprochait d'eux.

Vers les onze heures trente, à l'hôtel, je retrouvai les mêmes clients au bar. Il y avait Robert, l'épicier de la commune, avec ses mains larges comme des battoirs. Il s'accoudait derrière le bar, aux côtés de Claude, son ami depuis plus de trente ans, et se servait sans demander la permission à même la bouteille de Ricard. Il y avait Patrick, un chômeur qui fumait des cigarillos puants et qui buvait son whisky comme un enfant biberonne son petit-lait. Il y avait Philippe et Daniel, deux potes inséparables. Philippe racontait des histoires dont il loupait une fois sur deux la chute, et Daniel lui disait de fermer sa gueule parce qu'il avait un mal de tête carabiné, à cause de sa cuite de la veille. Il y avait le journaliste Dominique qui nous faisait part des derniers échos sur les faits divers, sans compter les histoires de cœur et de cul de toute la vallée.

Puis, un à un, les clients du midi franchissaient le seuil de l'hôtel pour venir manger un morceau. Presque toujours les mêmes, et presque toujours dans cet ordre : les banquiers bien cravatés de la Banque populaire ; les employés de la commune de la voirie, avec leur bleu de travail déboutonné jusqu'au nombril ; le plombier avec sa gueule de séducteur ; le pédiatre avec sa face de carême ; le fromager avec sa bonne humeur contagieuse ; le suicidaire passionné de football avec sa tête d'enterrement ; le « chti » dirigeant d'entreprise qui parlait *coumme* ça ; le Suisse que personne ne pouvait piffer ; et les rares touristes qui passaient la porte sur la pointe des pieds.

J'étais le seul véritable étranger du lieu. Un étranger fauché qui squattait le bar de la place. Comme mon argent était compté au centime près jusqu'à la venue des Bonimenteurs à Viux-en-Sallaz, Claude m'avait recommandé de ne pas offrir de tournée aux habitués.

– Peu importe ce qu'ils pensent de toi, tu les laisses faire, me répétait-il. Je m'occuperai de ceux qui essayeront de casser du sucre sur ton dos.

L'hôtelier Juillard était un homme en or, comme il ne s'en fait plus beaucoup de nos jours. Mais toute sa bonté ne pouvait empêcher les gens de parler dans mon dos. Mon «divorce» avec le beau-père du jeune prodige avait déjà fait le tour de la commune. Même l'épouse de Juillard lui disait de me foutre dehors à coups de pied au cul. Que je ne lui apporterais que la guigne et des emmerdements à répétition. Le soir, j'avais souvent le cafard lorsque je revenais par la route rurale jusqu'à mon appartement glacial. Je marchais dans le noir. J'entendais le sifflement de la bise, les aboiements des chiens, les craquements des arbres. Parfois, une auto passait lentement à mes côtés. Mais jamais le conducteur ne se rangeait sur le bas-côté pour me proposer de faire un bout de chemin avec lui. On ne fait pas monter un étranger dans sa voiture. Surtout pas un artiste qui ne gagne pas sa vie en souillant ses mains et son pantalon comme les autres habitants de la vallée.

Au terme de ma randonnée, j'arrivais au studio le nez morveux, les mains glacées et les oreilles gelées. Je buvais un bouillon de poulet, je grignotais un sandwich au fromage et j'écoutais les nouvelles en boucle sur France Infos. Claude m'avait refilé trois bouquins, mais un seul m'intéressait : la biographie d'un caïd de la mafia américaine dans les années 1960 et 1970, Sonny Gibson.

Son histoire était fascinante. Il avait réussi à gravir tous les échelons de la planète mafieuse avec un sang-froid qui forçait l'admiration. Au début des années 1970, il était le chef de la mafia. Dans les soirées mondaines, on lui faisait le baisemain comme dans *Le Parrain*. Il couchait avec les femmes les plus bandantes : son gros machin de neuf pouces lui avait permis de gagner des concours de quéquettes dès ses quatorze ans.

Il tuait ses informateurs en les poussant, de son avion privé, dans le vide. Il contrôlait les avocats et les juges les plus véreux des trois Amériques. Il veillait à la protection de stars planétaires tels Elvis et Sinatra. C'était *le* patron.

Mais comme le chante si bien Robert Charlebois dans *Ordinaire*, « y en aura d'autres plus jeunes, plus fous pour faire danser les bougalous ». Il se fit piéger par un petit nouveau assoiffé de pouvoir qui le fit expédier en prison avec tous les tordus du banditisme de haut niveau. Il dut tout recommencer à zéro pour survivre : se battre contre des taupins qui voulaient se mesurer au caïd dont ils avaient tellement entendu parler ; se retrouver au trou et bouffer des souris au petit-déjeuner ; devenir prédicateur et prêcher la bonne parole, lui, l'athée qui n'avait cru qu'en sa loi pendant son ascension vers le sommet.

Dans la vie, quand tu te retrouves au tapis, ta réhabilitation tient à de toutes petites choses : des marches au soleil, par exemple. Ou le jeu stupide des comparaisons avec des cas plus graves que le tien. J'étais peut-être seul au monde, mais je me disais que mon histoire était banale face à celle de ce monstre. Je n'avais plus de femme à mes côtés pour me soutenir, mais c'était de la petite bière comparé à la vie de malheur des enfants qui naissent sidatiques sans rien avoir demandé. J'étais sans le sou, mais j'avais une santé de fer, mon plus précieux héritage.

S'il avait fallu que je sois terrassé par une crise cardiaque dans ce studio loin de tout, j'aurais crevé comme un chien. Mon cellulaire était inutilisable dans cet édifice bétonné, et la cabine téléphonique la plus près se trouvait dans le stationnement, au bas des pistes, à dix bonnes minutes de marche. Le temps de m'y traîner, j'aurais rendu mon dernier souffle le long d'un banc de neige. On m'aurait retrouvé bleu comme un raisin le lendemain. Ou le surlendemain. Au grand bonheur du beau-père qui n'arrêtait plus trop souvent pour boire son coup au bar de Claude parce qu'il le savait désormais mon meilleur allié dans la commune.

La haine et la hargne au cœur, je puisai encore au fin fond de mes forces pour mettre en place la nouvelle soirée des Bonimenteurs à Viux-en-Sallaz. L'équipe de Christian Poncet, l'adjoint du maire de cette petite ville de quatre mille habitants, fit un travail colossal, écoulant la moitié des trois cents billets en vente. L'autre moitié, je la vendis avec la complicité de Bino et de quelques habitués du bar de Claude. Étrangement, plusieurs résidents de Bogève, qui avaient boudé les deux premières soirées en novembre, achetèrent des billets. Ils descendirent la montagne pour venir passer une soirée inoubliable avec le duo comique. J'avais invité pour l'occasion les organisateurs du Festival de l'humour de Ville-la-Grand, la municipalité voisine d'Annemasse. Le tandem leur en mit tellement plein la vue qu'ils acceptèrent de les embaucher pour la prochaine édition du festival, en juin.

Mais je devais d'abord tenir le coup jusque-là. Malgré mon profit de mille euros réalisé lors de la soirée du 31 janvier, je n'avais pas assez d'argent pour payer les quatre mois de loyer du studio, l'épicerie, le téléphone et les frais de déplacement en Haute-Savoie. Être piéton à Paris, pas de problème. Au contraire, c'est une bénédiction. Mais dans la Vallée verte, où l'autobus fait une seule fois la navette quotidienne entre les bleds isolés et Annemasse, ne pas avoir de voiture constitue un handicap majeur. Je réglai ce premier problème en achetant la Clio Renault de Fabienne, l'amoureuse de Christian, le plombier à la gueule d'acteur. Je lui fis un premier versement de deux cents euros sur le coût de mille cinq cents, en la prévenant que les autres paiements s'échelonneraient sur plusieurs mois. Compte tenu qu'elle n'utilisait plus sa voiture depuis déjà quelques mois, elle consentit au marché.

Mon problème de transport étant résolu, il me fallait maintenant régler celui du logement. J'en avais assez de vivre en ermite dans cet édifice où je croisais seulement des touristes friqués qui venaient skier le temps de la période des fêtes ou d'un week-end d'hiver. Encore là, mon habileté de communicateur me servit pour le mieux. Au début de écembre, j'avais assisté au tour de chant de Nathalie P., une cantatrice, à l'église de Bogève. À la suite de sa performance, nous avions fait connaissance et échangé nos numéros de téléphone. Elle m'avait ensuite invité à dîner chez elle, à Jouillon, sur la colline située au-dessus du cimetière de Bogève.

Elle était divorcée et vivait seule avec ses deux enfants qui passaient une semaine avec elle, puis l'autre avec leur père et sa nouvelle copine. Leurs maisons n'étaient distantes que de trois kilomètres, et les ex-époux s'entendaient assez bien malgré leur rupture.

Nathalie était à la recherche de tout : d'un nouvel amant, d'une carrière plus sécurisante, d'un confident. Je jouai ce dernier rôle. Elle n'était pas mon genre de femme. Mais elle me proposait en retour de longues soirées de conversation et un lit dans sa maison de campagne – un lit sans frais.

– Tu feras la nounou, certains soirs, quand mes enfants te connaîtront davantage, me dit-elle. Tu te plairas ici. Je ne dis pas que je pourrai te garder sous ma protection durant des années, mais au moins, ici, tu auras le temps de te refaire une santé physique et morale.

Je rendis les clés de mon studio d'ermite à la mi-février pour emménager chez Nathalie.

Le printemps de 2003 se profilait sous un ciel un peu plus dégagé.

Chapitre 41
Homme recherche idée

La maison de campagne de Nathalie donnait sur une voie sans issue, à l'image de ma vie après la cinquantaine. Elle avait loué cette propriété un an plus tôt, à la suite de sa séparation avec son ex-mari. Curieusement, sa chaumière ressemblait à celle que mon frère Yvon et ma belle-sœur Jocelyne avaient achetée dans les Laurentides, au début des années 1990 : style suisse, avec toit en accent circonflexe et planches de bois alignées comme des allumettes sous un emballage de carton. La structure avait trois étages. Le premier était le sous-sol et donnait sur le stationnement en gravier. Nathalie avait rangé dans cet espace humide et mal éclairé son piano noir, sa cave à vins, des alambics et tout un bric-à-brac digne d'un grenier.

Pour accéder au deuxième, il fallait monter cinq marches en pierres des champs et longer une haie mal entretenue. L'entrée principale se trouvait à l'arrière de la maison et donnait sur un petit bois où des randonneurs venaient parfois faire leur marche de santé. Les pièces du deuxième étaient étroites mais chaleureuses. Sur la gauche, après le porche, il y avait la cuisine, grande comme ma main. Sur la droite, la salle de bain et les toilettes. Au bout du petit couloir, il y avait la pièce maîtresse avec vue magnifique sur la vallée et sur l'aiguille du Mont-Blanc, visible les jours sans brouillard et sans nuées. Cette pièce combinait le salon et la salle à manger. On y trouvait le divan-lit, le poêle à bois, le vaisselier, la bibliothèque et le téléviseur. À l'extrémité du mur de livres, un frêle escalier menait au troisième palier, duquel on avait accès à deux chambres.

Les enfants de Nathalie, Charlotte et Justin, dormaient dans la plus grande avec des dizaines de peluches, de livres de contes et des jeux de toutes sortes éparpillés sur le plancher. Nathalie couchait dans l'autre chambre. La tête de son lit se trouvait sous le point culminant du toit, dans un tout petit espace. Les soirs où j'y dormis, durant ses voyages de travail à Paris avec le Chœur de Radio-France, j'eus l'impression de m'allonger dans un cercueil tellement cette niche était étroite.

– Tu fais comme chez toi, mais tu ne touches pas à ma cave à vins! fut sa seule consigne. Il y a certaines bouteilles de rouge qui ont une valeur sentimentale. Elles proviennent d'un vignoble en Bourgogne dans lequel je détenais quelques actions avec mes parents.

Nathalie n'était pas une femme difficile à vivre. À la maison, elle passait ses soirées au téléphone jacassant des heures et des heures avec sa mère, ses copines ou un nouveau prétendant. Entre deux gorgées de tisane résonnait son rire aigu et strident.

– Si tu joues plus fort que tu ris, tu crèveras les tympans de tes amants, lui dis-je pour la taquiner.

Tout se passait plutôt bien, mais je savais que je ne pourrais ambitionner longtemps sur le pain béni qu'elle m'offrait. Il fallait que je reprenne la plume pour l'écriture de mes projets. Je ne pouvais raisonnablement espérer vivre des recettes de spectacles d'humoristes dans la Vallée verte. Le marché était trop limité. Après la prestation de janvier des Bonimenteurs, j'avais tenté, en mars, de mettre au programme deux comiques marseillais, mais le résultat m'avait laissé sur mon appétit. Le constat était sans appel: je manquais de moyens, d'une équipe de travail, de… tout. Mon salut se trouvait dans une métropole française telle que Lyon, Marseille ou Paris, et pas ailleurs. Dire que, un an plus tôt à peine, je vivais au cœur de Paris et disposais d'un bureau à Juste pour rire, dans le chic 8e, à deux pas des Champs-Élysées. Dire que j'avais tout laissé de ce monde superficiel pour suivre mon Eldorado, un jeune chanteur populaire au nombril vert, vivant sous la coupe d'un beau-père mesquin dans un village de montagne isolé. Comment, dans ces conditions, donner tort à Paul Arcand lorsqu'il me qualifiait de mythomane?

Mi-avril. Comme la chatte, je tournais en rond dans la maison. Je cherchais l'idée. J'avais lu et relu durant des jours et des jours les règles de mon premier jeu casino que j'avais notamment testé à Paris, en compagnie de Marcel Béliveau, durant l'hiver de 2001, mais ce n'était pas encore *ça*. Il manquait un maillon fort à la chaîne. Je tripotais entre mes doigts les cartes, comme je le faisais quotidiennement depuis près de quinze ans. Mon ami le clairvoyant Gilles Dionne m'avait enseigné la signification de chacune d'elles selon le langage universel de la cartomancie. J'étais devenu accro de ces trente-deux cartes, mon dada préféré. Certains matins, je me surprenais même à prévoir les faits et gestes de ma journée selon la position d'une carte par rapport à une autre. Autant dire que j'étais en passe de devenir la Jojo Savard de la Haute-Savoie...

Puis, entre deux brassées, sur la table de cuisine, l'illumination survint. Le concept s'imposa à mon esprit d'un seul et même jet, net et précis. Moi qui dessine plus mal qu'un manchot, je saisis un crayon feutre et un grand carton blanc qui se trouvaient sur la commode du salon. Je traçai, sur le carton, un rectangle, puis le séparai d'abord en deux. D'un côté, je crayonnai quatre cercles. De l'autre, j'en fis autant. À la gauche de l'esquisse de ma table de jeu, j'écrivis en majuscules le mot « chiffres » ; à la droite, le mot « lettres ». Dans le centre des quatre cercles des chiffres, j'inscrivis 7, 8, 9 et 10, et je les encerclai des logos du pique, du cœur, du trèfle et du carreau. Je répétai l'exercice du côté des lettres en y mettant le V pour le valet, le D pour la dame, le R pour le roi et le A pour l'as, et je les entourai également des logos des quatre catégories de cartes. Les trente-deux cartes d'un jeu de poker avaient désormais leur emplacement bien distinct. Il me manquait quatre autres espaces pour compléter mon jeu. À gauche, au centre et à droite, je traçai des espaces d'égales dimensions pour les jokers, que je représentai par les trois millénaires. Pour le trente-sixième et dernier espace de jeu sur la table, je griffonnai une esquisse de logo du jeu.

Ma table d'un nouveau de jeu de roulette était provisoirement complétée. Ne me restait plus qu'à plancher sur une esquisse de la roue avec ses trente-six espaces – ce qui fut un jeu d'enfant. Trois jours plus tard, Nathalie revint de l'un de ses fréquents séjours à Paris et je lui demandai une première opinion franche sur mon projet.

– Je ne suis pas une adepte du casino, mais si jamais tu testais ton jeu à l'occasion d'une soirée, ça me plairait d'y participer, me dit-elle.

Euphorique et rêveur – comme il m'arrive trop souvent de l'être, diraient mes proches –, je me rendis dès le lendemain, ma maquette artisanale sous le bras, au bar de Claude. Je déjeunai avec lui et Isa, sa gérante, et je les entretins de mon idée de cinglé : un jeu de roulette avec des cartes plutôt que des numéros.

– Qui ne risque rien n'a rien, philosopha Claude, le sourire moqueur. Pourquoi ne parles-tu pas de ton projet à mon ami François Turcas, le président du Conseil général de la région Rhône-Alpes ? Il te donnera une opinion plus valable que la mienne. Moi, tu sais, à part ma femme qui me fait la gueule, son chat qui me boude, mes enfants, mes bouquins et mes potes, je ne suis pas trop branché sur ce qui se passe sur la planète Terre...

Isa sourit à l'humour *trash* de son patron. Elle connaissait toutes ses histoires de comptoir et ses répliques, comme si elle assistait quotidiennement à la même représentation d'un numéro de vaudeville.

– Si tu veux, je peux, de mon côté, te présenter au mari de ma sœur, me proposa-t-elle gentiment. Il est dessinateur. Je ne peux pas te garantir qu'il acceptera de t'aider, mais au moins tu auras un oui ou un non rapidement.

Une semaine plus tard, Isa tint parole. Avec sa fillette assise sur la banquette arrière de sa camionnette, elle me conduisit chez sa sœur, à Thonon-les-Bains, et je pus montrer à son mari le plan de ma création.

– Donne-moi un mois et j'aurai fait une esquisse plus concrète de ta table de jeu, me promit-il. Je ne te demande rien en retour. Si un jour tu vends ton projet, tu me paieras une bonne bouffe.

Le temps qu'il sortît ses crayons de couleurs, j'étais déjà en route pour rencontrer François Turcas, avec lequel Claude m'avait organisé un rendez-vous. Je fis au petit trot le trajet entre Bogève et Lyon. La Clio avait déjà des ratés, dont un silencieux qui portait très mal son nom. Je ne devais pas me faire arrêter par un policier sur la 205, entre Annemasse et Lyon, une randonnée de trois heures sur une route aussi sinueuse que panoramique. Mon permis de conduire québécois était encore en règle jusqu'en mai 2004, mais mon assurance était échue, faute d'argent, comme toujours.

François Turcas me reçut cordialement à son bureau lyonnais. Formidable battant malgré de récents problèmes cardiaques, il me mit tout de suite à l'aise.

– J'organise le 15 mai une grande soirée avec tous les membres du Conseil général pour petites et moyennes entreprises, sous le chapiteau de la salle de fêtes de notre club de rugby, m'annonça-t-il avec enthousiasme. Je te laisserai quelques minutes au micro pour que tu puisses vendre ta salade. Si ton message passe, ça pourrait t'ouvrir quelques portes du côté de Lyon.

Mes finances avaient beau être à la baisse, mon moral était à la hausse. J'avais tellement le vent en poupe que je commençai et j'achevai en moins de dix jours l'écriture d'un nouveau jeu de société. Je l'appelai d'abord le Carrousel de vie. Puis j'optai plutôt pour Générations. Les règles sont simples. Vous traversez toutes les étapes d'une vie avec son lot de bonheurs, de malheurs, de questions, de surprises et de pièges. Le premier qui atteint la case « centenaire » gagne la partie. Durant votre parcours, la traversée se veut à la fois plaisante et périlleuse, tout comme l'est notre passage sur terre.

– Ce jeu m'interpelle plus que ton jeu de roulette, reconnut Nathalie. Toutes les générations y trouvent leur compte durant la partie. Mais là encore, il faudrait pouvoir le tester avec un vrai plateau et des accessoires de jeu.

Le 15 mai fut un grand jour pour moi. Je me sentis d'abord un peu perdu à cette soirée; j'étais le seul inconnu de la place. À défaut de potion magique, je calai une coupe de champagne pour me donner un peu d'audace. Sur une tribune dédiée aux sports, n'importe où au Québec, je n'aurais pas éprouvé la moindre appréhension. J'aurais raconté une savoureuse anecdote sur Mario Lemieux ou Patrick Roy, et conquis aussitôt mon public. Mais ici, à Lyon, avec mon accent québécois, comment mon intervention allait-elle être accueillie ? Le plus grand humoriste français, Laurent Guerra pour ne pas le nommer, est Lyonnais, et l'un de ses sketchs phares est une parodie de Céline et de René. Je ne voulais pas devenir le guignol de la soirée sous prétexte que mon dialecte évoquerait un stéréotype québécois.

À vingt-trois heures trente, plus d'une vingtaine d'invités s'étaient succédé au micro, sur la grande estrade, devant les cinq cents convives : le maire de Lyon, le président du club de rugby, des femmes et des hommes d'affaires de toutes les sphères du commerce local. Je n'attendais plus que mon tour. Je crus, le temps de quelques minutes, que monsieur Turcas m'avait tout simplement oublié. Au contraire, il me réservait pour le dessert...

— Mesdames et messieurs, permettez-moi maintenant de vous présenter un Québécois que j'ai vu à l'œuvre dans mon patelin d'origine, à Bogève, en Haute-Savoie. Il a organisé de brillante manière une soirée de spectacles, à la salle des fêtes, en novembre dernier. Il est venu en France la tête pleine de projets et j'aimerais que vous écoutiez ce qu'il a à vous dire. Mesdames et messieurs, voici Tom Lapointe...

Je montai sur l'estrade au pas de course. François me tendit le micro et je commençai sans perdre un instant à débiter mon laïus :

— Je regarde dans la salle et je constate que la majorité d'entre vous êtes trentenaires. Vous êtes donc les premiers héritiers de la génération internaute de Bill Gates et, dans une certaine mesure, vous avez surtout appris à communiquer devant un écran d'ordinateur. L'Internet est une merveilleuse invention, mais connaissez-vous vraiment l'art de la communication entre quatre yeux ? Vous vous parlez virtuellement sans vraiment dialoguer. Aujourd'hui, la communication est instantanée et efficace, mais elle est aussi devenue rigide, contrôlée, automatisée et malheureusement trop souvent superficielle. Ce que je propose, ce sont de nouvelles soirées de jeu. Des soirées où vous apprendrez à vous amuser de façon spontanée et interactive. Regardez actuellement le phénomène de la téléréalité, qui met en scène des jeunes se découvrant dans des concepts où ils apprennent à s'accepter dans la vraie vie pour mieux cohabiter. Mes soirées de jeux seront un peu à cette image. Vous ferez des rencontres et, qui sait, des affaires en vous amusant et en découvrant votre réelle personnalité. Je vous remercie de m'avoir écouté. Je serai disponible si vous vous voulez en connaître davantage sur mon concept de jeu et ma vision des choses. Bonne fin de soirée à vous tous…

Le message porta. J'avais tout débité d'un trait, sans texte ni filet. J'avais souhaité ne pas être trop moraliste. Je ne voulais pas être assimilé à un vieux débris nostalgique qui vante à tout bout de champ et sur tous les tons les vertus du bon vieux temps. Je tentai seulement d'expliquer que la communication était tendancieuse au goût du jour et que, en somme, trop de communication tuait la communication. Une vingtaine de personnes vinrent me remettre leur carte professionnelle entre minuit et deux heures du matin.

– Vous nous appelez dès que vous serez de retour à Lyon, me dirent-ils tous.

Je repris à l'aube le chemin de Bogève en sifflotant dans ma Clio. Le soleil qui montait au-dessus du Salève, vers les cinq heures, était rose comme une joue de bébé. Quand j'arrivai à la maison de campagne, sur la colline de Jouillon, Poil Douce, la chatte, dormait pelotonnée sur le divan du salon. Comme Nathalie était encore à Paris, je montai m'allonger dans le « cercueil », sur son lit. La chatte m'y rejoignit. Elle se coucha à mes pieds et elle se mit à ronronner.

Lorsque je m'éveillai, vers onze heures, je n'avais qu'une idée en tête : aller boire un coup au bar de Claude pour lui raconter la soirée à Lyon, ce que je m'empressai de faire. Le lendemain, François Turcas se ménagea une pause à Bogève pour le week-end. Il vint comme à son habitude au bar de l'hôtel pour offrir une tournée générale. Là, il confirma à son copain Claude que j'avais été à la hauteur de ses attentes.

– C'est un vrai communicateur, notre Tom de Savoie (jeu de mots facile visant la tomme de Savoie, un des fromages les plus réputés de la région) ! dit-il en levant son verre.

Mais une hirondelle n'a jamais fait le printemps. J'avais des idées, mais pas assez d'argent pour développer mes concepts. Ma prochaine rentrée d'argent était prévue le 13 juin, grâce au spectacle des Bonimenteurs au Festival du rire de Ville-la-Grand, près d'Annemasse. Selon l'entente passée avec Muriel, je devais toucher mille euros sur leur cachet de trois mille. Mais, même avec cette somme, je ne passerais pas l'été.

Nathalie m'avait dégoté à Lyon, pour la mi-juin, un appartement, celui d'un collègue slave du chœur de Radio-France, Robert J. Parce qu'il connaissait Nathalie, Robert J. me faisait une faveur en me laissant les clés, sans poser de questions, en échange de quatre cents euros. Je savais bien que Lyon, tout comme Paris, était une ville au-dessus de mes moyens et que je fonçais encore droit dans un mur, mais il fallait coûte que coûte que je sorte le nez de la Vallée pour espérer faire des affaires dans la métropole.

Une semaine plus tard, je virai mes affaires personnelles de la maison de Nathalie. Il était temps que je lui cède la place pour les vacances d'été avec ses enfants et son nouveau soupirant, rencontré par hasard dans l'Ain.

– Un autre colon qui crève de faim mais qui baise bien, me le décrivit-elle sur un ton ironique.

Avant d'entreprendre presque à l'aveuglette mon aventure lyonnaise, je décidai d'emprunter la route de Nantes, nanti de ma poussive Renault Clio et de mon compte à La Poste renfloué par le cachet de trois mille euros des Bonimenteurs. « J'enverrai leur chèque plus tard en juillet, dis-je pour me convaincre. Ils ont fait engloutir quinze mille euros en quatre mois à Françoise en refusant de signer un contrat avec elle en janvier dernier. Alors qu'ils sèchent eux aussi… »

Je jouais avec le feu en gardant cet argent à ma disposition. Mais j'effectuais un nouveau départ, j'étais sur une nouvelle lancée, et la seule chose qui m'importait dorénavant, c'était mon nouveau « poulain », un certain Tom Lapointe, en qui je plaçais désormais tous mes espoirs.

Je mis le cap sur Nantes pour revoir une copine que j'avais rencontrée dans un TGV, entre Paris et Avignon, à l'été de 2001. Son prénom : Emmanuelle, Manou pour les intimes. J'avais eu le béguin pour elle lors de notre première rencontre. Belle comme le jour, elle avait trente-sept ans. Comme moi, c'était la bohème de sa famille. Nous nous étions revus à Paris. quelques mois plus tard. Je l'avais même accompagnée à l'aéroport d'Orly, à la fin de l'année, avant son départ pour la Polynésie où elle allait rejoindre son fiancé.

– Il faut que je sache si c'est vraiment mon homme pour le reste de mes jours, m'avait-elle dit, comme pour me laisser encore quelques illusions. Entre-temps, écrivons-nous. Je ne veux pas te perdre de vue.

J'avais donc choisi cette période pour la revoir. Elle était rentrée de Manille depuis deux mois. Je disposais de seulement quatre à cinq jours avant de regagner Lyon et l'appartement du Slave. J'avais mon plan derrière la tête. Je me louai un petit hôtel près de son appartement, au centre-ville de Nantes. Nous prîmes un verre ensemble le soir de mon arrivée, dînâmes dans un resto sur le port de mer le lendemain et… elle me présenta ensuite à son chéri le troisième soir ! Je savais que mon chien était mort. Comme Maryse avec son magasinier trente ans auparavant, Manou aimait encore son jules. Mais je tentai tout de même le tout pour le tout avant mon départ.

– Pourquoi ne viens-tu pas me rejoindre à Lyon ? lui proposai-je.

Sa réponse fut aussi évasive que ses sentiments.

– Je ne sais pas…

Je la relançai avec une pointe d'exaltation sincère, presque sur le ton d'une déclamation :

– Je me sentirais plus fort si tu étais à mes côtés. Nous pourrions organiser mes rendez-vous d'affaires ensemble. Tu pourrais me conseiller et me seconder sur tous les projets. Allez, donne-toi et donne-moi une chance !

– J'habiterais où ?

– Avec moi, à l'appartement de Lyon.

– Il est grand, cet appart ?

– Je ne pense pas… bien que je ne l'aie pas encore visité. J'irai chercher la clé chez le Slave après-demain.

Elle fit une pause pour reprendre son interrogatoire.

– Tu pourrais me verser un salaire ?

– Combien ?

– Disons… mille euros par mois. C'est moins que le salaire d'un smicard (personne qui touche l'assurance-chômage en France).

– Seulement si je vends des soirées assez rapidement. Je ne pourrai pas avant, je préfère être honnête avec toi.

– Je verrai, se contenta-t-elle d'ajouter.

« Je verrai », c'est encore pire que « peut-être ». C'est la pire des réponses à entendre, autant en amour qu'en affaires.

Je regagnai Lyon le 28 juin. Il faisait une chaleur suffocante dans ma Clio. Les météorologues prédisaient un été de canicule. Et ils ne se trompèrent pas. Un été où chacun aurait le goût de tout… sauf d'écouter un Québécois errant dans une grande ville médiévale avec son attaché-case rempli de projets inachevés.

Chapitre 42
Flambeur mais vendeur

Qui a déjà dit que certains de nos souhaits les plus chers qui ne se réalisent pas sont parfois un véritable cadeau du ciel ? Je l'ignore, mais ce que je sais, c'est que Manou fit bien de ne pas me suivre à Lyon. Je la connaissais déjà assez pour savoir qu'elle n'aurait apprécié ni l'appartement ni le quartier.

Le studio de trente mètres carrés du Slave Robert J. était situé rue Romarin, à deux pas de la festive place des Terreaux, dans le 2e arrondissement, et donnait sur une artère qui ne désemplissait presque jamais. Au rez-de-chaussée de l'édifice, il y avait une épicerie arabe où les employés faisaient jouer leur musique à tue-tête jusqu'à la fermeture du commerce, vers deux heures du matin. Un peu plus haut dans la rue, il y avait une discothèque ouverte jusqu'à l'aube. Les fêtards passaient sous la fenêtre de ma chambre, bras dessus, bras dessous, en hurlant des chansons de beuverie. Il y avait aussi, le jour et la nuit, indifféremment, des bagarres dans les logements des environs entre Noirs, Beurs et Blancs pour des affaires de drogue, de cul ou… tout simplement de haine. Il y avait enfin le ballet incessant des sirènes des ambulances, des voitures de police, des camions de livraison ou des bennes qui ramassaient les ordures. Le silence n'était définitivement pas le bienvenu dans ce quartier de Lyon.

Manou n'aurait pas non plus aimé la disposition des quatre pièces compactes du studio. La cuisine (deux mètres de long sur un mètre de large) était en rénovation à la suite d'une importante fuite d'eau, mais les assureurs n'étaient pas encore passés afin d'estimer les dégâts et de donner le feu vert à l'homme à tout faire du Slave pour réparer le plafond. Au chapitre des irritants majeurs, pas de frigo pour ranger des aliments au frais. Autrement dit, pas moyen de se préparer des repas maison puisque, de toute façon, il n'y avait pas de comptoir ou de table de cuisine. La salle de bain était équipée d'une cuvette et d'une douche propres, mais il était tout à fait exclu que deux personnes puissent y tenir en même temps pour vivre un instant coquin… ou, plus modestement, pour se brosser les dents. La seule pièce conviviale se voulait le salon, qui servait aussi de chambre à coucher. La dernière pièce, elle, était un espace de travail qui affichait complet dès que vous aviez ouvert votre ordinateur, votre attaché-case et allongé trois dossiers sur le bureau. Si Manou était venue me rejoindre, étant donné que je ne couchais pas avec elle, je lui aurais proposé, en gentilhomme que je suis, de dormir sur le canapé déglingué du salon. Et moi, j'aurais fait du camping dans un sac de couchage, sur le plancher de bois du petit bureau, la tête calée contre le cadre de porte. Des nuits follement romantiques en perspective.

Vraiment, le destin me fit une fleur en la laissant chez elle, à Nantes, avec son jules. Elle aurait vite vu les failles dans l'organisation de mes projets et se serait découragée. Dans la même foulée, elle se serait rendu compte que, malgré ma maquette provisoire de jeu de roulette, je n'avais aucun rendez-vous à mon agenda et que tout restait à faire. Et, fatalement, elle aurait vite constaté que j'étais pauvre comme Job avec mes minables trois mille euros dont les deux tiers ne m'appartenaient même pas. Il était préférable que je vive seul. J'étais destiné à vivre seul. Je devais provoquer les choses seul.

Mais comme juillet nous soufflait déjà dans le cou avec son vent chaud et ses frivolités, rien ne se passa tel que je le souhaitais. Chaque fois que je parvenais à intercepter une des personnes rencontrées à la soirée du 15 mai, j'avais toujours droit à la même réponse: «Je pars en congé, rappelez-moi à l'automne.» À force d'insister, François Turcas m'obtint néanmoins un rendez-vous avec un de ses directeurs avant les vacances d'août. Joe, un sympathique colosse aux tempes grisonnantes, parut étonné de se retrouver avec un tel dossier entre les mains. Il fit l'effort de me présenter à une de ses relations, qui me mit à son tour en contact avec une graphiste travaillant à son compte, Sophie Armatol. Ce fut la seule rencontre fructueuse de tout l'été.

Brune au tournant de la trentaine, Sophie vivait seule avec ses trois labradors, aussi hauts sur pattes qu'elle sur jambes, et habitait un quartier résidentiel en banlieue de Lyon. Pour m'y rendre, je devais emprunter une ligne de métro jusqu'à son terminus, à la gare de Vénissieux, une balade de trente minutes. Le trajet entre la gare et sa résidence demandait dix autres minutes de route. À chacune de mes visites d'affaires, Sophie m'y conduisait gentiment au volant de sa camionnette.

Durant tout le mois d'août, elle s'appliqua à réaliser une maquette du jeu des 3 Millénaires.

– Je te demanderai un cachet de dix mille euros ou un pourcentage du projet si un jour tu réussis à le vendre, me proposa-t-elle. Je prends un gros risque parce que ce type de jeu demande un investissement énorme au producteur pour parvenir à le commercialiser et à le rentabiliser. C'est un projet à vendre clés en main à un millionnaire.

Robert J., le Slave, vint me voir à l'appartement seulement deux fois : une fois en juillet et une autre en août. La mi-trentaine, Robert J. était un homme sympathique, avec qui je me trouvai certaines valeurs communes, parmis lesquelles notre amour de la famille. Je lui racontai que mes parents venaient de célébrer leur soixantième anniversaire de mariage avec tous les miens, à L'Assomption. Il m'avoua à son tour que, depuis la douloureuse disparition de son père, il s'inquiétait pour sa mère, aux prises avec de sérieux problèmes de santé.

À sa première visite, je lui remis seulement deux cents euros de mon loyer de juillet et il ne me fit aucune remarque désobligeante pour ce retard. À la seconde, je lui annonçai que je ne pouvais plus le payer et il ne rouspéta pas davantage, comme s'il était inscrit en toutes lettres sur mon front que j'étais un mauvais payeur. D'ailleurs, je flambai mes trois mille euros en un peu plus de deux mois. Ma virée nantaise chez Manou m'avait d'abord coûté six cents euros ; la protection de mes projets à l'Institut national de la protection intellectuelle, encore cinq cents euros. Ajoutez à cela quelques dîners d'affaires au restaurant, mes soirées au bar à faire la fête avec les gens de la rue Romarin pour égayer mes nuits de solitude et mes pertes répétées aux salons privés des courses de chevaux, et le compte y est, à l'euro près.

Fin août, je n'avais plus que cinquante centimes dans les poches. Je dus vendre ma Clio, avec ses problèmes de transmission et de moteur, pour la somme ridicule de quatre cents euros. Je fis de même avec ma montre, pour cinquante euros. Je fis ensuite un appel à mon ami Claude Juillard. Il était le seul à connaître ma situation précaire et à comprendre que je ne pouvais rien entreprendre ni rien réussir dans des conditions si défavorables. Il me proposa de rencontrer, au début septembre, un de ses copains et juristes, Christophe Devoissoux. Le père de Christophe avait été maire de Bogève dans les années 1980, et Christophe lui-même avait été, à vingt-quatre ans, le plus jeune maire de France dans le village des Ouches, près de Chamonix.

– Si tu convaincs Christophe, j'investirai peut-être dans tes projets, me dit-il. Je le ferais avant tout par amitié Je ne vais presque jamais à l'église. La religion, pour moi, c'est d'aider son prochain lorsqu'on est capable de le faire.

Le 4 septembre, Claude me fit parvenir à Lyon deux cents euros par courrier pour que je puisse prendre le train en Haute-Savoie. Le 5, je rencontrai Christophe Devoissoux dans un restaurant d'Annemasse. Le 6, j'étais de retour à la maison de campagne de Nathalie, à camper sur un matelas du sous-sol. Dix semaines plus tard, j'étais presque revenu à la case départ. Seule l'acceptation du projet par Devoissoux pouvait me sortir du trou et justifier mon retour dans la petite commune de la Vallée verte. Une semaine plus tard, Devoissoux organisa une rencontre au bar de Claude.

– Les projets des deux jeux (3 Millénaires et Générations) tiennent la route et je suis prêt à investir, fit savoir Devoissoux.

– Alors je vais respecter ma parole envers Tom, enchaîna Claude, et je vais aussi investir et m'associer au projet. Mais ne comptez pas sur moi pour organiser les soirées de jeu. Vous me connaissez, je ne bouge pas de Bogève. Je suis prêt à donner quelques coups de téléphone de l'hôtel pour faire bouger les affaires. Mais vous vous démerdez avec le reste. Il n'est pas question que je bouge de ma place derrière le bar.

Étrangement, l'annonce de ce partenariat avec ces deux Haut-Savoyards me procurait des sentiments ambivalents. D'un côté, j'étais heureux et soulagé parce que je venais de gagner quelques mois de sécurité à respirer l'air vivifiant de la montagne. De l'autre, j'estimais que c'était mission impossible de développer et de vendre mes projets dans un endroit aussi isolé, avec une structure d'affaires aussi fragile. Devoissoux s'employa à me rassurer de son mieux :

– Ma femme travaille à la Télévision Suisse Romande, à Genève, et j'ai une relation d'affaires importante à Paris qui fera bouger les choses en temps et lieu. Et puis, il y a François Turcas, à Lyon, et les autres relations de Claude en Haute-Savoie. Sois confiant, Tom. Allons-y étape par étape. Toi, tu continues d'inventer des jeux ; moi, je gère la société et le compte en banque.

L'automne 2003 s'écoula sans histoire sur le village de Bogève. Début octobre, une cousine de Claude, agente immobilière dans un village voisin, me dénicha un studio au quatrième étage de l'édifice de La Poste – à moins de deux minutes de marche de l'appartement que m'avait loué Martine, la maman de Florian, un an plus tôt.

Le Tout-Bogève apprit dans l'instant la nouvelle de mon retour. Je ne vous dis pas la tête d'enterrement que me réserva le beau-père un soir où, venu boire un verre au bar de Claude, il me vit attablé avec Christophe Devoissoux et sa femme Christine... Il feignit de m'ignorer, cala sa bière d'un seul trait et claqua la porte de l'hôtel derrière lui, le visage rouge tomate.

Début novembre, Christophe fit le trajet de Bogève à Lyon en ma compagnie pour rencontrer Sophie Armatol, qui nous présenta à un spécialiste en fabrication de tables de jeux. Le devis atteignait les six mille euros – près de dix mille dollars. Christophe donna le feu vert à la société lyonnaise pour commencer les opérations. Mi-décembre, notre nouvelle société était officiellement constituée sous le nom de TLG (Tom Lapointe Games) et nous trinquâmes ensemble comme des collégiens.

Le 21 décembre, j'eus droit à mon cadeau de Noël quatre jours avant tous les autres enfants de la planète : la livraison de la table de jeu des 3 Millénaires, avec ses deux roues, ses jetons et ses accessoires. Exceptionnellement, Claude accepta d'installer la table dans la pièce réservée aux clients de l'hôtel, là où on peut boire un verre paisiblement en regardant un bon match de foot à la télévision. Quelques habitués ne purent résister à la tentation et ils vinrent jouer à la roulette sur la table flambant neuve. Ils y passèrent une heure de bon temps avant de quitter le bar, impressionnés par le jeu, son concept et sa table.

J'étais le Donald Trump de la Vallée verte. Il ne me manquait plus que mon propre casino, quelques milliards dans mon compte de banque suisse, une Bugatti, un chauffeur privé et une épouse blonde platine, siliconée et «liftée», pour que je puisse faire concurrence au roi du jet-set d'Atlantic City.

Chapitre 43
Moi, voleur ?

Ces dernières années, j'avais ressenti en plusieurs occasions la sensation que quelqu'un, quelque part, avait fabriqué une poupée vaudou à mon effigie et prenait un malin plaisir à la sortir du tiroir chaque fois que les choses faisaient mine de se replacer un peu pour moi. L'année 2004 débuta sur une bien triste note, car le sorcier anonyme enfonça une autre aiguille dans ma chair.

Par un matin frisquet d'hiver où j'étais, comme d'habitude, accoudé au bar à boire l'apéro avec Claude, mon nouvel associé m'annonça une fort mauvaise nouvelle :

— Nathalie P. est passée avec ses enfants boire un verre hier soir et elle m'a adressé ses vœux de Nouvel An.

— C'est gentil de sa part. Comment va-t-elle, notre cantatrice ?

— Pas si mal, mais elle a un gros souci… qui te concerne directement.

Je ne pus qu'accuser une sincère surprise.

— Ah bon ?

— Elle a vu son copain du chœur de chant, la semaine dernière, tu sais, celui qui t'avais loué le studio à Lyon, cet été ?

J'opinai du bonnet. Bien sûr, je n'avais pas oublié le Slave, Robert J.

— Eh bien, il a apostrophé Nathalie parce que son appartement a été dévalisé en septembre, quelques semaines seulement après ton départ !

— Et qu'est-ce que j'ai à voir dans cette histoire de vol ?

– Les malfaiteurs auraient, semble-t-il, toujours selon la version de Nathalie, tagué en grosses lettres, sur le mur du salon, « Tom le voleur ».

– Quoi?

– Je te répète ce qu'elle m'a raconté. Si tu veux en savoir davantage, appelle-la.

– Mais c'est n'importe quoi! On dévalise son studio en septembre et il s'en rend compte seulement trois mois plus tard!

– Apparemment, il n'y était pas retourné depuis ton départ, puisqu'il vit aussi dans un autre appartement, à Paris.

Dégoûté, je laissai mon verre sur le coin du bar et je m'empressai de composer le numéro de téléphone de Nathalie sur mon cellulaire.

– Nathalie, c'est Tom!

– Tom, tu vas bien? dit-elle en simulant un certain plaisir de m'entendre.

– Je suis chez Claude et il vient de me raconter cette affaire avec le Slave. Mais qu'est-ce que c'est que cette histoire?

– Je ne sais pas, Tom. J'ai raconté à Claude ce que Robert m'a lui-même raconté. Il n'est pas content parce qu'il a peur que son assureur refuse de payer pour les dégâts causés à son appartement. Il m'a aussi dit que la police avait rédigé un rapport de violation des lieux. Tu seras sûrement convoqué pour donner ta version des faits. Je lui ai laissé le numéro et l'adresse de l'hôtel de Claude afin que la police puisse te joindre.

– Ciboire! comme si j'avais besoin d'une affaire pareille!

– Ni Claude ni moi ne l'ébruiterons, tu le sais bien, Tom.

– Ouais, merci, je compte sur votre discrétion.

Je raccrochai, passablement découragé par cette nouvelle tuile…

Une semaine plus tard, une lettre recommandée fut livrée à mon attention à l'hôtel. Nathalie avait vu juste : j'étais bien convoqué par la police judiciaire de Lyon. Je devais rappeler l'enquêteur, un dénommé Guignard – un nom de famille prémonitoire, dans ma situation actuelle! – à son bureau du 9e. Ce que je fis avec les tripes nouées par l'angoisse car, malgré toutes mes mésaventures, je n'avais jamais eu maille à partir avec la police, ni au Québec ni en France.

La rencontre fut fixée à l'après-midi du 26 février. J'avais devant moi sept semaines pour penser à autre chose qu'à l'entretien. Plus facile à dire qu'à faire… En me couchant le soir, je faisais la toupie dans le lit. Qui pouvait bien m'en vouloir ? Un des usuriers montréalais avait-il été par hasard de passage à Lyon cet été-là ? Si oui, qui aurait bien pu l'informer de ma présence dans ce studio plus de quatre ans après mon départ de Montréal ? Pouvait-il s'agir des Bonimenteurs auxquels je devais encore deux mille euros pour le spectacle de Ville-la-Grand ? Non, impossible, les Bonimenteurs étaient de chics types et ils savaient très bien que je ferais de mon mieux pour les rembourser. Le Slave pouvait-il avoir combiné un coup tordu pour toucher la prime d'assurance ? Pas davantage. L'homme avait été trop gentil avec moi, et je devais aussi éliminer cette possibilité.

Mais comme le clame, noir sur blanc, mon *Manuscrit des anges*, un guide protecteur viendrait toujours à la rescousse pour me sortir du pétrin…

Une semaine à la suite de l'annonce de ma convocation au poste de police de Lyon, un visiteur imprévu se présenta à l'hôtel de Bogève. Ami de longue date de Claude, Raymond Depierre passait par hasard pour dîner. C'était un homme dans la cinquantaine, grand, costaud, d'une élégance rare. Je le reconnus dès qu'il poussa la porte du restaurant. Lui aussi se souvenait de moi et il vint me serrer la pince.

– Ça fait déjà plus d'un an que je ne vous ai vu, monsieur Lapointe, dit-il avec justesse.

– Vous avez une meilleure mémoire que la mienne, monsieur Depierre, lui répondis-je avec un grand sourire.

– Et comment vont les affaires en Haute-Savoie ? Vous occupez-vous toujours de ce jeune chanteur que vous m'aviez présenté ?

– Non, notre association est terminée. J'ai eu des soucis avec la famille de Florian et nous avons décidé de nous séparer. C'était préférable ainsi.

– C'est dommage. Vous misiez beaucoup sur son talent.

Claude intervint dans la discussion afin de m'épargner le récit de ma mésaventure avec le beau-père procédurier.

– Raymond, j'aide Tom dans un nouveau projet, lui annonça-t-il. J'aimerais bien qu'il puisse t'en faire part.

– Et pourquoi pas ?

– Alors, à moins que tu n'attendes un client pour le repas, pourquoi ne dîneriez-vous pas ensemble, Tom et toi ? proposa-t-il.

– Avec plaisir. Je suis seul ce midi. Je passais seulement pour saluer Claude et pour déguster l'excellente cuisine maison de son père.

– Dès que vous aurez bu l'apéro, passez à la salle du restaurant. Je vous réserve une bonne table…

De même que Claude, Raymond Depierre était originaire du Chablais, en Haute-Savoie. Il était lui aussi homme à toujours prendre le temps d'écouter ses pairs. Il est vrai que sa profession, courtier d'assurances, favorise un tel état d'esprit. Connu chez les Haut-Savoyards comme Barabbas dans la Passion, il avait passé les trente dernières années à sillonner les routes des quatre coins de la Savoie et de la Haute-Savoie avec son associé et complice, François Vigny. Depuis, leur entreprise était devenue une institution et une référence dans la région et dans plusieurs autres villes françaises. Seulement en Haute-Savoie, ils possédaient six bureaux.

Notre discussion dura une bonne heure et demie. Nous partageâmes nos projets et parlâmes des valeurs de nos familles respectives. Claude nous rejoignit à la fin du repas, cassa la croûte en vitesse et nous offrit le digestif.

– Et puis, que penses-tu de notre projet ? demanda Claude, anxieux de connaître l'opinion avisée de son ami de longue date.

– Tom m'a montré la table et la roue de jeu dans la salle voisine… Le concept visuel est très attrayant.

– Mais crois-tu vraiment que nous pourrons vendre un tel concept de jeu ?

– Je ne sais pas, Claude, répondit prudemment Depierre. Mais, comme je l'ai dit à Tom durant le dîner, je suis prêt à vous donner un coup de main. D'abord, en vous proposant de venir tester vos jeux à mes salles de spectacles de l'hôtel Best Western, au complexe commercial d'Archamps, puis, en organisant une rencontre avec les dirigeants de la Maison de l'Économie, à Annemasse. Peut-être pourraient-ils vous accompagner financièrement pour le démarrage de votre entreprise?

– Mais pour les questions d'argent et de paperasse, il faudra que tu rencontres notre autre associé dans le projet, Christophe Devoissoux, prit soin de préciser Claude.

– Tom m'a bien expliqué le rôle de chacun dans votre association. Lui invente les concepts, Christophe gère la société et…

– Et moi, je bois les profits, ajouta Claude en pouffant.

Une première soirée de test du jeu des 3 Millénaires se tint le samedi 24 janvier. L'endroit retenu pour la soirée était la salle de réceptions des plaines Joux, six cents mètres au-dessus de Bogève. Cet endroit servait avant tout de cafétéria pour les habitués du ski de fond, qui venaient s'y réchauffer autour d'un verre de vin et d'un bon plat maison. Max était l'aubergiste des lieux. C'était un Marseillais doté d'une bonhomie rafraîchissante, également locataire d'un restaurant délabré au sommet de la montagne. Financièrement parlant, Max était autant dans la merde que moi. Chacun connaissait son histoire dans la vallée. Mais comme il savait raconter les histoires à la sauce typiquement marseillaise, tous finissaient par succomber au charme de ce diable de bon vivant.

Près d'une centaine de personnes avaient confirmé leur présence à la soirée du 24 janvier. Mais une petite neige verglaçante, tombée sur les routes étroites de la montagne, nous obligea à composer avec seulement le tiers des participants prévus. Un mal pour un bien, puisque mon concept d'animation, avec la roue et ses thèmes de jeu à disputer seul ou en équipe, était loin d'être à point. Tout le monde passa néanmoins une excellente soirée. Certains picolèrent un peu trop, dont l'aubergiste Max, qui s'assoupit sur la table des membres du jury avec un verre de whisky vissé à la main. Mais il était clair que notre projet n'était pas encore au point et qu'il nécessiterait de nombreux ajustements au fil des mois à venir.

La vraie soirée-test fut fixée au 4 mars, dans l'une des salles de spectacles du Best Western dont Raymond Depierre était l'un des copropriétaires. Cette fois, pas question de rater notre coup. L'enjeu était trop important puisque Claude, Christophe, Raymond et moi avions convié nos relations respectives de toute la région. Je ne pouvais toutefois m'empêcher d'éprouver une vive appréhension. Mes deux années d'expérience à Juste pour rire m'avaient appris l'ingratitude des premiers pas en matière de divertissement. J'avais vu trop des jeunes trimer des mois et des mois avant de se dire prêts à présenter leur nouveau spectacle. Je savais que mon jeu pouvait tenir la route, mais je savais aussi que nous manquions de budget et de temps pour le roder et le peaufiner à mon entière satisfaction.

C'est pour cette raison – et quelques autres encore – que j'étais tendu comme une corde de violon à quelques jours de la soirée du 4 mars. La convocation du 26 février, au bureau de police de Lyon, avait été un autre facteur de tension. Non pas que l'enquêteur Guignard se fût montré déplaisant. Au contraire, l'entrevue de quarante-cinq minutes se déroula sans pépin. Je lui donnai ma version des faits, avec un indice additionnel qui avait entre-temps surgi de ma mémoire.

– Avant de quitter l'appartement, j'ai négligé de payer une ardoise de cinquante euros à l'épicerie arabe située sous le studio du Slave, lui avouai-je. Peut-être ont-ils voulu me faire peur en forçant la porte de l'appartement?

L'enquêteur rejeta du revers de la main ma futile hypothèse.

– Le responsable des rénovations de l'appartement, que Robert J. a engagé pour les travaux, œuvre sous un faux nom, me confia-t-il à son tour. Il est recherché depuis par la police pour différentes affaires pas très jolies. Mais ça ne signifie pas non plus que c'est lui qui a causé des dégâts au studio pour vous faire porter le chapeau. Je vous tiendrai au courant si jamais l'affaire évolue.

Je n'eus plus jamais de nouvelles de l'enquêteur par la suite, pas plus que du Slave ou de son mystérieux homme à tout faire. Nathalie P. ne m'en reparla pas davantage. Ce ne fut qu'une autre mauvaise passe à subir. Cet incident sans suite s'ajouta à d'autres ennuis – problèmes avec l'auto qu'un copain de la Vallée verte m'avait gentiment prêtée, appel agressant de la gérante des Bonimenteurs réclamant son dû – qui mirent mes nerfs à rude épreuve…

Le jour J du 4 mars, la salle du Best Western d'Archamps était presque pleine : plus d'une centaine de participants étaient présents pour composer douze équipes de jeu. Même si elle n'était pas perceptible pour autrui, l'angoisse me tenaillait car, malgré mes demandes répétées, nous n'avions pas eu le temps de procéder à une répétition générale en après-midi. Mon adjoint à la présentation, le journaliste Dominique Piroelle, affichait une confiance réconfortante.

– Je vais te suivre, ne t'en fais pas, me répétait-il comme s'il avait travaillé à mes côtés aussi longtemps que le Kid Morency à CKVL.

Le jeu débuta. Les règles en étaient faciles à comprendre. Je prenais dans un boulier trois balles de ping-pong numérotées pour identifier les équipes. Puis, je tournais la roue des 3 Millénaires pour déterminer le thème du jeu. Une carte de cœur, c'était une chanson. Une de carreau, jeu de rôle. Si c'était du trèfle, il y avait une animation définie sur un sport ou un jeu d'adresse. Et si la roue stoppait sa course sur une carte de pique, il fallait répondre à une question de culture générale. Les joueurs des trois équipes désignées par le boulier se consultaient et déléguaient leur meilleur élément pour se frotter aux joueurs choisis respectivement par les deux autres équipes. Le jury désignait le meilleur des trois joueurs du thème proposé et l'équipe récoltait des points. Toutes les équipes avaient droit à un tour de jeu. Les six meilleures équipes s'affrontaient ensuite en huitième de finale, puis les trois meilleures en demi-finale. Enfin, les deux plus redoutables formations s'opposaient en finale dans un trois de cinq. La première équipe à remporter trois thèmes était sacrée championne et remportait le premier prix de la soirée, soit une escapade en montagne.

Plus la soirée progressait, plus je devenais mal à l'aise dans mon rôle d'animateur de la soirée. Par moments, le manque de rodage du spectacle paraissait clairement. De plus, le concept n'avait pas encore cette touche magique qui fait toute la différence entre un très bon jeu et un jeu gagnant. Il y avait notamment trop d'équipes et trop de joueurs par équipe. Le jury ne participait pas assez au spectacle, si bien qu'il était préférable de faire voter le public. Mon adjoint à l'animation, quant à lui, ne connaissait pas vraiment le concept ; il eut beau faire de son mieux pour sauver les meubles, ce fut en vain. Le public resta sur son appétit. Personne ne me fit ouvertement de remarques désobligeantes sur le concept, puisque tout le monde avait été invité gratuitement. Mais je savais que j'avais « frappé dans le beurre », comme on dit en bon québécois.

Mon associé Christophe était assis, pensif, au fond de la salle. La déception se lisait sur son visage. La société venait de dépenser quatre mille euros pour cette soirée, sans résultats notables. Les prochaines semaines s'annonçaient difficiles.

Le lendemain, je me retrouvai au bar de l'hôtel à philosopher avec Raymond. Nous convînmes que l'un de nos derniers espoirs passerait par les relations de Raymond Depierre à la Maison de l'Économie. Si nous obtenions de celle-ci une subvention, il serait peut-être possible d'améliorer le concept et de vendre des soirées de jeu dans un avenir rapproché.

Telle était la situation. Seule une aide providentielle des relations de Depierre pouvait désormais nous porter secours. Mes deux associés avaient déjà les poches vides. Ou plutôt, ils désiraient mettre un frein à l'opération « vide-poche ». Six mois après le début de notre association, la machine de notre jeune entreprise tournait… à vide. Il fallait encore compter sur un autre miracle pour s'en sortir – pour *m*'en sortir. Car dans l'aventure, ni Claude ni Christophe n'avaient perdu leur métier. Pour eux, la vie reprenait son cours normal.

Moi ? Je redevenais tout simplement l'illuminé squatter et le rêveur attitré du village.

Chapitre 44
Fruits du hasard ?

Au printemps 2004, l'ambiance avait quelque peu changé à l'hôtel. Le journaliste du *Dauphiné libéré* fut le premier à me regarder de travers, comme si j'avais le sida ou la peste, ou les deux. Devant moi, il jouait la carte de l'indifférence, quelque chose qui fait toujours plus mal qu'un bon coup de poing sur la gueule. Si je m'accoudais à une extrémité du bar, il prenait position à l'autre bout. Un jour de mars, quelques jours après la soirée ratée au Best Western d'Archamps, je demandai à la gérante Isa si je me faisais du cinéma à propos de l'attitude glaciale du chroniqueur dauphinois. Elle me répondit que je ne souffrais nullement de paranoïa.

Pour éviter toute confrontation avec lui devant les clients du bar, ce qui aurait déplu souverainement à Claude, je décidai d'espacer mes visites à l'hôtel. Mes rares passages se firent dorénavant à la fin du coup du feu, vers les treize heures trente, histoire de créer le moins d'irritants possible parmi les habitués.

Claude ne me laissa pas tomber pour autant. Une à deux fois par semaine, il sortait vingt ou trente euros du tiroir-caisse pour que je puisse aller me changer les idées. Je partais boire un ou deux verres de rosé au PMU de Viux-en-Sallaz et je risquais quelques pièces sur le tiercé. Je rêvais d'une autre cagnotte miracle comme celle du 26 novembre 2002, avec cet épatant trio qui m'avait rapporté plus de trois mille euros.

Il n'y avait pas que les ragots au village et ma guigne aux courses qui m'embarrassaient. Ne pas disposer d'un moyen de transport m'indisposait au plus haut point. L'Opel qu'on m'avait prêtée était toujours en panne. Même si j'avais déboursé plus de deux cents euros pour la remettre en condition, elle me causait toujours autant de soucis. Son propriétaire, l'aimable Caco, la récupéra finalement au début d'avril. C'était mieux ainsi. Il m'avait tout de même dépanné durant près de six mois. Sans toutes ces contributions isolées de mes amis de la Vallée verte, que serais-je devenu pendant cette période précaire?

Or, comme je me retrouvais de nouveau le cul sur la paille et que je recommençais à gamberger un peu trop sur ma situation, je décidai de provoquer une fois de plus le destin. Par une splendide journée de la fin d'avril, alors que j'avais enfilé mon seul jeans noir convenable et ma dernière chemise blanche digne de ce nom, je pris la route, direction Annemasse, en auto-stop.

Je voulais dénicher un endroit fréquenté pour pouvoir corriger et tester mes jeux à ma guise, devant des yeux neufs. Annemasse était la première ville dans ma ligne de mire pour trouver preneur. Le temps que je quitte mon studio et que je dévale à pied la première côte après Bogève, une voiture blanche s'immobilisa. L'homme au volant me parut bizarre. Il était maigre comme une allumette, avait le teint cireux d'un malade et portait ses lunettes sur le bout de son nez.

— Où allez-vous, monsieur? me demanda-t-il poliment après avoir abaissé lentement la fenêtre du côté passager.

— À Annemasse. Mais si vous pouviez me déposer à Viux-en-Sallaz, ça m'arrangerait. Je dois aller au bureau de La Poste.

— Je vais aussi à Annemasse, mais si vous préférez que je vous laisse en chemin à Viux-en-Sallaz, c'est comme vous voulez.

Ma réaction fut stupide. J'avais un *lift* jusqu'à Annemasse, mais comme j'avais eu un drôle de pressentiment en l'apercevant, je choisis bêtement Viux-en-Sallaz. J'avais eu cette réponse spontanée simplement parce l'homme, à première vue, m'avait paru gay. Pourtant, je ne suis pas homophobe. J'avais appris, au fil de dizaines de soirées de discussion avec mon ami Gilles Dionne, à respecter les différences des autres. J'avais presque envie de m'excuser devant cet homme que je ne connaissais ni d'Ève ni d'Adam.

J'étais encore hébété par mon comportement de macho imbécile lorsque l'homme reprit la parole :

– Est-ce que je me trompe ou si je décèle chez vous un accent suisse ou belge ?

– Non, non, vous ne vous trompez pas, j'ai bel et bien un accent. Mais je ne suis ni suisse ni belge, je suis québécois.

– Oh ! excusez-moi, monsieur !

– Y a pas de quoi. J'aime bien les Suisses et les Belges.

– Au fait, je me présente, je m'appelle Michel Boilon et je suis ostéopathe de profession.

– Moi, je m'appelle Tom Lapointe et je suis un ancien journaliste sportif de Montréal. Je suis dans la région depuis un peu plus d'un an. J'invente de nouveaux jeux. Enfin, je fais de mon mieux.

– Intéressant. À la maison – j'habite au sommet des plaines Joux avec ma femme et mon fils –, nous nous amusons comme des gamins en jouant à toutes sortes de jeux de société.

Paf ! dans la gueule ! « Bien bon pour toi, mon Tom, me dis-je. Tu t'es encore enfoncé un doigt dans l'œil avec tes préjugés sur les gens. Tu n'apprendras donc jamais… »

L'homme, qui parlait aussi lentement qu'il conduisait, continua de m'étonner par sa gentillesse et son humanité.

– Au fait, monsieur Lapointe, si vous cherchez de l'aide pour vos projets, un de mes frères est graphiste. Je peux lui en parler, si évidemment vous ne trouvez pas ma proposition trop téméraire.

– Pas du tout, ce serait avec plaisir.

– Alors, laissez-moi votre numéro de téléphone. Je vous appellerai dès que je lui en aurai touché un mot. Vous pourriez même venir dîner à la maison. Nous aimons bien discuter avec des étrangers. Surtout du beau et vaste Québec.

– Pourquoi pas ? Appelez-moi et on fixera une date.

Cinq minutes plus tard, le nommé Boilon me déposa à Viux-en-Sallaz. En engageant lentement sa voiture sur la route départementale, il agita son bras comme un drapeau au vent pour me saluer de nouveau, comme s'il me connaissait depuis toujours. Je n'en revenais pas. Je venais encore de recevoir un coup de main du destin. Le temps d'une fraction de seconde, je crus revoir en cet homme le sosie de monsieur Asselin, mon autre diseur de bonne aventure. Et puis, je me raisonnai et me traitai de fabulateur; il lui ressemblait un peu, mais pas à ce point tout de même...

La rencontre de ce sympathique personnage me motiva à achever l'écriture des règles d'un nouveau jeu de société, le troisième de ma collection. J'avais démarré ce nouveau concept par une nuit de solitude, en début d'année, devant un ordinateur que la serviable Isa avait emprunté à sa sœur. J'avais baptisé ce tout dernier concept La Route des vacances.

Ce jeu se déroule sur un plateau où est représentée la carte géographique du pays visité. Je vous propose six trajets ludiques pour le pays en question, et il vous arrive toutes sortes de surprises et de difficultés pendant le voyage. Le gagnant est le premier à franchir toutes les cases entre son point de départ, sa maison de ville, et celui de l'arrivée, l'hôtel à la campagne. Mais encore doit-il lui rester assez de billets de banque pour couvrir le coût de l'hôtel, sinon la partie n'est pas encore gagnée. Dans ce cas, le joueur doit reculer son pion jusqu'à la dernière ville d'importance de son itinéraire et demander d'autres billets de banque avant de tenter à nouveau sa chance à l'hôtel, après avoir évité d'autres pièges sur la route...

Moins d'une semaine après notre rencontre insolite, monsieur Boilon tint parole et il me rappela. Il me proposa même de venir me chercher à Bogève pour un dîner avec sa femme et son fils.

– Mais je vous préviens, monsieur Lapointe, nous sommes tous les trois végétariens. Ça ne vous gêne pas, j'espère?

– Non, pas du tout.

La famille Boilon était unie, ça sautait tout de suite aux yeux. Les trois vivaient sobrement dans leur modeste maison et se nourrissaient uniquement de produits sains de la terre. Désabusés par la vie contraignante des grandes villes, ils venaient à peine d'emménager dans leur nouveau havre de paix.

– Nous sommes heureux ensemble, me confia le paternel. Nous n'avons pas besoin de beaucoup de gens pour trouver notre plénitude. Seulement ceux avec qui le courant passe.

Leur sincérité me toucha et je me décidai à jouer-franc jeu avec eux. Je leur déballai presque toute mon histoire dès ce premier souper. Ainsi, s'ils manifestaient toujours l'intention de m'aider après avoir entendu mon récit pas toujours catholique, j'aurais la certitude d'avoir rencontré des gens en qui je pouvais placer ma confiance et je pourrais dévoiler en toute quiétude les maquettes et les règles de mes jeux. Les Boilon écoutèrent toute mon histoire sans broncher, sans me juger. Mieux encore, le paternel me réserva une autre surprise à la fin de la soirée.

– J'en ai parlé avec ma femme et mon fils et, si vous êtes d'accord, monsieur Lapointe, je dessinerai pour vous les cases de votre jeu Générations, me proposa-t-il. Regardez sur les murs de la maison, tous ces tableaux sont de moi. Mon style vous plaît-il?

Même si je n'avais aucune espèce de compétence en matière d'art, la qualité de son coup de pinceau me plut. Son style était réfléchi et profond. Ses couleurs privilégiées se situaient dans une palette pastel, et ses tableaux s'inspiraient quelque peu de l'ésotérisme. Que perdais-je à lui faire confiance? Je n'avais personne autour de moi prêt à se consacrer à un tel exercice de créativité.

– Il me faudra bien un an pour dessiner les cinquante-deux cases de votre jeu, estima-t-il. Je dessinerai les trois premières le mois prochain et vous me direz si le tout vous convient. Si c'est le cas, je vous ferai toutes les autres durant mes heures de temps libre, entre mes rendez-vous.

– Mais il y a tout de même un détail…

– Lequel?

– Je n'ai pas d'argent pour vous rémunérer, dus-je avouer, quelque peu gêné.

– Mais ce n'est pas grave, me rassura sans attendre le chef de famille. Je ne le fais pas pour ça, bien que nous ne roulions pas sur l'or. Je le fais parce que je sens que vous méritez une autre chance dans la vie. Nous avons eu plusieurs soucis, ces dernières années, et nous commençons à peine à nous en sortir. Nous aimons aider ceux qui en valent la peine et je pense que vous êtes de ceux-là. Nous espérons ne pas nous tromper…

Inutile de vous dire que je m'empressai, dès le lendemain, de raconter le récit de cette formidable rencontre à mes associés Claude et Christophe. Je me proposais aussi de partager la bonne nouvelle avec Raymond Depierre. Dès notre première rencontre, en novembre 2002, j'avais eu un bon pressentiment. Depierre avait même été l'un des rares à me dire que la soirée du 4 mars lui avait plu malgré le manque de rodage évident du concept des 3 Millénaires.

– Il te faut développer ces concepts à Paris, et tu le sais mieux que quiconque, m'avait-il rappelé.

Son message n'était pas tombé dans l'oreille d'un sourd et, fort de ma dernière rencontre avec monsieur Boilon, je pris l'initiative de l'appeler et de lui demander si, par hasard, il n'avait pas des relations dans le monde des communications à Paris. Sans hésiter, il me répondit par l'affirmative.

– Monsieur Depierre, je pense avoir créé trois jeux de qualité. Je suis prêt à me rendre à Paris pour les développer avec de vrais spécialistes, lui confiai-je.

Le matin du 10 mai, Depierre me rappela pour m'apprendre qu'il avait organisé une rencontre dans la capitale aussi tôt que la semaine suivante.

– Le rendez-vous aura lieu aux Productions Novi. La boîte appartient à deux frères, les Fauques. Leur bureau se trouve à Boulogne-Billancourt, là où est le centre nerveux des communications dans la capitale : la Tour de TF1, France-Télévision et la maison de Radio-France ont toutes pignon sur rue dans ce quartier du 16ᵉ.

Les événements se précipitaient et il me fallait réfléchir tout aussi vite. Bon, j'avais un rendez-vous à Paris dans une semaine, mais je n'avais pas d'argent pour l'hébergement ni pour le transport. Je me rappelai que Nathalie P. habitait l'appartement de son père, dans la capitale, et qu'elle y allait régulièrement en automobile. Je lui donnai donc un coup de fil pour lui demander un autre service. J'espérais seulement que l'incident survenu à l'appartement du Slave, un an plus tôt, ne me porterait pas ombrage ; Dieu merci, ce n'était pas le cas.

– Tu seras à Paris pour combien de jours ?

– J'ai rendez-vous le 18 mai. J'aimerais y rester pour quatre ou cinq jours, tout au plus. Le temps de revoir aussi certaines de mes autres relations parisiennes.

– Laisse-moi regarder mon agenda… Je suis à Radio-France encore aujourd'hui et demain…

– Tu es déjà à Paris ?

– Oui, pourquoi ?

– Zut ! je voulais te proposer d'y aller avec toi en automobile !

– Impossible, puisque je suis encore ici pour dix jours. Je ne rentre pas en Haute-Savoie avant deux semaines.

– C'est bon… Mais pour l'hébergement, c'est jouable ou pas?

– C'est jouable.

– Alors, donne-moi ton adresse.

– Je suis à Boulogne-Billancourt, près de…

– Ça, c'est trop fort… Ton appart est à Boulogne et mon rendez-vous a justement lieu dans ce quartier. Plus précisément route de la Reine.

– Je connais bien. C'est à peine à cinq minutes de marche de chez moi.

– Fantastique! Je te rappelle pour te dire à quelle heure j'arriverai le 17. Ça dépendra de l'horaire des TGV de la journée…

En vérité, mon heure d'arrivée allait dépendre surtout du budget dont je disposerais. Je souhaitais seulement que Claude et Christophe acceptent de me défrayer des frais de mon voyage sans trop rechigner. Je courus au bar de Claude pour lui faire part de la réunion organisée par Raymond Depierre et de la fleur que me faisait Nathalie quant au gîte. Vint ensuite la douloureuse question d'argent pour mon transport et mes petites dépenses. Il me dit qu'il y réfléchirait au cours des prochaines heures et qu'il trouverait la bonne solution, comme d'habitude. Je n'étais donc pas inquiet. Quand Claude me dit oui, il ne me laisse jamais tomber.

– Comme tu logeras gratuitement chez Nathalie, je vais te donner cent euros en argent de poche pour ton séjour dans la capitale, m'informa-t-il deux jours plus tard.

– Mais avec cent euros, Claude, ça ne payera même pas le train Annemasse-Paris aller-retour, ripostai-je, à la fois confus et vexé.

– J'ai déjà réglé le problème, Tom, me lança-t-il, fier de son coup.

La bonne humeur avec laquelle il m'annonçait la chose laissait anticiper une solution pour le moins… amusante.

– Mais comment, alors?

– Tu vas aller à Paris en camion.

– En… quoi?

– Oui, tu as bien entendu : en camion. Un des clients que tu connais, au bar, tu sais, Christian, celui que les copains surnomment Paf, eh bien, il travaille pour une société de transport, près du Môle. Leurs camionneurs font toutes les nuits le trajet aller-retour entre notre région et Paris. Je lui ai parlé et il m'a dit que tu pourras partir et revenir avec lui en camion quand tu le souhaiteras. Elle n'est pas belle la vie, hein ?

C'est ainsi que le soir du 17 mai, je fis le voyage de la Haute-Savoie à Paris, juché dans la boîte d'une remorque de dix roues. J'étais loin, ô bien loin des avions nolisés du Canadien ! mais l'expérience me plut. Encore quelques années à bourlinguer de par le vaste monde et j'aurais probablement l'occasion d'ajouter à mon tableau de chasse tous les moyens de transports imaginables, du chameau au side-car, en passant par la navette spatiale.

Comme au cinéma, le chauffeur avait la photo de sa blonde sur le tableau de bord. Et, comme au cinéma, il faisait la conversation par radio avec ses collègues toutes les vingt minutes. Le conducteur, un sympathique gaillard dans la trentaine, me déposa route de la Reine, à Boulogne, près du pont de Saint-Cloud, vers trois heures du matin. Je marchai jusqu'à l'appartement de Nathalie, un trajet d'une dizaine de minutes. Elle m'ouvrit la porte avant d'aller directement se recoucher. Elle avait une répétition à l'horaire dans quelques heures et elle se devait de péter le feu.

J'arrivai au rendez-vous à dix-sept heures tapantes, le lendemain… mais les frères Fauques me reçurent avec une heure quinze de retard. À Paris, c'est un *must* chez les gens d'affaires de se faire désirer. Quant aux imbéciles heureux – et ponctuels ! – qui font les frais de l'attente, ils n'ont qu'à se préparer psychologiquement aux usages de la sphère des affaires.

La réunion dura près de deux heures, preuve que mes projets pouvaient les intéresser. Ce que je ne savais pas encore, en revanche, c'est que les deux hommes étaient sur le point de vendre leur maison de production, information qu'ils dévoilèrent plus tard à leur copain Raymond. À mon retour en Haute-Savoie, toujours en camion, cinq jours plus tard, je crus judicieux de demander un autre rendez-vous à monsieur Depierre pour lui raconter, d'une part mon rendez-vous avec son contact et, d'autre part pour savoir s'il n'avait pas d'autres personnes influentes à me présenter.

– Je vais t'organiser bientôt une rencontre avec Stéphane Bérard, le responsable des activités du parc d'affaires d'Archamps, me proposa alors celui qui, décidément, devenait mon nouveau parrain en France.

La date de cette nouvelle réunion avec ce monsieur Bérard fut fixée au jeudi 10 juin. Le jour venu, un ami et client du bar de Claude, Arnaud, m'y conduisit. Cet homme bâti comme un joueur de rugby m'avait donné un solide coup de main à mes deux soirées de jeu. Il me déposa à la galerie commerciale vers quatorze heures, heure à laquelle Depierre m'appela pour reporter notre rendez-vous à dix-sept heures. J'avais donc trois heures à tuer dans cette galerie – heureusement climatisée, car faisait trente-sept degrés Celsius à l'extérieur ce jour-là.

Désœuvré, je m'apprêtais à aller voir un film dans l'une des salles de chez Gaumont lorsque ma curiosité fut attirée par l'enseigne d'un bar, le Canadian Pool, devant l'escalier roulant du sous-sol. Tiens, tiens, était-il possible qu'un Canadien fût venu ouvrir un bar dans la région ? Je ne pus résister à la tentation d'aller jeter un coup d'œil inquisiteur.

Seulement quatre magasins étaient ouverts au sous-sol de la galerie ; tous les autres espaces étaient placardés d'affiches « à louer », ce qui en disait long sur la santé des affaires dans le secteur. Il y avait un imposant magasin de jouets, une grande surface de vêtements griffés et une petite boutique de mode pour dames... et, bien sûr, l'intriguant Canadian Pool. Je m'assis sur le banc d'une table à pique-nique, à la terrasse du commerce, et je commandai un café. L'endroit était désert. À l'intérieur, un couple jouait au billard sur un des trois tapis verts disponibles. Au fond de la salle, un autre couple se payait une partie de dards sur une cible électronique.

– Les affaires sont au ralenti aujourd'hui, dis-je au barman pour engager la conversation.

– Vous trouvez ? Moi je vous dis qu'il y a au moins cinq personnes de plus qu'à la même heure hier. Et vous voulez savoir pourquoi ? C'est parce que mon bar était fermé hier, mon cher monsieur !

Voilà donc le petit plaisantin qui tenait lieu de propriétaire dans ce noble commerce. Je me décidai à lui avouer la raison de ma présence au Canadian Pool.

– Je suis descendu vous voir à cause du nom de votre établissement. Comme je suis Québécois, je me suis tout de suite demandé si le bar n'appartenait pas par hasard à un compatriote.

– Eh bien, non, je suis français et je me prénomme Yann. Mais ça me fait plaisir d'avoir un Canadien chez moi. Allez, venez à l'intérieur que je vous fasse faire une visite guidée.

Ce diable de Yann, doté de l'habileté d'un castor bricoleur, avait fait de la place un petit bijou. Les murs étaient tous en planches ou en rondins de bois, et décorés de photos (cabanes à sucre, forêts multicolores, paysages hivernaux, etc.) et d'objets (bâtons de hockey, chandails du Canadien du temps de Howie Morentz et d'Aurèle Joliat) évoquant le patrimoine québécois. Il y avait même un pan de mur sur lequel il avait cloué des logos de bières canadiennes, y compris ceux du chanteur et brasseur Robert Charlebois.

– On boit une Molson ou une Maudite?

– J'aimerais bien… mais j'ai un rendez-vous dans deux heures avec les dirigeants du parc d'Archamps.

– Une seule bière ne vous fera pas de mal, argumenta-t-il avec la sagesse d'un philosophe grec. Et puis, vous n'avez pas le droit de refuser puisque c'est aujourd'hui le 10 juin, jour de mon anniversaire.

– Alors, allons-y pour une Molson bien frappée, monsieur Yann.

Et nous tétâmes finalement deux Mol, les premières qu'il éclusait en compagnie d'un Canadien, apparemment. Comme il n'avait presque personne à servir, il me tint compagnie en buvant un coup jusqu'à l'heure de mon rendez-vous. Il s'informa de la raison de ma présence en France et tout particulièrement en Haute-Savoie, question à laquelle je m'employai à répondre par de savants raccourcis. Quand je lui racontai que j'avais inventé une nouvelle table de casino avec des cartes, il se montra immédiatement intéressé.

– Je suis le président de l'Association des marchands de cette galerie. Quand il y a des promotions, c'est moi qui m'en charge. L'été dernier, j'ai organisé la première course de tondeuses à gazon en France. Toutes les grandes télés françaises et suisses sont venues couvrir l'événement. Plus de trois mille personnes ont défilé sur place durant le week-end. Ce fut un beau succès. Si je peux donner un coup de main à un Canadien au Canadian Pool, je le ferai avec grand plaisir.

Comme j'avais du temps en poche à cause de mon rendez-vous différé, et comme j'avais un croquis de mes maquettes de jeux dans mon attaché-case, j'improvisai une présentation sur une de ses tables à pique-nique.

– Si la terrasse de ma place vous convient, avec ses cinquante mètres carrés, vous êtes le bienvenu pour venir tester votre jeu de casino quand vous voulez. Nous conviendrons ensemble d'un tarif par joueur qui viendra consommer à votre table de jeu, et vous garderez cet argent. Et je vous laisse aussi gratuitement l'espace de plancher pour vous installer.

Encore une fois, le hasard s'avérait un formidable partenaire. Ce fut ainsi que, entre le 15 avril et le 10 juin, les événements se bousculèrent en ma faveur. Imaginez, malgré mes poches désespérément vides, quatre complices travaillaient ou collaboraient gratuitement à mon projet: un dessinateur pour le jeu Générations (Michel Boilon), un graphiste pour mon plateau de La Route des vacances (Anel Boilon), un parrain pour développer le marché parisien (Raymond Depierre) et le propriétaire d'un bar «canadien» pour développer le test de mes jeux dans une galerie commerciale (Yann).

Plus de quinze ans plus tard, j'entendis encore la voix de Gilles Dionne me répétant un de ses leitmotivs favoris:

– Tu es chanceux, Tom. Chaque fois que tu penseras être foutu par les revers de la vie, un guide protecteur viendra te sortir du trou. Certains n'en ont pas. Toi, tu en as plusieurs. Tu devrais remercier le ciel d'être né sous une aussi bonne étoile…

À dix-sept heures, tel que prévu, je me rendis rencontrer Stéphane Bérard à la réunion prévue – réunion qui, ironiquement, n'eut aucun résultat. En bon Québécois, j'étais «dû» pour rencontrer l'excentrique Yann ce jour-là. Un autre personnage atypique qui devait me sauver la mise pour les mois à venir. Celui qui, sans le savoir, allait me sortir de Bogève une bonne fois pour toutes.

Chapitre 45
Rêve maudit

Du temps de ma jeunesse, je n'allais presque jamais dans les centres commerciaux, une activité synonyme pour moi de perte de temps. Je ne comprenais pas les «bonnes femmes» comme ma mère qui adoraient passer leurs après-midi à faire du lèche-vitrine. Remarquez, mon père non plus ne comprenait pas ma mère.

– Va faire tes courses, ma Jacqueline, lui disait-il sans chercher à l'offusquer. Moi, je vais au *coffee-shop* prendre une tasse de thé en t'attendant.

Et ça durait une heure ou deux, parfois même une éternité, surtout durant la période des fêtes. Quand elle revenait, les bras chargés de sacs de vêtements pour ses enfants ou de babioles pour ses petits-enfants, mon père se faisait un point d'honneur de réprimer ses grognements sous peine d'être traité de vieux grincheux.

Je trouvais également stupides les maniaques des bas prix et ceux qui passaient une demi-heure à garer leur voiture au fin fond du stationnement du supermarché pour venir ensuite tamponner leur chariot contre les chariots d'autres maniaques. Je me disais : «Voilà des masochistes, de vrais, de purs et durs masochistes!» Du lundi au vendredi, ils se rendaient au travail, tassés comme du bétail dans le métro et dans les bus, ou empêtrés dans les bouchons de voies supposément rapides. Ce qui ne les empêchait nullement d'en remettre une couche, la fin de semaine venue, en allant jouer aux chariots tamponneurs dans les centres commerciaux...

Drôle de moineaux, que je me disais, en les observant de ma tour d'ivoire dorée !

Mais comme quoi il ne faut jamais dire : « Fontaine, je ne boirai pas de ton eau », je me retrouvai à mon tour, comme un con, à cinquante-deux ans révolus, dans l'un de ces lieux publics que j'exécrais tant, au milieu de centaines de familles. Le matin du 1er juillet 2004, à la terrasse du Canadian Pool, je testai mon nouveau jeu de casino au sous-sol de cette galerie commerciale de Haute-Savoie.

– Faites vos jeux, venez tester ce nouveau jeu de roulette et courez la chance de gagner de nombreux prix ! hurlais-je à toutes les trois minutes derrière mon kiosque.

Je devais constituer un spectacle assez pittoresque mais, d'une certaine manière, vous êtes libre de me croire ou non, j'en éprouvais une certaine fierté parce que cette table de jeu se voulait le fruit de mon imagination. Ce n'était pas une vulgaire table à cartes en tôle comme toutes les autres, mais une table laminée, agrémentée d'un superbe design – une table semblable à celle sur laquelle joueraient peut-être un jour – pardonnez ma mégalomanie – des milliers de personnes sur une plage d'un Club Med ou sous les palmiers des paradis fiscaux où embaument l'oranger et le cocotier.

Pour piquer la curiosité des gens et les attirer à ma table de jeu, Yann n'avait pas joué les séraphins. Comme la loi nous interdisait le jeu payant, Yann s'était chargé d'acheter plusieurs lots intéressants à gagner : peluches, poupées, t-shirts, montres et autres gadgets de tous les styles offerts par ses fournisseurs du bar. Yann avait même poussé la « quétainerie » jusqu'à acheter un téléviseur en guise de gros lot.

– Le tape-à-l'œil fait toute la différence dans un centre commercial, soutenait-il. Tu verras, même si les gens du cru sont plutôt méfiants de nature, ils viendront. Si tu réussis dans cette région, tu pourras aller à Paris la tête en paix. Tu auras gagné ton pari et ton jeu marchera partout en France…

Yann disait juste. Les clients vinrent jouer, mais il fallut tout de même leur tirer un peu l'oreille. Une consommation gratuite à tous les nouveaux joueurs qui achetaient un verre de trente jetons s'avéra un excellent incitatif. Ce verre, ou plutôt ces deux verres – celui de la consommation et celui des jetons – coûtaient trois euros par joueur et les parties duraient

30 minutes. Le joueur qui remportait le plus de jetons durant cette demi-heure pouvait choisir le lot de son choix. Pour espérer remporter la télé, il fallait gagner mille jetons pendant ces trente minutes, ce qui n'était pas une mince affaire.

La mayonnaise commença à prendre pour de bon dès la troisième semaine de juillet. Comme le Canadian Pool était plein à craquer du jeudi au samedi grâce à ses concerts et à ses nombreuses promotions, ma table ne tarda pas à se garnir d'habitués. Il y en avait de tous les genres : des jeunes hommes qui voulaient gagner un lot pour leur blonde, des couples de tous les âges qui venaient jouer une partie à la sortie du cinéma ou de l'un des nombreux restaurants du rez-de-chaussée. Quelques jeunes Québécois, serveurs au Buffalo Grill du village voisin, furent parmi mes premiers clients. Jaypee, un gars de Shawinigan, fut mon meilleur porte-parole. Il faisait bon l'entendre sacrer dans la langue de chez nous les soirs où il avait un coup de trop dans le nez. Tout un numéro, ce Jaypee, un gars sympathique, entier, authentique. Dommage qu'il soit retourné à Montréal au début de l'automne… sa blonde lui manquait trop !

Tout démarra si vite et si fort que je me décidai à acheter une voiture d'occasion, une Audi 80 qui appartenait à Joël, un autre client du bar de Claude. Il me la vendit six cents euros, une somme que je promis de lui verser en trois mois, après l'obtention de la bénédiction et de la caution morale de Claude. L'Audi accusait son âge : les vitres électriques ne se baissaient plus ; la première vitesse s'enclenchait une fois sur deux ; la pédale à frein avait trop de mou dans la poulie. Mais je n'avais d'autre choix que de m'en satisfaire : j'habitais encore la Vallée verte, et la route entre Bogève et Archamps était longue.

– Cette fois, c'est parti pour de bon, claironnai-je, euphorique, à mes deux associés. Bientôt, vous n'aurez plus à débourser un sou pour me faire vivre au quotidien. Mieux encore, entre l'automne et la période des fêtes, je vendrai le concept des soirées d'animation du jeu à des associations du coin et vous toucherez des profits à votre tour. J'en profiterai pour trouver d'autres preneurs pour Générations et La Route des vacances, dès que les plateaux de jeu seront achevés par les Boilon père et fils.

Évidemment, je prenais mes rêves pour des réalités et je parlais un peu trop vite. Le 31 août, une autre embûche se dressa sur mon rallye de vie. Yann me convoqua avec mon associé Christophe à la terrasse du Canadian Pool pour nous faire part d'une mauvaise nouvelle.

– Un collègue du centre commercial m'a prévenu que la Gendarmerie pourrait venir perquisitionner dans mon établissement. Les bars n'ont pas le droit d'offrir des jeux de hasard à leur clientèle, c'est la loi. Bien entendu, je ne veux pas que tu vides les lieux… mais tu devras désormais être très vigilant. Il ne faudra demander les trois euros qu'aux gens qui te sembleront sûrs. Sinon, je risque d'être contraint à payer une grosse amende ou à fermer mon établissement pendant trois mois. Et cette éventualité, je ne peux l'envisager. Ça signifierait que je devrais mettre tôt ou tard la clé dans la porte.

Cette nouvelle me scia les deux jambes. À cinq pieds quatre, passez-moi l'expression, mais ça fait dur en ta… Mettez-vous dans mes souliers. Je venais tout juste d'embaucher deux jeunes croupières de vingt ans pour attirer la clientèle, espérant ainsi me dégager un peu de la table de jeu pour vendre des soirées d'animation de mon jeu 3 Millénaires. Cette nouvelle tuile remettait tout en question.

Début septembre, à la suite de cette désastreuse nouvelle donne, je rentrais moins de cent euros par semaine dans la caisse. Et comme Yann avait, avec raison, une peur bleue des gendarmes, il se mit à acheter moins de cadeaux. Et qui dit moins de cadeaux, dit moins de clients. Ma roue « tournait carré ». Comble de malheur, le démarreur de l'Audi me laissa tomber au début de septembre. Pour lancer le moteur, je devais courir à côté de la voiture en la poussant, la portière du conducteur grande ouverte, et sauter derrière le volant dès que l'engin commençait à tousser, en priant Dieu que le moteur s'emballât dès les prochains mètres.

– Vous en aurez pour cent euros si je dois acheter et installer un démarreur d'occasion, fut le constat du garagiste.

– Et pour les vitres électriques et la pédale à frein, j'en aurais pour beaucoup plus ?

– Je ne sais pas. Sûrement une autre centaine d'euros.

– Je repasserai vous voir la semaine prochaine…

Je ne repassai pas la semaine suivante pour l'excellente raison que je trouvai une manière globale de régler une bonne fois pour toutes les problèmes de l'Audi, le 18 septembre.

J'étais passé ce jour-là à la nouvelle maison de Nathalie P., sur les hauteurs de la ville d'Onnion, sur l'autre versant de la montagne. Elle m'avait laissé la clé sous le tapis du porche d'entrée pour que je puisse venir faire ma lessive. Après avoir déposé mes vêtements propres sur la banquette arrière, je procédai à mon petit rituel acrobatique pour faire démarrer l'Audi. Je glissai la clé dans le démarreur, j'ouvris la portière, je poussai l'auto sur cette route très pentue, je sautai derrière le volant puis… la catastrophe survint.

Comme j'avais bêtement oublié de tourner la clé, le volant et les freins ne répondirent pas. Impuissant et hébété, je traversai la route de campagne avant de plonger au ralenti dans un ravin.

J'eus à peine le temps de lever les yeux au ciel et de crier, le visage crispé de frayeur :

– Oh ! non, mon Dieu, pas çaaaaaaaaaa !

Le nez de l'Audi percuta le premier arbre sur son chemin. L'arbre me sauva d'un scénario encore plus catastrophique : s'il avait fallu que l'Audi, dépourvue de freins, poursuive sa course (une descente de plus en plus vertigineuse), j'aurais pu emboutir une maison, cent mètres plus bas ou, pis encore, écraser un enfant qui jouait dans la cour.

La dame de la maison d'en bas sortit en courant sur le perron après avoir entendu le fracas de la carrosserie contre l'arbre. Dès qu'elle me vit émerger de l'habitacle, elle me demanda si j'allais bien. J'étais trop ahuri pour lui répondre quoi que ce soit. Je savais d'ores et déjà que mes assurances ne couvriraient pas cette autre malchance, qu'il me restait encore quatre cents euros à verser sur sur cette épave, que j'avais encore deux loyers en retard à payer à Bogève, que j'avais toujours deux croupières à rémunérer, et ce, même si mon jeu tournait au ralenti. Et j'ignorais encore la somme que me coûteraient le remorquage et l'envoi de l'Audi à la casse. Je me retrouvai de nouveau au tapis.

Après m'avoir servi deux whiskies pour m'aider à me ressaisir, la secourable voisine appela mon amie la cantatrice, laquelle vola à mon secours. J'évitai la facture du remorqueur.

Un bon Samaritain de cultivateur vint tirer, avec son tracteur, la voiture du ravin et la remisa dans la cour de Nathalie. J'appelai ensuite Yann pour qu'il vînt me chercher. Il fallait bien que je continue à travailler, même si, dorénavant, plus aucun profit n'était envisageable – à moins de vendre des soirées d'animation en un temps record.

De retour au centre commercial en début de soirée, Yann se paya ma gueule en racontant ma mésaventure à quelques-uns de ses bons clients du Canadian Pool. Mais j'étais encore trop secoué pour en rire. Je revoyais la scène et je pensais qu'il était impossible d'avoir une telle poisse. Pendant un instant, je me dis que j'aurais été mieux d'y laisser ma peau, réglant ainsi, outre ceux de l'Audi, tous mes problèmes au fond du ravin. J'aurais aussi, par le fait même, cessé de faire ce rêve stupide où ma voiture circulait à reculons, sans freins. C'est bien connu, les rêves sont toujours à l'inverse de la réalité. Ce n'était pas en roulant à reculons que ma voiture avait manqué de freins, mais bien en marche avant. Morphée de merde !

Les jours suivants ne furent pas de tout repos. Comme je ne disposais plus d'aucun moyen de transport pour me rendre à la galerie commerciale d'Archamps, il me fallait remettre les clés de l'appartement de Bogève au plus vite et squatter sous un autre toit, près du centre commercial. Il fallait aussi que je trouve un remorqueur pour sortir mon Audi de la cour de Nathalie. Mais, comme je perdais de l'argent tous les soirs derrière mon kiosque de jeu, la situation se dégradait de plus en plus.

Le soir du 7 octobre, je reçus un message de panique sur mon cellulaire. C'était Nathalie, la cantatrice.

– Tom, si tu ne fais pas enlever la carcasse de ton Audi de mon stationnement, j'appelle la police. Débrouille-toi comme tu veux, mais elle doit être partie avant demain. J'en ai assez de toutes tes embrouilles. J'ai aussi mes problèmes.

Fin du message.

J'alertai un collègue de la galerie, qui appela lui-même un copain remorqueur. Remorquer l'Audi de sa sépulture actuelle jusqu'à la cour des casseurs allait me coûter la bagatelle de deux cent soixante-quinze euros. Or, comme j'étais encore cassé comme un clou, je demandai à Nathalie de m'accorder un peu de temps, et au moins autant d'indulgence. Après tout, là où elle pourrissait doucement, l'Audi ne l'empêchait pas de garer sa jeep.

— Donne-moi encore quelques jours pour dénicher la somme, tu sais très bien que je n'ai pas d'argent, plaidai-je en guise de défense.

— Tom, c'est tout de suite! l'entendis-je hurler au bout du fil.

— Nathalie, je pensais que tu étais mon amie.

— Ne joue pas avec mes sentiments, Tom.

— Je ne joue pas avec tes sentiments. Je te rappelle que j'ai toujours été là pour toi quand tu as eu besoin de moi.

— Je t'ai aidé beaucoup plus que tu ne m'as aidée.

— Sûrement… Mais je ne savais pas que les amis comptabilisaient leurs bons gestes.

— Tom, je ne veux rien savoir. Tu fais remorquer ta voiture et tu me fous la paix, compris?

À sa manière de reposer le combiné (et probablement d'envoyer le téléphone au complet rejoindre l'Audi dans le ravin), je compris.

Au lendemain de cette discussion orageuse, Joël, l'ancien proprio de la voiture, et Patrick, le ténébreux buveur de whisky, trouvèrent la solution pour envoyer la voiture à la casse sans que j'aie à débourser un sou. Et la pauvre fut enfin reconduite à son dernier repos… S'il existe un ciel pour les tacots, ce saint paquet de ferraille l'a chèrement gagné!

N'ayant plus de voiture, durant l'automne, je commençai à dormir un peu partout près d'Archamps. Certains soirs, c'était chez Médéric, un jeune aide-cuisinier à l'emploi d'un restaurant italien de la galerie; d'autres soirs, chez Fabienne, vingt-cinq ans, une des serveuses du Canadian Pool. Il m'arriva aussi souvent de dormir sur un lit de camp, à côté des tables de billard. J'attendais que tous les clients et le personnel soient partis, à une heure du matin, pour baisser le rideau de fer du commerce et m'allonger sur mon lit de fortune, bercé par le ronron des réfrigérateurs de la place. Le lendemain matin, j'étais réveillé par la musique du centre commercial. Cet ersatz de réveille-matin signifiait qu'il était neuf heures et que, dans moins de deux heures, Yann se pointerait pour procéder à l'ouverture du bar, et que je me remettrais à hurler:

— Faites vos jeux, venez tester ce nouveau jeu de roulette et courez la chance de gagner de nombreux prix!

Chapitre 46

Cinq ans déjà !

J'étais depuis presque six mois au Canadian Pool avec mon jeu de roulette. Dès le début du mois de décembre, j'avais prévenu Yann que je viderais les lieux le 5 février, après la soirée d'animation que j'avais organisée avec des étudiants en finances de Gaillard, une ville à cheval sur la frontière franco-suisse.

À vingt et une heures, je me versai une bière derrière le bar. Les clients commençaient à arriver. Les musiciens de l'orchestre étaient en train d'accorder leurs instruments au fond de la salle. Nous étions à quatre jours de la veille de Noël, mais mon esprit était loin, très loin des chants, des étrennes et du sapin illuminé. J'allai m'asseoir seul sur un tabouret pendant que ma croupière s'employait à divertir un couple d'habitués à la table de jeu.

Ce 20 décembre fut un moment très spécial. Je soufflais dans ma tête les bougies de mes cinq ans d'errance en France. Quand mon ex-collègue de *La Presse*, Réjean Tremblay, m'avait interviewé à Paris, en juin 2000, il avait été étonné d'apprendre que j'avais tenu le coup pendant six mois… mais il ne donnait pas cher de ma peau si je poursuivais ma fugue plus longtemps sur les routes d'Europe.

Cinq ans avaient passé depuis mon arrivée en France. J'avais habité sous plus de quarante toits différents. De Rouen à Paris, de Lyon à Bogève, j'avais vécu dans quatre départements français. Mais il était hors de question de rentrer à Montréal sans rêve ou sans projet achevé, et je continuais de résister avec acharnement.

Cinq ans plus tard, une kyrielle de questions me taraudaient l'esprit. Mes parents allaient-ils être encore vivants quand je rentrerais au bercail? Mes créanciers m'avaient-ils oublié? Allais-je être en santé encore longtemps avec un tel régime de vie? Mes amis avaient-ils rayé mon nom de leur carnet d'adresses? Comment vivaient les Québécois sans hockey en cette saison 2004-2005? Comment survivait mon copain Rodger Brulotte au départ de ses Expos? Combien avais-je désormais de nièces et de neveux? Qui serait le prochain membre de la famille à nous quitter, après l'oncle Alcibien et la tante Pauline, décédés au cours des derniers mois?

Cinq ans plus tard, ma situation était toujours aussi précaire. Certes, j'avais inventé un nouveau jeu de roulette et de fléchettes, et deux jeux de société susceptibles de plaire à des investisseurs si, et seulement si, je parvenais à cogner à la bonne porte. Certes, j'avais encore des dizaines de projets à mettre sur papier. Mais la réalité rendait mon réveil plus dur chaque matin que Dieu me prêtait vie. Elle collait à mes souliers comme une vieille gomme à mâcher oubliée. Mon passeport et mon permis de conduire étaient périmés depuis le 19 juillet dernier. Je ne bénéficiais d'aucune aide gouvernementale. Je n'avais pas d'assurance-maladie, pas d'assurance dentaire. Deux mois plus tôt, j'en avais été réduit à m'arracher moi-même, avec une bonne vieille pince, une dent qui me faisait souffrir le martyre. Plus que jamais, c'était la dèche.

L'arrivée de nouveaux clients autour de ma belle croupière, vive comme une bille derrière la table de jeu, me fit sortir de ma mélancolie. Je devais profiter de la période des fêtes pour renflouer mon bas de laine. Malgré toutes mes déveines, je restais positif. Je misais beaucoup sur un homme d'affaires que j'avais rencontré en novembre, Didier Legros. Ce Franco-Suisse de Genève avait été intéressé par mes projets et il était prêt à me présenter à tous ses contacts dans le métier. La ville de Genève me séduisait autant par son charme irrésistible que par la soif de pouvoir et de réussite de ses résidants. Je devais seulement tenir le coup jusqu'à notre rencontre.

La période des fêtes ne fut cependant pas aussi prospère que prévu. Yann, lui, redoutait toujours une visite des flics à ma table de jeu. Et elle survint finalement, fatalement, entre

Noël et le jour de l'An. Je revois encore Yann aller se cacher dans un débarras adjacent au bar, comme un gamin qui vient de commettre une énorme bévue.

— Bonsoir, monsieur, Gendarmerie nationale. C'est pour une simple visite de routine, me dit poliment le caporal.

— Bonsoir, réussis-je à articuler de mon mieux.

— Tout se passe bien à votre table de jeu ?

— Très bien.

— Il n'y a pas d'argent qui circule, j'espère ?

— Non, monsieur l'argent. Euh ! pardon, agent !

— Vous êtes à la galerie depuis longtemps ?

— Depuis quelques mois et je m'en vais bientôt.

— Pour aller où ?

— Probablement à Paris, pour tenter de vendre le concept à un distributeur de jeux. Ma période de tests achève.

— Mais cet accent, monsieur… Vous ne seriez pas canadien, à tout hasard ?

— Absolument. Je suis Montréalais. Je m'appelle Tom Lapointe.

— Seriez-vous parent avec notre regretté chanteur Boby Lapointe ?

— Peut-être, qui sait ? Tant de gens me posent la question que j'ai l'intention de faire des recherches pour tirer l'affaire au clair…

— Eh bien, monsieur Lapointe, passez une belle soirée et de belles fêtes chez nous, en Haute-Savoie !

— Vous pareillement, monsieur.

Et le caporal quitta les lieux avec son adjoint après avoir salué les joueurs réunis autour de la table. Yann sortit de sa cachette dix minutes plus tard, récupérant peu à peu de la peur de sa vie. Je lui demandai de payer la traite à tous les joueurs parce qu'aucun n'était intervenu lors de ma brève conversation avec le gendarme. Si quelqu'un avait avoué avoir déboursé trois euros pour jouer, j'aurais pu avoir quelques ennuis. Mais, une fois encore, mon accent québécois m'avait sauvé la peau. Si mon accent n'avait trouvé grâce à leurs yeux, j'aurais pu me retrouver en garde à vue, au poste de police. Plus de passeport, plus de papiers en règle, l'entrevue aurait pu mal tourner pour moi.

Ces deux petites minutes avec le caporal de la Gendarmerie nationale me rappelèrent à quel point nous sommes privilégiés d'être québécois. Si j'avais été arabe, africain ou gitan, je n'aurais pas fait long feu au centre commercial. La France est très stricte en ce qui concerne l'immigration clandestine, notamment à cause de son zélé ministre de l'Intérieur, Nicolas Sarkozy. Si tu veux vivre dans ce pays sans papiers, tu as intérêt à te tenir tranquille, sinon tu es vite dénoncé et reconduit à la frontière. Quelle injustice pour les gens d'autres nationalités!... Mon statut de petit-cousin m'avait sauvé et me sauverait encore. Pourquoi un Québécois venait-il se réfugier en France? Choix pour eux fantaisiste, voire impensable, puisqu'ils tiennent le Canada pour une terre de beauté, d'ouverture et de liberté, et que certains d'entre eux sont prêts à tout quitter et à traverser l'Atlantique pour refaire leur vie.

La période des fêtes terminée, je me mis donc à compter les jours et les nuits avant la soirée d'animation du 5 février, à Gaillard. J'en avais ma claque du centre commercial et de ses habitués. Et c'était réciproque, je présume. Un jeu de roulette où l'on ne peut gagner d'argent, est aussi excitant que de voir la même effeuilleuse faire tous les soirs le même numéro pendant six mois. Pour réussir dans ce domaine, il faut vivre comme les forains et changer de ville aux quinze jours avant que les gens ne se lassent. Or, j'étais là depuis trop longtemps. Je connaissais la vie de chacun des clients du Canadian Pool. Je savais le nom de leur blonde et de leur caniche. Il était temps que je déménage mes pénates et mes roulettes.

En janvier, je travaillai à mettre en place la soirée à Gaillard. Deux étudiants de l'institution s'étaient démenés pour vendre des billets, mais en vain. À deux semaines de la tenue de la soirée, ils n'en avaient vendu qu'une petite ving-taine. De mon côté, j'avais beau solliciter mes clients, ce n'était pas évident de leur demander de venir jouer à un nouveau jeu, celui des 3 Millénaires, dans une salle située à quinze kilomètres de la galerie.

Je réussis néanmoins à m'entourer d'une brave petite équipe de travail. Marina, une bohème de vingt et un ans, étudiante en théâtre, proposa de m'aider avec son ami Geordy. Bertrand, le fils du maire de Saint-Julien-en-Genevois, me donna aussi un coup de main pour l'organisation de la buvette.

Le soir venu, seulement quatre-vingts personnes se déplacèrent pour l'occasion. Je perdis plus de mille euros, mais j'eus au moins la satisfaction de voir les gens s'amuser comme des petits fous à la soirée d'animation. Étrangement, une dizaine de personnes boudèrent le jeu, dont Isa, la gérante de l'hôtel de mon associé Claude. Elle, son mari et un couple d'invités quittèrent durant l'entracte, ce qui me déçut un peu parce que je savais qu'elle allait m'en tenir rigueur devant mon associé. Mais, dans une certaine mesure, je m'en foutais. J'en avais par-dessus la tête de ramer seul dans ma barque.

– Tu t'occupes de tout, me rappelait souvent Yann. Tu es au kiosque de jeu sept jours sur sept, tu me files un coup de main gratuitement pour la promotion du bar, tu vends des billets pour les soirées, tu fais les présentations de ton jeu, tandis que ton associé Christophe ne lève pas le petit doigt. Tu devrais les envoyer au diable, tes associés. Si jamais tes affaires marchent, tu ne le devras qu'à toi et à toi seul.

Yann marquait un point, mais malgré leur peu d'implication dans le projet depuis la soirée de lancement au Best Western, mes associés m'avaient soutenu, investissant plus de dix mille euros dans l'entreprise, et je n'avais pas le droit de leur faire un petit dans le dos. Et il restait encore quelques douloureuses dettes à acquitter, dont celle de la location de la salle du Best Western.

Et puis, si je n'avais pas eu Claude Juillard pour me secourir à la suite du coup de poignard du beau-père, jamais je n'aurais pu errer en France pendant cinq ans. Ma seule et unique préoccupation était maintenant de réussir à Genève, au printemps prochain, afin de motiver de nouveau mes deux associés fantômes.

Chapitre 47
Un vrai thriller...

C'est accompagné de Marina la bohème et de son nouveau flirt, Geordy, que je me rendis à Paris le 9 février 2005, quatre jours seulement après la soirée crève-portefeuille à Gaillard, dans une salle aux trois quarts vide.

Le couple de tourtereaux vint me chercher devant l'hôtel Best Western de Raymond Depierre, à sept heures trente, par un matin ensommeillé. Avec l'aide de Yann, j'avais entreposé, la veille, tout le matériel de mon jeu dans un sombre couloir du centre commercial, derrière le Canadian Pool, et j'avais ensuite passé une partie de la nuit à la discothèque Le Macumba. Je célébrais en quelque sorte ma rupture avec la vie monotone des grandes surfaces et mon éloignement de cette foule de moutons qui poussent en bêlant leur chariot en file indienne. Je dus boire cinq à six coupes de champagne à la discothèque la plus réputée de France, une folle dépense, puisque je n'avais plus que trois cents euros en poche pour me rendre à la capitale... et y vivre pendant un bon mois !

Sur l'autoroute des Titans, Marina avait le pied pesant au volant de sa Peugeot 101 toute cabossée. Geordy et moi avions beau lui répéter de conduire moins vite, elle ne nous écoutait pas. Elle pilotait sa puce, décorée d'un tournesol géant sur le tableau de bord, en fredonnant des chansons empreintes de tendresse et de sensualité. Qui n'a pas eu le cœur léger comme ça, à vingt et un ans, à l'occasion d'un voyage improvisé entre nouveaux copains ? Nous étions partis sans trop savoir où nous aboutirions à Paris. Enfin, j'avais bien une petite idée, tout de même, mais une bien petite…

– Conduis-moi d'abord à Maison-Alfort, avais-je proposé à la pétillante Marina. J'ai une amie dans cette ville, en banlieue de Paris. Je veux lui faire une surprise en arrivant comme un cheveu sur la soupe.

L'amie en question, c'était Sylvie B. Je l'avais rencontrée en janvier 2001, à l'époque où je commençais à travailler à Juste pour rire. Elle assistait à un match de la ligue française d'improvisation ce soir-là, dans une salle pleine à craquer du 11ᵉ. Directrice commerciale d'une entreprise spécialisée dans la vente de sanitaires – cuves de toilettes et robinetterie –, elle était venue encourager une de ses copines comédiennes sur la patinoire. Comme je manquais terriblement d'affection, Sylvie et moi avions eu une relation de quelques mois entre adultes consentants. J'avais même habité son appartement, sis dans un édifice à logements de Maison-Alfort et dont la vue donnait sur les berges de la Marne, avec ses élégantes péniches et ses majestueux arbres centenaires.

Sylvie vivait avec sa fille de dix ans, Camille. Elle venait de rompre avec le papa de son enfant et d'apprendre la mort prochaine de sa maman, aux prises avec un cancer de la gorge en phase terminale. Ainsi, mon amie était fragile comme une marguerite au vent. Nous nous étions donc mutuellement consolés durant quatre mois avant de nous quitter en mai 2001, sans cependant jamais nous perdre de vue par la suite. Voilà pourquoi je savais que ma visite surprise lui ferait plaisir. Notre dernière rencontre remontait à mai de l'année dernière, quand j'étais venu à Paris en camion pour la rencontre éclair avec les frères Fauques.

Marina, Geordy et moi avions tant de bon temps dans la minuscule Peugeot que nous nous trompâmes de route par cette radieuse journée d'hiver. Ceux qui connaissent la France se moqueront sûrement de nous en lisant ces lignes, mais comment leur donner tort ? Nous nous aperçûmes de notre erreur en arrivant à… Clermont-Ferrand. Après avoir rebroussé chemin – un détour de plus de deux cents kilomètres –, nous nous arrêtâmes, crevés, dans un hôtel de Montargis, à cent kilomètres de Paris. Nous dormîmes dans une chambre à deux lits. À ma grande surprise, Marina ne couchait pas encore avec Geordy. Il me demanda poliment s'il pouvait partager mon lit double. J'acceptai, même si dormir dans le même lit qu'un homme m'a toujours incommodé. Plus jeune, alors que j'avais quinze ans, un ancien professeur avait mis sa main sur mes parties, en voiture. Je lui avais écrasé les doigts en lui disant de ne plus jamais récidiver.

Le lendemain midi, frais et dispos, nous mîmes le cap sur Maison-Alfort. Sous nos pieds, la Peugeot émettait des sons bizarres, et je répétais à Marina de surveiller sa vitesse sur l'autoroute A6. Aux alentours de Paris, durant les heures de pointe, les automobilistes peuvent devenir, en une fraction de seconde, des abeilles meurtrières. La Peugeot rota jusqu'à la rue principale menant près de chez Sylvie B., à Maison-Alfort. Alors retentit un bruit grinçant et insupportable, comme lorsqu'un gamin gratte de l'ongle le tableau noir de l'école. La barre de transmission venait de se rompre. Si elle avait cédé dix kilomètres plus tôt, sur la fourmillante autoroute, je n'aurais pas donné cher de notre peau, puisque Marina faisait osciller l'aiguille compteur à cent vingt kilomètres à l'heure.

— Merde ! merde ! merde ! s'écria la petite Marina, soudainement énervée. Il faut que je sois de retour en Haute-Savoie au plus tard dimanche.

— Ne paniquons pas, nous sommes arrivés chez Sylvie, la rassurai-je. Elle doit sûrement connaître un garagiste dans le quartier.

— Ne t'en fais pas, Marina, ajouta Geordy. J'ai ma carte bleue. On va bien trouver une solution…

Pendant que le petit couple se réchauffait en demeurant dans la Peugeot, j'allai sonner chez Sylvie. Zut ! pas de réponse ! Je tentai de la joindre sur son cellulaire.

— Salut, Sylvie, c'est Tom ! Je suis devant la porte de ton immeuble, à Maison-Alfort.

— Pas vrai, quelle belle nouvelle ! Attends-moi, j'arrive d'ici trente minutes, s'exclama-t-elle au bout du fil.

— Parfait, je t'attends.

— Tu souperas avec nous, j'espère ?

— Tu veux dire avec Camille et toi?

— Et une personne de plus. Tu ne me croiras pas, mais je suis tombée en amour… comme vous le dites si bien en québécois.

— Euh! je resterais bien, sauf que je ne suis pas seul. Je suis venu de la Haute-Savoie avec deux jeunes.

— Laisse-moi réfléchir…

— Écoute, ne te casse pas la tête. Je vais venir, et eux iront manger ensemble au restaurant.

— On fait comme ça. À ce soir.

— À ce soir, Sylvie.

Marina et Geordy ne rechignèrent pas une seule seconde. Je voyais bien que Geordy bouillait de passion pour sa tendre Marina. Une soirée en tête à tête était précisément ce qu'ils désiraient le plus au monde. Je leur demandai de louer une chambre d'hôtel pour nous trois; je leur dirais à mon retour si Sylvie pouvait nous dépanner ou pas, en ce qui concernait la voiture.

Sylvie me présenta à son nouveau chéri, Jean-Michel, une grande branche de six pieds qui travaillait à Montpellier pour la même société de sanitaires. Elle m'annonça son intention de quitter Paris avec Camille au plus tard au cours de l'été afin d'aller vivre sous le même toit que son amoureux. Quand je lui racontai que, de mon côté, j'avais une touche avec mes jeux à Genève pour le printemps, elle ne me cacha pas sa satisfaction.

— Depuis le temps que tu rames pour vivre de tes concepts de jeux, soupira-t-elle, tu mériterais que ça marche enfin.

— Oui, tu peux le dire, sauf que je ne partirai pas à Genève avant le début d'avril.

Sylvie avait le nez creux; elle avait déjà beaucoup potassé son *Tom Lapointe pour les nuls* et elle me connaissait comme le fond de sa poche.

— Et tu n'as pas de place où loger d'ici là.

— En plein dans le mille.

— Écoute, si Jean-Mi est d'accord, tu peux rester à l'appartement à compter de lundi prochain. Tu auras même toute la place pour toi durant la dernière semaine du mois, puisque je partirai visiter des amis à Montréal. Après, il faudra que tu te débrouilles.

– Ça me convient parfaitement.

– D'accord aussi pour moi, confirma Jean-Michel en levant son verre.

– Au fait, Sylvie, tu connais un garagiste dans le coin?

– Oui, juste au coin de la rue.

– Je pense que la Peugeot de ma jeune copine Marina a de gros ennuis.

– Je vais l'appeler pour toi, demain matin.

Marina eut de mauvaises nouvelles le lendemain : le garagiste ne pouvait pas s'occuper de sa puce avant lundi. Or, elle devait revenir en Haute-Savoie ce dimanche-là pour l'anniversaire de sa meilleure amie, Dorine. Elle me demanda donc de veiller sur sa voiture pendant qu'elle rentrerait au bercail en TGV avec Geordy. Cette malchance avec la Peugeot gâcha un peu notre week-end, puisque nous avions planifié quelques activités à Paris. J'étais surtout déçu pour Marina, qui avait pris la route de Paris afin de me faire épargner un peu d'argent.

– Je reviendrai dormir chez ta copine quand elle sera à Montréal, suggéra-t-elle. Je récupérerai l'auto et nous rentrerons ensemble en Haute-Savoie.

J'avais donc un peu plus de trois semaines devant moi pour me refaire un moral et une santé chez Sylvie. Il me fallait aussi contacter Didier Legros pour orchestrer ma venue à Genève, si possible, un peu plus tôt que prévu. Je lui téléphonai, mais j'eus tout de suite un drôle de son de cloche :

– J'ai eu une grosse tuile ces dernières semaines avec la promotion du concours de Miss Romandie, me dit-il. Je te raconterai à ton retour en Haute-Savoie, au début de mars. Appelle-moi dès que tu seras là.

Soudainement, l'aventure genevoise se mit à sentir le coup foireux. Jusqu'à la première semaine de mars, je m'employai à ne pas trop y penser. Marina vint à Maison-Alfort, tel que convenu, durant l'absence de Sylvie. J'avais prévenu mon ancienne blonde que je les inviterais pour le week-end. Marina n'avait pas fait le voyage seule : débrouillarde, elle était venue accompagnée de sa copine et d'un copain garagiste qui bidouilla la Peugeot durant tout l'après-midi du samedi malgré un froid humide et piquant. L'homme de l'art avait apporté outils et fil à rafistoler pour la réparer temporairement.

– Elle tiendra le coup jusqu'en Haute-Savoie, la rassura-t-il. Mais tu devras la laisser à mon garage dès ton arrivée. Elle est mal en point, ta bagnole…

Dès le lendemain, jour du retour en France de Sylvie, nous rentrâmes à deux voitures en Haute-Savoie. Marina avait convaincu ses parents de m'héberger pendant quelques jours, le temps que je tire au clair la situation avec Didier Legros, mon (ex?) futur partenaire d'affaires à Genève. J'avais toujours espoir qu'il tiendrait sa promesse de me donner pignon sur rue à son adresse genevoise.

Arrivés sains et saufs en Haute-Savoie en début de soirée, nous allâmes manger au restaurant où Geordy travaillait comme maître d'hôtel avant d'aller boire un verre chez une copine de Marina et de Dorine. Elles fumèrent, burent, dansèrent, rigolèrent comme les jeunes de vingt ans savent si bien le faire. Au bout d'un moment, je commençai à m'impatienter.

– Il faudrait peut-être songer à rentrer, signalai-je à Marina. Il est presque minuit. Je ne voudrais pas réveiller tes parents pour ma première nuit sous leur toit. C'est une simple question de respect, n'est-ce pas?

– Ne t'en fais pas, répondit-elle calmement en papillonnant des yeux. Maman est *cool* et papa est sympa. Ils sont peut-être parfois spéciaux à leur manière, mais ils ont le cœur sur la main. Et puis, tu viens seulement pour quelques jours, à ce que je sache. Fume un pétard avec nous, tout se passera bien, tu verras, mon ami Tom.

Les G. vivaient sous le même toit dans un contexte familial pour le moins particulier. Moi qui n'avais connu qu'une famille unie et soudée, sans dispute, sans séparation, sans divorce, voilà que j'atterrissais dans une famille reconstituée – une famille normale de ce monde dit moderne. Mais pouvait-on vraiment parler d'une famille normale une fois qu'on en connaissait mieux le portrait?

Françoise et Gérald s'étaient mariés il y avait moins d'une génération, lui follement amoureux d'elle, elle beaucoup moins de lui. Ils avaient eu la petite Marina au début des années 1980 et avaient acheté un vaste terrain de plus de trois kilomètres carrés à Germagny, une commune de sept cents habitants longeant la frontière franco-suisse. Gérald était vernisseur de métier, tandis que Françoise cumulait des petits boulots de coiffure, de peinture et de sculpture ; le couple bâtissait petit à petit sa maison dans ce joli coin de pays. Jusque-là, l'histoire était conventionnelle, voire banale. Mais le tonnerre commença à gronder au-dessus de leurs têtes dès le début des années 1990.

La petite Marina avait déjà dix ans lorsque Françoise, mal dans sa peau de femme au foyer, péta un plomb. Soudainement, elle eut besoin d'air et d'indépendance. Le couple se sépara, et Françoise prit un peu de bon temps. Bien que toutes les femmes du voisinage lui aient envié son visage et sa silhouette, Françoise persistait à ne pas s'aimer et ne pouvait s'accepter comme elle était. Désespérée, elle devint dépressive et anorexique. Et Gérald, qui l'avait toujours dans la peau, vint au secours de sa dulcinée du mieux qu'il le put. Françoise se remit lentement sur pied, mais ne retrouva jamais complètement son équilibre. Repoussant les avances de Gérald, elle s'amouracha même follement d'un bellâtre, Mourad, un Franco-africain de dix ans son cadet, et tomba enceinte de lui. Elle eut des jumeaux de sexes différents, deux adorables beautés nées au début de l'an 2000.

Le nouveau couple habita avec les jumeaux dans un appartement délabré, à seulement trois kilomètres de la maison de Gérald et de Marina désormais âgée de seize ans, ce qui alimentait, vous l'imaginez aisément, le moulin à ragots des commères de ce coin de paradis qu'est la Haute-Savoie. De peine et de misère, le nouveau couple tint le coup durant les trois premières années, mais le statut de chômeur de Mourad exaspérait Françoise. Ai-je besoin de vous rappeler à quelles difficultés s'exposent bien des Africains immigrés en France ? Peu d'entre eux intègrent le marché du travail en empruntant un tapis rouge…

Aussi naïf que compatissant, Gérald proposa au couple de venir habiter dans sa vaste maison de Germagny, pensant avant tout à la santé des jumeaux – même s'il aimait toujours sa Françoise en sourdine. Ce vaudeville affectif ne tint pas longtemps l'affiche, même pas six mois. Un soir, Gérald cassa la gueule à Mourad pour des raisons connues de lui seul, provoquant le départ du jeune Africain du toit multifamilial. Françoise décida de rester à Germagny avec ses jumeaux, Marina et Gérald… bien qu'elle continuât d'aider et de voir son bellâtre à l'extérieur…

Et c'était bien sûr parfaitement ignorant de ce contexte familial digne d'un roman de Stephen King ou de Woody Allen (faites votre choix) que je débarquai avec Marina et Dorine chez les G., vers une heure, cette nuit-là.

Au salon, Françoise et les jumeaux sommeillaient, tous trois allongés sur un mince matelas spongieux. Gérald dormait déjà depuis deux bonnes heures dans sa chambre, à l'étage.

— Bonsoir, madame, je m'appelle Tom Lapointe, dis-je en me présentant à Françoise.

Dieu merci, pas de remarque sur mon accent ou sur mon probable lien de parenté avec l'enfant chéri de Pézenas, Boby Lapointe.

— Bonsoir, Tom, je vous ai improvisé un semblant de lit dans la chambre de Marina et de Dorine. J'espère que ça vous conviendra.

— Pas de problème. Merci beaucoup, madame.

Le lendemain matin, vers sept heures trente, je fus réveillé par le bruit d'un téléviseur. Les jumeaux regardaient le petit écran dans le salon. Ils ne savaient pas qu'un inconnu dormait dans la chambre voisine. Ça me faisait tout drôle de les entendre se bidonner devant des dessins animés. Les rires matinaux d'enfants constituent la plus belle musique du monde et la meilleure des thérapies, surtout pour un célibataire endurci de plus de cinquante ans, squatteur, solitaire et, de surcroît, stérile, si j'en crois le *Manuscrit des anges*.

Françoise cogna à la porte de la chambre et entra. Elle enjamba ma couette et mon sac de couchage pour venir se pomponner et se coiffer. Il y avait maternelle dans une demi-heure et elle devait reconduire les enfants à l'école. Marina et Dorine se levèrent un peu plus tard. Les deux jeunes femmes s'embrassèrent tendrement. Comme j'en avais vu bien d'autres, je fis comme si de rien n'était. Le libertinage est un de mes sacrements. J'aurais dû vivre à Venise, au temps de Casanova et d'autres joyeux lurons.

Françoise revint sur le coup de neuf heures et je restai seul avec elle ; Dorine et Marina ayant quitté à destination de Saint-Julien-en-Genevois.

– Vous allez donc vous installer à Genève ? s'informa-t-elle.

– Si, c'est ce que je dois confirmer avec mon nouvel associé dans les prochains jours.

– Marina m'a dit que vous inventiez des jeux.

– Absolument. Je me propose de les développer à Genève, dans une société de publicité et de marketing.

– Intéressant. En tout cas, Marina m'a raconté la soirée que vous avez organisée à Gaillard, au début de février. Elle s'est bien amusée avec ses copains.

La première journée se passa sans nuages. Françoise me raconta la version de son histoire avec Gérald. En soirée, ce fut au tour de Gérald de me raconter la sienne. Afin de me montrer crédible à leurs yeux, malgré toutes mes angoisses face à la situation, je leur montrai les maquettes et les manuels d'instructions de mes jeux. Gérald s'y intéressa plus que Françoise. Mais je me dis que c'était normal, les jumeaux la réclamant à tout bout de champ pour un rien.

Trois jours plus tard, je réussis à joindre Didier Legros. Je devais savoir à quoi m'en tenir. Gérald et Françoise ne s'impatientaient pas trop encore, mais j'avais besoin d'une date officielle pour mon départ en Suisse. À mon grand dam, Didier me fit savoir qu'il ne me rencontrerait que dans une semaine. Je lui dis que ce n'était pas possible parce que je vivais chez des étrangers et que je n'avais pas d'argent pour me payer une chambre d'hôtel.

– J'ai besoin d'une autre semaine, insista-t-il.

J'annonçai la mauvaise nouvelle au couple le jeudi 10.

– Ne t'en fais pas, me rassura Gérald.

– Prends le temps qu'il te faudra, ajouta Françoise. En affaires, les Suisses se font souvent doubler par des escargots.

Pour me rassurer davantage, je donnai un coup de fil à mon associé Christophe Devoissoux, désireux que j'étais que lui et Claude m'aident à trouver une solution à court terme. Après tout, ils étaient toujours mes associés. Si mon association avec le Franco-Suisse devait s'avérer lucrative, ils auraient leur part du gâteau...

— Rencontrons-nous demain à Viry, me proposa Christophe. Nous discuterons du problème.

Françoise s'occupa de la réunion avec mon associé. Elle repassa mon pantalon, me proposa une chemise presque neuve appartenant au père de ses jumeaux et, comme il faisait froid et humide ce jour-là, elle me prêta aussi un manteau d'hiver, acheté pour Mourad avant qu'il ne fût viré de la maison par Gérald.

Ma rencontre avec Christophe eut lieu dans un café du village voisin. Elle fut brève. Christophe n'avait pas de solution pour moi, pas plus que Claude qui m'avait fait savoir, le mois précédent, qu'il ne couvrirait plus mes frais. Pis encore, Christophe me réclama l'argent de la soirée de Gaillard.

— S'il y avait plus de quatre-vingts personnes payantes et que tu disposais de la salle gratuitement, tu as dû gagner un peu de sous pendant la soirée, sans compter que tu touchais aussi les profits du bar.

— Écoute, j'ai perdu mille euros avec l'embauche du disc-jockey et de l'éclairagiste, et je ne parle pas du coût des bouteilles de champagne, de l'impression des billets et de tout le reste.

— Mais c'était à moi de comptabiliser tout cela.

— Mais c'était à toi d'être là.

— Tom, ça ne marche pas comme ça. Il va falloir que tu te mailles.

— C'est ce que je fais, puisque je tente de conclure une entente avec une boîte de communications à Genève.

— Bon, tiens-nous au courant, Claude et moi.

— Mais Claude m'a dit qu'il arrêtait d'assumer les frais le mois dernier quand je l'ai appelé pour lui demander de me dépanner à Paris.

— Claude va continuer, mais nous n'avons plus d'argent à investir dans le projet. Tu dois d'abord te trouver du boulot, puis tenter de vendre nos concepts. C'est ta mission.

— Et quelle est la vôtre?

— Je vais peut-être faire des soirées du jeu avec le journaliste Dominique Pireolle. Tu pourrais laisser la grande roue du jeu des 3 Millénaires à ma disposition, si jamais nous en avions besoin dans les semaines à venir?

– Bien sûr, elle est bien rangée dans un couloir, derrière le Canadian Pool.

– Alors, on fait comme ça?

– Ouais, on fait comme ça.

Christophe paya pour les cafés parce que j'étais encore fauché et il me laissa le long de la Nationale 205. Je marchai trente minutes, jusqu'à maison des G. Déjà, dans ma tête, le divorce était presque consommé avec mes partenaires. La réciproque ne tarda pas à être vraie, puisqu'ils coupèrent la ligne de mon cellulaire une semaine après ma rencontre avec Christophe. C'est dire combien mes espoirs en Didier Legros prenaient de plus en plus d'ampleur.

Une semaine plus tard, j'eus enfin mon rendez-vous avec le Franco-Suisse. Il vint me chercher au bout de la rue, chez les G. Il m'invita à dîner dans un restaurant de Saint-Julien-en-Genevois. Je le sentis très vite mal à l'aise.

– J'attends toujours la confirmation du patron de la boîte, dit-il d'entrée de jeu.

– Quelle confirmation?

– Concernant ton bureau sous notre toit.

– Mais je pensais que c'était réglé depuis deux mois.

– Ça va se faire, ne t'impatiente pas. Mon patron croit en tes projets, je lui en ai parlé. Mais…

– Mais?

– Mais il vient de perdre une fortune avec la tricherie du concours de Miss Romandie et il est à prendre avec des pincettes ces temps-ci. La supercherie a fait la une de tous les journaux et les annonceurs ne veulent pas nous payer. Nous ne sommes pourtant que des intermédiaires dans le projet.

– Câlisse! m'exclamai-je. Donne-moi une date, je n'ai pas le droit de niaiser les gens qui m'accueillent en ce moment sous leur toit. J'ai tout laissé chez Yann, à la galerie d'Archamps, parce que j'ai cru en toi.

– Donne-moi encore du temps, Tom, je vais régler le problème. Quand on se reverra dans une semaine, j'aurai trouvé une solution.

– Et je dis quoi à ceux qui me logent?

— Tu veux que je vienne leur expliquer les raisons de mon retard?

— Surtout pas, ils n'ont rien à voir là-dedans.

— Ça va s'arranger, tu verras.

— Encore une merde, une autre de plus.

Je rentrai songeur de ce dîner avec Didier Legros. Quand j'arrivai chez les G., il était près de dix-sept heures trente. Gérald prenait la collation avec les jumeaux pendant que Françoise fumait une clope devant la porte coulissante de la cuisine.

— Tu n'as pas l'air bien, constata Gérald.

— Non, pas très, en effet.

— La réunion a mal tourné?

— Disons-le comme ça.

— Et alors?

— Alors, il me demande d'attendre encore une semaine.

— Ce n'est pas grave, tu as un toit et de la nourriture…

Gérald n'eut pas le temps de finir sa phrase que Françoise explosa. L'Etna sur deux jambes venait de sortir de son sommeil.

— Toute ton histoire, c'est du pipeau, éructa-t-elle.

— Françoise, tu te calmes, s'interposa Gérald.

— Non, je vais parler. Tom nous roule ou il se fait rouler dans la farine avec son pseudo-emploi à Genève. Je n'y crois pas, au baratin de son Suisse.

— Écoute-moi bien, Françoise. Si tu veux que je parte, dis-le tout de suite, furent les seules paroles qui sortirent de ma bouche.

— Tu ne partiras pas, arbitra Gérald. Moi, je crois en tes jeux et en ta sincérité. Et toi, Françoise, arrêtes de crier comme ça.

Françoise se retira dans la chambre de Marina. Gérald m'offrit un café.

— Elle explose souvent comme ça avec moi, me rassura-t-il. Elle prend trop de cachets, et Mourad lui gâche l'existence. Elle ira mieux demain.

Le lendemain, seuls, Françoise et moi nous expliquâmes autour de la table de la cuisine. Mais sa colère de la veille avait déclenché en moi un mécanisme de survie. Instinctivement, elle avait mis le doigt sur une probable réalité : Didier Legros n'était pas un partenaire crédible et fiable. Il me fallait jouer sans attendre une nouvelle carte, ou plutôt la dernière carte dans ma manche : me tourner de nouveau vers Raymond Depierre. Ce dernier me proposa de venir me rencontrer à la maison des G., le 20 mars. C'était bien ainsi. Cela réconforterait Françoise de rencontrer un de mes partenaires digne de ce nom et lui prouverait ma détermination à m'en sortir ; je lui devais bien cette marque de considération.

À l'écoute du récit de mes dernières galères, n'importe quel investisseur sensé aurait pris ses jambes à son cou en se disant : « Fuyons vite ce type, il porte la poisse, attire la guigne, traîne le choléra et répand la peste partout sur son passage ! » Pas Raymond Depierre. Et pourtant, c'est le plus sensé des hommes que je connaisse. Pas un seul instant l'idée de me laisser tomber ne lui effleura l'esprit.

– Je vais dire à un copain avocat, Me Lionel Mourot, de venir te rencontrer ici à Germagny, me proposa-t-il. Si tu n'as pas cet emploi et ce bureau à Genève, et si Lionel pense que tes projets peuvent se vendre, alors je trouverai bien une solution avec lui. Quant à notre ami commun Claude Juillard, je lui parlerai en temps et lieu. Ne te fais pas de mauvais sang.

Me Mourot vint me voir à son tour chez les G., le 24 mars. Notre entretien dura trois bonnes heures. Pendant que nous parlions affaires, Françoise se montra discrète. Après nous avoir préparé du café, elle alla écouter de la musique dans la chambre de Marina avec les jumeaux. Elle était redevenue *cool* avec moi à la suite de la visite de Depierre, un homme connu dans la région et de nature à lui inspirer confiance.

Cet appel à mon parrain me sauva des eaux, car Didier Legros ne réussit à m'obtenir ni emploi ni toit à Genève. Pis encore, il démissionna de son poste. Enfin, ce fut sa version des faits lors de notre dernière rencontre au début d'avril – dernière rencontre où il se sentit obligé de me remettre cent cinquante euros pour s'excuser.

Cette promesse morte de sa belle mort, je rappelai rapidement Me Lionel Mourot en lui faisant part de mon intention bien arrêtée de rentrer à Paris dans les meilleurs délais afin de vendre mes projets. Je lui demandai de se concerter le plus vite possible avec Depierre afin de ne pas imposer plus longtemps ma présence à ma « famille d'accueil ».

Lionel me rappela trois jours plus tard ; Raymond avait déjà trouvé une solution. Il me proposait de travailler à la commercialisation de mes jeux avec deux nouveaux associés : Me François-Xavier Kellijian et... Pierre Fauques – oui, l'un des deux frères rencontrés à Paris, en mai 2004, au terme de mon épique voyage en camion. Il me proposait aussi un logement, celui de son fils Vincent à Montmartre. Il y avait toutefois un hic : il ne pouvait passer à l'action avant le 15 juin. Or, nous étions seulement le 10 avril. Il me restait deux mois à tuer... et à me loger. J'aurais pu retourner au Québec, bien sûr... Mais mon passeport n'était plus valide. L'ambassade canadienne la plus proche était à Berne, en Suisse. Mais comment m'y rendre alors que je ne disposais d'aucune voiture, que je ne pouvais en emprunter une et que je n'avais même pas l'argent nécessaire pour un voyage aller-retour Berne-Germagny ? Je pilai donc à nouveau sur mon orgueil et demandai deux autres mois de sursis à Françoise et à Gérald.

– Je vous rembourserai mille euros pour ces trois mois de gîte dès que je serai à Paris, à partir du 15 juin.

– Tu es bien certain, cette fois, de ne pas te faire avoir ? me demanda Françoise.

– Monsieur Depierre est un homme de parole.

– C'est O.K. pour moi, dit Gérald sans même réfléchir.

– O.K. pour moi aussi, renchérit Françoise.

– D'ici là, je vais appeler une de mes sœurs, au Québec, pour qu'elle me fasse parvenir un nouveau baptistaire et un formulaire de passeport. Ainsi, je pourrai rentrer à Montréal le 15 juin, si jamais monsieur Depierre devait changer d'avis.

Une fois de plus, j'avais réussi à négocier deux mois de survie par la peau des dents, deux mois de survie qui seraient peut-être, si tout se passait bien, un sas entre ma traversée du désert des dernières années et mon arrivée dans l'oasis tant espérée.

Les deux derniers mois de « camping » furent parfois tendus mais, dans l'ensemble, nous cohabitâmes plutôt bien. Les meilleurs moments furent ces balades en auto avec Françoise et les jumeaux. Je leur chantais des comptines de chez nous :

« Bon chauffeur, dormez-vous, pesez donc su'l'gaz, ça marche pas » ou « J'ai cinq ans pis j'm'en fous, j'fais pipi par terre, j'ai cinq ans pis j'm'en fous, j'fais pipi partout. » Maël et Lyly riaient de bon cœur et en redemandaient encore et encore. Les mauvais moments furent les jours d'angoisse de Françoise avec son bellâtre. Un jour, elle rentra avec des marques au visage, et une touffe de cheveux en moins. Quand Françoise n'allait pas bien, je m'empressais d'emmener les enfants dans la cour pour jouer au pompier ou au gendarme. Les deux me sautaient parfois dans les bras et j'étais alors le plus heureux des hommes sur terre.

D'ailleurs, le plus difficile, le 15 juin au matin, sur le quai de la gare de Bellegarde, ce fut surtout de quitter la petite Lyly. J'étais devenu son tonton préféré. Le soir, elle venait s'asseoir sur mes genoux pour que je lui lise ses contes préférés. Jaloux, Maël venait la rejoindre quelques minutes plus tard. Quand le TGV démarra, je leur envoyai la main. Même Françoise avait la larme à l'œil. Quinze minutes après mon départ, elle m'envoya un message-texte sur mon cellulaire.

« C'est fou c'ki se passe, Tom. Lyly est inconsolable. Elle pensait que tu partais seulement pour quelques minutes… »

J'en eus la gorge nouée. Peu importe la gare, peu importe le pays, ça doit être terrible de laisser ses enfants et de s'en éloigner. Cela peut tuer un homme ou une femme aussi sûrement qu'une balle ou une lame, mais à petit feu. Mais Lyly n'était pas ma fille, pas plus que Gérald, Françoise, Maël et Marina n'étaient ma famille. Il fallait que je tourne la page.

À mon arrivée à Paris, trois heures plus tard, je pris le métro jusqu'à la sortie Guy-Moquet, sur la ligne 13. Monsieur Depierre m'avait donné l'adresse de l'appartement de son fils Vincent, rue Championnet, dans le 18e. Avec le peu de bagages qu'il me restait de mes années de galère, j'empruntai ladite rue : 255, 225, 195, 175… Plus j'approchais de ma destination, plus je sentais s'insinuer en moi une sensation bizarre. Soudainement, je n'en crus pas mes yeux. De l'autre côté de la rue, à quelques mètres de l'appartement des Depierre, je reconnus l'immeuble du studio d'enregistrement où j'avais travaillé avec François Bernheim et le jeune chanteur Florian, trois ans plus tôt.

Je pianotai le digicode de la porte, laissai mes bagages dans la cour et ressortis aussitôt de l'édifice pour être sûr que je ne faisais pas erreur. Je marchai ensuite jusqu'à la plus proche artère d'importance, à une minute de là. C'était la rue Ordoner. Trois ans plus tôt, madame Charlot, la prof de chant la plus célèbre de France, m'avait reçu avec Florian à son appartement de la rue Ordoner. Elle avait alors quatre-vingt-neuf ans.

Je revins à l'appartement, je pris l'ascenseur jusqu'au troisième étage, j'ouvris la fenêtre sur cette splendide journée d'été et je respirai un grand bol d'air.

Assez tôt le lendemain matin, j'allai boire un café chez Pradel, un bistrot où j'avais partagé un dîner avec madame Charlot, et je m'informai de la santé de cette légende du 18e arrondissement. On m'apprit qu'elle était morte depuis peu.

Je commandai un rosé, je levai mon verre au ciel et je récitai un vibrant *Je vous salue, Marie* pour cette grande dame.

Chapitre 48
Sale métier

Depuis que je vivais et survivais en France, j'étais retourné consulter des clairvoyants à deux occasions seulement. La première fois, ce fut en septembre 2001, rue Fontaine, où j'habitais, derrière la Comédie de Paris et le Carré blanc. Il y avait, à quatre ou cinq portes de la mienne, une affiche discrète suspendue à une fenêtre grillagée. « Médium à votre service », pouvait-on y lire.

Je passai des dizaines de fois devant cette entrée sans m'arrêter.

« Tu ne recommenceras pas ce petit jeu stupide, me disais-je. Et puis, que pourrait-on te prédire de plus que tu ne saches déjà ? Tu as quitté l'Amérique pour l'Europe, tu as laissé tomber bêtement ou tu as perdu tous tes emplois et tes amis à Montréal, tu as été malade au milieu de la quarantaine, tu es incapable d'endurer un patron, tu devrais être plus à l'écoute de tes proches et de tes anges... Tu te marieras dès que tu seras sage, à cent trois ans, mais tu ne pourras avoir d'enfant... » Et blablabla et blablabla...

Quelles nouvelles surprises, qui seraient si étonnantes et si différentes de celles de Gilles Dionne et d'Yvon Asselin, auraient pu m'annoncer les sorciers français ?

Mais, comme un drogué en état de manque, une soudaine pulsion me poussa à aller cogner à cette porte mystérieuse. Je voulais savoir si l'un de ces sorciers était assez doué pour visualiser ma récente descente aux enfers. « Monsieur, votre vie a basculé ces dernières années et vous avez dû fuir votre pays pour tout recommencer à zéro. » Voilà ce que je voulais en quelque sorte entendre de la bouche d'un autre médium pour ne plus jamais douter de la confrérie internationale des clairvoyants.

Une dame dans la trentaine m'ouvrit la porte et m'accompagna jusqu'à son cabinet de consultation. À peine avais-je pris place à sa table qu'elle darda son regard dans le mien, comme l'exige le rituel, et sortit son jeu de tarot, la dernière étape des préliminaires avant le « décollage ». Étrangement, elle ne m'inspirait rien. Or, puisque j'étais à Pigalle, je me mis à me faire mon propre petit cinéma érotique. La première carte sur ma gauche, côté cœur, lui ferait me dire avec ses yeux cochons : « Monsieur, vous avez envie de baiser. » Et je lui répondrais : « Exact, mais pas avec vous, madame. Vous n'êtes pas mon genre. Par contre, je ne dirais pas non à la grande Céline, qui est encore couchée dans le lit de mon studio avec un déshabillé diaphane. Dommage qu'elle soit plus portée sur les dames que sur les messieurs… »

Elle me proposerait ensuite de tirer la première carte de droite, la carte des affaires et…

– Monsieur ?!

– Oh ! pardon ! J'étais distrait…

– Pourriez-vous tirer cinq cartes du paquet ? demanda-t-elle en me ramenant sur terre, dans cette pièce qui ressemblait beaucoup plus à un ancien cabinet de médecin qu'à l'officine d'une clairvoyante.

La dame me déçut par ses réflexions et ses visions, aussi vagues et convenues que celles d'un politicien en campagne électorale.

– Vous réussirez bientôt ce que vous avez entrepris… Une femme vous a dans la peau, mais vous ne la voyez pas, soyez plus vigilant désormais… Vos affaires vous forceront à voyager… Votre estomac est sensible, ne buvez pas trop…

Et patati et patata… J'eus droit au charabia que l'on retrouve dans tout manuel du parfait charlatan de service. J'étais tout bonnement tombé sur une apprentie-médium qui devait vivre du fruit de ses arnaques parce qu'elle était incapable de joindre les deux bouts. Et je dus, par-dessus le marché, payer quarante euros pour cette consultation de moins d'une heure.

J'étais à la fois dégoûté et rassuré. Dégoûté pour les quarante euros balancés par la fenêtre, mais rassuré parce que j'avais autrefois trouvé, en Dionne et en Asselin, deux authentiques clairvoyants. Cette mésaventure me mit même un peu de baume au cœur par cette journée de fin d'été.

— Désormais, Tom, m'étais-je dit, tu n'auras plus besoin de consulter d'autres clairvoyants. Ton *Manuscrit des anges* est écrit, très bien écrit même, et il ne changera pas. Pas plus que ton destin, d'ailleurs…

La seconde et dernière fois où je cédai à la tentation, ce fut quatre ans plus tard, en août 2005 pour être plus précis. Un autre hasard, tout comme la rencontre avec Gilles Dionne au vernissage de ma cousine Louise et de son mari Émile.

J'étais assis à la terrasse d'un café de Montmartre, devant la mairie du 18e arrondissement, à boire une bière avec mon nouveau copain de tiercé, Falco Sallenave. Il faisait un temps absolument splendide et nous laissions défiler le temps et les jolies filles devant nous.

Un homme au début de la quarantaine vint interrompre ce défilé de mode improvisé du nouveau prêt-à-porter féminin 2005, présenté gratuitement par les créatures du petit Jésus. L'air d'un gitan en vadrouille, l'individu portait une chemise blanche déboutonnée jusqu'au nombril, un jean noir moulant, des bottes de cow-boy, des cheveux lui tombant sur les épaules et une boucle dorée au lobe de l'oreille gauche. Tout comme moi, il déclarait à la toise cinq pieds quatre pouces avec des talonnettes.

— Alors, Falco, on se la coule douce? lança-t-il à mon copain macho en lui soulevant ses verres fumés.

— Jo, ça fait trop plaisir de te voir, répondit Falco en flagornant comme tous les Italiens de la planète savent si bien le faire.

— T'arrives d'où, comme ça?

— Du marché aux puces de Clignancourt.

— Tu avais des clients?

— Tu es fou? Je ne fais jamais de consultation en plein air. Je reçois toujours mes clients à l'ombre, dans mon bureau.

Les deux se firent la bise. C'est bien connu, les Italiens et les gitans s'embrassent toujours avant de se poignarder. Ça fait classe, qu'ils disent!

– Oh! mon ami Tom, nous parlons, nous parlons, et je ne te présente même pas! s'excusa Falco. C'est mon grand ami Jo, *mon* clairvoyant. Il est très fort. Très, très fort, tu peux me croire.

Le mot « clairvoyant » me fit bondir de ma chaise. Asselin avait écrit, dans *Mon manuscrit des anges*, que j'étais censé posséder, à un degré plus ou moins grand, le don de pressentir certaines choses. Dans le cas de Jo, j'avais déjà deviné, seulement en l'apercevant, son penchant pour les sciences occultes.

Jo avait une tête de vampire. Ses yeux étaient presque fermés comme des huîtres, ses dents, noires comme du charbon ; ses gencives, creuses comme un caniveau. On aurait dit qu'il sortait tout droit du dernier *Harry Potter*. Il ne lui aurait manqué qu'une cape pour devenir le méchant Drago Malefoy.

– Vous êtes clairvoyant depuis longtemps ? osai-je lui demander.

– Depuis toujours, répondit-il en souriant. Je suis tombé dedans quand j'étais petit, comme Obélix dans la marmite du druide. Et vous, quelle est votre profession ?

– J'invente, enfin… j'essaye d'inventer des jeux de société et j'écris des scénarios pour la télévision.

– Intéressant. Moi, il y a quelques années de cela, un homme est venu me demander conseil pour un scénario de film.

– Quel film ?

– *Harry Potter*.

– Ah bon ?

– Il m'a piqué plusieurs de mes idées, notamment celle concernant la fabrication des potions, et il est reparti sans jamais me donner de nouvelles…

J'en avais déjà assez entendu et je fis dévier la conservation vers la pluie et le beau temps. Cet homme, à qui il manquait vraisemblablement une case, me flanquait la frousse avec son regard diabolique et sa dégaine insolite. Et je ne me gênai pas pour le dire à mon copain dès que Jo eut pris congé.

– Tu te fais des idées. Jo est très gentil.

– Peut-être, mais il ne m'inspire pas confiance.

– Alors, pourquoi as-tu accepté sa carte professionnelle ?

– Parce que je suis journaliste, donc curieux de nature.

Moins d'une semaine plus tard, Falco m'invita avec sa fiancée Souad à dîner à leur appartement du 18ᵉ, près du métro Guy-Moquet. Au moment où je traversais le rond-point, devant le métro, à l'intersection de la rue Championnet et de l'avenue Saint-Ouen, je tombai nez à nez avec Jo le vampire qui se baladait sous un soleil de braise avec, au cou, une lourde croix attachée à sa chaîne d'argent. Il avait meilleure mine que la dernière fois, assez pour que je remette en question la frayeur quasi puérile que j'avais ressentie le jour de notre rencontre. J'avais eu la même appréhension, presque vingt ans plus tôt, en faisant la connaissance de Gilles Dionne, au vernissage de ma cousine, et Gilles était par la suite devenu un ami. Alors, qui sait, pourquoi Jo ne deviendrait-il pas un copain? Il ne faut jamais se fier aux apparences. Regardez-moi, j'ai l'air d'un enfant à sa première communion. On m'a même pris pour Jésus à la petite école, au point de me coucher sur une croix devant toute la classe. Et pourtant, essayez de tenir le compte de toutes les bêtises que j'ai pu commettre depuis… Et voyez où elles m'ont conduit…

– Tu vas où? me demanda-t-il, l'air inquisiteur.

– Je vais dîner chez Souad et Falco.

– Je suis ravi pour toi.

– Tu viens prendre l'apéro avec nous? Je suis sûr que ça leur ferait plaisir.

– À Falco, certes… mais certainement pas à Souad. Elle m'accuse d'entraîner son chéri dans des endroits peu recommandables, la nuit.

– C'est le cas?

– Falco est assez grand pour faire ce qu'il veut. Et franchement, je ne pense pas qu'il trompe Souad. Derrière sa façade de macho, c'est un tendre, notre Italien.

– Alors, on remet ça à plus tard?

– Tiens, si tu veux et si tu peux, viens à la maison, demain, vers les quatorze heures. J'habite juste en face de chez Falco. Tu ne pourras pas rater mon enseigne. Le design de l'affiche a été conçu à mon image, donc assez… *space*.

– D'accord. J'y serai à quatorze heures, demain.

Si j'ai peu de souvenirs de cette soirée chez Souad et Falco, je n'ai pas oublié le plus petit détail de ma rencontre du lendemain avec Jo le vampire.

Le loustic habitait un appartement très exigu sur deux étages. Au premier, il y avait une petite table à cartes avec deux chaises de métal, posées sur un tapis usé jusqu'à la corde. Au mur étaient fixées quelques tablettes où s'empoussiéraient plusieurs gadgets.

— Je me suis fait cambrioler il y a quelques semaines, grommela-t-il. Les voyous sont partis avec ma chaîne stéréo et tous mes disques compacts. Ce n'est pas un quartier très recommandable, tu le savais? Il y a trop de promiscuité, trop de chômage, ici, près de l'avenue Saint-Ouen. Certains essayent de s'en sortir en volant.

Le second étage de l'appartement m'impressionna davantage. C'était un véritable lieu consacré à l'occultisme. Partout autour de son bureau, et bien entendu dessus, se dressaient des tours instables de livres portant sur l'astrologie, l'alchimie, la magie, la cartomancie, les divinations de toutes les religions. Il y avait aussi toutes sortes de bibelots et de tableaux qu'il avait achetés à la faveur de ses nombreux voyages à l'étranger. Ce n'était pas la caverne d'Ali Baba, mais il était assurément difficile de faire mieux dans le style ali-babien.

Notre séance dura près de trois heures. Il tint d'abord à ce que je prenne la parole. Il voulait entendre le récit de mon passage à vide entre l'Amérique et l'Europe. Le résumé de mon *Manuscrit des anges* l'intéressa tout particulièrement. Il exhiba ses dents noir réglisse en un sourire narquois quand je lui parlai de mon scepticisme envers les adeptes des parasciences. Puis, il se confia à son tour.

— Je sors d'une période difficile. Je paie la note parce que j'ai fait du mal à des gens à cause de mon pouvoir. Ce n'est pas sans raison si les clients se font plus rares. J'ai droit au retour du balancier. Franchement, il y a des jours où j'aimerais n'avoir jamais eu le coup de foudre pour l'étude de ces sciences…

Sa réflexion sur le retour du balancier me fit soudainement penser à Gilles Dionne. Je l'avais perdu de vue quelques mois après la fermeture de mon centre de massage, en 1992. Il était venu souper deux ou trois fois à la galerie de presse de l'hippodrome de Montréal, avant de disparaître comme par enchantement. À déployer tant d'énergie pour me sortir le pied de la tombe, le temps m'avait manqué pour prendre soin des vivants qui m'entouraient. Puis, un jour, à la fin de 1997, j'avais reçu un appel du frère de Gilles, à CKVL, une heure avant le début de mon émission quotidienne.

– Tu as su, pour Gilles ?

– Su quoi ?

– Gilles est mort depuis près d'un an.

– …

– Je me doutais bien que tu ne l'avais pas su. Sinon, tu serais venu aux funérailles. Gilles t'appréciait beaucoup et il me parlait souvent de toi.

Le combiné me tomba presque des mains. J'étais bouche bée, incapable de prononcer le moindre son.

– Il est mort d'une crise cardiaque, poursuivit le frère de Gilles. Il avait fermé son bureau depuis un an. Il en avait assez d'être clairvoyant. Il est allé vivre durant un an à Miami pour refaire sa vie. Mais ça n'a pas marché pour lui, là-bas. Il est rentré à Montréal si triste et si déprimé que son cœur a flanché.

Les angoisses de Jo devant les exigences et les dangers de son don rejoignaient celles de Gilles. Souvent, lors de ses dernières visites au centre de massage, Gilles me répétait qu'il en avait marre de prédire les malheurs de ses clients. Chacune de ses consultations le laissait vidé, sans force, découragé. Un jour, il me dit candidement, au détour d'une conversation :

– Tom, fais-moi une promesse. Si un jour tu redeviens prospère, tu m'aideras à acheter une boutique de fleuriste rue Ontario. Je l'appellerais tout simplement Chez Gilles. Les hommes comme moi, tu sais ce que je veux dire, nous aimons beaucoup les fleurs et leurs parfums. Je suis sûr que ça marcherait. Tu n'oublieras pas, Tom. Promets-le-moi…

Est-ce que Jo avait été parachuté sur mon chemin comme Gilles l'avait été naguère dans ma vie ? Est-ce que tous ceux qui osent prédire l'avenir sont tôt ou tard foudroyés parce qu'ils ont transgressé une limite interdite, limite au-delà de laquelle seuls les dieux auraient accès ? Était-ce cette peur bleue de la justice divine qui m'empêchait de vouloir en savoir davantage sur mon supposé don de clairvoyant ?

Et pendant que j'en étais à égrener ces questions, je me demandai une fois de plus ce qu'il était advenu d'Yvon Asselin. Depuis mon arrivée en Europe, je n'avais plus réussi à le joindre : son nom ne figurait plus dans l'annuaire téléphonique de Montréal. Je voulais lui parler non seulement pour lui donner et recevoir des nouvelles, mais aussi pour lui demander un autre exemplaire de mon *Manuscrit des anges*. En 1999, je m'étais fait voler ma Ford Focus dans un stationnement de l'est de Montréal, et mon manuscrit se trouvait dans le coffre, tout comme plusieurs photos-souvenirs avec Maryse, avec Gretzky, ainsi que laminés de mes primeurs à *La Presse* et au *Journal de Montréal*. L'ami Asselin demeurait introuvable. La dernière fois que j'avais eu de ses nouvelles, en 1997, il donnait toujours des massages à ses meilleurs clients.

– Je dois faire attention, m'avait-il raconté, puisque j'ai eu une crise cardiaque il y a quelques mois. Tu te donnes et tu donnes beaucoup quand tu fais un massage. Tu te vides de tes énergies et tu attrapes souvent les maladies de tes patients. Ce n'est pas grave parce que j'adore ça, tout comme j'aime dresser des cartes du ciel…

Durant les deux dernières heures de ma seule et, je l'espère, dernière consultation avec Jo, il se pencha de manière approfondie sur les courbes de ma carte de vie. Je pris une bonne dizaine de pages de notes, mais je n'en retins finalement qu'une seule phrase. C'était la prière du psaume 102, verset 13, qui m'aurait été soufflée à l'oreille le jour où je suis sorti du ventre de maman, le 15 mai 1952, vers vingt heures trente : « Mais toi, Yahvé, tu trônes à jamais, d'âge en âge, de mémoire de toi… » Je rentrai à la maison avec cette prière en tête, que je couchai immédiatement par écrit dans mon agenda. Je la trouvais aussi belle que cette journée ensoleillée de la fin d'août.

Deux jours plus tard, l'inspiration me revenait comme par magie, et je créais un nouveau jeu de société sur l'astrologie et l'histoire des planètes. Dans un tout autre registre mais dans le même élan créatif, je rédigeai l'essentiel d'un *one man show* que j'aurais aimé proposer à Jean-Marie Bigard, l'humoriste français le plus populaire. Enfin, et ce ne fut pas la moindre de toutes ces inspirations, il me vint pour la première fois l'idée de rédiger mon autobiographie.

Comment expliquer, quarante-huit heures après ma visite chez Jo, cette soudaine pulsion de me mettre à nu par l'entremise de l'écriture ? Je laisse aux psys et aux vrais sorciers le soin d'analyser mon cas. Mais ma rencontre avec Jo et les conséquences positives qu'elle engendra ne pouvaient me surprendre. Depuis mon arrivée en France, ainsi que me l'avaient prédit mes clairvoyants québécois, j'avais toujours pu compter sur un bon Samaritain prêt à me tendre la main au moment où le besoin s'en faisait sentir.

En Normandie, en 2000, il y avait eu Gérard, Martine, Alexia, Nordine, Nasser, Emmanuelle, Gaëlle, Florence, Bernadette, Mustafa, Mafoud, Bayram, Beyler, Kim, Steve et Guy.

À Paris, en 2001 et 2002, il y avait eu Marcel, Sylvie, Réjean, Gilbert, Véronique, Gilles, Philippe, François, Christophe et Antony.

En Haute-Savoie, de septembre 2002 à la mi-juin 2005, il y avait eu Florian, Martine, Claude, Raymond, Christophe, Isabelle, Nathalie, Max, Patrick, Dom, Yann, Pauline, Sarah, Marina, Geordy, Françoise, Gérald, Didier et Lionel.

Et, depuis que j'étais revenu à Paris, à l'automne 2005, il y avait maintenant Kelly, Pierre, Isabelle, Falco, Nathalie, Jo, Olivier, Karolina, Christophe et Alexei. Tout ça faisait déjà une sacrée belle équipe d'anges gardiens, n'est-ce pas ?

Mais il est complètement à côté de la plaque, ce pauvre vieux Tom, penserez-vous tout haut, à la fin de ce chapitre à forte saveur ésotérique. Les anges n'ont rien à voir avec mon parcours de vie, me direz-vous, et ces rencontres sont tout simplement le fruit de ma quête…

Je ne sais pas. Je n'ai pas de réponse à ces questions et c'est peut-être mieux ainsi. Si nous étions tous dépositaires de la science infuse, nos journées s'écouleraient l'une après l'autre, monotones, sans rencontres, sans découvertes, sans chocs, comme autant de clones à l'infini.

Les surprises mettent du piquant dans la vie – *toutes* les surprises, les bonnes tout autant que les mauvaises, croyez-moi !

Chapitre 49
Ondes positives

La rencontre impromptue avec Jo le vampire ne fut pas le seul facteur qui me poussa à entreprendre la rédaction de mon autobiographie. Il y eut aussi l'esprit et l'ambiance des appartements où je transportai mes pénates au gré de mes pérégrinations ou des stations de mon chemin de croix, si vous me passez l'analogie. Un accro de l'écriture ne peut faire danser les mots sur la page blanche que s'il est en paix avec son environnement.

Avant que j'atterrisse rue Championnet, à Montmartre, à la mi-juin 2005, j'avais essayé d'écrire à plusieurs reprises, sans le moindre succès. À Bogève, en 2003, les ondes étaient négatives autour de moi à la suite de mon histoire avec le jeune chanteur Florian. On me regardait comme si j'étais un clodo (ce que j'étais devenu, je crois bien), et le beau-père employait toutes ses énergies à me discréditer dans cette petite communauté où les ragots faisaient le tour de la place à la vitesse grand V. Je rentrais, seul et découragé, dans le minuscule studio niché au-dessus du bureau de La Poste. Même chez Nathalie P., où je conçus pourtant 3 Millénaires et La Route des vacances, l'inspiration n'était pas au rendez-vous. Je préférais contempler la chatte et sa portée de chatons ou faire bronzer mes cinq pieds quatre pouces sur la galerie, avec l'aiguille du Midi en toile de fond.

À la galerie d'Archamps, où je m'étais invité avec ma table de jeux, plus précisément devant le Canadian Pool, c'était encore pire. Les marchands, les employés, tous les usagers de cette grande surface exécraient tant cet endroit qu'ils lui jetaient inconsciemment un mauvais sort. Yann, mon pote et proprio du Canadian Pool, était peut-être le pire de tous. Chaque midi, lorsque j'installais mon kiosque sur sa terrasse, je l'entendais pester contre absolument tout : le prix de son loyer, les charges excessives des gouvernements, la froideur des Haut-Savoyards, le proprio du bar d'en haut qui venait de baisser ses prix, et ainsi de suite. Tous les jours que Dieu lui prêtait vie, il voulait vendre son bar, y foutre le feu et s'envoler vers les tropiques. Je parie pourtant, et vous savez que j'aime les paris, qu'il sera encore là dans dix ans à bougonner. Cela fait partie de son charme, sinon de son personnage. Rien de tout ça – la galerie commerciale, son ambiance morne, sa faune morose – ne contribuait à me mettre dans un état d'esprit créatif.

J'aurais peut-être pu m'atteler à la tâche au printemps 2005, chez Gérald et Françoise, à Germagny. Pour y parvenir, il m'aurait fallu un ordinateur et une rallonge de cent mètres pour aller travailler à l'ombre de l'un des magnifiques arbres centenaires de la cour. J'avais l'ombre, mais tout le reste me faisait défaut. Et avec Gérald et Françoise qui ne cessaient de se quereller que lorsque les jumeaux se mettaient à crier plus fort qu'eux, ç'aurait été peine perdue.

Voilà pourquoi l'appartement des Depierre m'apparut comme une clairière au milieu du désert à l'été 2005. En juillet et en août, je fis d'abord la cigale sur les boulevards du quartier et les coussins du canapé. Le matin, j'allais acheter ma baguette et boire mon rosé chez Pradel, une brasserie comme je les aime, où artistes et hommes d'affaires parviennent à fumer le calumet de paix malgré leurs différences. Les plus vieux racontaient que Lino Ventura y avait joué une scène d'un de ses films cultes, ce qui conférait à l'endroit un charme supplémentaire. L'après-midi, j'allais parier sur quelques courses à l'un ou l'autre des PMU de l'arrondissement.

C'était dans l'un d'eux que j'avais rencontré Falco Sallenave. Du haut de ses six pieds et avec ses deux cent dix livres, avec ses ferrailles autour du cou et des poignets, il était facile à repérer. C'était surtout l'un des rares êtres véritablement vivants dans cette salle où chacun venait parier sa gamelle quotidienne. De même que je l'avais fait avec avec Nasser, cinq ans plus tôt, à Rouen, j'avais décidé que Falco deviendrait ma nouvelle bouée de sauvetage. Je lui payai une tournée, il m'en paya une autre, et nous nous rendîmes plusieurs fois la politesse. Puis, comme je l'avais fait avec Mafoud au kébab des Turcs, je lui empruntai son ordinateur. Savoir vendre sa salade, c'est un métier. Dans celui-là, je suis passé maître. De quel commis voyageur de la famille ai-je hérité ce talent qui me servit si bien dans ma galère ? J'ai beau scruter mon arbre généalogique, effeuiller oncles, tantes et aïeux en remontant trois générations de Lapointe et de Villeneuve – le nom de fille de ma mère –, je ne vois pas de qui je pourrais bien tenir…

– Peut-être de ton oncle David, prétendit un jour maman. C'était un formidable vendeur d'assurances. Et un bon vivant comme toi. Il est mort dans la cinquantaine. Il avait trop bu un soir et on l'a retrouvé noyé.

Un autre, mort par noyade ? Misère !… Avait-il lui aussi noyé un de ses petits dans une vie antérieure ? Il faudra bien que je cherche à retrouver mon précurseur parmi tous ces ancêtres, le jour où je retournerai au pays – en autant que Dieu me prête vie jusque-là. Et pas question de rentrer au bercail avant qu'un éditeur veuille publier mon histoire et s'accommoder de ma mythomanie galopante. Mais pariez votre chemise que j'y parviendrai ! Vendre de l'air en bouteille, c'est comme faire du vélo ; si tu es doué, tu ne perds jamais les pédales.

Bon, j'ai encore perdu le fil de mon propos. Si un jour je m'égarais dans un bois, oubliez-moi, on ne retrouvera que des osselets. Ce n'est pas que je n'ai pas le sens de l'orientation, c'est plutôt que je suis un peu tête en l'air. Je pars aussi facilement sur mon tapis volant que vous partez le matin vous faire chier au bureau. Je disais donc ?… Ah oui ! Je vous expliquais le comment du pourquoi de cette soudaine envie de me raconter. Que le sorcier Jo et l'aura de l'appartement des Depierre avaient été les facteurs déclencheurs de ma machine à remonter le temps.

Chaque soir de septembre, je me mis à écrire comme si ma vie en dépendait. Et elle en dépendait. Bientôt, j'allais devoir convaincre Pierre Fauques et François-Xavier Kellidjian d'investir dans mes projets, lors d'un rendez-vous organisé par

Raymond Depierre, le 16 septembre. Et il me semblait qu'un ouvrage évoquant mon parcours jusqu'à ce jour, malgré toutes les erreurs qui l'avaient jalonné, contribuerait à faire de moi une personne encore plus crédible. Accessoirement, je voulais aussi noircir le plus de papier possible parce qu'un autre déménagement se profilait à l'horizon, en octobre. Le fils de Depierre, mon bon Samaritain et parrain, allait reprendre son appartement à Montmartre pour une nouvelle session d'études. Je préférais donc mettre les bouchées doubles, ici, maintenant, dans ce lieu idéal pour l'écriture, trop conscient que l'inspiration me fausserait peut-être compagnie à ma prochaine destination. Peut-être que ma muse refuserait de me suivre à une nouvelle adresse, imitant les fantômes du Canadien, qui préférèrent rester au vieux Forum et bouder le Centre Bell?

– Vous verrez, le vingtième arrondissement est un chouette quartier, m'avait pourtant affirmé Isabelle Durrieu, la proprio du nouvel appartement que Depierre m'avait dégoté.

– Je sors à quel métro pour me rendre chez vous? avais-je demandé d'emblée, histoire de me situer un peu.

– Au métro du Père-Lachaise. Vous connaissez le cimetière?

– Je le connais. Il y a trois ans, ma nièce Jennifer est venue me rendre visite à Paris et elle a insisté pour que je l'accompagne au cimetière afin de prier.

– Alors, vous notez mon adresse…

– Je note.

– Vous savez, vous avez conservé un peu de votre accent québécois.

– Oui, je sais. Comme Céline, comme René…

– Céline, René?

– Des amis. C'est sans importance.

– Alors, vous notez?

– C'est bon, j'ai ce qu'il faut.

– C'est le 11, avenue Gambetta. J'habite au septième étage. Vous prenez l'ascenseur côté B.

– Bien noté.

– On se voit donc le 3 octobre, à seize heures. Soyez ponctuel.

Ça, c'était la meilleure depuis la Révolution. Une Française qui m'enjoignait d'être à l'heure à un rendez-vous!

343

La perspective d'habiter à côté d'un cimetière me mit évidemment dans un état de transe béate. J'en fis la vague tout seul sous ma douche, dans la petite salle de bain de mon appartement de Montmartre. Je chantai comme un con le tube préféré des Français après la victoire des Bleus et de Zidane contre l'Italie, à la Coupe du monde de football : « Je suis le champion, je suis le champion, je suis, je suis, je suis le champion… »

Oui, j'étais le champion des déménagements. Titulaire mondial, voire cosmique. Mon nom aurait déjà dû se trouver dans le *Guiness*, sous la rubrique « déménageur forcené » (« Le Québécois Tom Lapointe a changé quarante-cinq fois d'appartement en six ans ! »), avec un astérisque précisant que ce quarante-cinquième et dernier appartement avait pour adresse un 11, chiffre de la malchance, et qu'il était situé juste de l'autre côté de la rue qui donne sur le cimetière du Père-Lachaise où reposent Édith Piaf et mille autres célébrités de la capitale.

Avoir une piaule près d'un cimetière comportait tout de même des avantages. Si je crevais, on n'aurait qu'à creuser un trou, de l'autre côté de la rue, juste en face de mon immeuble, et à doter le Père-Lachaise d'une nouvelle section réservée aux personnalités exotiques, tout ça en économisant quelques sous sur la location du corbillard. Par contre, comment m'y prendrais-je pour annoncer la chose à ma nouvelle maîtresse, Mlle l'Inspiration, celle qui réchauffait désormais mon corps et mes neurones ? Croyez-moi, quand on rencontre une fille comme celle-là, pas question de la tromper avec qui que ce soit, et surtout pas avec la Dame à la faux !

Le 3 octobre 2005, jour de mon quarante-cinquième déménagement, je débarquai donc chez Isabelle Durrieu avec ma belle muse et ce qui me restait de bagages : deux jeans noirs, trois chemises blanches, mon attaché-case, ma brosse à dents et mes rêves. Je sortis du métro du Père-Lachaise et demandai à ma chérie de ne pas s'impatienter, l'assurant que j'avais les choses bien en main. (C'est que ma muse déteste prendre le métro. Elle m'a dit qu'elle aurait bien aimé me fréquenter à Montréal, du temps de ma « splendeur », quand je possédais une BMW et une jeep, toutes deux de l'année. Et moi je lui ai dit que ce n'était qu'une question de temps avant que ma cote se mette à remonter et que je puisse nous offrir une Mini Cooper et des vacances de rêve à Venise.)

Je remontai l'avenue Gambetta en longeant le cimetière et en pressant le pas, conscient que ma muse ne prisait guère les nécropoles. Je pianotai le code de la porte d'entrée, puis j'appuyai sur la sonnette, sous la plaquette argentée au nom de Durrieu. La porte me fut ouverte, et je pris place dans un ascenseur, l'un de ces ascenseurs grands comme une cabine téléphonique, dans lequel j'avais peine à tenir avec mes bagages et ma petite chérie. Au septième, les câbles de l'ascenseur firent entendre un grincement abominable, et Mlle l'Inspiration eut un soupir d'irritation.

Isabelle Durrieu m'accueillit avec un large sourire. Je lui fis la bise sur ses joues rose bonbon ; nouveau soupir de ma muse, cette fois de jalousie. Je tombai sous le charme des lieux dès que je franchis le seuil de la porte. Le studio était très bien aménagé. La vue ne donnait pas sur le cimetière, ce qui me soulagea, mais plutôt sur le clocher de l'église et sur l'arrondissement, en direction de la rue Ménilmontant. À l'horizon, bien en face, le Sacré-Cœur trônait fièrement sur la butte Montmartre. Et lorsque je me penchai un peu, à la fenêtre du salon, j'aperçus la tour Eiffel, posée là-bas sur le Champ-de-Mars comme un gigantesque luminaire.

– J'espère que ça vous conviendra, me dit poliment cette très belle femme.

– Écoutez, je suis ravi. Ma muse va beaucoup se plaire ici…

Mlle Durrieu me remit les clés et prit congé, laissant à ma muse l'occasion de sortir de sa cachette et de faire le tour du propriétaire. Le studio se révéla à la hauteur de ses attentes.

J'écris ces lignes un brin fabulées, en mettant en scène Miss Inspiration, pour vous raconter à quel point il importe de travailler dans un cocon magique pour mieux s'évader. Il émanait réellement de cet appartement des ondes positives. Cette sensation ne s'explique pas avec des mots ; elle se ressent, tout simplement. Je suis certain qu'au moins une fois dans votre vie vous avez éprouvé ce sentiment de bien-être. Pensez seulement à ce jour où vous avez acheté le terrain de votre première maison. Ne me dites pas que vous avez signé sur un coup de tête, je ne vous croirais pas…

Je me sentis tellement bien dans ce studio que je me mis à écrire et, miracle, merci à vous mon Dieu, merci à mes parents pour toutes leurs prières et tous leurs lampions à l'église de L'Assomption, je me mis à lire. Moi qui parcourais à grand peine un bouquin par année, du temps où j'étais journaliste sportif, voilà que j'avais maintenant la piqûre de la lecture. Et j'étais bien servi chez Mlle Durrieu. Sur un mur du salon, et sur une tablette de sa chambre, il y avait une bonne centaine de bouquins. Je lus d'abord la moitié de *La gloire de mon père*, de Pagnol. Le titre m'inspirait, me faisait penser à papa. Mais je ne le terminai pas : je préférais le cinéaste au membre de l'Académie française. J'adorais ses films, sa trilogie marseillaise, *Jean de Florette* et *Manon des Sources*, *Le Schpountz*, *La femme du boulanger*... Mais Pagnol l'écrivain eut tôt fait de me gaver ; la description de la visite du père chez le brocanteur n'en finissait plus de finir...

Je remis donc le livre de Pagnol sur l'étagère et me mis à faire courir mes doigts sur les autres bouquins. Un titre retint mon attention : *Nouvelles sous ecstasy*, de Frédéric Beigbeder. Je connaissais le nom de ce grand flandrin, chroniqueur littéraire à l'émission quotidienne de Michel Denisot sur Canal Plus. J'espérais que son bouquin aurait plus de mordant que ses critiques à la télé.

Je feuilletai les premières pages et je ne fus pas déçu. Beigbeder racontait ses voyages sous l'emprise de la pilule de l'amour avec une démence qui me plut. J'avais essayé une seule fois cette pilule, à Paris, en 2002, dans une boîte de nuit de Pigalle. J'étais allé rejoindre la grande Céline, la colocataire de mon appartement de la rue Fontaine. Je ne l'avais pas trouvée dans la foule, tant tous s'agglutinaient les uns contre les autres. Au bout de trente minutes, j'avais réussi à me trouver une petite place sur un banc capitonné du deuxième étage. Un serveur était passé et j'avais commandé un whisky-coca. Je continuais à chercher du regard ma grande « trippeuse » lorsque deux filles dans la vingtaine avaient posé le meilleur d'elles-mêmes sur mes genoux.

– Mais j'ai quarante-neuf ans, les filles ! avais-je dit, incrédule. Et je ne suis surtout pas millionnaire ! Ou alors vous êtes deux petites taupes qui avez oublié vos lunettes au vestiaire et vous me trouvez beau comme un dieu grec...

– Vous voulez une pilule, monsieur ? avait soufflé tendrement l'une des deux allumeuses en pressant sa ferme poitrine tout contre moi tandis que l'autre tortillait du cul sur mon genou droit.

– C'est ma femme qui va être contente si je vous en achète une, lui avais-je répondu en empruntant la fameuse phrase de Columbo.

– Votre femme va venir vous rejoindre ?

– Pas nécessairement ma femme, mais une bonne copine.

– Pas de problème, ma copine à moi s'occupera d'elle.

– Il y en aura pour tout le monde, quoi…

– Oh ! oui !

– Merveilleux… Ma copine aime les filles autant que moi…

Dommage que la grande Céline ne fût pas apparue à ce moment précis. J'avais cédé aux avances des deux vendeuses de nuages et acheté deux pilules d'ecstasy pour la « modique » somme de quarante euros.

– Prenez la première, avait dit la dominatrice du duo. Et faites-le nous savoir quand votre copine arrivera. Nous serons là, juste devant, sur la piste de danse.

– Je verrai, avais-je répondu. Je ne suis pas trop « extatique »…

J'avais joué l'innocent avec les deux jeunes femmes. Je n'avais encore jamais expérimenté cette pilule du désir, mais j'avais lu sur les dangers de ses effets ravageurs sur le cerveau. Comme Céline restait introuvable, je m'étais résolu à en avaler une, juste pour voir. Dans la vie, je déteste les crétins qui parlent à tort et à travers de choses qu'ils ne connaissent pas. J'avais donc gobé la pilule avec une gorgée de whisky-coca, un cocktail peu recommandé, et avais gardé l'autre dans la poche de ma veste, au cas où ma grande bimbo se serait pointée. Dix minutes, aucun effet. Vingt minutes, toujours rien.

« Mon cher Tom, ces petites coquines t'ont vendu des aspirines », me suis-je dit en riant tout seul comme un vieux fou.

Puis, en l'espace d'une fraction de seconde, l'explosion se produisit dans ma tête et je fus projeté dans ce qui me sembla être un manège infernal de Disneyland. Ma tête devint un véritable feu d'artifice ; mon corps, l'épicentre d'un tremblement de terre. Je paniquai et bousculai tout sur mon passage pour trouver de toute urgence la sortie, avide d'un grand bol d'air.

Comble de malheur, il faisait jour. Il devait être six heures du matin, je ne me souviens pas vraiment. J'ai essayé de me raisonner, j'ai marché lentement vers mon appartement. Quand, au terme d'une interminable marche, je parvins à la rue Fontaine, dominé par une sensation de *slow motion* dont je n'arrivais pas à me défaire, j'avais la bouche desséchée. J'ai dû boire un litre d'eau, ne respirant que de loin en loin, entre deux lampées, préférant encore la noyade à l'asphyxie.

Je me suis ensuite accoudé au comptoir de la petite cuisine, fixant les carreaux de la fenêtre durant une éternité, hébété au dernier degré. Lorsque Céline est rentrée, je dormais depuis je ne sais combien d'heures. Je ne lui racontai mon angoissante expérience que plus tard dans la journée. Elle éclata de rire, la grande nouille, au récit de ma balade en enfer. Je lui ai volontiers légué l'autre comprimé d'ecstasy et je n'ai plus jamais touché à cette merde. Je préfère carburer au vin et à la bière. L'effet est nettement meilleur.

J'appréciai tellement le style tordu et osé de Beigbeder que je dévorai, dès le lendemain, *L'amour dure trois ans*. Il a été chanceux, Beigbeder. Avec Maryse, le seul amour de ma vie, je n'avais pas franchi le cap de la première année. Puis, il y avait eu Christiane, Louise et Josée, avec qui mes aventures avaient à peine duré six mois. Quant aux cinq cents autres, les relations avaient été beaucoup plus expéditives, quelque chose entre deux heures et deux semaines, disons.

Cette passion soudaine de la lecture me donna encore davantage le goût de poursuivre la rédaction de mon autobiographie dans cet appartement magique. Entre octobre et mai, je ne fis que cinq choses : lire, écrire, écouter Nat King Cole, me laver et manger. Puis, aussi, de temps à autre, aller parier sur quelques courses. Baiser ? Ça ne m'était plus arrivé depuis déjà quatre ans. Dur retour du balancier de la vie, n'est-ce pas ? La drogue qu'était le combo lecture-écriture était plus grisante que tout ce que j'avais pu consommer et expérimenter durant les cinquante-trois premières années de ma vie. Après Beigbeder, je lus un peu de Hemingway, sans plus. Trop bien écrit. Trop carré, comme un appartement sans poussière. Mais je pris mon pied avec Dan Fante (*Les Anges n'ont rien dans les poches*), puis par la suite avec son père John Fante, l'illustre père d'Arturo Bandini (*L'orgie, Mon chien stupide* et *La route de Los Angeles*).

L'auteur dont je me régalai le plus, sur les étagères de Mlle Durrieu, fut Charles Bukowski, Hank pour les intimes, comme il souhaitait que ses rares amis le nomment. La douleur présente dans les livres de Bukowski m'aida à apaiser quelque peu la mienne. Un passage de son œuvre ultime, et mon bouquin préféré de surcroît, *Le capitaine est parti déjeuner et les marins se sont emparés du bateau*, m'interpella tout particulièrement :

« J'ai eu besoin de me mettre en danger. Avec les hommes. Les femmes. Les bagnoles. La faim. Le jeu. Avec n'importe quoi. À présent, mes besoins se sont modifiés. J'ai davantage faim de subtilité, de désinvolture. Un souffle, une ombre, un rien. »

C'était moi tout craché, ça. Le moi d'avant. Et le moi du présent. Et aussi le moi que je voulais devenir d'ici quelques années. C'est comme s'il avait écrit ce paragraphe à mon intention.

J'avais aimé voir et côtoyer des prodiges, tels Guy Lafleur, Wayne Gretzky et Mario Lemieux, durant ma carrière de journaliste sportif. Je m'étais senti honoré de partager le regard de feu du légendaire Maurice Richard, ne serait-ce que pendant quelques minutes. Mais ce que j'aurais aimé passé une seule journée avec ce Charles Bukowski ! Une journée à parier quelques courses sur le champ de Hollywood Park, à Los Angeles, avec une ou deux bonnes bouteilles de rosé. Et, s'il avait voulu, une nuit entière à l'écouter lire ses poèmes et raconter sa vie d'écrivain, entamée sur le tard, à cinquante et un ans, après des années de petits métiers et de taule. « Ce que j'ai ramé pour arriver en haut de l'affiche, avait-il écrit, *grosso modo*, avant de mourir. Mais ce que certains peuvent devenir cons lorsqu'ils pensent, par leur célébrité, avoir atteint la plénitude… »

Hank – permets-moi de t'appeler ainsi, familièrement, une seule fois –, je te dédierai la prochaine course sur laquelle je miserai demain, au PMU de la rue Oberkamf. Dommage que tu ne reposes pas au cimetière du Père-Lachaise, devant l'appartement de Miss Durrieu. Parce que sur le chemin du retour, j'aurais fait un détour par ta sépulture pour te faire un petit coucou, avec une caisse de tes bières préférées sous le bras. J'aurais profité de cet instant pour te donner le résultat de notre course, par cet après-midi d'hiver humide et gris, sur le champ de Vincennes…

Chapitre 50
Au confessionnal

Croyez bien que je regrette d'avoir découvert aussi tard ma passion pour la lecture. Plus jeune, j'étais trop absorbé par ma profession de chroniqueur sportif et par la vie enivrante qu'elle me procurait pour m'arrêter au plaisir de lire. Une expérience doit être vécue seulement lorsque vous la désirez. Avant, la lecture ne signifiait tout bonnement rien pour moi. J'avais si peu d'affinités avec cette activité que je n'aurais même pas pensé à parader avec un bouquin sous le bras, ne fût-ce que pour jouer les branchés dans la confrérie.

Découvrir la lecture à plus de cinquante ans, c'est comme mettre le doigt sur la panacée contre la solitude. Mieux encore, c'est un élixir de jeunesse. Comble de bonheur, c'est aussi l'ecstasy ultime pour se laisser attirer, envoûter et séduire par cette froide et mince plaque métallique qu'est un ordinateur. Depuis que je lis et que j'écris, je me surprends à rester moins longtemps au champ de courses, et encore moins à la chasse aux aguicheuses dans les bistrots. Il suffit que je lise seulement un article captivant d'un quotidien parisien, en sirotant mon café crème au bistrot, pour qu'une envie folle me prenne de rentrer à la maison rejoindre mes deux maîtresses. J'entre dans l'appartement, je lis une petite heure et, hop! je me sens littéralement aspiré par mon ordinateur, comme s'il s'agissait d'une oasis, d'une chasse gardée, d'un pays de cocagne…

Bon, on se calme, mon Tom. Vous allez croire que je me poudre allégrement le nez avec cette soudaine passion pour la chose lue et écrite… Et puisque le mot est lancé… parlons donc poudre, tiens. C'est une situation que je tiens à éclaircir depuis belle lurette que celle de mes vices de « consommateur ». Quand Paul Arcand est venu m'interviewer à Paris, fin juillet 2000, nous avons effleuré le sujet. Mais comme une entrevue de trente minutes ne permet pas de bien exprimer le fond de sa pensée, je vais vous dire aujourd'hui ce qu'il en est une fois pour toutes de mon penchant pour les paradis artificiels.

Je n'ai jamais aimé la cocaïne. Pas plus que la marijuana. Et encore moins les drogues dures – dont je vous ai raconté mon unique et brève expérience, sous ecstasy, dans un club de Pigalle. J'ai dû acheter de la coke dix fois dans ma vie, mais c'était pour faire plaisir à certaines filles qui m'en avaient demandé à l'occasion d'une fête. Les seules fois où je m'en suis mis dans le nez, ça me passait de travers dans la gorge. J'avais l'impression d'avaler trois aspirines granuleuses d'un seul trait. J'ai davantage fumé. Disons une cinquantaine de fois dans ma vie, en moyenne, une fois par année. Mais c'est toujours un peu difficile pour moi. Comme je ne fume pas la cigarette, je m'étouffe une fois sur deux entre deux bouffées. Pire, ça m'endort. Je me réveille la bouche sèche quelques heures plus tard, avec un mal de bloc carabiné, je tousse comme un cancéreux de la gorge et je suis déprimé.

Bien, comme je suis au confessionnal, liquidons le sujet et parlons aussi de l'alcool. Aussi bien tout vous déballer, vous en aurez le cœur net, monsieur le curé, et moi j'aurai la conscience en paix. Oui, j'aime boire. Oui, j'ai pris quelques cuites dans ma vie. Mais je ne suis pas un alcoolique pour autant. Je peux boire tous les jours pendant un mois, comme je peux m'en passer tout le mois suivant. Je bois surtout dans les bars, pendant les fêtes. Mais je ne bois jamais seul à la maison. D'ailleurs, je n'ai jamais d'alcool dans le frigo. Et puis, je déteste qui je deviens quand je bois trop. Quand j'ai un coup de trop dans le nez, je deviens téméraire, je me mets à narguer les gens, à les juger… et je me fais alors horreur.

Ce que je redoute le plus est ce fameux verre de trop qui me fait perdre la carte. Je quitte alors les lieux, seul ou avec d'autres, et je ne me souviens généralement plus de rien, ou de si peu. Il m'est arrivé de me réveiller alors que j'étais debout, devant la fenêtre, à rire tout seul comme un cinglé. Je me flanque alors une peur bleue. Plus jeune, ma mère m'a raconté que je souffrais de somnambulisme. Un soir, alors que je m'apprêtais à sortir, tout habillé, pour me rendre à l'école, elle fit bien attention de ne pas me réveiller et me reconduisit gentiment à mon lit. Et si, un soir, à la faveur d'une crise de somnambulisme, je sortais piller une banque? Ou, pis encore, si je décidais de me prendre pour Superman et de plonger du septième étage de mon studio? Comme je vis désormais seul et que je me contrôle mal sous l'effet de l'alcool, j'ai réduit ma consommation. Je me suis assagi, je pense.

Ma dernière soirée en boîte de nuit remonte à celle au Macumba, en Haute-Savoie, en décembre 2004. Et je m'étais fait royalement chier. Je regardais les minettes passer devant moi et je me trouvais ridicule.

« Bonsoir, voulez-vous d'un père et bientôt d'un grand-père? Accorderiez-vous ce dernier *slow* à tonton Tom? Habitez-vous chez votre mère? Si vous lui ressemblez, j'aimerais bien la rencontrer... »

Ce temps-là est bien révolu. Je préfère désormais passer mes journées à marcher, à observer les gens et leur comportement. Je préfère aller au marché pour humer et m'acheter des légumes et des viandes fraîches, moi qui ne m'achetais avant que des repas surgelés et des conserves. Je préfère passer mes journées à la terrasse d'un bistrot, avec un bon livre et un verre de rosé, ou flâner tout un après-midi sur un banc de parc, à discuter avec des gens du quartier qui ont de la bouteille. Je préfère passer mes nuits à écrire et à m'évader devant mon ordinateur.

Mais malgré ma nouvelle « sagesse », je ne sais pas encore comment je vais finir mes jours. À dire vrai, j'ai un peu de difficulté à deviner de quoi demain sera fait. Même si trois hommes d'affaires croient et investissent dans mes projets de jeux de société ainsi que dans mes concepts d'émission de télévision, je vis toujours sur le fil du rasoir, et ce, plus de six ans et demi après avoir fui le Québec. Depuis juin 2006, ma situation s'est sensiblement améliorée. J'ai un toit et une certaine tranquillité d'esprit. La plus belle preuve en est tous ces mots que je tape sur l'écran vide de mon ordinateur.

Combien de temps encore mes associés vont-ils avoir foi en mes projets? Se décourageront-ils comme les autres d'ici un jour, une semaine, un mois ou un an? Est-ce que je réussirai à obtenir tous mes papiers pour rentrer au Québec quand je me sentirai prêt? La chance va-t-elle revenir se nicher sous mon aile, et finirai-je mes jours heureux, comme l'ont prétendu Dionne et Asselin dans mon *Manuscrit des anges*? Je ne le sais pas. Je sais seulement que j'aurai appris à cohabiter avec le meilleur et le pire, le chaud et le froid, la sérénité et l'angoisse, les bons et les méchants, la vie et la survie. Avec les anges et les démons.

Dans l'absolu, j'aimerais rencontrer une femme qui m'aimerait et que j'aimerais pour partager les décennies qu'il me reste à vivre – si mes sorciers ont encore dit vrai quant à leur prédiction sur l'année de ma mort, soit en 2035. Mais, franchement, je ne vis pas et je n'ai jamais vécu en me disant que tout se passerait comme ils l'ont avancé dans leurs écrits. Si je mourais demain, je regretterais de ne pas avoir revu mes parents et ma famille une dernière fois. Et, surtout, de ne pas avoir eu un enfant qui pourrait être fier du papa à la fois gâteau et intrépide que j'aurais été, j'en suis certain. C'est tout ce que je regretterais sincèrement. Pour le reste, ma foi, je ne diffère pas beaucoup du commun des mortels : j'ai fait de mon mieux pour réussir et j'ai bel et bien réussi certaines choses. Je n'ai pas voulu nécessairement commettre des bêtises, mais j'en ai commis, et Dieu seul en garde le compte – j'ai renoncé pour ma part à les compter depuis longtemps. Je pense avoir largement payé la note pour toutes mes failles et toutes mes erreurs… J'ai été en quelque sorte mon propre criminel, mon propre juge et mon propre bourreau.

Maintenant, je veux seulement finir ma vie en paix, au vu et au su de tous. Si l'un de mes projets me permet de toucher un magot, n'ayez crainte, je n'irai pas cacher mon fric dans une banque des îles Caïmans. Je rentrerai pour rendre à César (!) ce que je dois à César. Puis, je repartirai parce que ma vie se passe maintenant en Europe. Parce que je me plais vraiment au pays de mes ancêtres. Parce que j'ai découvert le petit coin de paradis sur terre où j'aimerais planter ma tente pour ne plus jamais déménager. Ou alors je pourrais vivre de ma plume en écrivant pour des journaux ou des magazines spécialisés, ou être correspondant pour une chaîne de radio ou de télé québécoise, ou encore vivre de mes droits d'auteur sur mes jeux et mes projets. Où est ce petit coin de paradis? Je vous le dirai en temps et lieu si mes plans sur la comète fonctionnent, évidemment. Et si vous passez dans le secteur, vous devriez vous arrêter pour boire un coup. Vous êtes tous invités… même ceux qui n'auront pas cru en mes rêves d'éternel gamin.

J'ai mon lot de travers et de vices, mais je ne suis pas rancunier. Et je sais pardonner aux autres. Pouvez-vous en dire et en faire autant ?

Chapitre 51
Pour ma famille

Je vous ai raconté ce que ma mémoire – une mémoire faillible et vulnérable, mais c'est la seule que j'ai! – a pu enregistrer depuis mon enfance jusqu'à septembre 2006, mois où j'ai achevé l'écriture de mon autobiographie. J'ai cinquante-quatre ans depuis quelques mois. Avant un an, je ferai mon entrée dans le cercle des gens de l'âge d'or. Ce sera une bien lourde responsabilité pour moi. Un grand enfant peut-il finir par vieillir? Extérieurement, si. Je le vois bien, quand je me dévisage dans la glace, à la peau qui s'affaisse sous les lobes des oreilles et au gris qui livre bataille au brun dans ma chevelure encore abondante. Mais, intérieurement, je me sens encore jeune certains jours – surtout ceux où je crois avoir inventé un truc devant mon ordinateur, ceux où je gagne aux courses et, bien sûr, ceux où une jeune femme me sourit à la boulangerie, dans la rue ou au bistrot.

Oui, vous savez désormais tout de ma vie, de mes coups fumants, de mes déboires, de mes amours écorchées, de mes forces, de mes faiblesses, de l'ivresse de ma solitude, de mon goût du risque, de ma descente aux enfers et de ma lutte pour refaire surface en France et pour rentrer au Québec, ne serait-ce que pour un temps, celui de revoir ma famille avant de repartir jouer les don Quichotte en Europe. Oui, vous savez presque tout de moi… sauf ce qui m'est le plus précieux: les miens. J'avais à peine esquissé leur portrait, au premier chapitre, car je voulais les garder… pour le dessert.

355

Je suis le fils de Jacqueline Villeneuve et de Guillaume Lapointe, le quatrième d'une famille de six enfants. Et je fus celui qui osa involontairement briser le maillon dans la chaîne de production de mes parents !

Mon frère Yvon fut d'abord le premier à casser la glace, en juin 1944. Ma sœur Lise suivit deux ans plus tard, en juin 1946, puis mon frère Pierre vint au monde en mars 1949. Jusque-là, tout se passait à merveille. Un gars, une fille et un autre gars : papa jouait de la baguette avec maestria, tel un grand chef d'orchestre.

Puis, je sortis en effronté du ventre de maman en mai 1952, brisant l'alternance des sexes observée jusque-là. Le 15 mai 1952, à vingt heures trente, soit juste après la première période d'un match du Canadien à Toronto. Maurice Richard tint à souligner mon arrivée sur l'immense scène de cette bonne vieille Terre en touchant les filets trois fois dès le premier tiers. Et il conserva bien sûr la rondelle de son tour du chapeau dans le but de me la remettre un jour. En retour, je lui promis de faire l'impossible pour militer – plus tard, beaucoup plus tard – en faveur de la création d'un trophée qui porterait son nom.

Papa ne voulut pas s'arrêter là. Il désirait une famille un peu plus équilibrée, où les garçons ne jouiraient pas d'un avantage numérique permanent sur la seule fille du clan. Il nous coucha donc tous les quatre un peu plus tôt, un soir de l'été 1956. À la radio tournait une chanson d'Édith Piaf, *L'hymne à l'amour*. Il demanda à maman de lui accorder ce *slow*, elle lui dit oui avec toute la tendresse du monde dans le regard, et je vous laisse imaginer le reste. En mars 1957, ma sœur Céline naissait, avide de remettre les pendules à l'heure.

– Et si nous tentions d'équilibrer les troupes à trois de chaque côté ? demanda l'inépuisable papa Guillaume à sa Jacqueline au début des années 1960.

– Il n'en est pas question. J'ai plus de quarante ans et ce serait trop dangereux, mon chéri.

– Tu as bien raison, ma Jacqueline. Mais…

– Mais ?

– Mais si ce petit escogriffe n'était pas venu changer nos plans, en 1952, nous aurions aujourd'hui quatre enfants, deux gars, deux filles, et tout serait parfait. Seigneur, pourquoi nous avoir imposé celui-là ?

Dieu – ou l'autorité en charge des réclamations terrestres, allez savoir, il y a sûrement de la délégation là-haut – entendit le message de maman et de papa. Et maman tomba enceinte presque malgré elle en 1966. Ce fut la seconde et dernière femme après la Vierge Marie à enfanter sans avoir commis l'acte. Elle accoucha à quarante-quatre ans d'un sixième enfant, ma sœur Isabelle.

– Dieu nous a entendus et a rétabli l'équilibre dans notre famille, prit la peine de me préciser papa. Désormais, tu es bien mieux de te tenir à carreau, petit escogriffe !

– Mais papa, ce n'est pas ma faute, c'est celle de Maurice Richard. Il n'aurait pas dû…

– Tais-toi, Tom. Je veux dire : Denis, tais-toi. Tiens, bizarre, pourquoi l'ai-je appelé Tom ? se demanda mon père en se grattant la tête.

J'écoutai papa et je me la fermai. Je m'enfouis la tête sous les jupes de ma mère jusqu'à mes douze ans, jusqu'à ce jour où une chanson des Beatles m'en éjecta et que je pris mes jambes à mon cou. J'allai me réfugier derrière un banc de neige… et vous connaissez la suite.

J'avoue, il y a un zeste de pieux mensonge et un tantinet de légende urbaine dans la façon dont je vous présente les membres de ma famille. En fait, le Rocket n'a pas vraiment inscrit trois buts en première période du match du 15 mai 1952. En réalité, le Canadien n'a pas joué de match ce soir-là. Pour tout dire, il avait terminé sa saison un mois plus tôt, baissant pavillon contre les Red Wings de Detroit lors du quatrième match de la finale de la Coupe Stanley. Mais ce qui est vrai, c'est que nous sommes bel et bien six enfants dans la famille, trois garçons et trois filles, et que j'en suis l'empêcheur d'enfanter en rond !

Je ne me demande même pas si mes parents m'ont pardonné ce premier impair, tout comme je ne me demande pas s'ils m'ont depuis pardonné toutes mes galères. J'en suis plus que certain. Mais, si ai des loisirs un jour, et bien sûr l'argent nécessaire pour étudier la question, j'aimerais consulter un psy sur l'état d'esprit général des parents à la naissance de chacun de leurs enfants. Et tout particulièrement lorsqu'il s'agit du quatrième…

Le premier, il n'y a aucun doute dans mon esprit, c'est le plus attendu. La femme découvre l'expérience des premières douleurs, des premières contractions, et elle appréhende ce premier accouchement – en se demandant, entre autres choses, qui diable prendra soin de son mari s'il tombe dans les pommes ce jour-là. Quand le bébé vient au monde, fille ou garçon, les parents pleurent de joie et claironnent à la face de la terre entière que c'est le plus beau bébé du monde, avec ses deux mains, ses deux pieds, son petit nez, sa petite bouche, ses cuisses dodues et son petit cul en croissant de lune. C'est du moins ce qui se passa avec mon frère Yvon, rose et joufflu, les pommettes saillantes et le sourire en coin. Un vrai petit ange sur un gâteau de noces. Il serait celui qui allait donner l'exemple aux suivants. Il devrait être strict et responsable. Ce que devint précisément mon grand frère au fil des ans.

Au deuxième enfant, je présume, l'état d'esprit doit être un peu différent. Si l'on a eu un garçon la première fois, on accroche son chapelet à la corde à linge pour que le second enfant soit une fille. Et la première fille, c'est toujours spécial. On la bichonne, on la couve, on la protège, on la surprotège. On la veut tellement parfaite qu'elle finit par devenir angoissée au fil des ans. C'est ce qui se passa avec ma grande sœur Lise, cette femme si gentille mais si sensible.

Au troisième, je persiste à penser, comme vous avez déjà le couple garçon-fille, que le sexe du prochain importe peu. On le conçoit plus frivolement. On se permet même quelques petites fantaisies au lit. Lorsqu'il vient au monde, on est moins inquiet. S'il tombe, pas de problème, il se relèvera comme les deux premiers l'ont fait avant lui. Et puis, il y a toujours le grand frère et la grande sœur pour le surveiller du coin de l'œil. Ce qui donne un enfant plus autonome et moins à cheval sur les principes, le portrait craché de mon frère Pierre. Il fut le premier à quitter précocement la maison, pour faire de la gymnastique aux quatre coins de la province. Il fut aussi le tout premier à fumer un pétard en jouant de la flûte traversière, assis dans une clairière à l'orée d'un champ fleuri.

Puis arrive le quatrième, le ténébreux, le nébuleux de la famille. Là, je ne suppose plus, puisque je parle de moi. Si vous avez déjà eu deux garçons et une fille, comme c'était le cas pour mes parents, vous espérez que ce sera une autre fille. Deux contre deux, les forces sont égales, les discussions n'en sont que meilleures autour de la table de cuisine, lors des réunions de famille. Ça fait aussi des parties de tennis plus équilibrées : un gars et une fille de chaque côté du filet. Mais lorsque le médecin vous apprend, à l'échographie, que ce sera un troisième garçon, vous ne le dites pas trop fort, mais vous pensez tout bas que celui-là ne sera pas conventionnel. Qu'il pourrait bien avoir des allures de rebelle ou un karma d'anarchiste. Ce que je devins au fil des ans, surtout après ma rupture avec Maryse, celle qui aurait dû être la femme de ma vie.

Les cinquième et sixième enfants sont toujours très attendus. Comme les parents ont décidé ensemble d'avoir une belle grosse marmaille, ceux-là deviennent les bâtons de vieillesse. Ce sont eux qui mettent de la vie dans une maison un peu trop vide après le départ des quatre premiers. Ce qui fut le cas avec mes adorables sœurs Céline et Isabelle ; elles vivent encore aujourd'hui à L'Assomption, à deux pas du cocon familial, avec leur mari et leurs enfants.

Je suis chanceux d'avoir une telle famille autour de moi – même à distance. Quand je pris la décision de tout plaquer pour partir en France, pour les raisons que vous connaissez, ils n'essayèrent pas de m'en dissuader. Lorsque certaines personnes me traînèrent dans la boue sur la place publique, ils montèrent aux barricades pour faire taire mes détracteurs et leur dire de se mêler de leurs oignons.

Bien que je dorme aujourd'hui dans un quarante-cinquième lit en un peu plus de six ans d'errance, c'est leur solidarité qui me garde en vie. Comment pourrais-je songer à commettre l'irréparable en me supprimant ? Je ne peux pas. Je tuerais maman et papa de chagrin, je le sais. Alors, je me bats. J'invente des jeux et je crée des projets. Je fais ce qu'un homme doit faire quand il se retrouve dans une situation délicate comme celle dans laquelle je me suis placé : survivre grâce à ce qu'il sait faire de mieux. Moi, je ne suis pas habile de mes mains. Je ne sais pas planter un clou sans me crucifier. Alors, j'écris.

Durant toutes ces années loin des miens, mon désir de créer m'aura permis d'évacuer mon trop-plein d'idées noires et de repasser dans ma tête les meilleurs moments de ma vie de famille. Bizarrement, je n'ai pas beaucoup fréquenté mes frères, mes sœurs et mes parents au fil des ans. Ma carrière montréalaise de journaliste, jusqu'à quarante-sept ans, et mes dernières années d'exil ne m'en ont guère laissé le temps. Mais le temps n'a rien à voir avec l'amour filial et l'amour familial, pas plus que la distance.

Si j'avais à conserver un seul souvenir de chacun d'eux, chacun serait spécial, unique, et terriblement différent des autres...

Mon frère Yvon : un voyage de golf à Miami, au milieu des années 1990. Le grand Gilles Lupien l'avait attrapé par le chignon du cou et l'avait balancé tout habillé dans la piscine de l'hôtel. Je m'attendais à ce que mon frère émergeât de ce bain imprévu en furie contre le grand Luppy. Mais non, il avait le sourire en banane et riait de bon cœur, riait comme je ne l'avais jamais entendu rire, en sortant de son bermuda, un à un, ses dollars américains détrempés.

Mon frère Pierre : une enrichissante discussion téléphonique de deux heures, un soir de l'été 2000, six mois après mon départ. Il m'avait parlé de la vie sur un ton sincère et sans détour. Selon lui, ce qui m'arrivait, c'était ni plus ni moins que mon destin. Toujours selon lui, j'étais même chanceux de pouvoir vivre une telle traversée du désert, compte tenu que je n'étais pas marié et que je n'avais pas d'enfants. Il m'avait rappelé que la liberté coûte cher et peut faire des ravages, mais qu'en bout de ligne il valait toujours la peine de se battre et de s'accrocher pour la conquérir.

Mes souvenirs de mes sœurs Lise, Céline et Isabelle tiennent davantage dans des gestes que dans des souvenirs précis ancrés dans ma mémoire. Mes sœurs n'oublient jamais de m'appeler le jour de mon anniversaire. Elles m'envoient des lettres avec des photos de leurs enfants et même de leurs petits-enfants. Tout dernièrement, maman me racontait que Céline avait croisé Claude Poirier et Jean Béliveau à l'occasion d'une séance de signatures de leurs biographies respectives, dans un centre commercial de Montréal. Ma sœur n'avait pu résister à la tentation. Elle s'était approchée tour à tour des deux hommes, s'était présentée comme la sœur de Tom Lapointe et leur avait donné de mes nouvelles. Venant d'une personne qui m'a tant soutenu malgré mes déboires, un tel geste d'amour me fait rouler les yeux dans l'eau au moment où j'écris cette phrase.

Vous avez le droit de ne pas me croire. De toute façon, d'ici la fin de mes jours, si je ne réussis pas un coup fumant avec l'un ou l'autre de mes projets, plus personne ne me croira et je demeurerai pour tout le monde Tom le mythomane, Tom le mégalomane. Il en va ainsi quand on tombe aussi bas.

Quant à mes parents, j'ai la tête remplie de souvenirs, mais je ne les partagerai pas avec vous. Enfin, pas les plus intimes. Ceux-là restent entre eux et moi, scellés à triple tour dans le coffre-fort de nos cœurs. Depuis que j'ai quitté le Québec, nous nous sommes parlé toutes les semaines, sans exception. Le lundi, après leur soirée de pétanque, durant l'été ; le mardi, après le repassage de maman, pendant le reste de l'année.

Ils m'informent religieusement de tout. Des dernières nouvelles de mes frères et de mes sœurs, de la famille. Des derniers déboires et succès du Canadien. Du dernier spectacle d'Antony Kavanagh ou de la dernière apparition de Marcel Béliveau à la télé. Des échos de mes amis, Menick, Richard Morency et Jean Lusignan, qu'ils ont glanés dans les journaux. Ou, avec des trémolos dans la voix, des départs de ceux partis pour toujours.

– Nous t'attendons, mon fils, me répètent-ils chaque semaine, avec tout leur amour. Nous t'attendons, et fais de ton mieux pour nous revenir au plus vite.

Même si ça fait plus de six ans et demi que je suis parti, je les visualise sans peine dans leur appartement de L'Assomption, lorsqu'ils me parlent au téléphone. Maman est la première à parler. Papa lui laisse faire son monologue pendant trois minutes avant de me dire à son tour un « Bonsoir, Tom » avec plein de chaleur dans sa voix presque toujours enrouée.

Je vois maman couverte d'une petite laine, accoudée au comptoir de la cuisine, avec le combiné à la main. Je vois papa à l'autre téléphone, dans la chambre à coucher, vêtu de son peignoir gris et de ses longs pantalons blancs. Je les vois comme s'ils étaient là, devant moi, avec l'impression que je n'aurais qu'à raccrocher pour aller les serrer dans mes bras.

C'est sûrement stupide, ce que je vais vous confier, mais j'ai le sentiment profond qu'ils s'accrocheront à la vie tant et aussi longtemps que je ne serai pas rentré. Pourquoi? Tout simplement parce qu'ils m'attendent, comme ils auraient attendu n'importe lequel de mes frères ou de mes sœurs si l'un d'eux avait comme moi fugué. Que mes frères et sœurs en profitent pleinement pour les étreindre, les embrasser et leur dire qu'ils les aiment. Ils sont très chanceux de les voir si bien vieillir. Papa a eu quatre-vingt-neuf ans le 27 décembre 2006 ; maman, quatre-vingt-trois ans le 21 octobre.

Je devrais bientôt revenir à la maison, ne serait-ce que pour revoir les miens. Ils ne m'attendent pas avec les poches pleines d'argent et se fichent complètement de ce que mes ambitieux projets pourraient rapporter ou pas. Ils m'attendent tout simplement parce qu'ils m'aiment.

Après tout, maman, papa, mes frères et mes sœurs n'ont-ils pas été mes tout premiers anges gardiens, pendant les quarante premières années de ma vie, quand tout allait encore bien pour moi?

Je crois que mon tour est désormais venu de jouer les anges gardiens. J'ai beaucoup reçu. Ce devrait être à moi de donner, maintenant. N'en déduisez pas que des ailes sont en train de me pousser dans le dos… mais dites-vous que certaines personnes, parce qu'elles sont nées plus petites que d'autres, grandissent sur le tard et n'en finissent jamais de s'améliorer, même celles qu'on croit perdues et irrécupérables, comme moi.

Et rappelez-vous que les anges, *tous* les anges sans exception, ont commencé par être des êtres humains comme vous et moi, et que vous n'avez même pas à attendre d'avoir des ailes pour en devenir un.

MEMBRE DU GROUPE SCABRINI

Québec, Canada

2007

Ce document a été imprimé sur du papier contenant 100 %
de fibres recyclées postconsommation, certifié Éco-Logo
et Procédé sans chlore et fabriqué à partir d'énergie biogaz.